Der Vertrag zwischen Venture Capital-Gebern und Start-ups

Nino Röhr

Der Vertrag zwischen Venture Capital-Gebern und Start-ups

Eine Analyse der Einflussfaktoren auf den Beteiligungsvertrag und dessen Wirkung

Mit einem Geleitwort von Prof. Dr. Michael Schefczyk

Nino Röhr
Dresden, Deutschland

Dissertation Technische Universität Dresden, 2018

ISBN 978-3-658-21350-3   ISBN 978-3-658-21351-0   (eBook)
https://doi.org/10.1007/978-3-658-21351-0

Die Deutsche Nationalbibliothek verzeichnet diese Publikation in der Deutschen National-
bibliografie; detaillierte bibliografische Daten sind im Internet über http://dnb.d-nb.de abrufbar.

Gedruckt auf säurefreiem und chlorfrei gebleichtem Papier

Springer Gabler ist ein Imprint der eingetragenen Gesellschaft Springer Fachmedien Wiesbaden GmbH
und ist ein Teil von Springer Nature
Die Anschrift der Gesellschaft ist: Abraham-Lincoln-Str. 46, 65189 Wiesbaden, Germany

Danksagung

„Einen Doktortitel muss man nicht haben, sondern gemacht haben!" Zu Beginn meiner Dissertation konnte ich dieses Zitat noch nicht nachvollziehen. Mit war völlig unklar, was es wirklich bedeutet, eine Doktorarbeit zu schreiben. Jetzt, wo das Werk vollendet ist, blicke ich auf das Zitat mit einer ganz neuen und tieferen Einsicht zurück – ich kann sagen: Ja, es stimmt. Der Weg einer Dissertation verläuft bei Weitem nicht immer geradlinig und vorhersehbar. Vielmehr müssen verschiedenste Aufgaben und unerwartete Probleme gelöst werden. Doch, wurde der Weg erst einmal gegangen, hat man mehr gelernt, als es der bloße Titel ausdrückt. Nun, am Ende des Weges, merke ich, dass ich mir damit ein ganz neues Set an Fertigkeiten aneignen konnte, von denen ich mein restliches Leben zehren werde.

Eine weitere – wenn nicht sogar wichtigere – Erkenntnis beim Schreiben dieser Arbeit war für mich, dass es schwer bis zu gar nicht möglich ist, eine Arbeit in diesem Umfang ganz alleine zu verfassen.

Mein Dank gebührt daher insbesondere meinen Betreuern Prof. Michael Schefczyk und Prof. Susanne Strahringer. Prof. Michael Schefczyk stand mir mit konstruktivem wie auch motivierendem Feedback stets zur Seite, durch das von ihm initiierte Forschungsprojekt wurde mir die Möglichkeit der Promotion erst gegeben. Prof. Susanne Strahringer unterstützte mich als Zweitbetreuerin und durch ihr Feedback insbesondere zum theoretischen Bezug der Arbeit ebenfalls tatkräftig. Bedanken möchte ich mich auch bei Torsten Fiegler, welcher mich zu Beginn meiner Tätigkeiten mit viel Rat und Tat in die Lehrstuhl- und Doktorarbeit einführte. Meinen Kolleginnen Cornelia Ernst, Maria Vaquero, Eva Weinberger und Nadine Hietschold möchte ich in gleicher Weise sehr herzlich danken, da sie immer ein offenes Ohr hatten und mir stets gerne Anregungen und Kritik zu meinen Arbeitsständen und -ergebnissen gaben. Mein Dank geht zudem auch an Stefan Kudoke, ohne dessen Zuspruch ich den Weg zurück an die Universität niemals gewagt hätte.

Einen großen Dank verdient außerdem Prof. Rasmussen-Bonne, mit dem ich immer wieder die Inhalte dieser Arbeit mit den Praktiken eines VC-Anwalts abgleichen und vertiefen konnte. Durch Prof. Thomas Niemand konnten insbesondere die statistischen Methoden in diesem Buch an Kontur und Tiefe gewinnen. Auch danke ich allen Experten und Interviewpartnern, welche angesichts ihrer vollen Terminkalender bereit waren, mir und meiner Untersuchung durch ihre Teilnahme an einer Befragung zur Verfügung zu stehen. Mandy Windisch unterstütze diese Arbeit zum Ende hin tatkräftig bei der Umsetzung der passenden Formatierung – ohne sie würde dieses Buch nicht so ansprechend gestaltet aussehen. An dieser Stelle möchte ich auch meinen Eltern danken, welche mich auf meinem bisherigen Weg immer unterstützt und angespornt haben. Den größten Dank bei der Erstellung dieser Arbeit verdient meine Frau Elisa, die mit mir zusammen die größten Leidens- wie auch Freudesphasen durchstand. Ohne sie wäre dieses Buch niemals in dieser fachlichen Tiefe und sprachlichen Klarheit entstanden. Ihre Anregungen und Kritiken haben zu einer wahren Bereicherung dieser Arbeit geführt – genauso wie sie mein Leben bereichert.

Mein Dank gilt noch weiteren Personen, die ich an dieser Stelle nicht mehr einzeln aufführen kann, obwohl sie es verdient hätten: Angefangen von Bekanntschaften auf verschiedenen Konferenzen, über Forschungskollegen aus Leipzig (insb. Dorian Proksch und Wiebke Stranz) bis hin zu studentischen Hilfskräften, welche mich bei der Transkription der Interviews unterstützten.

Vielen Dank euch allen!

Dresden, Januar 2018   Nino Röhr

Geleitwort

Die Dissertation von Nino Röhr beschäftigt sich mit der Finanzierung junger Unternehmen mit hohem Wachstumspotenzial über Venture Capital (VC) und konkret mit Aspekten im Spannungsfeld zwischen Wirtschaft und Recht. Im Zentrum steht die Frage, welche Inhalte Finanzierungsverträge haben und welche Zusammenhänge zwischen diesen Inhalten und einer Vielzahl anderer Eigenschaften von Venture Capital-Finanzierungen bestehen.

Da es für das bei Venture Capital-Finanzierungen übliche Konvolut aus Satzungsregelungen, Beteiligungsverträgen und anderen Vereinbarungen keine nennenswerte spezifische rechtliche Typisierung gibt, fallen diese Verträge im kontinentaleuropäischen Recht ähnlich umfassend aus wie im angelsächsischen Rechtskreis. Dies hat erhebliche Folgewirkungen auf allen Seiten. Venture Capital-Gesellschaften neigten bis vor einigen Jahren stark dazu, möglichst viele mögliche Klauseln in ihre Verträge zu integrieren, um die bestmögliche Wahrung der Interessen ihrer Investoren zu gewährleisten. Dass die bezweckte Wirkung tatsächlich eintritt, ist aber weder konzeptionell noch empirisch in allen Fällen klar noch ist es für alle Kapitalnehmer akzeptabel. Portfoliounternehmen und ihre Gesellschafter sind nicht in jedem Fall in der Lage, die Konsequenzen entsprechender vertraglicher Vereinbarungen ausreichend zu überblicken, weil die Schaffung von Transparenz viel spezifische Kompetenz erfordert und Transaktionskosten erzeugt. Weder rechtliche Berater noch juristische Forscher sind regelmäßig darauf fokussiert, zur fundierten empirischen Klärung der Zusammenhänge beizutragen. Nichtjuristen stehen generell vor der Hürde, dass die Verträge einen hohen formellen Gehalt haben. Damit müssen einige Knoten durchschlagen werden, um Erkenntnisfortschritte zu erzielen.

Die vorliegende Dissertation schreckt an keinem Punkt davor zurück, die Brücke zwischen wirtschaftlichen und rechtlichen Perspektiven zu schlagen. Die inhaltlichen Fragestellungen richten sich auf Zusammenhänge in mehrere Richtungen. Eine wesentliche Frage ist, wovon die Wahl der Vertragsparameter abhängt. Eine andere wesentliche Frage ist, welche Konsequenzen verschieden Vertragsmodelle haben.

Die Basis für die sehr sorgfältig vorbereitete und durchgeführte empirische Analyse stammt aus 122 Finanzierungsrunden von 71 durch deutsche Venture Capital-Gesellschaften finanzierte Portfoliounternehmen im Kontext eines gemeinsamen Forschungsprojektes zwischen der Technischen Universität Dresden und der HHL Leipzig Graduate School of Management.

Insgesamt leistet die Studie einen beachtlichen Beitrag zur Klärung der Frage, welche Vertragsinhalte – nicht zuletzt in Abhängigkeit vom Typ der Venture Capital-Gesellschaft – gewählt werden. Ich wünsche dieser Arbeit deshalb die verdiente Beachtung in Wissenschaft und Praxis!

Dresden, im Januar 2018   Prof. Dr. Michael Schefczyk

Inhaltsverzeichnis

Abbildungsverzeichnis

Tabellenverzeichnis

Abkürzungsverzeichnis

BVC	Bank Venture Capital
BVK	Bundesverband Deutscher Kapitalbeteiligungsgesellschaften
BA	Business Angel
CVC	Corporate Venture Capital
DFG	Deutsche Forschungsgemeinschaft
EK	Eigenkapital
ET	Entrepreneur
FK	Fremdkapital
GVC	Government Venture Capital
HTGF	High-Tech Gründerfonds
IVC	Institutionelles/Privates Venture Capital
IvM	Investmentmanager
IRR	Internal Rate of Return
KfW	Kreditanstalt für Wiederaufbau
M&A	Mergers & Acquisitions
MEZ	Mezzanine
NVCA	National Venture Capital Association
PU	Portfoliounternehmen
RA	Rechtsanwalt
SSRN	Social Science Research Network
SD	Standardabweichung
VC	Venture Capital
VCG	Venture Capital-Gesellschaft
VHB	Verband der Hochschullehrer für Betriebswirtschaft

1 Einführung

Das amerikanische Start-up Uber wurde knapp fünf Jahre nach seiner Gründung mit über 50 Mrd. Dollar bewertet; Facebook benötigte dafür sieben Jahre. Zum Vergleich: Microsoft erreichte – zwölf Jahre nach Gründung – zu seinem Börsengang im Jahre 1987 eine Marktkapitalisierung von 519 Mio. Dollar (Dörner, 2015). Auch in Deutschland gibt es mit Home24, Delivery Hero und Auto1 Unternehmen, die vor dem Börsengang bereits mit über eine Mrd. Euro bewertet wurden. Ermöglicht werden diese hohen Bewertungen von Unternehmen durch Venture Capital-Gesellschaften (VCG). Für junge Unternehmen sind solche Risikokapitalgeber häufig die einzige Möglichkeit, an Kapital für weiteres Wachstum zu gelangen. Damit kommt den VCG eine große Bedeutung in der Schaffung von neuen Großunternehmen zu. Diese Einschätzung teilt auch das Bundesministerium für Wirtschaft und Energie, welches in einer Ausschreibung zur Evaluation des High-Tech Gründerfonds, einer staatlich initiierten VCG, scheibt: „Damit soll der High-Tech Gründerfonds in erheblichem Maße dazu beitragen, dass neue zukunftsfähige Arbeitsplätze in Deutschland entstehen und ein wirtschaftlich erfolgreicher Strukturwandel hin zu Industrien mit hohem Wachstumspotenzial vollzogen wird" (BMWi, 2015). Somit spielt Venture Capital (VC) auch für den Strukturwandel eine wesentliche Rolle: Internet, Biotechnologie und Industrie 4.0 sind nur einige Bereiche, welche VC-Investoren maßgeblich durch ihre Kapitalzufuhr mit aufgebaut haben bzw. gerade aufbauen. Auch die Schaffung von Arbeitsplätzen ist beachtlich: Microsoft hatte zum Zeitpunkt des Börsengangs, bei welchem die VC-Investoren ihre Anteile verkauften, 1.153 Mitarbeiter (National Venture Capital Association, 2015). Heute beschäftigt Microsoft demnach 128.000 Mitarbeiter weltweit. Somit tragen die VC-finanzierten Unternehmen langfristig zum volkswirtschaftlichen Wachstum bei.

Neben den eigentlichen finanziellen Mitteln fördern die Kapitalgeber die Portfoliounternehmen (PU) bei ihren weiteren Expansionen mit aktiver Managementunterstützung und sichern sich umfassende Kontroll- und Mitspracherechte (Schefczyk, 2006, S. 10). Wie die genauen Rechte und Pflichten geregelt sind, wird in einer Vielzahl von Verträgen festgelegt. Im sogenannten Beteiligungsvertrag werden üblicherweise Garantien, Meilensteine und die Höhe und Art der Beteiligung definiert (Kantehm & Rasmussen-Bonne, 2013, S. 158). In der Gesellschaftervereinbarung werden dem VC Einfluss mittels Kontroll- und Informationsrechte, aber auch Erlösvorzüge für den Fall eines Exits zugesprochen. Die Verträge gleichen die unterschiedlichen Interessen der Kapitalnehmer und Kapitalgeber aus (Brehm, 2012, S. 3). Auch das Wissen aller Vertragsparteien darüber, welche Auswirkungen und Konsequenzen das Beteiligungswerk mit sich bringt, ist bedeutsam. Vielen Beteiligten ist nicht bewusst, welche kurz-, mittel- und langfristigen Folgen der Vertrag bzw. bestimmte Klauseln daraus auf das PU und auf die weitere Entwicklung haben können – und das trotz des Umstandes, dass dieses essentiell für einen reibungslosen Ablauf der Beteiligung ist. Verträge gleichen die verschiedenen Anreizkonflikte aus (Burchardt, Hommel, Kamuriwo & Billitteri, 2016,

© Springer Fachmedien Wiesbaden GmbH, ein Teil von Springer Nature 2018
N. Röhr, *Der Vertrag zwischen Venture Capital-Gebern und
Start-ups*, https://doi.org/10.1007/978-3-658-21351-0_1

S. 25) und sind demnach entscheidend dafür, wie das Verhältnis zwischen VCG und PU
ausgestaltet ist: Ein Fakt, der bisher nur unzureichend in der Forschung berücksichtigt wurde,
wie im Folgenden deutlich wird.

1.1   Zielstellung und Forschungsfragen

Kaplan und Strömberg, die die Vorreiter in der Untersuchung von VC-Verträgen sind (Kaplan, Martel & Strömberg, 2007; Kaplan & Strömberg, 2003; 2004), analysierten systematisch die Verträge zwischen VCG und PU. In einer ihrer Studien betrachten die Autoren
insbesondere Vertragsklauseln und deren Wirkung, wobei sie diese mit Vorhersagen aus
verschiedenen Financial contracting theories vergleichen. Dabei stellen sie fest, dass Verträge in der Praxis zwar komplexer gestaltet sind als in der Theorie angenommen, aber die
einzelnen Kontraktelemente in einer systematischen Art und Weise zusammenhängen (Kaplan & Strömberg, 2003, S. 313).

Typisch für diesen Bereich der VC-Forschung ist zudem, dass ausschließlich ein bestimmter
Teil aus den Verträgen analysiert wird: So stehen überwiegend Convertible securities (Wan-
delanleihen) (Cumming, 2005b), Syndizierung (Gompers, 1995), Verlustbegrenzungsmög-
lichkeiten (Bengtsson & Bernhardt, 2014b) oder auch das Rechtssystem (Bottazzi, Rin,
Marco & Hellmann, 2009) im Fokus der Forschung. Betrachtungen, die systematisch den
Vertrag in der Gesamtheit untersuchen, fehlen völlig und stellen eine Forschungslücke dar.

Eine weitere Lücke und ein Hauptproblem bei den bisherigen Forschungsergebnissen ist außerdem, dass diese ausschließlich den angloamerikanischen Raum abdecken (Fiegler, 2016,
S. 71). Einhergehen damit – im Vergleich zu anderen Ländern – Unterschiede in steuerbe-
zogenen Bedingungen, im Marktumfeld und bei den Rahmenbedingungen für den Bereich
des VC. In Deutschland wird z. B. in hohem Ausmaß durch öffentliche Kapitalgeber in den
VC-Bereich investiert (Heger, Fier & Murray, 2005, S. 375). Daneben werden die Wertpa-
pierbörsen im deutschsprachigen Raum nicht dazu genutzt, um Wagniskapital einzuwerben
(Bessler & Drobetz, 2015, S. 46-48). Diese Beispiele zeigen, dass ein simples Übertragen
von amerikanischen Studienergebnissen auf den deutschen Markt nicht möglich ist
(Schefczyk, 2004, S. 126).

Für den deutschsprachigen Raum gibt es bereits einige Untersuchungen von Walz, Hirsch
und Bienz (bspw. Bienz, Hirsch & Walz, 2009; Hirsch, 2006; Hirsch & Walz, 2013), die bei
ihren Analysen primär das Auftreten von verschiedenen Vertragselementen und die Veränderung im Zeitverlauf betrachten. Jedoch ist aus einem empirischen Blickwinkel noch offen,
welche Wirkung die Kontrakte auf das PU ausüben. Pankotsch fasst die Forschungslücke so
zusammen (2005, S. 61): „Insgesamt bleibt damit für die empirische Forschung zu den Ver-
tragsregeln nach wie vor die Aufgabe, die Wirkungsweise der verschiedenen Vertragsklauseln in Bezug auf den Beteiligungserfolg zu validieren (…)".

Ein möglicher Grund für das Fehlen von Studien im Bereich der Vertragsgestaltung lässt
sich auf die schwierige Beschaffung von Daten zurückführen. Die in einer Vielzahl von VC-

Studien verwendete Datenbank ThomsonOne bzw. früher genannt VentureXpert (bspw. Bertoni, Colombo & Quas, 2015; Giot, Hege & Schwienbacher, 2014; Guo & Jiang, 2013) liefert keine Hinweise auf die Vertragsgestaltung zwischen den beteiligten VCG und Unternehmen, sondern Daten u. a. zur Fondperformance, Geschäftsentwicklung der Unternehmen und Informationen zu den Finanzierungsrunden. Untersuchungen, bei denen eigene Daten erhoben und ausgewertet wurden, sind dagegen selten und bieten gleichzeitig einen höheren Mehrwert für die Forschung und Praxis (Bienz & Hirsch, 2012; Cumming, 2008; Kaplan, Martel & Stromberg, 2007; Kaplan & Strömberg, 2003).

Auch aufgrund der schwierigen Datenerhebung basiert darüber hinaus ein Großteil der Arbeiten, die die Verträge zwischen VCG und PU betrachten, ausschließlich auf theoretischen Annahmen. Dabei werden Modelle mithilfe der Principal-Agent-Theorie abgeleitet und anhand dessen Aussagen über die optimale Ausgestaltung von Verträgen getroffen. Dass diese nicht immer die Tatsachen abbilden, haben bereits Kaplan und Strömberg (2003) belegt. Theoretisch wurde bspw. durch mehrere Autoren mathematisch dargestellt, dass Convertible preferred stocks die ideale Finanzierungsform für ein PU darstellen (s. Kaplan & Strömberg, 2003, S. 206-207). In der Praxis ist diese Aussage jedoch nur in Bezug auf die USA korrekt – schon im angrenzenden Kanada wurden u. a. abweichende Belege aufgedeckt (Cumming, 2007). Auch die Wissenschaft ist sich inzwischen uneinig darüber, ob diese Form der Finanzierung optimal ist (für einen Diskussionsüberblick s. Zambelli, 2014). Vor allem da festgestellt wurde, dass amerikanische VCG, die außerhalb der USA investieren, ebenfalls auf andere Formen der Finanzierung setzen. Weitere empirische Studien sind demnach nötig, um die Ausgestaltung von Verträgen außerhalb der USA zu beleuchten und die theoretischen Annahmen zu prüfen.

Aus den hier aufgezeigten Forschungslücken wird erkennbar, dass weitere Untersuchungen in dem Feld der VC-Vertragsgestaltung notwendig sind. Hier setzt der vorliegende Beitrag an: Das Ziel dieser Arbeit ist ein vertiefendes Verständnis für die Vertragsgestaltung zwischen VCG und PU zu erlangen. Konkret werden folgende Forschungsfragen beantwortet:

1. Was ist zum Thema VC-Vertragsgestaltung bisher geforscht worden und wie lassen sich die bisherigen Einflussfaktoren auf den Vertrag und die Wirkung aus diesem systematisieren?
2. Welche Faktoren beeinflussen die Ausgestaltung von VC-Beteiligungsverträgen und die Nutzung von bestimmten Vertragsrechten?
3. Welche Wirkung geht von den Beteiligungsverträgen auf das PU aus?

Durch die Beantwortung der Fragen wird sowohl ein Mehrwert für Gründer und VCG als auch für die Forschung gewonnen: Durch die Arbeit werden wichtige Fragen in der VC-Forschung beantwortet bzw. erste Erkenntnisse dazu geliefert, da insbesondere über die detaillierten Analysen von einzelnen Vertragselementen und die Wirkung von Verträgen bisher kaum Ergebnisse vorhanden sind (Burchardt, Hommel, Kamuriwo & Billitteri, 2016; Drover et al., 2017, S. 11). Weiterhin ist es auf der einen Seite Gründern möglich, mit den erzielten Ergebnissen ein verbessertes Verständnis über verschiedene VCG zu erhalten. So kann eine gezielte Vorbereitung auf potentielle Verhandlungen mit VCG zu detaillierten Kenntnissen darüber führen, welche Klauseln die VCG verlangen werden und warum. Durch die umfassende Darstellung der VC-Sonderrechte können Gründer vorab bewerten, ob für sie eine VC-Finanzierung grundsätzlich infrage kommt. Beurteilt und abgewogen werden können bspw. die Unsicherheiten in Bezug auf die vertraglichen Einschränkungen und die Vorteile durch die Finanzierung und Unterstützung. Auf der anderen Seite erfahren VCG mittels der Ergebnisse den Status-quo der Vertragsgestaltung in Deutschland. Sie können dadurch ggf. gezielt ihre Besonderheiten gegenüber anderen Gesellschaften bzw. Wettbewerbern hervorheben und damit junge Unternehmen mit besseren Erfolgsaussichten ansprechen. Zudem erhalten sie Kenntnis, welche Gruppen von Investoren bestimmte Rechte verlangen und worauf sie sich auf Grundlage dessen ggf. bei einer Syndizierung vorbereiten können. Weiterhin erfahren sie, mit welchen Klauseln hauptsächlich eine positive oder negative Auswirkung auf das PU erzielt wird und können diese Erkenntnisse bei zukünftigen Finanzierungen nutzen.

Für die Untersuchung wurde ein komplett neuartiges Forschungsdesign gewählt: Es werden eine Vielzahl von Informationsquellen herangezogen, um ein möglichst vollständiges Bild über die Unternehmens- und Beteiligungsentwicklung der einzelnen PU zu erhalten. Zu den hier ermittelten Daten gehören bspw. Entscheidungsakte (Businessplan, Due Diligence, Verträge und Entscheidungsvorlage) und das laufende Reporting (qualitative und quantitative Reportings, Meilensteine, Budgets). In vielen Studien werden stattdessen Investmentmanager mithilfe von Fragebögen über vergangene Investments befragt (bspw. Cumming & Johan, 2008; Fairchild & Mai, 2013; Fiet, 1995; Isaksson, Cornelis, Landström & Junghagen, 2004; Stein, 2008). Mit dem Ansatz der vorliegenden Studie kann sich von einer subjektiven Befragung der Investmentmanager und einer reinen Zeitpunktbetrachtung gelöst werden. Vielmehr ist eine zeitraumbezogene, longitudinale Betrachtung möglich, womit die Güte sowie Objektivität der Erkenntnisse steigt und den Limitationen von standardisierten Fragebögen begegnet werden kann. Zudem stammen die Daten aus dem Zeitraum von 2004 bis 2013 – also nach dem Platzen der Dotcom-Blase im Jahr 2001 und teilweise nach der Finanzkrise 2008 – was nicht nur einmalig ist, sondern auch die Analyse von Studien, die Verträge mittels eines Samples vor der Finanzkrise durchgeführt haben, abhebt. Weiterhin wurden ausschließlich deutsche VCG in der Analyse berücksichtigt, womit neue Erkenntnisse in diesem Markt erzielt werden, die sich darüber hinaus von den bisher üblichen amerikanischen Studien unterscheiden und somit der oben aufgezeigten Forschungslücke begegnen. Insbesondere die Tatsache, dass die Daten mithilfe von real abgeschlossenen Beteiligungsverträgen erhoben werden, stellt den Mehrwert der vorliegenden Arbeit in der Forschung wie auch Praxis heraus. Zudem wird nicht nur die Wirkung von Verträgen erforscht, sondern damit einhergehend können auch theoretische Principal-Agent-Modelle und deren Aussagen überprüft werden. Insgesamt werden 122 Beteiligungsverträge von 71 verschiedenen PU statistisch ausgewertet und analysiert.

1.2 Gang der Untersuchung

Um die aufgezeigten Forschungsfragen zu beantworten, sind mehrere Schritte notwendig, wobei Abbildung 1 das Vorgehen der Untersuchung zusammenfassend darstellt.

Nach der Einleitung werden in Kapitel 2 die theoretischen Grundlagen zu VC vorgestellt und relevante Begriffe definiert. Es werden der VC-Finanzierungsprozess im Ganzen sowie die einzelnen Finanzierungsphasen betrachtet, genauso wie einzelne VC-Investorentypen. Danach wird auch auf die Differenzen zwischen dem deutschen und amerikanischen VC-Markt eingegangen, um die Unterschiede und Gemeinsamkeiten herauszuarbeiten. Weiterhin wird die Principal-Agent-Theorie vorgestellt, welche besonders gut geeignet ist, um theoretische Voraussagen und Gestaltungsempfehlungen für Verträge zu liefern. Kapitel 3 geht darauf aufbauend detailliert auf die Vertragsgestaltung ein. Es werden das VC-Vertragswerk und die einzelnen VC-typischen Sonderrechte vorgestellt. Dabei wird auf die zuvor erläuterte Principal-Agent-Theorie zurückgegriffen, um die Verwendung der vertraglichen Klauseln theoretisch einzuordnen.

Auf diese theoretischen Grundlagen aufbauend, wird in Kapitel 4 eine systematische Literaturanalyse durchgeführt, um die erste Forschungsfrage zu beantworten. Dazu wird zu Beginn die Methode der systematischen Literaturanalyse vorgestellt und die Vorgehensweise der Suche sowie die Auswahl von Artikeln dargelegt. Anschließend werden die relevanten Artikel bibliografisch analysiert sowie einzelne, besonders relevante Untersuchungen vorgestellt. Um einen besseren Überblick über das Forschungsfeld zu erhalten, werden die Studien in ein Modell überführt, welches die bisher in der Vertragsforschung untersuchten Einflussfaktoren und Wirkungen präsentiert.

Das Modell wird anschließend in Kapitel 5 überprüft und an den deutschen VC-Markt angepasst. Dazu werden Experteninterviews durchgeführt, da diese qualitative Untersuchungsform besonders gut geeignet ist, die Wirkungsmechanismen aus dem zuvor entwickelten Modell zu erläutern. Zusätzlich werden die Einflussfaktoren auf den Vertrag mithilfe einer Inhaltsanalyse identifiziert und mit den Ergebnissen aus der systematischen Literaturanalyse abgeglichen. Auch wird die Wirkung des Vertrags bzw. bestimmter Vertragselemente genauer spezifiziert. Im Zuge von Kapitel 4 und 5 wird ein empirisch überprüfbares Modell entwickelt, welches umfassend die Einflussfaktoren auf den Vertrag als auch die Wirkung dessen im deutschen VC-Markt beschreibt.

Dieses Modell wird anschließend in Kapitel 6 empirisch-quantitativ überprüft. Dazu werden Zusammenhänge aus dem Modell abgeleitet. Weiterhin werden Daten für die Analyse erhoben, die kodiert werden und die Variablen aus dem Modell operationalisieren. Zur Analyse der Untersuchungsdaten werden lineare und logistische Regressionsanalysen durchgeführt. Dazu werden beide Methoden sowie der genaue Ablauf der empirischen Prüfung vorgestellt. Anschließend werden die Einflussfaktoren auf den gesamten Vertrag und auf die einzelnen Vertragselemente untersucht. Danach wird die Wirkung der Verträge u. a. auf den Erfolg der

PU geprüft, was die oben beschriebene Forschungslücke in der Vertragsforschung zu schließen versucht.

Abschließend werden in Kapitel 7 die Ergebnisse der Arbeit zusammenfassend dargestellt und die Limitationen der Arbeit genannt. Es werden darüber hinaus Implikationen für die Forschung und Praxis aufgezeigt, sowie weiterer Forschungsbedarf benannt.

Abbildung 1: Vorgehen der Untersuchung

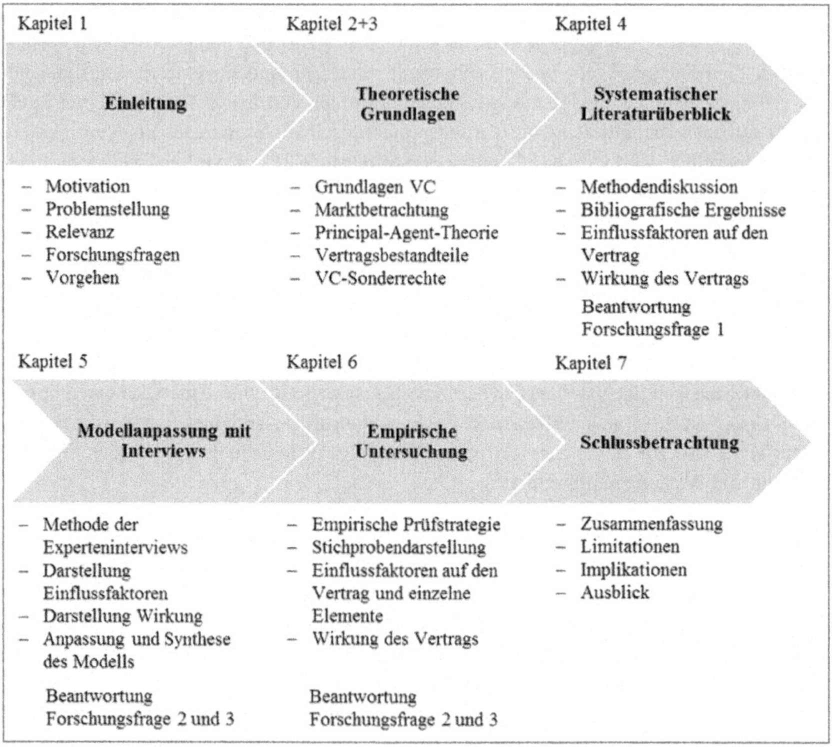

Kapitel 1	Kapitel 2+3	Kapitel 4
Einleitung	**Theoretische Grundlagen**	**Systematischer Literaturüberblick**
– Motivation – Problemstellung – Relevanz – Forschungsfragen – Vorgehen	– Grundlagen VC – Marktbetrachtung – Principal-Agent-Theorie – Vertragsbestandteile – VC-Sonderrechte	– Methodendiskussion – Bibliografische Ergebnisse – Einflussfaktoren auf den Vertrag – Wirkung des Vertrags Beantwortung Forschungsfrage 1
Kapitel 5	Kapitel 6	Kapitel 7
Modellanpassung mit Interviews	**Empirische Untersuchung**	**Schlussbetrachtung**
– Methode der Experteninterviews – Darstellung Einflussfaktoren – Darstellung Wirkung – Anpassung und Synthese des Modells Beantwortung Forschungsfrage 2 und 3	– Empirische Prüfstrategie – Stichprobendarstellung – Einflussfaktoren auf den Vertrag und einzelne Elemente – Wirkung des Vertrags Beantwortung Forschungsfrage 2 und 3	– Zusammenfassung – Limitationen – Implikationen – Ausblick

Quelle: Eigene Darstellung

2 Grundlagen der VC-Finanzierung

In diesem Kapitel wird ein Grundverständnis für die in dieser Arbeit verwendeten Begriffe vermittelt. Im ersten Schritt werden die Ausdrücke VC, Private Equity und PU definiert, im zweiten Schritt wird der typische Finanzierungsprozess dargestellt. Anschließend werden Finanzierungsphasen, Syndizierung und verschiedene Marktteilnehmer – im Speziellen unterschiedliche VC-Fonds – vorgestellt. Darauf aufbauend, um die besondere Bedeutung von VC hervorzuheben, wird jeweils auf den deutschen und amerikanischen VC-Markt eingegangen und diese miteinander verglichen. Ein weiterer Grund ist, zu prüfen, ob Ergebnisse aus amerikanischen Untersuchungen auf den deutschen Markt übertragbar sind. Abschließend wird die Principal-Agent-Theorie erläutert, mit der die Ausgestaltung der Vertragskonstellation zwischen der VCG und dem PU erklärt werden kann. Dieses Kapitel legt somit das Grundverständnis für den weiteren Fortgang der Arbeit.

2.1 Begriffsdefinitionen

Die Begriffe VC, Beteiligungskapital und Private Equity sind in der Literatur und Praxis nicht einheitlich definiert (Leopold, Frommann & Kühr, 2003, S. 3; Schefczyk, 2006, S. 7). Daher ist es zu Beginn dieser Arbeit notwendig, eine eindeutige Definition der Begriffe vorzunehmen, um ein gemeinsames Verständnis zu entwickeln.

Eine Google-Suche offenbart, was in der Praxis unter VC verstanden wird: „Venture Capital Gesellschaften sind Unternehmen, die in junge Unternehmen meist über einen Venture Capital Fonds investieren. (…) Durch das Einbringen von Kapital wird der Venture Capital Investor dabei Mitgesellschafter mit allen dazugehörenden Rechten und Pflichten. Venture Capital Investoren erwerben aber nicht, wie oft vermutet wird, die Mehrheit an dem Unternehmen – Venture Capital Gesellschaften wollen ganz bewusst, dass die Existenzgründer die Mehrheit am Unternehmen halten. Neben dem Kapital bringen Venture Capital Gesellschaften meist auch fundierte Branchenkenntnisse sowie Management-Expertise in das investierte Unternehmen mit ein." („Venture Capital: Beteiligungskapital für die Existenzgründung", o. J.). Diese Erklärung des Begriffs deckt sich mit der aus der Forschung. Als zentrale Merkmale einer VC-Finanzierung werden genannt:

1. **Eigenkapitalfinanzierung:** Das zentrale Element einer VC-Finanzierung ist vollhaftendes Eigenkapital, welches dem Unternehmen ohne feste Zinsen oder Rückzahlungsverpflichtungen überlassen wird. Auch stille Beteiligungen und Mezzanine-Instrumente sind hier üblich (Brehm, 2012, S. 6; Houben, 2003, S. 6; Schefczyk, 2006, S. 10).
2. **Minderheitsbeteiligung:** VCG gehen i. d. R. nur Minderheitsbeteiligungen, die üblicherweise zwischen 20-35 % liegen, ein (Brehm, 2012, S. 6; Fiegler, 2016, S. 10; Schefczyk, 2006, S. 10).

© Springer Fachmedien Wiesbaden GmbH, ein Teil von Springer Nature 2018
N. Röhr, *Der Vertrag zwischen Venture Capital-Gebern und Start-ups*, https://doi.org/10.1007/978-3-658-21351-0_2

3. **Zeitliche Begrenzung:** Eine unbefristete Kapitalüberlassung ist nicht das Ziel von VC-Finanzierungen. Stattdessen streben Investoren idealerweise nach sechs Jahren den Verkauf der Beteiligung an. Ziel ist die Partizipation am Wachstum des Unternehmens; Dividenden oder Zinszahlungen spielen hingegen eine untergeordnete Rolle (Fiegler, 2016, S. 10; Schefczyk, 2006, S. 10).

4. **Kontroll- und Mitspracherechte:** Da die VCG vollhaftendes Eigenkapital in das Unternehmen geben, sichern sie sich über das normale Maß hinausgehende Kontroll-, Informations- und Mitspracherechte zu. Ziel ist es, das eingesetzte Kapital zu schützen und dafür zu sorgen, dass das Unternehmen im Sinne der VCG handelt (Brehm, 2012, S. 6; Fiegler, 2016, S. 10; Schefczyk, 2006, S. 10).

5. **Beratungsfunktion und Managementunterstützung:** Um Unternehmens- und damit auch Beteiligungswachstum zu erzielen, wird das Unternehmen durch die VCG bzw. externe Coaches unterstützt. Die Spanne reicht dabei vom Vermitteln von Kontakten bis hin zur Übernahme operativer Tätigkeiten (Fiegler, 2016, S. 10; Schefczyk, 2006, S. 10).

VC ist neben Buy-outs und Mezzanine eine Unterkategorie von Private Equity. Private Equity und VC weisen voneinander abweichende Finanzierungsvolumen auf, wobei Private Equity größere Volumina umfasst (Brehm, 2012, S. 7). Insbesondere Unternehmen, die bereits börsennotiert sind, als auch Management Buy-outs und Management Buy-ins gelten nicht als VC-, sondern als Private Equity-Finanzierungen (Fiegler, 2016, S. 7).

Prinzipiell werden Unternehmen, in die investiert wird, PU genannt. Im Falle von VC-Investitionen befinden sich diese Unternehmen in einer frühen Entwicklungsphase, womit eine potentielle Investition risikoreicher ist (Fiegler, 2016, S. 8). Dabei handelt es sich häufig um junge Technologieunternehmen, bei denen eine große Chance auf exponentielles Umsatzwachstum besteht.

2.2   VC-Finanzierungsprozess

Der Fokus der vorliegenden Arbeit liegt insbesondere auf der Vertragsgestaltung im VC-Bereich. Daher ist es im hohen Maße relevant, diesen wesentlichen Schritt innerhalb des Prozesses einer VC-Finanzierung einzuordnen. Dazu und um den gesamten Ablauf einer VC-Investition nachvollziehbar darzustellen, wird das phasenorientierte Geschäftsmodell genutzt (Brinkrolf, 2002, S. 25; Neubecker, 2006, S. 84; im folgenden Kapitel überwiegend: Pankotsch, 2005, S. 35; Schefczyk, 2006, S. 23). Der typische Ablauf dieses Prozesses aus Sicht der VCG ist in Abbildung 2 dargestellt und wird im Folgenden detailliert erläutert.

Abbildung 2:   VC-Finanzierungsprozess

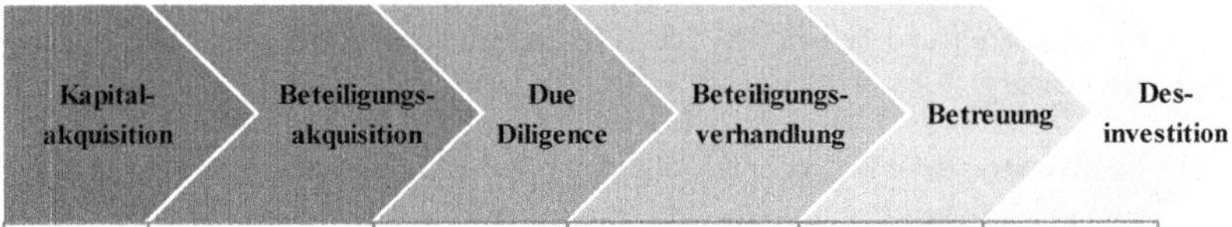

Kapital-akquisition	Beteiligungs-akquisition	Due Diligence	Beteiligungs-verhandlung	Betreuung	Des-investition
Suche nach Kapital	Suche nach geeigneten Beteiligungen	Umfassende Prüfung der Beteiligung	Verhandlung und Abschluss des Vertrags	Laufende Management-unterstützung und Monitoring	Verkauf der Beteiligung

Quelle: In Anlehnung an Brinkrolf (2002, S. 25); Schefczyk (2006, S. 24)

2.2.1   Kapitalakquisition

Bevor Kapital von der VCG in ein PU investiert werden kann, müssen diese finanziellen Mittel durch die VCG eingesammelt und in einem Fond gebündelt werden. Zu den potenziellen Kapitalgebern und Investoren zählen der Staat, private Anleger (insbesondere Family Offices) und institutionelle Investoren wie Kreditinstitute, Versicherungen, Pensionsfonds und Industrieunternehmen (Leopold et al., 2003, S. 33-34).

Ziele der Investoren sind neben den Renditezielen eine verbesserte Diversifikation ihrer bestehenden Portfolios und eine geringe Korrelation mit anderen Anlageklassen (Brinkrolf, 2002, S. 25-26). Zu diesem Zweck werden in dieser Phase umfassende Vertragsverhandlungen zwischen den Investoren und der VCG geführt: Es finden Absprachen zur Vergütung, Anlagestrategie, Art und Dauer der Kapitalüberlassung sowie Umfang und Art des Berichtswesens statt (Pankotsch, 2005, S. 38).

Die Anlagestrategie bzw. der Investmentfokus definieren, unter welchen Nebenbedingungen das Geld aus dem Fond investiert wird. Mögliche Bedingungen sind Beschränkungen auf einzelne Phasen, Branchen oder geografische Regionen sowie die Höhe der je PU höchstens bereitzustellenden finanziellen Mittel. Die Vergütung der VCG erfolgt üblicherweise über eine fixe Managementgebühr, welche 2-3 % des investierten Kapitals beträgt. Hinzu kommt eine Provision auf die Gewinne, die eine bestimmte Mindestrendite übersteigen. Eine gängige Größe ist dabei 20 % (Brinkrolf, 2002, S. 27).

Die Gestaltung der Vertragsbeziehung zwischen Investoren und VCG wird im Folgenden keine primäre Rolle spielen und wird daher nicht näher beleuchtet.

2.2.2   Beteiligungsakquisition

In der Phase der Beteiligungsakquisition (oder Dealflow) verfolgt die VCG primär das Ziel, die zuvor eingesammelten Mittel in ausgewählte Unternehmen zu investieren, welche vorrausichtlich überdurchschnittlich stark wachsen. Dazu müssen zuerst möglichst viele potentielle Unternehmen ausgemacht werden, die im nächsten Schritt einer Prüfung unterzogen werden. Es bestehen grundsätzlich drei Möglichkeiten, um kapitalsuchende Unternehmen zu finden (Pankotsch, 2005, S. 43):

- **Passive Strategie:** Hier geht die Initiative vom Beteiligungsunternehmen, also dem voraussichtlichen PU aus. Die Gründer sind aktiv auf der Suche nach Kapital und wenden sich dazu an die VCG. Dies kann bspw. über die Website der VCG oder auf Start-up-Messen geschehen. Die VCG agiert bei dieser Strategie jedoch nicht vollständig passiv. Damit Unternehmen auf die VCG aufmerksam werden, sich also bewerben, muss die VCG den Gründern bekannt sein. Daher werden auch klassische Marketingmaßnahmen im Zuge der Beteiligungsakquisition betrieben.
- **Aktive Strategie:** Bei dieser Strategie geht die Initiative von der VCG aus. Diese sucht nach Beteiligungsmöglichkeiten bspw. auf Messen oder speziellen Kontaktveranstaltungen. Auch die Ausrichtung von eigenen Veranstaltungen und das Auftreten als Fachreferenten können dem Auffinden von kapitalsuchenden Unternehmen dienen.
- **Netzwerk-Strategie:** Diese Strategie ist eine Kombination aus den beiden obigen. Es wird das vorhandene Netzwerk genutzt, um Beteiligungen zu erschließen. Die Partner im Netzwerk können u. a. Banken, Rechtsanwälte, Universitäten oder andere VCG sein.

In der Praxis ist auch eine Kombination der vorgestellten Strategien denkbar. Pankotsch (2005) weist weiterhin darauf hin, dass die Suche nach Beteiligungen nicht einzig von den VCG, sondern auch von den Unternehmen ausgeht. Diese betreiben ebenfalls einen Auswahlprozess und sind auf der Suche nach dem für sie besten Angebot. Folglich sind VCG gezwungen, in einer starken Wettbewerbssituation deutlich wahrnehmbare und attraktive Angebote im Vergleich zu ihren Wettbewerbern vorzulegen (Pankotsch, 2005, S. 43).

2.2.3 Beteiligungswürdigkeitsprüfung

Die Beteiligungswürdigkeitsprüfung (auch Beteiligungsprüfung oder Due Diligence) stellt einen wichtigen Punkt für den Erfolg einer VCG dar, denn in dieser Phase werden die kapitalsuchenden Unternehmen geprüft. Als Grundlage dieser Prüfung wird der Businessplan des Unternehmens genutzt und das Geschäftskonzept in einem zweistufigen Prozess nachvollzogen:

1. **Grobprüfung des Businessplans:** Die Notwendigkeit des ersten Prozessschritts – der Grobprüfung des Businessplans – ergibt sich aus der Fülle an Finanzierungsanfragen, die eine VCG erhält: Pro Jahr sind dies mehr als 100 Businesspläne pro Mitarbeiter (Bottazzi, Da Rin & Hellmann, 2004, S. 35). Eine der Aufgaben ist der Abgleich des anfragenden Unternehmens mit dem Investmentfokus und den Vorgaben der VCG (s. Kapitel 2.2.1). Wenn diese Vorgaben erfüllt sind, werden Finanzkennzahlen, Markt, Technologie und Produkt sowie das Gründerteam bzw.

Management geprüft. Weiterhin wird berücksichtigt, ob das Unternehmen in das vorhandene Portfolio passt und sich Synergien zu bestehenden Unternehmen ergeben können. Wichtig bei diesem Schritt ist nicht nur die Reduzierung der Anfragenzahl, sondern vor allem auch das Erkennen von lukrativen Investmentmöglichkeiten (Pankotsch, 2005, S. 46).

2. **Fein- oder Detailprüfung (auch Due Diligence):** Im zweiten Schritt wird eine detaillierte Prüfung des Unternehmens durchgeführt. Da diese teilweise mit hohen Kosten verbunden ist (bspw. durch die Beauftragung externer Gutachter, um die Technologie zu beurteilen), wird vor dem Beginn der Due Diligence ein sogenannter Letter of Intent unterzeichnet (Pankotsch, 2005, S. 47). Dieser beinhaltet die Eckpfeiler des zukünftigen Beteiligungsvertrags und sichert der VCG teilweise Exklusivität zu, sodass das kapitalsuchende Unternehmen parallel bei keiner anderen Gesellschaft Anfragen stellen darf. Zusätzlich werden Vertraulichkeitsvereinbarungen für beide Vertragsparteien in diesem „Vorvertrag" festgelegt. Das Ziel der Detailprüfung ist es, eine Entscheidungsgrundlage für das Investmentkomitee, das über die Beteiligung entscheidet, zu formulieren. Neben dem Geschäftskonzept werden weiterhin die Renditeaussichten und Verkaufsmöglichkeiten des Unternehmens beurteilt. Auch der Austausch mit externen Gutachtern und Netzwerkpartnern sowie mit den Gründern bzw. Managern ist wesentlich. Am Schluss der umfassenden Informationsgewinnung und Prüfung steht eine Entscheidungsvorlage, welche eine Empfehlung für die Beteiligung enthält.

2.2.4 Beteiligungsverhandlung

Wenn die Prüfung des Unternehmens erfolgreich verlaufen ist, werden die Bedingungen der Beteiligung verhandelt und in Verträgen festgehalten. Zuerst verfasst der Beteiligungsmanager einen Beteiligungsvorschlag, welcher vom Entscheidungsgremium genehmigt wird. Anschließend kann direkt mit dem Unternehmen über den Vertrag und einzelne Klauseln verhandelt werden. Ggf. wird der verhandelte Vertrag dann noch einmal final vom Gremium bewilligt (Pankotsch, 2005, S. 54).

Es gibt nicht nur diesen einen Beteiligungsvertrag, sondern eine Vielzahl an zu schließenden Verträgen. Eine detaillierte Aufstellung der einzelnen Verträge und der jeweils vorhandenen typischen Regelungen findet in Kapitel 3 statt.

Zusammenfassend wird geregelt, in welcher Form die VCG am Unternehmen beteiligt ist und welche Gegenleistung sie für die Beteiligung erwartet. Obwohl VCG meist eine Minderheitsbeteiligung eingehen, wollen sie z. B. über umfassende Einfluss- und Kontrollrechte verfügen. Als Besonderheit gilt hier, dass es in der Seed-Phase bei Investitionen durch den High-Tech Gründerfonds immer einen Standardvertrag gibt und damit die Phase der Beteiligungsverhandlung durchaus sehr kurz ausfallen kann (Kantehm & Rasmussen-Bonne, 2013, S. 171).

2.2.5   Laufende Beteiligung und Managementunterstützung

Nach dem Investment beginnt für die VCG eine oft mehrjährige Interaktion mit dem PU. Das grundlegende Ziel ist es, den Wert der Beteiligung zu erhöhen und demnach das Unternehmen beim Wachstum zu fördern. Auf der anderen Seite ist die Überwachung des PU und damit auch des initialen Investments ein zentraler Punkt in dieser Phase (Pankotsch, 2005, S. 62).

Zu den überwachenden – oder auch Monitoring genannten – Tätigkeiten zählt zu Beginn die Pflicht des PU, der VCG in regelmäßigen Abständen ein Reporting zu liefern. Dieses umfasst die Entwicklung, Finanzkennzahlen und geplanten Aktivitäten des Unternehmens. Die Häufigkeit des Reporting ist in den Verträgen festgelegt. Wenn es zu existenzbedrohenden Situationen kommt, werden auch wöchentliche Reporting verlangt. Neben den Berichten zählen die Genehmigung des Jahresabschlusses und die (vertragsmäßig zugesicherte) Überprüfung von wichtigen unternehmerischen Entscheidungen zu den klassischen Überwachungsaufgaben der PU.

Als zweite Aufgabe während der laufenden Beteiligung gilt die Unterstützung des Managements, die sogenannten Value adding-Aktivitäten. In diese Kategorie fallen alle Maßnahmen, die nicht der Risikominimierung, sondern der Wertsteigerung der Beteiligung dienen.

Neben der finanziellen Unterstützung werden die VCG in verschiedenen anderen Bereichen aktiv: Eine Einteilung dieser Unterstützungsformen haben Large und Muegge (2008) anhand einer systematischen Literaturanalyse vorgenommen (Large & Muegge, 2008). Gemäß der Erkenntnis der Autoren kann die Unterstützungsleistung in extern und intern orientierte Leistungen unterschieden werden: Zur externen Unterstützung zählen Legitimation und Reichweite. Legitimation beschreibt dabei einen passiven Prozess, bei welchem der Ruf der VCG eine positive Wirkung auf das PU ausübt. Die Reichweite beschreibt hingegen das aktive Herstellen von Kontakten mit externen Stakeholdern (z. B. Kunden, Finanzierungspartner und Marketingagenturen). Zu den intern orientierten Managementunterstützungsaufgaben zählen Personalbeschaffung, Anreizsteuerung des Managementteams, Strategieentwicklung, Mentoring, Beratung und Unterstützung im operativen Betrieb (Large & Muegge, 2008, S. 40-45). Da die VCG Verbindungen untereinander und zu Banken haben, ist das Mitwirken im Sinne der Anschlussfinanzierung ein wichtiger Punkt der Managementunterstützung.

Eine klare Trennung zwischen Überwachung und Managementunterstützung ist indes schwierig: Wenn ein PU bspw. durch einen Forderungsausfall in eine Liquiditätskrise gerät, wird daraufhin die VCG bzw. der Beteiligungsmanager aktiv. Es lässt sich nicht klar trennen, ob dies der Risikobegrenzung und dem Schutz des Investments oder einer Wertsteigerung dient. Vor allem in Krisensituationen werden VCG aufgrund der Wahrung des eigenen Rufs tätig, womit ein negativer Einfluss auf den zukünftigen Dealflow verhindert werden soll.

Trotzdem sind der Umfang der Unterstützungsleistung und die Überwachung untereinander (von VCG zu VCG, von PU zu PU) sehr unterschiedlich. Dies resultiert aus der variierenden personellen Ausstattung und immer anderen Ausgangsbedingungen der Beteiligungsunternehmen (Pankotsch, 2005, S. 63).

2.2.6 Desinvestition

Der letzte, aber nicht weniger wichtige Schritt des Finanzierungsprozesses ist der Verkauf bzw. Exit der Beteiligung. Das primäre Ziel fast jeder VCG ist es, anhand der Wertsteigerung der erworbenen Anteile am PU Gewinne zu erzielen. Weil VCG stets ein Engagement auf Zeit eingehen und kein wesentliches Interesse an laufenden Erträgen haben, ist dies ein wesentlicher Punkt im gesamten Finanzierungsprozess. Daher nimmt diese Etappe für den Beteiligungsmanager während der Betreuung eines PU zeitlich betrachtet viel Raum ein. Der Manager ist stets auf der Suche nach geeigneten Exit-Möglichkeiten, um das PU möglichst gewinnbringend zu verkaufen. Generell gibt es fünf Wege, um die Beteiligung abzustoßen (Pankotsch, 2005, S. 70-71):

1. **Trade-Sale:** Dieser Weg beschreibt den Verkauf des PU an einen industriellen Investor. Dieser hat meist Interesse an der Technologie oder dem Know-how des Unternehmens und ist daher bereit, einen (meist sehr hohen) strategischen Preis zu bezahlen. Diese Art des Exits bildet die in Deutschland beliebteste Form des Ausstiegs einer VCG. Selbst wenn das Unternehmen allein nicht am Markt bestehen könnte (bspw. aufgrund fehlender Kunden), kann die VCG durch den Verkauf eine überdurchschnittliche Rendite erzielen (bspw. durch eine attraktive Technologie). Dass die VCG solch einen Verkauf erzwingen könnte, kann auch negativ auf die Gründer des Unternehmens wirken.

2. **Going Public:** Eine andere Möglichkeit stellt der IPO dar, also die Erstemission des Unternehmens an der Börse. Dieser Exit-Kanal wird überwiegend in den USA und nicht in Deutschland verwendet (s. dazu Kapitel 2.5).

3. **Secondary Purchase:** Ein Zweitverkauf beschreibt den Verkauf der Unternehmensanteile an einen anderen Finanzinvestor. Dabei kann es sich um spezielle Fonds handeln, welche ausschließlich für VCG unattraktive Investments mit einem Abschlag aufkaufen. Gerade für Fonds, deren maximale Fondlaufzeit überschritten ist, stellt diese Art häufig die einzige Möglichkeit des Verkaufs der Anteile dar. Aber auch bei einem Wechsel in eine andere Unternehmensphase kann ein Verkauf dieser Art durch die VCG unverzichtbar sein, wenn die VCG bspw. nicht mehr in der Phase investiert sein darf.

4. **Buyback:** Der Buyback beschreibt den Rückkauf der Anteile durch die Gründer bzw. Manager des PU. Somit kaufen die Gründer, die ursprünglich die Finanzierung erhalten haben, die Anteile von den Kapitalgebern zurück. Diese Form des Verkaufs ist von den VCG häufig nicht gewünscht, da die Gründer ursprünglich aufgrund fehlender finanzieller Mittel eine Beteiligung durch die VCG am Unternehmen zuließen (Cumming & Johan, 2013, S. 36). Für einen Rückkauf der Anteile fehlt dann häufig das Kapital, da der Großteil des Vermögens im PU gebunden ist.

5. **Liquidation bzw. Kündigung:** Die Liquidation beschreibt die komplette Abschreibung des eingesetzten Kapitals. Dies ist häufig mit der Insolvenz des PU
verbunden. Die Quote der Totalverluste im deutschen VC-Markt beträgt ca. 30 %
pro Jahr (BVK, 2016, S. 18).

2.3 Finanzierungsphasen

Mit der Entwicklung eines Unternehmens geht auch das Durchlaufen verschiedener Phasen
einher. Jede Ausprägung dieser Phasen zieht einen anderen Kapitalbedarf des Unternehmens
nach sich, was in diesem Kapitel vorgestellt und in Abbildung 3 grafisch demonstriert wird.
Die Phaseneinteilung dient dazu, ein besseres Verständnis für den Finanzierungsfokus von
verschiedenen VCG zu erlangen und in einer späteren Analyse die Bedürfnisse der PU besser einordnen zu können.

Abbildung 3: Finanzierungsphasen

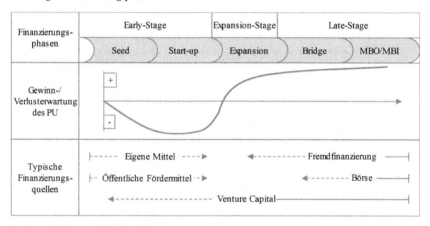

Quelle: In Anlehnung an Schefczyk (2006, S. 26)

2.3.1 Early-Stage

Die Early-Stage beschreibt die Frühphase von Unternehmen und wird üblicherweise in die
Seed- und Start-up-Phase unterteilt. Eine eindeutige Trennung dieser Phasen kann nicht vorgenommen werden, da die Übergänge fließend sind (Baumgärtner, 2005, S. 35-39).

Als Seed-Phase werden sämtliche Aktivitäten, die vor der Gründung des eigentlichen Unternehmens stattfinden, zusammengefasst. Zu Beginn dieser Phase liegt häufig nur eine Idee
oder eine Erfindung vor. Diese gilt es zu testen, zu validieren und weiterzuentwickeln. Da
häufig noch keine Einschätzung des Produkts oder des Markts möglich ist, investieren VCG
in dieser Phase nur sehr kleine Kapitalsummen. Diese sollen es dem Unternehmen ermöglichen, sich zu professionalisieren, am Markt aufzustellen und das Produkt zu testen. Die VCG

wiederum muss sich sehr gut in der entsprechenden Technologie und dem Markt auskennen, um die Erfolgswahrscheinlichkeiten des PU einschätzen zu können.

Allgemein ist das Risiko in dieser Phase sehr groß: Da das Unternehmen noch keine Umsätze und Historie vorweisen kann, ist eine Bewertung schwierig bis unmöglich. Erschwerend kommt ein hoher Betreuungsaufwand für die Investoren hinzu, da Unternehmen in dieser Phase sehr unsicher sind und aufgrund fehlender Erfahrung Fehler machen. Dies zusammen führt dazu, dass in dieser Phase überwiegend öffentliche Fördergelder zur Finanzierung dienen, wenn die eigenen Mittel der Gründer nicht ausreichen. Daneben sind auch Business Angels in der Frühphase aktiv (Baumgärtner, 2005, S. 36-38).

Die Start-up-Phase beschreibt die Gründungsphase eines Unternehmens: In dieser Phase wird das Unternehmen gegründet, das Produkt bis zur Marktreife entwickelt, die Produktion vorbereitet und erstes (Führungs-)Personal eingestellt. Ziel der Phase ist es, die ursprüngliche Idee u. a. durch ein Marketingkonzept kommerziell umzusetzen. Das Unternehmen benötigt dazu finanzielle Mittel, denn sobald Produktionsanlagen und F&E aufgestellt oder weiter betrieben werden müssen, sind die Eigenmittel häufig aufgebraucht. Verstärkt wird dieser Effekt durch bisher noch fehlende Umsätze, wonach die Finanzierungslücke in dieser Phase besonders groß ist. Da noch keine Einnahmen generiert werden, fehlt es an Sicherheiten für Bankkredite, wodurch VC in dieser Phase häufig die einzige Finanzierungsmöglichkeit darstellt. Auch Business Angels und öffentliche Fördermittel sind in dieser Phase übergangsweise tätig (Baumgärtner, 2005, S. 38-39).

2.3.2 Expansion-Stage

Die Wachstumsphase des Unternehmens bzw. Expansion-Stage wird auch in First-, Second- und Third-Stage-Phase eingeteilt (Baumgärtner, 2005, S. 36). Die Phase beginnt mit der Produktionsaufnahme und der Erzielung erster Umsätze, geht über in die Marktdurchdringung sowie Erweiterung der Vertriebskanäle und endet im Break-Even des Unternehmens. In dieser Phase wird es erstmals möglich, Fremdkapital von Banken aufzunehmen, da in dieser Phase Umsätze generiert werden. In der sogenannten Third-Stage-Phase werden weitere Märkte erschlossen, die Produktionskapazitäten ausgeweitet und erste Gewinne erzielt. In dieser Phase steht nun neben VC auch die Fremdkapitalfinanzierung zur Verfügung. Da hier größere Summen an Kapital benötigt werden, ist dies häufig nicht mehr durch öffentliche Fördermittel abdeckbar (Baumgärtner, 2005, S. 39-41).

2.3.3 Late-Stage

Die Unternehmen in der Late-Stage-Phase verfügen bereits über einen positiven Cashflow. Daher strebt die VCG idealweise in dieser Phase den Exit an, veräußert also ihre Beteiligung am Unternehmen. Zu einem weiteren oder eventuell neuen Engagement einer VCG kann es durch besondere Unternehmenssituationen kommen (Baumgärtner, 2005, S. 42-43).

Dazu zählt eine Überbrückungsfinanzierung (auch Bridge financing). Diese beschreibt die Finanzierung zur Überwindung von Wachstumsschwellen oder der Zeit bis zum Börsengang sowie Trade-Sale. Dazu wird durch Verbesserung der Eigenkapitalquote die Verkaufsfähigkeit erhöht (Baumgärtner, 2005, S. 43).

Ebenfalls ist eine Turnaround-Finanzierung denkbar. Diese Situation tritt ein, wenn Unternehmen, welche nach einer Restrukturierung (oder Sanierung) aus der Verlustphase kommen und sich im wirtschaftlichen Wiederaufstieg befinden. In diesem Fall sind spezielle Finanzierungen nötig, die häufig Fremdkapital bzw. Mezzanine-Finanzierungen beinhalten.

Als letzte Sondersituation gelten Management Buy-outs bzw. Management Buy-ins, welche wiederholt im Zuge einer Nachfolgeregelung anzutreffen sind. Diese Verfahren beschreiben die Übernahme eines Unternehmens durch ein vorhandenes (Management Buy-out) oder externes (Management Buy-in) Management. Da das benötigte Finanzvolumen in dieser Phase sehr groß ist, aber bereits Gewinne und Umsätze erzielt werden, kommen Fremdkapital, VC- oder Private Equity-Investoren sowie ein möglicher Börsengang zur Kapitalbeschaffung in Betracht (Baumgärtner, 2005, S. 42-43).

2.4 Syndizierung

Als Syndizierung bzw. Syndikation wird der Zusammenschluss von mindestens zwei Partnern verstanden, welche in dasselbe PU investieren. Durch die gemeinsame Investition soll das Risiko geteilt und damit für jeden Partner minimiert werden. Darüber hinaus kann das PU besser betreut und die Beteiligungswürdigkeitsprüfung vereinfacht sowie verbessert werden (Neubecker, 2006, S. 107). Gerade in der Frühen-Phase wird eine Syndizierung eingegangen. Da diese in der vorliegenden Arbeit besondere Beachtung findet, wird diese im Folgenden näher vorgestellt.

Ein Vorteil eines Zusammenschlusses stellen Netzwerkeffekte dar (Priesing, 2014, S. 51-52): Durch das Anbieten einer attraktiven PU-Beteiligung an andere VCG erhofft sich die ursprüngliche VCG einen besseren Dealflow, indem die Syndizierungspartner auch umgekehrt attraktive Investments mit ihr teilen. Ebenso kann es zu einer Reputationsverbesserung kommen, welche jeweils auf der Ebene der PU und der VCG erfolgen kann (Priesing, 2014, S. 53-54).

In der Praxis wird einer der Investoren als sogenannter Lead-Investor agieren. Dieser hält üblicherweise die größte finanzielle Beteiligung am Unternehmen und verfügt über die meiste Erfahrung. Der Lead-Investor prüft die Beteiligung sehr intensiv und ist der direkte Ansprechpartner aus dem Kreis der Investoren für das PU (Neubecker, 2006, S. 108). Family Offices haben im Gegensatz zu spezialisierten Investoren und Unternehmen stellenweise weniger umfangreiche Möglichkeiten, eine Beteiligung intensiv zu prüfen und zu betreuen. Daher richten sie sich nach dem Urteil des Lead-Investors. Auch geben Family Offices zum Teil ihre Stimmrechte an den Lead-Investor ab, damit dieser ihre Interessen vertritt.

2.5 Investorengruppen

Im Markt für VC gibt es verschiedene Organisationen und Teilnehmer mit ganz unterschiedlichen Motiven (Bertoni, Colombo & Quas, 2015, S. 543; Colombo & Murtinu, 2017, S. 35-36). Im Folgenden werden die wichtigsten Kapitalgeber und die Zielstellungen der Investments vorgestellt. Eine eindeutige Einteilung von Marktteilnehmern ist nicht immer möglich, da Überschneidungen von Interessen und Ausnahmen existieren.

2.5.1 Independent VC-Investoren

Zu den klassischen VC-Gebern zählen unabhängige (Independent) bzw. institutionelle VC-Investoren (IVC). Eine Unterscheidung der Fonds ist möglich nach: Finanzierungsphase, Höhe des bereitgestellten Kapitals, Branchenschwerpunkt, Art und Umfang der Managementunterstützung und der Zeit, in der ein Verkauf der Beteiligung erfolgen soll (Brehm, 2012, S. 8). Sie sind renditeorientiert und nehmen die Rolle des Finanzintermediärs ein (Cumming, Grilli & Murtinu, 2017, S. 439-440). Die von den Gesellschaften aufgelegten Fonds sind überwiegend mit einer zeitlichen Befristung ausgelegt. Durch die zeitliche Befristung sind diese Investoren im besonderen Maße an einer Wertsteigerung und nicht an laufenden Erträgen interessiert. Diese Fonds schreiben regelmäßig Reporting an ihre Investoren. IVC Fonds sind vor allem in der Anfangsphase nach der Investitionsphase gefährdet, da sie den Investoren zu Beginn meist nur Abschreibungen mitteilen können, bevor ein Teil der PU die Hockeystick-Entwicklung (also ein stark steigender Umsatz) aufweist. Beispielhafte Vertreter dieser Gruppe sind Earlybird oder Target Partners.

2.5.2 Corporate VC-Investoren

Eine in den letzten Jahren an Bedeutung gewinnende Gruppe umfasst die VCG, die durch große und etablierte Industrieunternehmen gegründet werden (Rossi, Festa, Solima & Popa, 2017, S. 339). Diese als Corporate VC (CVC) bezeichneten Investoren sehen ihren primären Fokus nicht im finanziellen Erfolg des Fonds (Brehm, 2012, S. 9). Stattdessen sind die Ziele von Industrieinvestoren häufig von strategischer Ausprägung: wie der Zugang zu technologischem Know-how (auch Window on Technology), die Identifikation möglicher Akquisitionskandidaten, die Förderung von Spin-offs oder die Entwicklung einer Unternehmenskultur mit einem sogenannten „Entrepreneurial Spirit" (Kim, Gopal & Hoberg, 2016, S. 259-260).

Häufig investieren CVC zusammen mit anderen Marktteilnehmern in junge Unternehmen. Die Relevanz dieser Investoren wird in Tabelle 1 ersichtlich: Es sind alle DAX-30-Unternehmen und die ggf. vorhandenen CVC-Fonds dargestellt. Insgesamt haben 24 von 30 DAX-Unternehmen einen oder mehrere VC-Fonds oder zumindest ein Accelerator Programm zur Förderung von Start-ups. Dies verdeutlicht, dass das Thema VC und Wachstum daraus von den größten deutschen Aktienunternehmen wahrgenommen wird.

Tabelle 1:   **Vorhandensein von CVC bei DAX-30-Unternehmen**

Unternehmen	CVC-Fonds vorhanden?	Name des Fonds/Gründungsjahr
Adidas	Ja	greenENERGY Fund und Hydra Ventures/2011/2013
Allianz	Ja	Allianz Ventures/2015
BASF	Ja	BASF Venture Capital GmbH/2001
Bayer	Ja	Bayer Innovation/2004
Beiersdorf	Nein	
BMW	Ja	BMWi Ventures/2011
Commerzbank	Ja	CommerzVentures GmbH/2014
Continental	Nein	
Daimler	Ja	Accelerator Startup Autobahn/2016
Deutsche Bank	Ja	Dt. Venture Capital GmbH (DVCG) Deutsche Bank eVentures/1998
Deutsche Boerse	Ja	DB1 Ventures/2016
Deutsche Post	Ja	DHL Innovation Center/2009
Deutsche Telekom	Ja	T-Venture und Deutsche Telekom Capital Partners/1998/2015
E.on	Ja	E.on Venture/2013
Fresenius	Ja	Fresenius Medical Care Ventures/2016
Fresenius Medical Care	Ja	Fresenius Medical Care Ventures/2016
HeidelbergCement	Nein	
Henkel	Ja	Henkel Ventures/2004
Infineon	Nein	
Linde	Nein	
Lufthansa	Ja	Accelerator Lufthansa Innovation Hub/2015
Merck	Ja	MS Ventures/2009
Muenchener Rueck	Ja	Accelerator MundiLab/2016
ProSiebenSat1 Media	Ja	SevenVentures/2009
RWE	Ja	Innogy Venture Capital GmbH/2008
SAP	Ja	Mehrere/seit 2000
Siemens	Ja	Siemens Venture Capital/2008
ThyssenKrupp	Nein	
Volkswagen	Ja	Via Autovision GmbH/2001
Vonovia	Ja	Accelerator blackprint PropTech Booster/2017

Quelle: Eigene Darstellung

2.5.3   Bank VC-Investoren

Sobald eine Bank der maßgebliche Eigentümer eines Fonds ist, wird von einem Bank VC (BVC) gesprochen. Diese sind den CVC nicht unähnlich, da sie ebenfalls nicht ausschließlich ein monetäres Ziel verfolgen. BVC nutzen VC-Fonds in erster Linie, um Zugang zu jungen Unternehmen zu erlangen. Die Unternehmen werden dann in einer späteren Phase mit Fremdkapital und anderen Bankprodukten versorgt (Andrieu & Groh, 2012, S. 1143; Croce, D'Adda & Ughetto, 2015, S. 191; Hellmann, Lindsey & Puri, 2008, S. 513). Ein Vertreter dieser Gruppe ist bspw. die S-IB (SIB Innovations- und Beteiligungsgesellschaft mbH).

2.5.4   Government VC-Investoren

Vor allem in der Frühphasenfinanzierung sind öffentliche Kapitalgeber, sogenannte Public VC oder Government VC (GVC) aktiv (Brehm, 2012, S. 9). Dazu zählen in erster Linie der High-Tech Gründerfonds (HTGF), mittelständische Beteiligungsgesellschaften, staatliche Förderinstitute (insbesondere die Kreditanstalt für Wiederaufbau mit bspw. dem Förderprogramm „ERP-Venture Capital-Fondsinvestments") und sonstige öffentliche Förderprogramme, die junge Unternehmen mit Eigenkapital oder eigenkapitalähnlichen Mitteln ausstatten. GVC Geber sind häufig durch staatliche Vorgaben daran gebunden, zusammen mit weiteren privaten Investoren zu investieren. Das primäre Ziel dieser Investorengruppe ist die Förderung bestimmter Regionen oder Bereiche und nicht zwingend der Kapitalzuwachs (Cumming & MacIntosh, 2003, S. 69; Minola, Vismara & Hahn, 2017, S. 60; Colombo, Cumming & Vismara, 2016, S. 12). So hat der HTGF bspw. das „Ziel, dem Markt für Seedfinanzierungen in Deutschland deutliche Impulse zu geben und damit die Finanzierungsbedingungen für technologieorientierte Gründer nachhaltig zu verbessern" (Geyer, Heimer, Hölscher & Schalast, 2010, S. 1).

2.5.5   Business Angels und private Investoren

Ein ebenfalls wachsendes Angebot an VC wird durch private Investoren und Business Angels (BA) zur Verfügung gestellt (Brehm, 2012, S. 10). Family Offices, also spezielle Unternehmen, die sich auf die Verwaltung von privatem Vermögen spezialisiert haben, investieren dabei Kapital (Fili & Grünberg, 2016, S. 91). Auch ehemalige Gründer, die durch einen sehr erfolgreichen Exit über große finanzielle Mittel verfügen, investieren wiederum dieses Geld (neben ihrer Erfahrung und ihrem Netzwerk) in Start-ups.

Diese Gruppe stellt oft vergleichsweise am wenigsten Kapital: Die Spanne liegt meist im Bereich zwischen 25.000 Euro bis 100.000 Euro. BA und private Investoren sind häufig in der Seed-Phase vertreten. Während Family Offices an einer Mindestrendite des Kapitals interessiert sind, vergeben ehemalige Gründer junger Unternehmen teilweise aus rein altruistischen Gründen Kapital (Brehm, 2012, S. 10).

2.6   VC-Markt in den USA und Deutschland

Die USA sind der größte VC-Markt weltweit (Teker, Teker & Teraman, 2016, S. 213), wobei gleichzeitig die meisten Studien über und in diesem Markt durchgeführt werden. Daher wird im Folgenden der VC-Markt der USA mit dem in dieser Arbeit betrachteten Markt – dem in Deutschland – verglichen.

Es wird die Entwicklung der Märkte und Zahlen zur gesamtwirtschaftlichen Lage, dem Fundraising bzw. der Kapitalakquisition, den Branchen und Exits verglichen, um einen Überblick des gesamten Finanzierungsprozesses in den Ländern zu erhalten. Den Abschluss bildet eine Zusammenstellung der Unterschiede zwischen den beiden Ländern und Märkten sowie Implikationen für die weitere Entwicklung der Arbeit.

2.6.1   VC-Markt in den USA

Bereits die Entdeckung Amerikas stellt in der Literatur eine klassische VC-Finanzierung dar: Dabei erhielt der Unternehmer Christopher Columbus Risikokapital von der spanischen Königin Isabella, um eine schnellere Route auf dem Seeweg nach Indien zu finden und die spanische Handelsmacht zu stärken. Ähnlich wie bei heutigen Frühphasenfinanzierungen, stellte sich die ursprünglich finanzierte Idee als nicht marktfähig heraus. Doch durch Glück und Zufall wurde ein ganz neuer Markt entdeckt (Schween, 1996, S. 26).

Bis zu den ersten beiden Weltkriegen wurde die Finanzierung mittels VC in den USA ausschließlich von wohlhabenden Privatpersonen betrieben. Im Jahr 1946 entstand das erste VC-Unternehmen: die American Research and Development Corporation (ARD), welche es der breiten Masse ermöglichte, in VC zu investieren. 1957 erwarb die ARD Anteile an der Digital Equipment Corporation (DEC), die einen ersten Minicomputer herstellte. Aus den ursprünglich investierten 70.000 US-Dollar wurden 1966 zum IPO der DEC 40 Mio. US-Dollar. Dieser Erfolg sorgte in Amerika für ein positives Bild von VC und mündete in der Gründung einer Vielzahl weiterer VCG (Schween, 1996, S. 27-28).

Mitte der 80er Jahre verursachte das Platzen einer Blase in der Diskettenlaufwerkindustrie für die erste große Konsolidierungswelle im amerikanischen VC-Markt (Schween, 1996, S. 28). Diese wurde Anfang der 90er Jahre jedoch überwunden.

Es folgte die Dotcom-Blase: Im Jahr 2000, dem Höhepunkt, wurden über 100 Mrd. US-Dollar an neuem Kapital von den VCG eingesammelt und investiert. 1999 und 2000 gab es jedes Jahr über 200 IPO mit über 20 Mrd. US-Dollar eingeworbenem Kapital. Bereits 2001 – zum Zeitpunkt des Platzens der Blase – sank die Zahl der IPO unter die des Jahres 1999 und markierten im Jahr 2003 einen Tiefpunkt. Abgesehen vom erneuten Einbruch – ausgelöst durch die Finanzkrise – in den Jahren 2008 bis 2010, wächst der amerikanische VC-Markt seitdem.

Größe VC-Markt: In den USA waren im Jahr 2016 laut der National Venture Capital Association (NVCA) 898 VCG aktiv, welche insgesamt 1.562 Fonds betreuten. In Summe verwalten diese Gesellschaften über 333,5 Mrd. US-Dollar an Assets under Managment; die Entwicklung des verwalteten Kapitals ist in Abbildung 4 dargestellt („NVCA - Yearbook 2017", 2017).

Abbildung 4:   Assets under Management von US-VCG von 2004 bis 2016

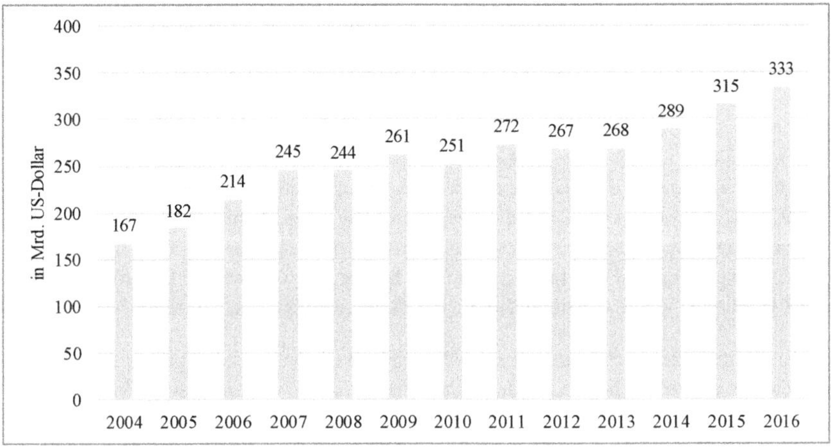

Quelle: In Anlehnung an „NVCA - Yearbook 2017" (2017, S. 18)

Fundraising: Im Jahr 2016 wurden 41,6 Mrd. US-Dollar (2015: 35,2 Mrd. US-Dollar) Kapital eingeworben und in 253 verschiedene Fonds investiert. Dabei gingen mehr als 60 % des Geldes an Fonds aus dem Bundesstaat Kalifornien, welcher auch neun der zehn größten VC-Fonds der USA beheimaten („NVCA - Yearbook 2017", 2017, S. 15-16).

Investitionen: Es wurden 69 Mrd. US-Dollar in 7.750 PU allein im VC-Markt (ohne Buyout) investiert. Dabei verteilten sich 6,61 Mrd. US-Dollar des investierten Kapitals in Seed-Unternehmen, 24,11 Mrd. US-Dollar in Early-Stage- und 38,39 Mrd. US-Dollar in Late-Stage-Unternehmen. In Bezug auf die Anzahl der Unternehmen wurden vor allem Seed- und Early-Stage-Unternehmen gefördert, denn 50,5 % aller Finanzierungsrunden gingen an Unternehmen aus dieser Phase (30,7 % Early-Stage-Phase, 18,7 % Late-Stage-Phase) („NVCA - Yearbook 2017", 2017, S. 19-20).

Branchen: Die Softwarebranche sticht in Bezug auf die vergebenen Volumina hervor: 47,7 % des gesamten investierten Kapitals flossen in IT-Unternehmen, an zweiter Stelle steht mit 11,3 % die Branche Biotechnologie und Pharmazie. Sämtliche weiteren Branchen vereinen nicht mehr als jeweils 5 % der Investitionen („NVCA - Yearbook 2017", 2017, S. 20).

Exits: 2016 wurden 39 PU durch eine erstmalige Börsenlistung, an denen VCG beteiligt waren, für insgesamt 12,7 Mrd. US-Dollar verkauft – zum Vergleich: Im selben Jahr gingen insgesamt 138 Unternehmen an die Börse (2015: 77 IPO mit VCG bei 226 IPO insgesamt).

An diesen Zahlen wird ersichtlich, wie wichtig VC zur Finanzierung von jungen Wachstumsunternehmen und für das amerikanische Börsensegment ist. 687 Unternehmen wurden via Mergers & Acquisitions (M&A)-Transaktion (überwiegend Trade-Sale oder Verkauf an ein anderes Finanzunternehmen) verkauft („NVCA - Yearbook 2017", 2017, S. 29-31). Insgesamt ist der amerikanische VC-Markt damit der mit Abstand größte und entwickelteste der Welt (Teker et al., 2016, S. 213).

2.6.2   VC-Markt in Deutschland

In den 60er Jahren wurden in Deutschland die ersten kleinen Kapitalbeteiligungsgesellschaften von privaten Investoren in Kooperation mit Banken gegründet. Ende der 60er Jahre wurden auch Sparkassen und Landesbanken aktiv und gründeten eigene Beteiligungsgesellschaften. Primäres Ziel war dabei die Verbesserung der Eigenkapitalbasis von mittelständischen Unternehmen (Schefczyk, 2004, S. 113-114). In den 60er und 70er Jahren gab es dennoch wenig Kapital und Investitionsmöglichkeiten, dazu waren die Exit-Möglichkeiten stark beschränkt und es existierte keine staatliche Förderung in dem Bereich.

Bereits Anfang der 70er Jahre gab es in Deutschland Diskussionsansätze, um eine Technologielücke, die im Vergleich zu anderen Staaten entstanden war, mithilfe von Wagniskapital zu schließen. Dies mündete in der Gründung der Deutschen Wagnisfinanzierungs-Gesellschaft mbH (WFG), welche 1975 durch 27 Kreditinstitute unter Leitung der Deutschen Bank entstand (Schefczyk, 2004, S. 115; Schween, 1996, S. 30). Die Gesellschaft wurde im besonderen Maße durch den deutschen Staat gestützt.

Der Staat verpflichtete sich, 75 % der entstehenden Verluste über 15 Jahre zu tragen. Diese Garantie wurde durch die WFG mehrfach genutzt, wodurch die Garantie im Jahr 1984 durch den Staat aufgekündigt wurde (Schween, 1996, S. 30). Im selben Jahr wurde eine Nachfolgergesellschaft gegründet, welche u. a. die Beteiligungsdauer erhöhte und das ausschließliche Finanzieren von Unternehmensgründungen aufhob.

In der zweiten Hälfte der 80er Jahre begann eine Boomphase im deutschen VC-Markt: Es gab mehr Kapital, das Fundraising wurde erleichtert und die Möglichkeiten für Beteiligungen stiegen. Zusätzlich kam es zu ersten staatlichen Förderungen und neuen Exit-Möglichkeiten – z. B. an der Börse und M&A-Märkte – entstanden. In dieser Zeit sank die Finanzierung von Unternehmensgründungen von rund 25 % auf ein Niveau zwischen 5 % und 10 % (Schween, 1996, S. 31).

Dieser Trend gipfelte in der Dotcom-Blase. Zur Veranschaulichung: Zwischen 1992 und 2002 wuchs das VC-Gesamtportfolio um 20,9 % pro Jahr von 2,5 Mrd. Euro auf 16,7 Mrd. Euro, wobei sich der Trend von 1997 auf 33,1 % pro Jahr erhöhte. Nach dem Platzen der Blase in den Jahren 2000 und 2001 ging die Summe an eingeworbenem Kapital stark zurück. Als im Jahr 2004 die Börsenkurse stiegen, wurde auch die VC-Branche attraktiver, jedoch von der Finanzkrise im Jahr 2007 und 2008 wieder ausgebremst.

Im Folgenden wird ein Überblick über die aktuelle Lage des VC-Markts in Deutschland geboten (alle Zahlen aus BVK, 2017):

Größe VC-Markt: Im Bundesverband Deutscher Kapitalbeteiligungsgesellschaften (BVK) sind 181 VCG organisiert. Der BVK schätzt, dass es 60 weitere VCG in Deutschland gibt, welche nicht Mitglied des BVK sind. Demnach sind ca. 250 VCG in Deutschland ansässig. Die 181 Unternehmen haben dabei 2.850 Mitarbeiter, wovon 1.800 Investmentmanager sind. Insgesamt verfügen die VCG über 39,6 Mrd. Euro an Assets under Managment, welche in 7.100 PU investiert sind. Die PU erzielen dabei zusammen einen Jahresumsatz von 178,8 Mrd. Euro und haben 911.900 Beschäftigte. Die Größe des Gesamtportfolios stagniert seit dem Jahr 2014.

Fundraising: 2016 konnten insgesamt 2,3 Mrd. Euro an neuem Kapital durch Fonds eingeworben werden (2014: 1,53 Mrd. Euro), wovon 76 % (1,75 Mrd. Euro) von Buy-out-Fonds eingesammelt wurden. Abbildung 5 stellt die Entwicklung des Fundraising von VC-Fonds in Deutschland dar. Insgesamt ist das Fundraising in Deutschland sehr volatil und stark zyklisch.

Abbildung 5:   Fundraising deutscher VCG von 2010 bis 2016

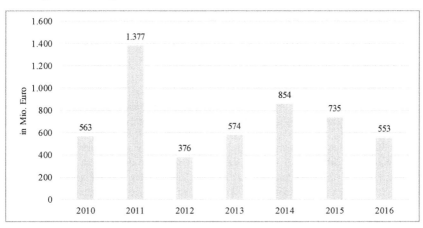

Quelle: In Anlehnung an BVK (2017)

Investitionen: Insgesamt wurden in Deutschland im Jahr 2016 5,7 Mrd. Euro in 1.011 PU investiert (2015: 6,6 Mrd. Euro in 1.313 PU). Davon entfielen 933 Mio. Euro auf 568 PU in den VC-Phasen (Seed-, Start-up-, Late-Stage). Dass meiste Kapitel wurde mit 22,4 % in Bayern investiert, wo auch 18,9 % und damit die meisten Unternehmen finanziert wurden. Die gesamten Investitionen aufgeschlüsselt nach den einzelnen Phasen sind in Abbildung 6 zu finden.

Abbildung 6:   VC-Investitionen in Deutschland von 2008 bis 2016

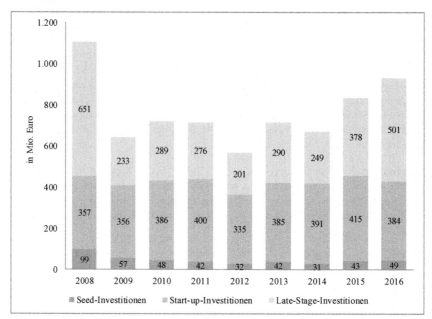

Quelle: In Anlehnung an BVK (2017)

Branchen: In den drei Branchen Unternehmensprodukte und -dienstleistungen (33,3 %), IKT (22,9 %) und Konsumgüter und -services (20,4 %) wurden insgesamt 76,6 % des gesamten Finanzierungsvolums investiert womit diese die wichtigsten Branchen darstellen.

Exits: 2016 wurden 703 Beteiligungen im Wert von 2,9 Mrd. Euro veräußert (2015: 942 PU im Wert von 5,7 Mrd. Euro). 49,4 % der Exit-Erlöse kamen dabei durch Trade-Sales zustande, was 11,7 % aller verkauften PU abdeckte. Diese Zahlen belegen, dass durch Trade-Sales die VCG am meisten profitieren. Der Verkauf an andere Beteiligungsgesellschaften macht 27,7 % der Exit-Erlöse bei nur 6 % der PU aus und ist daher ebenfalls ein attraktiver Kanal für die VCG. Die meisten Unternehmen zahlten die Darlehen oder Vorzugsaktien an die VCG zurück (51,6 %) oder waren Totalverluste und sind demnach insolvent gegangen (17,4 %). Obwohl 69 % aller Beteiligungen auf diese Weisen veräußert wurden, machen diese nur 17,2 % aller Exit-Erlöse aus und sind demnach unattraktiv für VCG. 76,7 % aller verkauften Unternehmen entfallen dabei auf die drei Branchen, Unternehmensprodukte und -dienstleistungen (41,9 %), IKT (17,4 %) und Konsumgüter und -services (17,7 %), welche auch die Branchen mit den meisten Investitionen darstellen. Die Börse stellt keinen häufig genutzten Exit-Kanal dar: Im Jahr 2016 wurde ausschließlich ein Unternehmen via IPO (2015: drei PU) veräußert. Tabelle 2 stellt die verschiedenen Exit-Kanäle im deutschen VC-Markt zusammenfassend dar.

Tabelle 2: Exits im deutschen VC-Bereich

Formen des Exits	2015				2016			
	Vol. in T Euro	%	PU	%	Vol. in T Euro	%	PU	%
Trade-Sale/Verkauf an strategische Investoren	1.256.354	21,9	101	10,4	1.442.656	49,4	82	11,4
Anteilsverkauf beim IPO/Börsengang	190.953	3,3	5	0,5	1.611	0,1	1	0,1
Verkauf von Aktien nach einem IPO/ Börsengang	1.021.323	17,8	13	1,3	26.621	0,9	3	0,4
Totalverlust	338.164	5,9	191	19,7	115.510	4,0	122	17,0
Rückzahlung von Vorzugsaktien, Darlehen oder Mezzanine	583.072	10,2	579	59,8	384.957	13,2	363	50,6
Verkauf an andere Beteiligungsgesellschaften	1.874.603	32,7	28	2,9	806.988	27,7	42	5,8
Verkauf an Finanzinstitutionen	366.364	6,4	12	1,2	40.279	1,4	3	0,4
Verkauf an das Management/Buyback	70.701	1,2	34	3,5	58.485	2,0	33	4,6
Sonstige	29.699	0,5	6	0,6	40.434	1,4	68	9,5
Gesamt	5.731.232	100	942	100	2.917.540	100	717	100

Quelle: In Anlehnung an BVK (2017)

2.6.3 Unterscheidung der Märkte

Die amerikanische Volkswirtschaft ist, gemessen anhand des BIP, ca. 4,5-mal so groß wie die deutsche Volkswirtschaft („Länder mit dem größten Bruttoinlandsprodukt (BIP) 2014 Statistik", o. J.). Im Folgenden wird untersucht, ob der deutsche und amerikanische VC-Markt ähnlich groß sind und sich überhaupt vergleichen lassen.

Werden beide Märkte anhand der offiziellen Zahlen des BVK und NVCA miteinander verglichen, fällt ein großer Unterschied auf: Der deutsche BVK erfasst den VC-Markt inklusive der Buy-out-Transaktionen und -Gesellschaften, während das amerikanische Pendant, die NVCA, diese im Zuge ihrer Auszählung ausschließen. In Deutschland sind ca. 250 VCG mit 1.200 Manager aktiv, die Kapital in Höhe von ungefähr 40 Mrd. Euro verwalten. Um auf die Größe des amerikanischen VC-Marktes zu schließen, werden die deutschen Kennzahlen mit dem Faktor 4,5 multipliziert (Annäherung, da die amerikanische Volkswirtschaft 4,5-mal größer ist). Demnach gibt es auf dem amerikanischen Markt rechnerisch ca. 1.125 VCG (real: 898) mit 5.400 Investmentmanagern (real: 5.680 im Jahr 2014) und 180 Mrd. Euro Assets under Management (real: 333,5 Mrd. US-Dollar). Die Zahlen sind – wenn auch nur näherungsweise – plausibel, vernachlässigen jedoch den Punkt, dass Deutschland auch Buy-out-

Transaktionen erfasst. Da Buy-out-Fonds in Deutschland und Amerika rund 80 % aller Mittel einwerben und investieren, wird ersichtlich, dass der deutsche VC-Markt deutlich kleiner als der amerikanische VC-Markt ist.

Besonders groß sind die Unterschiede im Fundraising. In den USA konnte vergleichsweise 75-mal mehr Kapital eingeworben werden (0,5 Mrd. Euro vs. 41,6 Mrd. US-Dollar). Dieser Unterschied setzt sich in den Investitionen fort (0,933 Mrd. Euro vs. 69 Mrd. US-Dollar).

Anhand der Branchen werden die unterschiedlichen Strukturen in den Volkswirtschaften ersichtlich: Während in den USA überwiegend Softwareunternehmen finanziert werden, wird in Deutschland überwiegend Kapital an Unternehmen aus dem Bereich der Unternehmensprodukte und -dienstleistungen gegeben. Da in den USA mehr Kapital eingeworben und investiert wird, werden auch mehr Unternehmensbeteiligungen verkauft. Besonders groß ist die Differenz zwischen beiden Ländern dabei im Verkauf von Beteiligungen an der Börse. In den USA sind VCG an vielen Firmen beteiligt, die ein IPO vollziehen (39 Unternehmen), während dies in Deutschland nicht der Fall ist (ein Unternehmen).

Ein Grund für den deutlich kleineren VC-Markt in Deutschland liegt in den unterschiedlichen Rahmenbedingungen für VC beider Länder. Schefczyk (2004, S. 8) weist in diesem Zusammenhang auf das Ausmaß öffentlicher Fördermittel in Deutschland, die gesellschaftlichen Unterschiede, unterschiedlichen Entwicklungsstände der Märkte, abweichenden Finanzierungen von Unternehmensphasen und Desinvestitionskanäle hin.

Gerade das Fehlen eines liquiden IPO-Marktes und das stark bankenorientierte – und damit fremdkapitalbasierte – Finanzierungssystem in Deutschland können Hauptgründe für die Unterentwicklung des deutschen VC-Marktes sein (Gaida, 2002, S. 302).

In den USA werden überwiegend Wandelpapiere für eine Beteiligung eingesetzt, während dies in Deutschland unüblich ist (Bell, 2001, S. 112). Auf die Unterschiede in der Vertragsgestaltung beider Staaten wird in Kapitel 6.3.2 näher eingegangen.

Zusammenfassend ist festzustellen, dass der amerikanische VC-Markt um ein Vielfaches größer ist als der deutsche. Gründe dafür liegen in unterschiedlichen steuerlichen, rechtlichen und gesellschaftlichen Rahmenbedingungen. Diese Rahmenbedingungen sind jedoch entscheidend dafür, wie Verträge formuliert und strukturiert werden. Damit bestehen große Unterschiede zwischen den beiden VC-Märkten, wodurch Ergebnisse aus amerikanischen Untersuchungen nicht auf den deutschen Markt übertragbar sind.

2.7 Principal-Agent-Theorie

Im Folgenden wird die Principal-Agent-Theorie erläutert, wobei die vorgestellten theoretischen Grundlagen das Fundament bilden, um die Beweggründe zur Ausgestaltung von Beteiligungsverträgen und deren Funktionsweise zu fundieren, welche im nächsten Kapitel detailliert vorgestellt werden. Anhand dieses Erklärungsansatzes für die VC-Vertragsforschung lässt sich bspw. darlegen, warum die VCG auf bestimmte Rechte (z. B. Exit-Rechte) bestehen muss, während andere Rechte (wie Vesting) verhandelbar sind und genauer in Kapitel 3.2 eingegangen wird.

Die Principal-Agent-Theorie geht zurück auf Ross (1973), Jensen und Meckling (1976) sowie Holmström (1979). Der Theorie nach gibt es einen Principal, der eine Aufgabe an einen Agenten übergibt. Beide Parteien wollen dabei unabhängig voneinander ihren Nutzen maximieren (Schefczyk, 2006, S. 49). Damit besteht die Gefahr, dass der Agent, der sich näher am Markt befindet und über mehr Informationen verfügt, dem Principal wirtschaftlichen Schaden zufügt. Der Principal ist wiederum nicht in der Lage, den Agent vollständig zu überwachen. Auf die VC-Finanzierung übertragen bedeutet das, dass der Principal die VCG ist, welche ihr Geld vermehren will und das PU der Agent, welcher für die eigentliche wertschöpfende Aufgabe zuständig ist. Die VCG kann dabei das PU nicht vollständig überwachen und das PU wird immer über mehr Marktinformationen als die VCG verfügen, welche es für sich und gegen die VCG nutzen kann (Simon 2010, S. 69; Fluck, 2010, S. 78). Die zentralen Konflikte, die sich aus dieser Konstellation ergeben und mit verschiedenen Risiken verbunden sind, werden nun kurz vorgestellt. Danach wird auf die Lösung dieser Risiken und die damit verbundenen Kosten eingegangen.

2.7.1 Konflikte

Eine Art von Konflikten zwischen Principal und Agent sind Informationsasymmetrien, die durch das Informationsgefälle zwischen dem Principal und Agent entstehen, da der Principal nicht weiß, wie der Agent handelt (Weimerskirch, 1999, S. 66). Während einer VC-Finanzierung ist vom Eintreten solch einer Situation auszugehen. Der Agent (hier das PU) kennt zum einen sein Produkt besser und kann sein Wissen selbst besser beurteilen als dies für den Principal (die VCG) möglich wäre. Weiterhin haben die Gründer durch das Tagesgeschäft einen tieferen Einblick in die Entwicklung und Zukunftsaussichten des Unternehmens. Es ist unklar, ob alle Informationen vom PU an die VCG weitergegeben werden, wodurch die VCG pessimistischer eingestellt ist. Damit steigen die Finanzierungskosten für alle PU (Simon 2010, S. 70).

Ein weiterer Faktor, der die Informationsasymmetrie vergrößert, ist das Fehlen von Vergangenheitswerten, die darüber Auskunft geben, wie sich die Gründer oder die Idee bisher entwickelt haben (Simon 2010, S. 70).

Als zweite Konfliktart gelten Zielkonflikte zwischen dem Principal und dem Agent (Simon 2010, S. 72): Das Ziel der VCG (und damit des Principals) ist es, die Rendite zu maximieren, indem der Agent (und damit das PU) ein möglichst rasches Marktwachstum erzielt und den Unternehmenswert steigert. Ob dieses Ziel vom PU geteilt wird, ist nicht klar. Vor allem in der Phase des Exits – wenn das PU verkauft werden soll – kann dies zu einer Abwehrhaltung seitens der Gründer kommen, welche „ihr Geschäft" nicht aufgeben wollen. Auch ist es möglich, dass die Gründer des PU bspw. altruistische Ziele verfolgen und wenig Interesse an einem monetären Erfolg ihres Unternehmens haben.

Es ist darüber hinaus möglich, die Principal-Agent-Beziehung umgekehrt zu betrachten: Es ist denkbar, die VCG als Agent zu betrachten, welche dem Principal (dem PU) maximal monetär und nicht monetär unterstützen soll, dies aber aufgrund von Informationsasymmetrien und Zielkonflikten nicht leistet (Simon 2010, S. 74).

2.7.2 Risiken

Ein Risiko, das durch die unabhängige Nutzenmaximierung beider Vertragsparteien entsteht, ist die adverse Selektion (Simon 2010, S. 75; Weimerskirch, 1999, S. 64-67). Diese beschreibt die falsche Auswahl eines Vertragspartners aufgrund mangelnder Informationen einer Vertragspartei. Als klassisches Beispiel gilt der Abschluss einer Krankenversicherung (Simon 2010, S. 75): Der Versicherungsnehmer kennt seinen Gesundheitszustand deutlich besser als die Versicherung. Damit kann der Versicherungsnehmer diese Situation ausnutzen. Wenn der Versicherungsnehmer bspw. über chronische Leiden verfügt (und diese nicht angeben muss), erhält dieser dadurch mehr Leistungen, als er an Beiträgen an die Versicherung zahlt. Dadurch entstehen für die Krankenversicherung Verluste, während der Versicherungsnehmer gewinnt.

In der Beziehung zwischen VCG und PU bestehen ähnliche Probleme: Das PU weiß bspw. deutlich besser über das entwickelte Produkt Bescheid als die VCG. Durch unrechtmäßige Schönung des Produkts kann die VCG dazu verleitet werden, in ein Unternehmen zu investieren, welches eine schlechtere Technik besitzt als andere zur Wahl stehende Unternehmen.

Auch das PU ist diesem Risiko ausgesetzt, da es die VCG auswählt, die am besten die Unternehmung unterstützen kann. Hierbei kann die VCG dazu verleitet sein, unter allen Umständen in ein besonders erfolgsträchtiges Unternehmen investieren zu wollen und sich ebenfalls besser darstellt (Simon 2010, S. 77).

Ein weiteres Risiko stellt Moral Hazard dar: Dieses Phänomen beschreibt unmoralisches Verhalten bzw. verändertes Verhalten nach dem Vertragsabschluss (Simon 2010, S. 78; Weimerskirch, 1999, S. 72-75). Dies tritt bspw. auf, wenn nach Abschluss einer KFZ-Vollkaskoversicherung der Fahrer bewusst riskanter fährt, da er weiß, dass eventuelle Schäden versichert sind. Im VC-Kontext ist bspw. denkbar, dass das PU mit dem Geld der VCG deutlich risikoreicher agiert, da es sich nicht um das Geld der Gründer selbst handelt (auch Hidden Action genannt).

Als drittes an dieser Stelle zu nennende Risiko steht das Hold-up-Problem (Simon 2010, S. 83): Dieses Problem beschreibt die Situation, dass eine Partei gezwungen ist, Investitionen zu tätigen und die andere Seite dies zu ihrem Vorteil ausnutzt. Hold-up-Probleme in einer VC-Finanzierung können durch das Ausnutzen der Verträge seitens der VCG entstehen. Da das PU Investitionen tätigen muss, um zu wachsen, könnte dies von der VCG missbraucht werden, indem sie das PU zu einer weiteren Finanzierungsrunde zwingen. Diese Runde kann dann durch die ausgegebenen Mittel zu einer niedrigeren Bewertung stattfinden, wodurch die Gründer überproportional viele Anteile an die VCG abtreten müssen. Ebenfalls ist vorstellbar, dass die VCG die Auszahlung von Meilensteinen verweigert und das PU zu einer neuen unattraktiveren Finanzierung zwingt.

2.7.3 Kosten

Den oben beschriebenen Risiken können VCG und PU entgegenwirken, was dagegen mit Kosten verbunden ist. Dabei entstehen drei Arten von Kosten (Jensen & Meckling, 1976; Simon, 2010, S. 90-91; Schefczyk, 2006, S. 52-53): Zum einen entstehen Überwachungskosten (Monitoring costs), da der Principal die Handlungen des Agenten überwachen muss. Im Bereich einer VC-Finanzierung entstehen diese bspw. dadurch, dass der Beteiligungsmanager die monatlichen Berichte der PU prüft und ggf. weitere Nachfragen dazu anstellt, falls die Entwicklung nicht im Plan verläuft. Zum anderen gibt es Kosten der Selbstbeschränkung (Bonding costs), weil der Agent dem Principal signalisieren will, dass er schädliche Handlungen unterlässt. Dies schränkt seinen Handlungsspielraum ein und führt so zu Kosten. Ein Beispiel hierfür sind Zustimmungspflichten der VCG bei bestimmten Rechtsgeschäften, welche das PU dann ggf. unterlässt, da es mit keiner Zustimmung rechnet, das Geschäft aber für das PU lohnend gewesen wäre. Da der Principal durch die Risiken nicht optimal (im Vergleich zu einer Welt ohne diese Risiken) investieren kann, entstehen darüber hinaus Wohlfahrtsverluste (Residual loss).

2.7.4 Lösungsansätze

Die soeben vorgestellten Kosten bieten bereits einen Hinweis darauf, wie die Konflikte gelöst und den Risiken begegnet werden kann. Eine Möglichkeit die Informationsasymmetrien zu senken, ist die Durchführung einer Due Diligence (Simon 2010, S. 93). Dabei wird das Unternehmen durch die VCG umfassend geprüft. Da auch die Unternehmen von der adversen Selektion betroffen sein können, sollte auch die VCG einer genauen Prüfung durch das Unternehmen unterzogen werden.

Eine weitere Möglichkeit, Informationsasymmetrien abzubauen, ist die sogenannte Signalisierung (Signalling). Dabei sendet der Agent durch bestimmte Informationen Signale an den Principal, der daraufhin das Projekt besser einschätzen kann (Simon 2010, S. 93; Pankotsch, 2005, S. 82-83). Zu diesen Signalen zählen bspw. Patente oder das Akzeptieren von Meilensteinen. Weiterhin kann die VCG dem PU verschiedene Verträge zur Auswahl anbieten, welche über unterschiedliche Risiko-Rendite-Profile verfügen. Durch die Auswahl eines Vertrags durch die Gründer kann die VCG Rückschlüsse auf die Projektqualität ziehen (Screening). Reputation kann ebenfalls genutzt werden, um das Informationsgefälle abzubauen (Simon 2010, S. 94). Dabei kann der Principal negative oder positive Aspekte des Agents öffentlich machen, was andere Principal abschrecken oder anlocken kann. In Kombination mit Syndizierung wirkt die Reputation stärker. Weiterhin kann Vertrauen zwischen den Parteien die Informationsasymmetrien verringern (Simon 2010, S. 95). Einen umfassenden Überblick zu den Problemen und möglichen Lösungsansätzen bietet Tabelle 3.

Tabelle 3: Principal-Agent-Probleme und Lösungsansätze

Art des Agency-Problems	VCG als Agent		PU als Agent	
	Problem	Lösungsansätze	Problem	Lösungsansätze
Täuschung hinsichtlich Rendite- und Risikoerwartung sowie Realisierbarkeit des Projekts	– VCG stellt Wirtschaftlich-keitserwartun-gen zu positiv dar, um mehr Kapital zu erhalten	– Prüfung durch Investoren – Teilweise erfolgs-abhängige Vergütung – Beteiligung des VCG-Managements – Festschreibung von Anlage-grundsätzen	– PU stellt Wirt-schaftlichkeits-erwartungen zu positiv dar, um mehr bzw. günstigeres Kapital zu erhalten	– Prüfung durch VCG – Teilweise erfolgs-abhängige Vergütung – Haftung der Gründer – Monitoring durch VCG
Täuschung hinsichtlich der zur Realisierung erforderlichen Ressourcen	– Probleme analog PU denkbar, aber unwahrschein-lich	– Begrenzung von Nach-schusspflichten	– PU suggeriert unrealistisch niedrigen Ressourcen-bedarf, um VCG zur Investition zu ermutigen	– Prüfung und Monitoring durch VCG – Über-proportionale Beteiligung der Gründer an Nachschüssen
Täuschung hinsichtlich der Qualifikation und Motivation der beteiligten Personen	– VCG über-zeichnet Spezi-alisierungs-vorteil und Qualifikation – VCG vernachlässigt Aktivitäten	– Prüfung durch Investoren; klare Definition des Tätigkeits-profils – Einfluss auf Personalent-scheidungen – Monitoring	– PU über-zeichnet z. B. planerische, marktbezogene Qualifikation – PU vernachläs-sigt Aktivitä-ten	– Prüfung durch VCG – Beratung durch VCG zum Schließen der Lücken – Einfluss auf Personal-entscheidun-gen – Monitoring
Entnahme unentgeltlicher Vorteile	– VCG vergibt Kapital an favorisierte PU – VCG betreibt perk consumption	– Budgetierung der Geschäfts-ausgaben – Monitoring durch Investoren	– PU verfolgt, interessante, aber nicht ertrags-versprechende Projekte	– Einflussnahme auf wichtige Entscheidun-gen – Budgetierung der Geschäfts-ausgaben – Monitoring durch VCG

Quelle: In Anlehnung an Schefczyk (2006, S. 55)

3 Beteiligungsverträge bei VC-Finanzierungen

Nachdem in Kapitel 2 die Grundlagen einer VC-Finanzierung dargestellt wurden, werden in diesem Kapitel einzelne Bestandteile einer VC-Finanzierung und relevante vertragsrechtliche Klauseln vorgestellt. Damit werden die theoretischen Grundlagen geschaffen, um die anschließenden Analysen von Verträgen nachvollziehbar zu gestalten. Es werden dabei sämtliche VC-typischen Sonderrechte vorgestellt. Dabei erfolgt keine rechtliche Einordnung der Klauseln[1]. Weiterhin wird auf eine getrennte Betrachtung von GmbH und AG verzichtet. Für die VC-Sonderrechte werden die jeweilige Finanzierungssituation und die daraus resultierenden Probleme vorgestellt, auch wird auf die Relevanz einzelner Klauseln in der Praxis eingegangen. Dazu werden erste Aussagen aus den Experteninterviews (s. Kapitel 5) in dieses Kapitel einfließen, da zum einen zu einzelnen Rechten nur wenig Literatur vorhanden ist und zum anderen so die Relevanz der Klauseln in der deutschen VC-Branche beleuchtet werden kann. Insgesamt wurden bei den Experteninterviews neun Personen befragt, dazu zählen drei VC-Investmentmanager (IvM), zwei Anwälte (RA), drei Gründer (ET), wovon einer gleichzeitig Investmentmanager ist (ET-IvM) und einen Business Angel (BA). Für mehr Informationen zur Erhebung und den Interviews wird auf Kapitel 5 verwiesen.

Bevor die einzelnen Rechte vorgestellt werden, wird auf die einzelnen Verträge eingegangen, welche bei der VC-Finanzierung abgeschlossen werden. Die Verträge sind zusammenfassend in Abbildung 7 dargestellt. In der Literatur wird keine getrennte Betrachtung der einzelnen Verträge vorgenommen, da diese funktional zusammenhängen und stets zusammen abgeschlossen werden (Brehm, 2012, S. 22). Daher wird auf diese nur kurz eingegangen. Die einzelnen Vertragsbestandteile werden danach vorgestellt.

---

[1] Umfassende Arbeiten zum Thema sind verfügbar u. a. von Brehm (2012); Simon (2010); Weitnauer (2016), zum Einfluss und den Problemen solcher Regelungen ebenfalls Brehm (2012).

© Springer Fachmedien Wiesbaden GmbH, ein Teil von Springer Nature 2018
N. Röhr, *Der Vertrag zwischen Venture Capital-Gebern und Start-ups*, https://doi.org/10.1007/978-3-658-21351-0_3

Abbildung 7: Vertragswerk einer Beteiligung im Überblick

Quelle: Kantehm & Rasmussen-Bonne (2013, S. 171)

3.1 Vertragswerke

In diesem Abschnitt werden die einzelnen Verträge vorgestellt, welche bei einer Unternehmensbeteiligung einer VCG üblicherweise abgeschlossen werden. Im Vorfeld der Beteiligungsprüfung wird häufig ein Term Sheet abgeschlossen, das erste Regelungen und Eckdaten fixiert. Die drei grundlegenden, im weiteren Verlauf vereinbarten Vertragselemente sind der Beteiligungsvertrag, die Satzung und die Gesellschaftervereinbarung (Brehm, 2012, S. 22). Auf weitere mögliche Verträge wird kurz in Kapitel 3.1.5 eingegangen.

3.1.1 Term Sheet

Bevor eine VCG die umfassende Due Diligence Prüfung ausführt, wird die Unterzeichnung eines Term Sheet (auch Letter of Intent oder Absichtserklärung genannt) eingefordert. In diesem wird der Wille für den Abschluss eines Beteiligungsvertrags fixiert. Weiterhin werden erste Vertragselemente und eine Vertraulichkeitsvereinbarung festgesetzt sowie eine Exklusivitätsvereinbarung durch die VCG verlangt. Diese sichert der VCG zu, dass das Unternehmen mit keinem anderen Finanzinvestor in Verhandlungen tritt. Mit diesen Regelungen erhöht die VCG ihre Transaktionssicherheit, sodass die teilweise hohen Kosten für eine Due Diligence abgesichert sind (Brehm, 2012, S. 23-24).

Generell werden in dem Term Sheet genau die Punkte fixiert, auf welche sich bereits im Vorfeld geeinigt wurde und welche abschließend verhandelt werden müssen. Allgemein ist diese Vereinbarung nicht bindend, dies kann sich jedoch von Fall zu Fall und von Klausel zu Klausel unterscheiden (Simon, 2010, S. 153).

3.1.2 Beteiligungsvertrag

Zu Beginn wird ein Beteiligungsvertrag vereinbart, in welchem Rahmenbedingungen zum eigentlichen Investment festgeschrieben werden. Hier finden sich üblicherweise die Höhe der Beteiligung, Meilensteine und Garantien wieder. Da diese Klauseln nach einiger Zeit für die Vertragsbeziehung nicht mehr relevant sind – dann, wenn der Vertrag von beiden Seiten erfüllt bzw. die Fristen (zu Garantien) verjährt sind – werden die Rechte in einem separaten Vertrag festgeschrieben (Kantehm & Rasmussen-Bonne, 2013, S. 158).

Die eigentliche Beteiligung der Investoren an dem zu finanzierenden Unternehmen besteht typischerweise in der einer Kapitalerhöhung, also der Erhöhung des Eigenkapitals des PU. Dabei werden Geschäftsanteile zu je einem Euro pro Anteil, gemäß der vereinbarten Beteiligungsquote, erworben. Bspw. werden 8.125 Euro in das Stammkapital durch die VCG eingezahlt, zu den bereits durch die Gründer eingesetzten 25.000 Euro ergibt sich damit eine Beteiligungsquote der VCG an dem PU von 24,5 %. Zusätzlich wird von den Investoren ein Aufgeld gezahlt, indem eine Zuzahlung in die Kapitalrücklage des Unternehmens gemäß § 272 Abs. 2 Nr. 4 HGB vorgenommen wird (Kantehm & Rasmussen-Bonne, 2013, S. 161). Wenn die VCG bspw. 100.000 Euro für 24,5 % der Anteile investieren möchte, würde sie neben den 8.125 Euro (in das Stammkapital) weitere 91.875 Euro in die Kapitalrücklage zahlen. Möglich ist auch eine Kapitalüberlassung über Mezzanine-Instrumente oder Fremdkapital (s. Kapitel 3.2.1).

3.1.3 Satzung

Die Satzung bzw. der Gesellschaftsvertrag muss nach geltendem deutschem Recht (§ 3 GmbHG) mindestens den Namen der Firma, den Sitz der Gesellschaft, den Gegenstand des Unternehmens, den Betrag des Stammkapitals und die Anzahl sowie die Nennbeträge der Geschäftsanteile, die jeder Gesellschafter gegen Einlage auf das Stammkapital (Stammeinlage) übernimmt, enthalten.

Der öffentliche Gesellschaftsvertrag ist die Satzung der GmbH und wird häufig in geringem Umfang gehalten (Kantehm & Rasmussen-Bonne, 2013, S. 158). Als Hauptgründe hierfür zählen a) bei einer AG kann die Satzung nicht beliebig gestaltet werden, da der Grundsatz der Satzungsstrenge herrscht, b) jegliche Änderungen in der Satzung müssen durch einen Notar beurkundet werden und c) sämtliche Regelungen in der Satzung sind im Handelsregister öffentlich einsehbar (Brehm, 2012, S. 37). Vor allem durch die öffentliche Einsehbarkeit, wird häufig auf eine umfassende Satzung verzichtet. Nur Elemente, die aufgrund gesetzlicher Vorgaben in der Satzung verankert sein müssen, erscheinen dort (Brehm, 2012, S. 23).

3.1.4 Gesellschaftervereinbarung

Sämtliche Sonderrechte der Investoren sind in der Gesellschaftervereinbarung bzw. dem Shareholders Agreement angesiedelt. Dies hat – im Kontrast zur Satzung – den Vorteil, dass die Regelungen nicht öffentlich im Handelsregister einsehbar sind.

In der Gesellschaftervereinbarung werden die zukünftigen Verhältnisse zwischen den Vertragsparteien geregelt. Hierbei werden die Regeln vereinbart, die das Investment schützen. Regelungen, die das Handeln des Unternehmens einschränken, sind hier nicht vertreten (Brehm, 2012, S. 22-23). Ebenfalls in der Vereinbarung formuliert sind die Übertragung bzw. das Vorhandensein von Schutzrechten und Patenten.

3.1.5 Weitere Verträge

Neben dem eigentlichen Beteiligungsvertrag werden auch die Anstellungsverträge der Geschäftsführer oder des Vorstands vereinbart. Diese werden häufig aufgrund des Drängens der Investoren neu vereinbart und an die Laufzeit der VC-Verträge angepasst (Brehm, 2012, S. 25).

Zusätzlich zu den oben genannten Verträgen werden noch eine Vielzahl weiterer Verträge nötig, etwa eine Geschäftsordnung, Beraterverträge, Risikolebensversicherungen oder Managerhaftpflicht-Versicherungen (Brehm, 2012, S. 25). Auch müssen ggf. die Nachrangdarlehensverträge notariell beurkundet werden. Generell gibt es keine einheitliche Regelung, welche zusätzlichen Verträge abgeschlossen werden müssen. Der Umfang und die Ausgestaltung der individuell festgelegten Verträge variiert stark, wodurch auf diese im Weiteren nicht näher eingegangen wird.

3.2 Vertragselemente

In diesem Abschnitt werden VC-typische Sonderrechte vorgestellt, welche im weiterführenden Verlauf der Untersuchung im Fokus stehen werden. Um diese besser einordnen, vergleichen und voneinander abgrenzen zu können, werden ähnliche Rechte zu Gruppen zusammenfasst. Diese Gruppen lauten: Finanzierungsinstrumente, Abbruchrechte, Stimmrechte, Exit-Rechte, Cashflowrechte, Kontroll- und Informationsrechte und sonstige Schutzrechte (Bienz, Hirsch & Walz, 2009; Simon, 2010; Trezzini, 2005). Die Kategorien sind dabei nicht eindeutig voneinander zu trennen. Bspw. ermöglicht das Redemption Right der VCG, ihre Anteile zurück an die Gesellschaft zu verkaufen. Damit kann dieses Recht zwei Gruppen zugeteilt werden: Zum einen der Kategorie Abbruchrechte, da die VCG nach dem Verkauf nicht weiter am Unternehmen beteiligt ist. Zum anderen kann es auch als Exit-Recht gelten, da es der VCG ermöglicht, nach einer bestimmten Zeit einen Buyback durch die Gründer zu erzwingen. Ein anderes Beispiel ist die Liquidationspräferenz: Diese wird bspw. in einer Untersuchung als Exit-Recht betrachtet (Bienz & Walz, 2010), in einer anderen Studie als Cashflowrecht (Bengtsson & Sensoy, 2011) und in einer dritten Untersuchung als Abbruchrecht (Bienz et al., 2009). Je nach Forschungsschwerpunkt lassen sich andere Gruppen bilden und die Rechte nach anderen Merkmalen kategorisieren. Da das Ziel dieses Kapitels nur eine Vorstellung der einzelnen Sonderrechte ist, sind Überschneidungen von einzelnen Rechten mit mehreren Gruppen unkritisch. Die Gruppen dienen vielmehr dem inhaltlichen Verständnis.

Im Folgenden fließen in die Darstellung der Kategorisierung erste Ergebnisse aus den Experteninterviews (Kapitel 5) – auch in Form von Zitaten – mit ein, um die Relevanz einzelner Klauseln aus Sicht der Praxis aufzuzeigen.

Bevor die Darstellung der Vertragsbausteine stattfindet, werden die verschiedenen Finanzierungsinstrumente vorgestellt. Diese bilden die Grundlage der Beteiligung, besitzen zudem verschiedene Rendite- sowie Risikoeigenschaften und werden daher als Vertragselemente gewertet.

3.2.1 Finanzierungsinstrumente

Ein zentraler Punkt der VC-Finanzierung ist die Bereitstellung von Kapitel durch die VCG an die Gründer bzw. deren Unternehmen. Das Kapital muss und wird dabei nicht immer als reines Eigenkapital vergeben, auch Mezzanine-Instrumente bis hin zu Fremdkapital mit Rangrücktritt sind denkbar. Ferner kann es zu einer Mischung aus verschiedenen Finanzierungsinstrumenten kommen. In Abschnitt 3.2.1.5 werden ergänzend die Convertible prefered stocks vorgestellt, da diese die häufigste Finanzierungsform in den USA (Kaplan & Stromberg, 2003, S. 284) darstellen und am meisten untersucht werden (bspw. Bengtsson, 2012; Cumming, 2008; Schwienbacher, 2008; Zambelli, 2014).

3.2.1.1 Eigenkapital

Viele Start-ups betrachten Eigenkapital als ideale Wahl zur Finanzierung, da es gerade für junge Unternehmen einige Vorteile bietet: Es schützt vor Überschuldung und Insolvenz, bietet Haftungsmasse und muss nicht an die Investoren zurückgezahlt werden (Kantehm & Rasmussen-Bonne, 2013, S. 88). Gleichzeitig hat es in der Frühphase einen entscheidenden Nachteil: Um Eigenkapital zu erhalten, muss das Unternehmen adäquat bewertet werden, was in der frühen Unternehmensphase zu Problemen führen kann, da die gängigen Bewertungsverfahren – wie Discounted Cashflow oder Multiples – aufgrund der fehlenden, vergangenen Unternehmensentwicklung nicht angewendet werden können. Demnach kann nur über Verhandlungen ein Unternehmenswert bestimmt werden. Dies ist indes ebenfalls mit Risiken für die Investoren verbunden – u. a. deswegen, weil PU üblicherweise keine Sicherheiten aufweisen können. Daher wird zumindest in Seed-Finanzierungsrunden auf andere Finanzierungsformen gesetzt, welche im Folgenden vorgestellt werden (Kantehm & Rasmussen-Bonne, 2013, S. 88-89).

3.2.1.2 Fremdkapital

Klassisches Fremdkapital bietet für Start-ups den Vorteil, dass die Gründer keine Unternehmensanteile zur Finanzierung abgeben müssen und die volle Selbstbestimmung über das

Unternehmen behalten. Demgegenüber stehen verpflichtende Zinszahlungen und das Hinterlegen von notwendigen Sicherheiten. Unternehmen in der Frühphase sind häufig nicht in der Lage, diese Sicherheiten zu bieten (Kantehm & Rasmussen-Bonne, 2013, S. 87), vor allem da Banken die Idee und ggf. sogar vorhandene Patente allein nicht als Sicherheiten akzeptieren und oft eine Historie zur Bewertung des Unternehmers fehlt. Daher ist der klassische Bankkredit für viele junge Unternehmen keine Option und widerspricht auch den Eigenschaften einer VC-Finanzierung.

VC-typisch sind fremdkapitalähnliche Instrumente, welche einen Eigenkapitalcharakter aufweisen. Dazu zählen etwa stille Beteiligungen, Gesellschafterdarlehen oder Darlehen mit Rangrücktritt. Dabei wird das Kapital wie Fremdkapital behandelt, da es zuzüglich der Zinsen zurückgezahlt wird. Häufig wird in den ersten Jahren noch eine Zinsstundung vereinbart, um die jungen Unternehmen nicht übermäßig zu belasten. Zusätzlich wird Fremdkapital mit einem Rangrücktritt vergeben, sodass dieses im Falle einer Insolvenz als letztes vom PU zu bedienen ist. Dadurch erhalten diese Finanzierungsformen Eigenkapitalcharakter und werden auch als Mezzanine-Instrumente ohne Wandelungsrecht bezeichnet (Kantehm & Rasmussen-Bonne, 2013, S. 87). In der Praxis werden solche Finanzierungsformen zusätzlich mit einer Beteiligung am Eigenkapital gekoppelt, damit die Investoren an der Wertsteigerung des Unternehmens profitieren.

3.2.1.3 Mezzanine

Ähnlich der Mezzanine-Instrumente ohne Wandelungsrecht sind Mezzanine-Instrumente mit Wandlungsrecht. Der einzige Unterschied besteht in der Möglichkeit, das vergebene Fremdkapital in Eigenkapital umzuwandeln. Dadurch hat der Kapitalgeber ein gesteigertes Interesse am Wachstum des Unternehmens, da dieser daran partizipieren und profitieren kann. In der Frühphase ist diese Form der Finanzierung in Deutschland häufig anzutreffen, da keine explizite Unternehmensbewertung notwendig ist. Jedoch erhält der Investor die Möglichkeit, seine Anteile zum Preis der Seed-Runde zu wandeln. Damit besitzt dieser im Falle einer niedrigeren Bewertung in der Folgerunde einen Verwässerungsschutz (s. Kapitel 3.2.3.1). Weiterhin erhält er das Recht, die Rückzahlung des Kapitals plus Zinsen zu verlangen, womit diese Form der Finanzierung für die Unternehmen teurer als reines Fremd- oder Eigenkapital ist. Den Investoren bietet es jedoch in der Frühphase notwendige Sicherheiten, wodurch es Unternehmen eher angeboten wird (Kantehm & Rasmussen-Bonne, 2013, S. 87-88).

3.2.1.4 Convertible prefered stocks

Da im weiteren Verlauf vermehrt US-amerikanische Studien herangezogen werden, ist es nützlich, die in den USA am häufigsten anzutreffende Finanzierungsform zu erläutern.[2] Dabei handelt es sich um Convertible prefered stocks (Wandelbare Vorzugsaktien), also um eine Zusammensetzung aus Fremdkapital und Vorzugsaktien (Zambelli, 2014, S. 504). Die

---

[2] Nach Kaplan und Strömberg (2003) werden 79,8 % aller Finanzierungen in den USA über diese Finanzierungsform vergeben.

Vergabe von Vorzugsaktien zieht nicht die Überlassung von Stimmrechten nach sich (obwohl dieses in den Beteiligungsverträgen wieder vereinbart werden kann), dafür werden jedoch Vorzugsrechte bei Dividendenzahlungen vereinbart. In Kombination mit kumulativen Dividenden erhalten die Investoren das Recht, die nicht bezahlten Dividenden anzusammeln bis diese in der Zukunft bedient werden können. Dies gilt auch im Fall des Unternehmensverkaufs: Dann werden an die Besitzer der Convertible prefered stocks zuerst die finanziellen Mittel und Dividenden ausgezahlt, bevor die Stammaktien bedient werden. Damit ist das Investment nach unten abgesichert, da der Investor immer den Anspruch auf die Zahlung der Dividenden erhält. Zusätzlich kann dieser von dem Aufwärtspotential profitieren, da die Vorzugsaktien in Stammaktien gewandelt werden können, welche im Falle eines Exits einen höheren Wert haben (Zambelli, 2014, S. 504-505). Diese Form der Finanzierung ist somit am ehesten mit der deutschen Mezzaninen-Finanzierung mit Wandeloption vergleichbar.

3.2.2 Abbruchrechte

In dieser Kategorie sind zwei Rechte vereint, welche es der VCG ermöglichen, sich nach der erfolgten Beteiligung aus der zugesagten Finanzierung und teilweise sogar der gesamten Beteiligung zurückzuziehen. Dazu gehören die gestaffelte Finanzierung bzw. Meilensteinfinanzierung und das Redemption Right bzw. die Put-Option.

3.2.2.1 Meilensteine

Angenommen eine VCG entschließt sich 500.000 Euro in ein Start-up zu investieren. Würde die VCG das Geld auf einmal auszahlen, besteht die Gefahr, dass die Gründer des PU das Geld veruntreuen oder schneller als geplant ausgeben. Daher geben Investoren dem PU in aller Regel nicht auf einmal die benötigte Finanzierungssumme. Vielmehr erfolgt die Auszahlung der Gelder in Tranchen, welche an messbare Meilensteine gekoppelt sind. Mögliche Meilensteine, welche auch als Zwischenziele verstanden werden können, sind: Umsatz von 50.000 Euro im Jahr 2019 erreichen, fünf Neukunden gewinnen, Patentanmeldung oder die Einstellung von zwei Vertriebsmitarbeitern (Kantehm & Rasmussen-Bonne, 2013, S. 162). Meilensteine werden durch die VCG vorzugsweise dann eingesetzt, wenn die Entwicklung des PU unsicher ist und die Investoren sich die Möglichkeit einer Nicht-Weiterfinanzierung offenlassen möchten (Brehm, 2012, S. 62).

Meilensteine dienen der VCG somit zur Risikominimierung und bieten dieser die Möglichkeit, bei unzufriedenem Verlauf die Zahlung zu verwehren. Gleichzeitig soll für das PU der Anreiz geschaffen werden, die selbstgesteckten Ziele zu erreichen, da sonst die Finanzierung des Gesamtvorhabens gefährdet ist. Demgegenüber steht das Problem, die Meilensteine genau zu quantifizieren (Brehm, 2012, S. 67). Falsch gesetzte Meilensteine können zu kurzfristigem Handeln und einer falschen strategischen Ausrichtung des PU führen (Brehm, 2012, S. 69).

Die gestaffelte Finanzierung beschreibt wiederum, dass mehrere Finanzierungsrunden nötig sind, um den operativen Break-Even zu erreichen. Davon unabhängig können zusätzliche

Meilensteine während der Finanzierungsrunden vereinbart werden. Häufig ist den Vertrags-partnern eine gestaffelte Finanzierung implizit bewusst, teilweise wird diese aber darüber hinaus in den Beteiligungsverträgen verankert, um den Druck auf die Investoren zu erhöhen, in der nächsten Finanzierungsrunde ebenfalls Kapital bereitzustellen. Gleichzeitig kann auch Druck auf das PU aufgebaut werden, indem vereinbart wird, dass der aktuelle Investor nur wiederholt investiert, wenn bspw. mindestens zwei weitere Investoren gefunden werden. Regelungen dieser Art werden allerdings inzwischen in die Rubrik Meilensteine aufgenom-men. Daher können beide Begriffe nicht scharf getrennt werden und werden häufig synonym verwendet (Simon, 2010, S. 261).

Meilensteine sind – auch in Bezug auf die theoretischen Grundlagen – demnach dafür ge-eignet, die Zielkonflikte zwischen Principal und Agent zu reduzieren, indem die Auszahlun-gen von der Zielerreichung, die durch den Principal aufgestellt und von dem Agenten erfüllt werden, abhängig gemacht werden. Damit verfolgen sowohl Principal als auch Agent die gleichen Ziele. Zudem wird die Informationsasymmetrie abgebaut, da der Investor über die Beteiligungsdauer hinweg mehr über das PU und dessen Geschäft erfährt, bevor weitere Zahlungen getätigt werden. Auch wird so der adversen Selektion begegnet, da das PU durch das Akzeptieren der Meilensteine signalisiert, die aufgestellten Pläne und Ziele zu teilen (Simon, 2010, S. 286-287).

In der Praxis werden Meilensteine und deren Ausgestaltung immer diskutiert (s. die folgen-den Zitate aus den Interviews). Üblicherweise werden Meilensteine von den Investoren aus dem Businessplan abgeleitet, wobei Diskussionen zu diesen laut Investoren ausdrücklich gewünscht sind. Für die Gründer ist es zudem notwendig, die Meilensteine in ihrem Interesse zu verhandeln, weil nur so ein Fortbestehen des PU sichergestellt werden kann. Gleichzeitig bieten Meilensteine für Investoren die Möglichkeit, zugesicherte Gelder nicht zu zahlen, was wiederum von einigen Investoren genutzt wird und daher eine Gefahr für PU darstellt. An-dere Investoren zahlen die Tranchen wiederum immer aus, da das Nicht-Auszahlen der Mei-lensteine häufig einer Insolvenz des PU gleichkommt und nur durch die Auszahlung verhin-dert werden kann. Die Bandbreite der Meilensteine ist vielfältig, wobei vor allem in der Frühphase oft Meilensteine vereinbart werden.

„Und dann kommt man irgendwann zu dem Thema Meilensteine. Wir tun uns schwer, das ganze Thema so aufzusetzen: ‚so wir geben euch das Thema jetzt vor.‘ (...) Und dann lassen wir i. d. R. den ersten Aufschlag beim Team und sagen ‚So jetzt nehmt euch mal den Zeitplan hin, legt euch mal die Liquidität hin und sagt uns, wo seit ihr an welchem Punkt in diesem Zeitstrahl‘, das lassen wir uns dann auch noch von den technischen Gutachter plausibili-sieren und i. d. R. sagen dann auch wir als Finanzinvestor, dass die Meilensteinplanung extrem knackig ist. Damit wir wirklich in dem Gründerteam Druck auf den Kessel bekom-men." (IvM-2, 39)

„Also was natürlich, was wir auch immer sagen, was fair ist, sind zwei Punkte. Das eine sind tatsächlich die Meilensteine. Die müssen realistisch sein. Das ist auch immer so ein bisschen die Crux. Die Gründer kommen mit einem Businessplan und mit einem Finanzplan auf den Investor zu und der sagt: ‚Alles klar, den Finanzplan nehmen wir und das sind die

Meilensteine.' Und dann heißt es: ,Aber nur zu 60 oder 70 %' und dann fangen die Diskussionen an und dann kommt immer der eine Satz: ,Ihr habt uns die Planung vorgegeben, glaubt ihr nicht an die Planung? Was legt ihr uns denn vor?' Insofern muss man dann schon frühzeitig ein Gespür dafür haben, aber ansonsten kann man bei den Meilensteinen immer diskutieren. Wie viele sind es überhaupt? Wie viel Freiheit gebe ich mir als Start-up, dass ich auch ein bisschen Geld zur Verfügung habe? An der Stelle wird diskutiert." (RA-2, 19)

3.2.2.2 Put-Option und Redemption Right

Ein Problem, welches bei der Finanzierung von PU auftreten kann, ist das sogenannte Living-Dead Phänomen: Eine beispielhafte Ausgangssituation ist, dass eine VCG Anteile an einem PU erworben hat und entsprechende Mittel einzahlt. Im weiteren Unternehmensverlauf überschreitet das PU hingegen nicht den kritischen Punkt im Wachstum, wo die VCG auf der einen Seite einen interessierten Käufer für den Exit findet und sich auf der anderen Seite das Fördern weiteren Wachstums bezahlt machen würde. Gleichzeitig war die Entwicklung indes gut genug, sodass ein positiver Cashflow besteht, der alle laufenden Kosten deckt. Damit liegt eine Situation mit ungewissem, nicht zwangsläufig negativem Ausgang für den Investor vor: Dieser kann die Anteile aufgrund mangelnder Nachfrage nicht verkaufen, was gleichwohl in Zukunft nicht zu erwarten ist. Parallel ist auch eine Insolvenz des PU nicht wahrscheinlich. Zum Schutz vor diesem Szenario wird das Redemption Right bzw. eine Put-Option vereinbart (Kaplan & Strömberg, 2003, S. 291).

Bei dieser Klausel verpflichtet sich das PU (bzw. die Gesellschafter), die Anteile der Investoren nach einer bestimmten Zeit oder unter bestimmten Bedingungen (bspw. Verfehlen von Umsatzzielen oder Exit über 1 Mio. Euro nach sieben Jahren) zurückzukaufen. Somit wird dem Investor ermöglicht, sich vollständig von der Beteiligung zu trennen.

Das Redemption Right bzw. eine Put-Option ist vor allem dazu geeignet, die adverse Selektion zu reduzieren: Ist ein Gründer bereit, dieses eingeforderte Recht zu akzeptieren, signalisiert er damit vor allem, dass er ebenfalls an einem Verkauf des Unternehmens nach einer gewissen Laufzeit interessiert ist.

Der Nutzen dieses Rechtes ist hingegen fraglich: Sollte das PU die vereinbarten Bedingungen nicht einhalten, ist es unwahrscheinlich, dass die Gesellschafter die Anteile aus finanzieller Sicht vom Investor zurückkaufen können. Demnach käme ausschließlich eine Insolvenz des PU in Betracht, was andererseits nicht im Sinne des Investors ist (Simon, 2010, S. 432-438).

Obwohl diese Abbruchrechte zu den tief greifenden Rechten gehören, haben sie trotzdem nur eine geringe praktische Relevanz. Dass diese Klauseln selten abgeschlossen werden, zeigt auch, dass im Zuge der Expertenbefragung keine Aussagen zu diesen vertraglichen Bedingungen getroffen wurden.

3.2.3   Stimmrechte

In diesem Abschnitt werden Vertragsklauseln vorgestellt, welche einen direkten Einfluss auf das Verhältnis der Stimmrechte zwischen den Gesellschaftern haben: Durch die finanzielle Beteiligung eines Investors erwirbt dieser gleichermaßen Anteile am Unternehmen und wird Gesellschafter, wobei üblicherweise in den folgenden Finanzierungsrunden die Beteiligungshöhe und damit die Anteile am Unternehmen ansteigen. Als beteiligter Gesellschafter stehen dem Investor stets bestimmte Auskunfts- und Einsichtsrechte (§ 51a GmbHG) zu: Zum einen besitzt er ein Vermögensrecht, durch das dieser an Gewinnen (in Form von Dividenden) oder bei einem Unternehmensverkauf partizipiert. Zum anderen hat der Investor Informationsrechte, womit er jederzeit Einsicht in die Bücher und den Schriftverkehr der Gesellschaft nehmen kann. Demgegenüber steht das Auskunftsrecht des Investors, wonach dieser durch die Gesellschafter über den Geschäftsverlauf informiert wird.

Mit steigendem Unternehmensanteil erwirbt der Investor zudem mehr Stimmrechte und damit zunehmend Kontrolle im Unternehmen: Ab 25 % der Anteile verfügt dieser über eine Sperrminorität, da bspw. Änderungen der Satzung mit 75 % aller Gesellschafter beschlossen werden (bspw. § 53 Abs. 1 GmbHG). Ab 50 % besitzt er die einfache Mehrheit, wodurch allein der Investor über die Beschlüsse entscheidet, die eine einfache Mehrheit verlangen. Ab 75 % hat er die qualifizierte Mehrheit inne.

Generell haben Gründer Interesse daran, möglichst viele Anteile am Unternehmen – vor allem in Bezug auf die Stimmrechte – zu behalten, um Entscheidungen selbst zu treffen. Da Investoren trotzdem mit jeder weiteren Finanzierungsrunde mehr Stimmrechte erhalten, werden bestimmte Rechte, die die Stimmrechtsverteilung beeinflussen, eingefordert: Dazu zählen Verwässerungsschutz, Vesting, Vinkulierung, Call-Optionen sowie Mitarbeiterbeteiligungen.

3.2.3.1   Verwässerungsschutz und Ratchet-Provision

Die Klausel zum Verwässerungsschutz (engl. Anti-Dilution) findet dann Anwendung, wenn die Unternehmensbewertung bei einer neuen Finanzierungsrunde niedriger ausfällt als in der Runde zuvor. Der Anteil der früheren Gesellschafter würde dabei verwässert werden, da sie mehr Kapital für die Anteile in der früheren Runde gezahlt haben: Bspw. hat ein Investor in der ersten Finanzierungsrunde 25 % der Anteile an einem PU für 250.000 Euro erworben, womit das Unternehmen zu 1.000.000 Euro bewertet wurde. In der darauffolgenden Runde zahlt ein neuer Investor 187.500 Euro für ebenfalls 25 %, damit hat der erste Investor 62.500 Euro mehr (bzw. zu viel) für seine Anteile bezahlt. Der Verwässerungsschutz sichert dem Investor dann zu, weitere Unternehmensanteile zu einem niedrigeren Kaufpreis zu erwerben oder die Abgabe von Anteilen durch Altinvestoren zum Nennwert einzufordern (Kantehm & Rasmussen-Bonne, 2013, S. 160). Dieser Nennwert der Anteile für die Altinvestoren wird dabei auf zwei Weisen berechnet: mit der Full-ratchet- oder Weighted-average-Methode. Bei der Full-ratchet-Methode erhält der Investor die Möglichkeit, so zu investieren als hätte er ausschließlich in der neuen, niedriger bewerteten Runde investiert. In dem oben genannten

Beispiel würden dem Investor dann 33,33 % der Anteile zustehe, er würde also durch die Klausel noch weitere 8,33 % der Anteile erhalten, ohne weiteres Kapital zu investieren (Simon, 2010, S. 300). Bei der Weighted-average-Methode wird mittels einer Formel ein gewichteter Anteilspreis errechnet und der Investor nicht in voller Investitionshöhe gleichgestellt. Wenn bspw. eine 50 % Anrechnung in dem obigen Beispiel vereinbart wurde, würden dem Investor nur 4,165 % zusätzliche Anteile zustehen. Damit wird das Risiko einer Down-Runde (die Bewertung liegt unter der der vorherigen Finanzierungsrunde) nicht vollständig auf die nicht geschützten Parteien (üblicherweise die Gründer) geschoben (Simon, 2010, S. 301).

Durch den Verwässerungsschutz senkt der Investor insgesamt sein Investitionsrisiko. Bei zu optimistischer Plandarstellung (aufgrund der Informationsasymmetrie der beiden Parteien) oder mangelhafter Entwicklung des PU kann sich dieser vor niedrigeren Unternehmensbewertungen in der Folgerunde schützen. Demgegenüber steht die Gefahr der übermäßigen Benachteiligung der Gründer: Sobald das Unternehmen durch externe Faktoren an Wert verliert, werden die Gründer in einer anschließenden Finanzierungsrunde über deutlich weniger Anteile verfügen. Demnach kann es bei einer strengen Auslegung dieser Regelung zu einer ungerechtfertigten Benachteiligung der Gründer kommen (Brehm, 2012, S. 135).

Das Gegenteil eines Verwässerungsschutzes stellt eine Ratchet-Provision dar: Dabei erhalten die Gründer, wenn das Unternehmen sich besonders gut entwickelt, mehr Anteile von dem Investor zurück. Ziel dabei ist es die Gründer zu motivieren und damit eine Abschwächung des inhärenten Principal-Agent-Zielkonfliktes. Die Gründer sollen damit motiviert werden, die wirtschaftliche Entwicklung voranzutreiben und damit auch selbst wirtschaftlich partizipieren (Antonczyk, Brettel & Breuer, 2007, S. 23). Die Ratchet-Provision stellt somit das für die Gründer positive Gegenstück zum Verwässerungsschutz dar. Diese hat in der Praxis aber an Bedeutung verloren, weil die Gründer bei steigendem Unternehmenswert bereits über die Anteile am PU an dem Erfolg dessen partizipieren.

Auf den Verwässerungsschutz wird in der Praxis teilweise verzichtet, um die Gründer nicht zu demotivieren. Die Gefahr für Gründer bei Unterzeichnung dieses Recht besteht in der überschätzten zugesicherten Planerfüllung zu Beginn der unternehmerischen Tätigkeit und dem unterschätzten Risiko, welches diese Klausel impliziert (Brehm, 2012, S. 134). Erfahrungen aus der praktischen Umsetzung zeigen zudem, dass der Verwässerungsschutz nur selten von den Gründern verhandelt wird.

„Gibt es in der Tat. Je nachdem wie er ausgestaltet ist. Wenn es jetzt in der Seed-Runde ist und man hat in der Seed-Runde bereits eine sehr niedrige Bewertung, dann läuft ohnehin nach hinten heraus irgendetwas schief, wenn ich da noch einmal drunter falle nach drei, vier Jahren. Und dann wird der Investor dann auch sagen: ‚Okay, das Management muss in einer bestimmten Größenordnung beteiligt bleiben.' Das ist einfach so. Das ist das Hauptaugenmerk, wonach man auch sagt, man übt den aus oder man übt den nicht aus. Der kommt in der Tat auch sehr selten vor. Ansonsten hat man in der Seed-Phase die Bewertung zu hoch angesetzt. Aber dann wird man im Zweifel eine Lösung mit allen finden. Das kommt auch noch dazu." (RA-2, 74)

„Ein Recht, das oft nicht gezogen wird, ist der Verwässerungsschutz. (...) Und auf diesen Verwässerungsschutz wird nach meiner Erfahrung oft verzichtet. Wir würden ihn dann aber eigentlich auch für die letzte Runde streichen, wenn er nicht genommen worden ist. Da sehe ich aber auch, auch wenn ich selbst immer davon abrate und insoweit für eine Standardformulierung wäre, dass der Verwässerungsschutz, der nicht gezogene Verwässerungsschutz verfällt oder der Verwässerungsschutz nur für die jeweils letzte Runde gezogen werden darf. Da sehe ich auch Klauseln, in denen ein Verwässerungsschutz aus dem Jahr 2009 oder ähnliches vorgeschrieben wird." (RA-1, 69)

3.2.3.2 Vesting und Vinkulierung

VCG investieren nicht nur in Geschäftsideen, die durch ein Patent geschützt werden können, sondern auch in Ideen, die ausschließlich durch das Know-how des Gründers geprägt sind (Brehm, 2012, S. 139). Im Gegensatz zu patentierbaren Konzepten besteht dabei die Gefahr, dass mit dem Ausstieg des Gründers aus dem PU auch die Geschäftsidee nicht fortgeführt werden kann. Die Investition wäre für die VCG und anderen Investoren damit wertlos. Aufgrund dieser Unsicherheit und um das Gründerteam zu binden, werden Vinkulierungen bzw. Vesting-Klauseln eingesetzt. Laut dieser Bedingungen sind die Gesellschafter (vor allem die VCG) bei einem Verkauf oder der Übertragung von Anteilen zustimmungsberechtigt. Dabei steigt die Anzahl der Anteile des Gründers, die dieser ohne Zustimmung der VCG abtreten darf, mit jedem Jahr seiner aktiven Tätigkeit im Unternehmen an (Kantehm & Rasmussen-Bonne, 2013, S. 169). Trotz des Interesses der VCG an der Bindung der Gründer soll verhindert werden, dass Gründer, die nur für kurze Zeit (z. B. sechs Monate nach Gründung des Unternehmens) involviert waren, im Falle eines Exits partizipieren (Brehm, 2012, S. 139). Diese Regelungen, die beide Aspekte erfassen, stehen üblicherweise in der Satzung, da diese nur bei öffentlicher Einsehbarkeit rechtlich gültig sind. Im Zuge der Vinkulierung werden weiterhin Vorerwerbsrechte (s. Kapitel 3.4.2.5) für die Altgesellschafter eingeräumt (Kantehm & Rasmussen-Bonne, 2013, S. 166).

Vesting-Klauseln sind so aufgebaut, dass bspw. ein Gründer, der 12.500 Euro Stammkapital des PU hält, je abgelaufenem Geschäftsjahr über 2.500 Euro (also 20 %) seiner Anteile frei verfügen kann. Dies entspricht einem Vesting-Zeitraum von fünf Jahren, da nach fünf Jahren alle Anteile frei verfügbar wären. Gleichermaßen ist eine Ausgestaltung in Good-Bad-Leaver-Klauseln möglich: Dabei wird der Ausstiegsgrund des Gründers als gut (Ereignisse, die dieser nicht zu vertreten hat, z. B. Tod oder Berufsunfähigkeit) oder schlecht (z. B. Pflichtverletzungen) eingestuft und danach die ihm bleibenden Anteile berechnet (Brehm, 2012, S. 142).

Mit diesen Regelungen soll das Hold-up-Risiko für die VCG gesenkt werden, da die Gründer weniger gewillt sind, das PU zu verlassen (Simon, 2010, S. 402). Gleichzeitig wird ein Leistungsanreiz für die Gründer geschaffen, da ihre Unternehmensanteile über die Jahre steigen. Andererseits kann Vesting auf Seiten der Gründer auch negativ wahrgenommen werden, da es als Zeichen des Misstrauens betrachtet wird und so ein hemmender Faktor sein kann (Brehm, 2012, S. 152).

Im Zuge der Expertenbefragung wird deutlich, dass Vesting-Regeln stark variieren, da diese häufig verhandelt und detailliert diskutierten werden. Generell streben Gründer einen sehr kurzen Vesting-Zeitraum oder den Verzicht auf Vinkulierung an. Auf der anderen Seite schützt die Klausur die Gründer gegenseitig davor, ein inaktives Gründungsmitglied im Unternehmen als Gesellschafter halten zu müssen.

„Die Leaver-Regelungen sicherlich auch. Aber da sind wir bereits sehr geschmeidig drauf. Das trifft vielleicht den Einzelnen mal härter, aber alle anderen Gesellschafter schützt das auch und das kann man so auch vermitteln. Man weiß heute nicht, wen man morgen schützen soll, es kann jeden treffen. Dort gibt es eigentlich nicht so großen Widerstand." (IvM-2, 23)

„Ein großer Punkt ist das ganze Vesting-Thema. Da sind wir auch ein Stück von den Standardkonditionen abgewichen. Wir haben da unsere eigenen Vorstellungen hereingebracht. In welchen Fällen Good-Leaver/Bad-Leaver-Geschichten sind. Als Gründer hängt man ja schon an seinem Unternehmen und sieht an der Stelle natürlich schon die Gefahr, dass man dort Anteile verlieren könnte. Dass man sich irgendwann eventuell mal nicht mehr so gut versteht. Deswegen ist das schon ein Punkt, den man länger diskutiert." (ET-3, 31)

„Und wo ich ebenfalls denke, dass es lohnenswert ist zu diskutieren, sind die Leaver-Klauseln. Wie lange laufen die? Wie lange ist das Vesting eigentlich? Wie ist das Vesting abgestuft? Habe ich eine Cliff-Regelung oder eine kontinuierliche Steigerung der Anteile, die für mich unverfallbar sind? Da kann man sicherlich immer ein wenig hoch und runter schrauben und auch was die Höhe der Abfindung angeht. Was bekomme ich eigentlich dafür, wenn die Anteile wieder entzogen werden? Da gibt es durchaus unterschiedliche Ansichten, was man da vereinbaren kann. Da gibt es sehr viele Modelle. Von Abfindung zum Nominalwert, über Abfindung zum Buchwert bis zur vollständigen Verkehrswertabfindung. Das ist so die Bandbreite zwischen einem Euro und vollem Verkehrswert. Da kann man durchaus mal diskutieren. Das sollte natürlich immer ein wenig seriös bleiben." (RA-2, 19)

3.2.3.3 Call-Option

Eine Call-Option wird häufig in Kombination mit oben beschriebenen Vesting-Reglungen beschlossen für den Fall, dass ein Gründer aus dem PU ausscheidet und seine Anteile so frei verfügbar werden. Eine aufgestellte Call-Option räumt dann bspw. der VCG das Recht ein, diese Anteile zu einem definierten Preis in einer vereinbarten Frist zu erwerben. Wesentliche Bestandteile einer Call-Option sind demzufolge ein festgelegtes Ereignis, ein definierter Preis oder eine festgeschriebene Preisfunktion sowie eine einzuhaltende Frist. Diese Regelung kommt üblicherweise zum Einsatz, wenn bestimmte Meilensteine nicht erreicht wurden oder Uneinigkeit über die zukünftige Unternehmensentwicklung besteht (Kantehm & Rasmussen-Bonne, 2013, S. 167).

Da Call-Optionen stets für eine bestimmte Begebenheit konstruiert werden, wurden auch von den Experten keine allgemeingültigen Aussagen bezüglich dieser Klauseln getroffen, auch wenn sie in der Praxis eine bedeutende Rolle spielen.

3.2.3.4   Mitarbeiterbeteiligungsprogramm

Eine VCG ist bestrebt, über diverse Regelungen wie Vesting, Vinkulierungen oder Call-Optionen nicht nur die Gründer, sondern auch die Mitarbeiter durch Mitarbeiterbeteiligungsprogramme oder ESOP (Employee Stock Ownership Plan) an das PU zu binden. Mithilfe von Beteiligungsprogrammen ist es eher möglich, ein Team aufzustellen, dessen Mitglieder trotz der üblicherweise schlechteren Bezahlung in Start-ups im Vergleich zu Industrieunternehmen einen Anreiz haben, die Unternehmensentwicklung anzutreiben (Brehm, 2012, S. 154).

Ein ESOP stellt somit kein VC-Recht im eigentlichen Sinne dar, wird jedoch von Seiten der VCG aktiv eingefordert und im Zuge der Verhandlungen zwischen PU und VCG vereinbart. Insbesondere wird ausgehandelt, welche Partei wie viele Anteile für das Beteiligungsprogramm zur Verfügung stellt.

Im Gegensatz zu den anderen Rechten im Vertrag geht es hierbei nicht um eine Risikominimierung der VCG, sondern um die Unterstützung des PU: insbesondere beim Akquirieren und Halten von Mitarbeitern. In der Praxis herrscht zumeist Einigkeit darüber, dass die Einrichtung eines ESOP sinnvoll und notwendig ist. Ausschließlich die Höhe der bereitzustellenden Anteile wird im Detail besprochen.

„Der ESOP ist zum Beispiel ein Thema, also wer den ESOP trägt, also das Mitarbeiterbeteiligungsprogramm. Wird das zu Lasten der Altgesellschafter oder nachdem der Investor einsteigt, zu Lasten aller Gesellschafter durchgeführt? Das ist tatsächlich ein Punkt, wo man quasi einige Prozentpunkte verlieren kann, durch die Einrichtung des ESOP. 2 % kann hinterher auch viel Geld sein. Also das sind Verhandlungspositionen, aber keine ganz harten." (IvM-1, 21)

3.2.4   Exit-Rechte

Neben dem Beschluss von Abbruch- und Stimmrechten haben VCG primär Interesse an einer Wertsteigerung ihrer Beteiligungen, was auch dadurch deutlich wird, dass sie sich nur für eine begrenzte Zeit an Unternehmen beteiligen (s. Kapitel 2.2.6). Damit VCG die erworbenen Unternehmensanteile nach einer gewissen Zeit gewinnbringend verkaufen können, werden zahlreiche Exit-Rechte im Vertrag festgeschrieben.

Im Verlauf der Expertenbefragung wird auf Seiten der Investoren deutlich, dass Einigkeit darüber herrscht, dass es Klauseln gibt, die in jedem aufgesetzten Vertrag enthalten sein müssen und deren Festschreibung nicht verhandelt werden. Zu diesen Rechten zählen vor allem alle Exit-Rechte, wobei die Liquidationspräferenz als Ausnahme als verhandelbar gilt.

Die VC-Investition ist ausschließlich für begrenzte Dauer angelegt, wobei das Geschäftsmodell der VCG vorsieht, nach einer gewissen Zeit zur Phase des Desinvestments zu gelangen: Daher müssen verschiedene Arten von Exit-Rechten vorhanden sein. Auch Gründern ist dieser Umstand, der mit dem Entscheid zum VC-Investment einhergeht, bereits zu Beginn der

Vertragsverhandlungen bewusst. Daher werden Exit-Rechte von Seiten der Gründer nur selten infrage gestellt.

„Wo wir nicht lockerlassen können, ist das Thema harter Exit. Also wir müssen dann auch mit dem neuen Investment irgendwann mal raus aus der Gesellschaft.“ (IvM-2, 45)

„Ja, die war direkt schon im Letter of Intent: Drag-along, Anti-Dilution, darüber gab es eigentlich wenige kritische Punkte, weil es ein Standard-Venture-Capital-Vertrag ist und da wussten wir, ich einerseits aus meiner eigenen Erfahrung, aber auch der Anwalt hat uns signalisiert, dass das faire Bedingungen sind und das typischen Marktbedingungen entspricht.“ (ET-2; 42)

„Nein, darüber wurde nicht viel verhandelt, weil es klar ist, dass man Mitverkaufspflichten hat, wenn es zum großen Investor kommt. Für jemand, der sich im Markt auskennt und das war allen Gründern in dem Moment auch klar, dass man dieses Spiel dann auch mitspielen muss.“ (ET-2, 45)

„Aber letzten Endes verwaltet der Investor fremdes Geld und insofern gibt es Regelungen, wo der einfach kein Wasser heranlassen kann. Wenn das mein eigenes Geld ist, also BA, die können machen, was sie wollen. Das ist ihr Geld. Wenn es weg ist, ist es weg. Bei institutionellen ist das einfach anders.“ (ET-2, 72)

3.2.4.1   Tag-along-Recht

Ein Tag-along- oder auch Mitveräußerungsrecht ist ein spezielles Verkaufsrecht der Gesellschafter, das bevorzugt von der VCG eingefordert wird: Sobald ein Gesellschafter seine Anteile veräußern möchte, haben die anderen Gesellschafter damit das Recht, ihre Anteile zu ebenfalls gleichen Konditionen zu verkaufen (Kantehm & Rasmussen-Bonne, 2013, S. 167). Wenn ein Unternehmen bspw. aus drei Gesellschaftern besteht und einer der Gesellschafter 300 Anteile zu je 500 Euro verkaufen möchte, haben die anderen zwei Gesellschafter die Möglichkeit, z. B. jeweils 100 Anteile zu 500 Euro zu verkaufen. Dabei zu beachten sind jedoch eventuelle Vinkulierungen und Vorerwerbsrechte.

Für die VCG bietet das Mitveräußerungsrecht u. a. den Vorteil, sich vor den Auswirkungen etwaiger Entscheidungen der anderen Gesellschafter – z. B. bei der Veräußerung aller Anteile durch den oder einen der Gründer – zu schützen. Um das Beispiel wiederaufzunehmen: So könnte der Gründer, der das Unternehmen verlassen möchte, bspw. Zweifel am erwarteten Unternehmenswachstums haben, die sich ausschließlich ihm durch das aktive Mitwirken im Tagesgeschäft aufzeigen. Dadurch sucht und findet der Gründer nun eine Partei, die ihm seine Anteile am PU abkauft. Der VCG, der diese Informationen nicht vorliegen, ist es trotzdem möglich, mithilfe des Tag-along-Rechts ihre Anteile teilweise mit zu verkaufen und so ihr Risiko zu senken (Brehm, 2012, S. 162). Weiterhin vermeidet die VCG so, ungeplant Minderheitsaktionär mit einem neuen Mehrheitsaktionär zu werden (Brehm, 2012, S. 166).

Demgegenüber steht die Gefahr, dass ein Gesellschafter, der das PU verlassen möchte, durch das Tag-along-Recht in Verbindung mit Vinkulierungen nicht aus dem Unternehmen aussteigen kann, da es ihm nicht gelingt, einen Investor zu finden, der ihm alle Anteile abkauft

(Brehm, 2012, S. 167). Obwohl für den Investor so ein Schutz vor Hold-up-Risiken entsteht (Simon, 2010, S. 428), können Altgesellschafter durch diese Aussicht demotiviert und eventuell zu unkooperativen Verhalten gegenüber dem PU bewegt werden.

In der Praxis wird ein Tag-along-Recht fast immer vereinbart und zugleich wenig von den Gründern diskutiert, da sowohl die Investoren als auch die Gründer für gewöhnlich die Notwendigkeit solcher Exit-Regelungen für eine VC-Finanzierung sehen.

3.2.4.2 Drag-along-Recht

Im Gegensatz zum Tag-along- ist das Drag-along-Recht eine gesonderte Mitveräußerungspflicht der Gesellschafter, um einen erleichterten Exit für die Investoren sicherzustellen. Diese Klausel hat den Hintergrund, dass potentielle Käufer des PU oftmals das gesamte Unternehmen übernehmen möchten, einzelne Gesellschafter dem Exit allerdings nicht zustimmen. Um den Exit trotzdem zu erzielen, wird mittels der Drag-along-Regelung der Verkauf dahingehend ermöglicht, dass sobald eine qualifizierte Mehrheit (üblicherweise 75 % der Gesellschafter) den Verkauf ihrer Anteile stattgibt, die anderen Gesellschafter ebenfalls ihre Anteile verkaufen müssen (Kantehm & Rasmussen-Bonne, 2013, S. 167).

Das Drag-along-Recht birgt hingegen auch die Gefahr, dass die Gründer aus dem Unternehmen gedrängt und in Kombination mit einer hohen Liquidationspräferenz (s. Kapitel 3.2.4.3) nicht am Verkauf partizipieren. Infolge dessen könnte diese Perspektive einen negativen Einfluss auf die Motivation der Gründer haben (Brehm, 2012, S. 173). Dem gegenüber steht der Vorteil für die VCG, mit dieser Klausel ihre oberste Zielerreichung – der Verkauf des PU – zu gewährleisten. Die Klausel wirkt zudem Hold-up-Risiken entgegen und sendet eine Signalwirkung für alle Gesellschafter aus, da einzelne Gesellschafter die Situation nicht ungerechtfertigt ausnutzen können, indem sie z. B. den Verkauf des Unternehmens blockieren (Simon, 2010, S. 424).

Die Mitveräußerungspflicht ist in der Praxis wie das Tag-along-Recht fast immer in einem Beteiligungsvertrag enthalten, gleichzeitig wird darüber selten diskutiert. Relevant für Gründer im Zuge der Verhandlungen ist insbesondere, festzuschreiben, dass dieses Recht erst ab einer bestimmten Höhe des Exit-Erlöses Einsatz findet und mindestens 75 % aller Anteilseigner dem Verkauf zustimmen müssen.

„Die Mitveräußerungspflicht z. B. die kann, das versteht der Gründer relativ schnell, dazu führen, dass er sich zu einem Zeitpunkt von dem Unternehmen trennen muss und von seinen Anteilen trennen muss, zu dem er dazu noch gar nicht bereit gewesen ist und das noch gar nicht wollte. Die Frage hat er sich eingekauft, als er den Investor akzeptiert hat und da sind aber auch viele vermittelnde Lösungen denkbar. Also eine reine Mitveräußerungspflicht gibt es kaum. Da würde man dann sagen, da müssen erstmal 75 % oder 80 % der Gesellschafter zugestimmt haben, dass es zu dieser Mitveräußerungspflicht kommt oder aber in den nächsten drei Jahren kann überhaupt niemand zu der Mitveräußerung seiner Anteile gezwungen werden oder aber unterhalb eines Exit-Erlöses von x Mio. besteht auch keine Mitveräuße-

rungspflicht oder aber vor dem Ablauf dieses Dreijahreszeitraums besteht eine Mitveräuße-
rungspflicht nur, wenn der Exit-Erlös besonders hoch ist. Da gibt es viele Spielarten."
(RA-1, 30)

3.2.4.3   Liquidationspräferenz

Die Liquidationspräferenz (auch Liquidation Preference) ist eine komplexe Klausel, die von
der VCG eingefordert wird. Eine beispielhafte Konstellation wäre: Eine VCG erwirbt 15 %
der Anteile an einem PU für 500.000 Euro, wobei diese neben den beiden Gründern alleiniger Investor ist. Obwohl sich das Geschäft nach fünf Jahren nicht so gut entwickelt hat wie
ursprünglich geplant, gibt es einen potenziellen Käufer, der zwei Mio. Euro für das Start-up
zahlen möchte. Alle drei Gesellschafter sind mit dem Verkauf zu diesem Betrag einverstanden, wodurch gemäß den Anteilen dem ursprünglichen Investor 15 % von zwei Mio. Euro,
also 300.000 Euro zustehen. Dies würde jedoch nicht die ursprüngliche Einlage des Investors
decken. Um sich vor diesem Resultat zu schützen, wird eine Liquidationspräferenz vereinbart.

Diese Klausel sichert dem Investor seine ursprüngliche Investition plus ggf. einer Zuzahlung
zu. Erst nachdem der Investor diese festgelegte Summe erhalten hat, wird der verbleibende
Verkaufserlös unter allen Gesellschaftern (inklusive der VCG) aufgeteilt (Kantehm & Rasmussen-Bonne, 2013, S. 168). In dem Beispiel könnte sich der Investor bspw. die Investitionssumme plus 10 % Zinsen p.a. im Vorfeld zusichern, womit dieser zuerst 805.255 Euro
(Investition plus 10 % Zinsen p.a.) erhält. Die restlichen 1.194.745 Euro werden wiederum
über die drei Gesellschafter ausgeschüttet, wobei die VCG weitere 179.211,75 Euro (15 %
der Anteile) bezieht. Auch besteht die Möglichkeit, dass nach Erreichen des Präferenzbetra-
ges keine weitere finanzielle Teilhabe des Investors stattfindet, dann wird eine sogenannte
Simple Liquidation Preference vereinbart (Lerner, Leamon & Hardymon, 2012, S. 118).

Da Investoren im Gegensatz zu den Gründern, die durch diese Regelung finanziell nicht am
Verkauf partizipieren, um ein Vielfaches bessergestellt werden könnten, nimmt die Klausel
zur Liquidationspräferenz häufig komplexe Züge an und zieht einige Nebenbedingungen
nach sich. Ein möglicher Aspekt betrifft die Finanzierung über mehrere Runden, wobei sich
der zuletzt investierte Investor zusichern lässt, bei einem eventuellen Exit-Erlös – gemäß der
geregelten Präferenz – zuerst ausbezahlt zu werden (last in-first out-Prinzip). Es folgen die
Investoren aus den vorherigen Runden und erst dann die Gründer. Damit diese nicht benach-
teiligt werden, können Vereinbarungen getroffen werden, die die Präferenzen von allen Investoren ab Erreichen einer bestimmten Verkaufssumme erlöschen lassen. Auch ist es möglich, dass als erstes die Gründer einen Mindestbetrag erhalten, bevor die Investoren bedient
werden (Kantehm & Rasmussen-Bonne, 2013, S. 168). Die Liquidationspräferenz sichert im
Allgemeinen der VCG die Wiederauszahlung der investierten Einlagen zu, kann ein Leistungsanreiz für die Gründer darstellen und eine Fokussierung auf den Exit schaffen (Brehm,
2012, S. 189).

Da – wie bereits im vorherigen Unterkapitel erwähnt – Gründer aufgrund der Kombination
aus Liquidationspräferenz und Drag-along-Klausel aus dem Unternehmen gedrängt und

nicht am Verkauf partizipieren könnten, schlägt Brehm (2012, S. 192) das Einführen von Nebenbedingungen vor, die die Wirksamkeit dieses Effekts einschränken. Die oben benannte Regelung zur Mindest-Verkaufssumme könnte eine beispielhafte Nebenbedingung darstellen, mit der zudem das Hold-up-Risiko für die Gründer gesenkt wird. Daneben senkt die Liquidationspräferenz generell die adverse Selektion, da ein Gründer auf diese Weise signalisiert, vom Projekt überzeugt zu sein (Simon, 2010, S. 372).

Die Liquidationspräferenz ist auch nach Aussage der Interviewpartner eine der am stärksten diskutieren Klauseln. Deutlich wird, dass weniger sehr hohe, zwei- bis dreifache Präferenzen (Verpflichtung zur Zurückzahlung der doppelten bis dreifachen Investitionssumme des Investors) formuliert werden. Stattdessen werden zunehmend „gründerfreundliche" Varianten mit einer einfachen Präferenz zuzüglich Zinsen vereinbart, die zudem die Partizipation der Gründer bei einem Exit sicherstellt.

„Auf eine Liquidationspräferenz wird der Investor, wenn er die denn haben will, nicht verzichten. Da gibt es aber auch vielfältige Ausgestaltungen. Besteht die jetzt nur vorab in einer großzügigen Verzinsung? Besteht die in einer Verdopplung? Oder früher machte man sogar Verdreifachung des eingesetzten Kapitals. Entfällt die vielleicht jenseits einer gewissen Schwelle?" (RA-1, 30)

„Die kommt natürlich schon in der Seed-Phase. Da ist es auch durchaus unterschiedlich, da kann man auch viel herum diskutieren. Da ist die Entwicklung ganz klar die, dass die Liquidationspräferenz nach oben geht. Vor einigen Jahren war es noch eine drei-, vierfache Liquidationspräferenz. Zu Anfang des VC waren die noch wesentlich höher. Das hat sich mittlerweile etwas eingeordnet, auf die einfache Liquidationspräferenz mit eventuellen zusätzlichen Verzinsungen oben drauf, bspw. 10 % im Jahr. Da ist aktuell der Stand, dass man eine einfache Liquidationspräferenz hat und wenn die Teams gut sind, werden sie das auch als anrechenbare Liquidationspräferenz haben. Wenn der Exit-Wert hoch genug ist, dass es der Investor nach der pro-rata Verteilung bekommt, dann entfällt die Liquidationspräferenz. Das ist der aktuelle Stand." (RA-2, 23)

3.2.4.4   IPO-Rechte

In Deutschland gehört der Verkauf von Unternehmen über die Börse eher zu den Ausnahmen (s. Kapitel 2.6.2), womit IPO-Rechte in der Vertragsgestaltung – im Gegensatz zu US-Verträgen (Simon, 2010, S. 414) – eine untergeordnete Rolle spielen. Trotzdem gibt es eine Reihe an Rechten, die für diesen Fall konstruiert werden und auf die gleichen Risiken eingehen wie etwa Tag-along- oder Drag-along-Klauseln: Dazu zählen Piggy-back-Rechte, Demand-Rechte und Lock-up-Perioden.

Eine Piggy-back-Klausel sorgt dafür, dass alle Aktionäre, die am Unternehmen beteiligt sind, dazu verpflichtet werden, Anteile im gleichen Verhältnis zu ihrer Beteiligungsquote beim IPO zur Verfügung zu stellen, dass Einbehalten dieser ist ausgeschlossen (Bienz & Walz, 2010, S. 1078).

Ein Demand-Recht räumt bestimmten Aktienbesitzer (z. B. Investoren) das Recht ein, einen Börsengang – auch gegen die Meinung anderer Aktionäre – zu erzwingen. Somit wird im

Umkehrschluss den anderen Aktionären das Recht genommen, ein IPO zu verhindern (Bienz & Walz, 2010, S. 1078).

Eine Lock-up-Vereinbarung (oder auch Lock-in-Recht (Espenlaub, Goergen, Khurshed & Renneboog, 2002) verhindert den Verkauf von Aktien Aktionäre, die bereits vor dem IPO am PU beteiligt waren. Sie bezieht sich meistens auf eine bestimmte Zeitspanne (i. d. R. sechs Monate), in der nicht alle Aktien mit einem Mal verkauft werden dürfen (Field & Hanka, 2001, S. 471).

3.2.4.5   Vorverkaufsrecht

Das sogenannte Vorverkaufsrecht oder auch Right of First Refusal wird im Zuge der Vertragsgestaltung einem der Gesellschafter (zumeist der VCG) zugesichert und besagt, dass – vorausgesetzt ein Mitgesellschafter möchte Anteile verkaufen – dieser vor allen anderen Gesellschaftern diese Anteile erwerben kann. Erst anschließend besteht für die anderen Mitgesellschafter oder ggf. externe Interessenten die Möglichkeit, die Anteile aufzukaufen (Simon, 2010, S. 329).

Das Recht schützt die VCG insbesondere davor, Minderheitsgesellschafter zu werden. Zudem erhält die VCG verstärkt Kontrolle über die Gesellschafterstruktur und kann damit gesellschaftsfremden Dritten den Zugang zum PU verwehren (Simon, 2010, S. 343).

In der Praxis wird ein Vorverkaufsrecht fast immer vereinbart, da es die Grundlage für Tagalong- und Drag-along-Klauseln bildet und somit häufig festgeschrieben wird.

3.2.4.6   Forced-Exit-Klausel

Die Forced-Exit-Klausel wurde bisher nicht in der Literatur thematisiert, sämtliche Aussagen beruhen daher auf den Aussagen aus den Experteninterviews. Für den Investor wird mit dieser Bedingung die Voraussetzung geschaffen, das Investment nach einer bestimmten Dauer wieder abstoßen zu können und einen Leistungsanreiz für die Gründer zu schaffen: Mit dieser Klausel wird ausgedrückt, dass die VCG nach Ablauf von üblicherweise fünf bis acht Jahren aktiv der Verkauf des PU anstreben wird, indem bspw. M&A-Teams eingeschalten werden.

Trotz der positiven Absichten, birgt dieses Recht auch einige Risiken: Zum einen ist die Durchführbarkeit der vereinbarten Bedingungen fraglich, bspw. da es unwahrscheinlich ist, dass ein Unternehmen mit einer unterdurchschnittlichen Entwicklung durch das Einschalten von spezialisierten Verkaufsberatern verkauft werden kann. Zum anderen werden mit Ablauf der formulierten Zeitspanne idealtypisch Unternehmen mit guter Entwicklung abgestoßen: Hier stellt sich die Frage, ob eine andauernde Partizipation am positiven Wachstum des profitablen Unternehmens um weitere ein bis zwei Jahre für die Investoren eher empfohlen werden könnte. Das PU wäre demzufolge verfrüht und zu einem zu geringen Preis verkauft worden.

Gleichzeitig hat das Recht auch potenzielle negative Folgen für die Gründer, da diese unter erhöhtem Zeitdruck stehen und ein erzwungener Ausstieg aus dem Unternehmen zu Problemen innerhalb der Gesellschaft führen kann.

Grundlegend möchte die VCG mit der Forced-Exit-Klausel etwaige Zielkonflikte zwischen ihr und den Gründern lösen: Die VCG verdeutlicht dem Gründer klar, dass dieser sein Unternehmen nach einer gewissen Zeit zusammen mit der VCG verkaufen wird. Auch die adverse Selektion sinkt: Der Gründer signalisiert durch sein Einverständnis zu dieser Bedingung, dem Verkauf seines Unternehmens zuzustimmen. In der Praxis findet diese Klausel erst seit Kurzem Anwendung, sodass über die zukünftige Relevanz und den Nutzen bisher keine Aussage getroffen werden können.

3.2.5 Cashflowrechte – Dividendenvorzug und Zinszahlungen

Die VCG ist an einer Wertsteigerung der Beteiligungen und nicht an laufenden Dividenden oder Zinszahlungen interessiert. Dennoch gibt es verschiedene Rechte, die einer VCG das Recht an laufenden Zahlungen einräumen. Die praktische Relevanz dieser Klauseln ist bei einer VC-Finanzierung gering. In den USA werden nach Cooleys (2017) circa 15 % aller VC-Finanzierungen mit einem Dividendenvorzug abgeschlossen.

Der Dividendenvorzug räumt einer VCG die vorrangige Zahlung von Dividenden ein (Simon, 2010, S. 374) und spielt in der Vertragsgestaltung eine untergeordnete Rolle, da Investoren üblicherweise nicht an laufenden Erträgen interessiert sind und das Ausschütten von Dividenden für Start-ups i. d. R. erst nach einigen Jahren möglich wird. Jedoch kann der Dividendenvorzug zu einer Mindestverzinsung und damit einer Erhöhung der Gesamtrendite für die VCG führen, indem zumeist ein kumulativer Dividendenvorzug vereinbart wird (Simon, 2010, S. 378). Dabei wird ein jährlicher Ausschüttungsbetrag festgelegt, wobei dieser bei Nicht-Auszahlung angesammelt wird, solange bis dieser in der Zukunft bedient werden kann. Generell besitzen Dividenden den Vorteil der Signalfunktion, da die Zahlung einer Dividende die wirtschaftliche Leistungsfähigkeit des PU bezeugen kann (Simon, 2010, S. 388).

Eine weitere Möglichkeit, an den laufenden Erträgen eines PU teilzuhaben, bieten Zinszahlungen – falls das Kapital in Form eines (Wandel-)Darlehens vergeben wurde. Da zu Beginn der Unternehmung keine Zinszahlung möglich ist, kann der Zinsanspruch gestundet werden. Generell gilt für Zinsen dasselbe wie für Dividendenvorzüge: Beide Instrumente sind nicht das Hauptinteresse der VCG und dienen nur als zusätzliche (Mindest-)Vergütung der Investoren. Daher spielen sie in der Praxis eine untergeordnete Rolle. Vor allem deswegen, weil in nachfolgenden Finanzierungsrunden häufig eine Wandelung der Zinsansprüche in Stammkapital vereinbart wird.

3.2.6 Kontroll- und Informationsrechte

Um das Investment zu überwachen und unterstützen, benötigt die VCG zahlreiche Informationen über das PU. Dazu werden gesonderte Informationsrechte (z. B. Reporting) vereinbart, die über die normalen, gesetzlichen Informationspflichten des PU hinausgehen. Generell dienen diese Rechte dazu, sowohl Informationsasymmetrien abzubauen als auch die PU am Know-how der VCG partizipieren zu lassen, indem bspw. für wesentliche Entscheidungen eine entsprechende Zustimmung eingeholt werden muss.

3.2.6.1 Reporting

Reportings sind durch das Unternehmen in Form von Berichten zusammengestellte Informationen über interne Geschäftsvorgänge, die dem Investor monatlich oder quartalsweise zur Verfügung gestellt werden. Obwohl der VCG als Gesellschafter gesetzliche Auskunfts- und Einsichtsrechte zustehen, fordern sie zusätzlich auf ihre Prozesse abgestimmte Reportings ein (Kantehm & Rasmussen-Bonne, 2013, S. 164).

Ziele der Reportings sind, das Informationsgefälle zwischen der VCG und dem PU zu mindern, opportunistisches Verhalten der Gründer zu verhindern und somit das PU zu kontrollieren. Weiterhin benötigt die VCG diese Informationen, um wiederum den Investoren des Fonds eigene Berichte zu bieten (Brehm, 2012, S. 74).

Negative Konsequenzen aus dem Beauftragen der Reportings durch die VCG können durch eine zu umfangreiche und kostenintensive Berichterstattung entstehen: Insbesondere dann, wenn jeder Investor des PU einen eigenen, auf seine Prozesse abgestimmten, individuellen Bericht einfordert (Brehm, 2012, S. 82). Generell werden Reportings in regelmäßigen Zyklen und bei besonderen Ereignissen wie bspw. der Erfüllung eines Meilensteins angefertigt (s. Abbildung 8).

Abbildung 8: Zeitpunkte der Berichterstattung durch PU

Ereignisgetriebene Berichterstattung	Regelmäßige Berichterstattung

– Investitions-/Entwicklungsvorhaben außerhalb des Budgets
– Erfüllung von Meilensteinen
	– Monatliche-, viertel- oder halbjährliche Umsatzmeldungen
	– Berichte zur Bilanz sowie Gewinn- und Verlustrechnung
	– Zwischenbericht über die Geschäftslage inkl.
	  – Marktentwicklung
	  – Auftragsbestand
	  – Personalsituation

Quelle: Kantehm & Rasmussen-Bonne (2013, S. 164)

In der Praxis sind Informationspflichten immer in den Verträgen geregelt und stehen den Gesellschaftern per Gesetz (§ 51 GmbHG) zu. Im Zuge der Beteiligungsverhandlungen stehen bei den Informationspflichten häufig die Fristen (bspw. Tag der Übermittlung des Jahresabschlusses) und das Aussehen des Reporting im Fokus.

„Bei Informationspflichten gibt es eigentlich wenige Verhandlungen. Da hat der Investor auch ein großes Interesse daran, dass das funktioniert. Er sagt: ‚Ich brauche bestimmte

Informationen, gerade wenn ich eben fondinternes Reporting habe.' Das haben die meisten eben. Die müssen ja ihren eigenen Investoren auch etwas mitteilen. Insofern gibt es da auch nicht viel Diskussion. Das betrifft im Grunde genommen die BWA und die Jahresabschlüsse, ggf. noch ein Quartalsreporting. Das sind eigentlich so die standardmäßigen, die immer drin sind. Worüber man sich immer unterhalten kann, sind die Fristen. Das ist eher immer das Thema, dass die sagen: ‚Passt mal auf, wir bekommen das innerhalb der Fristen gar nicht hin. Dass ich jetzt eine BWA übermittle zum 15. des Folgemonats, das ist faktisch illusorisch.' Das schafft niemand so richtig, es sei denn die haben eine richtig professionelle Buchhaltung, was die nicht haben oder ein professionelles Steuerbüro, was die nicht haben. Das ist dann das Thema Jahresabschluss. Bis wann muss der fertig sein? Wenn ich dann den 31.3. reinschreibe, ist das meistens illusorisch, auch wenn das so ein kleines Unternehmen ist, brauchen die immer ewig. Insofern kann man daran schon verhandeln, aber ansonsten gibt es da eigentlich nie größere Verhandlungsrunden. Es hat auch keiner ein Problem, die Information als solche zu vermitteln. Jeder sagt eigentlich immer, der Aufwand sei zu groß für bestimmte Dinge. Da muss man ein bestimmtes Niveau finden, aber da ist auch keiner so, dass man sich da nicht einigen könnte oder dass daran mal eine Verhandlung gescheitert wäre, eigentlich überhaupt nicht. Es gibt Gründe, zum Beispiel beim Hightech Gründerfonds, die haben ein Excelformat, in dem das abgeliefert werden muss, damit die das bei sich einspielen können. Das ist dann eine technische Umsetzung und da kommt dann meistens der Standardsatz: Wie wir das technisch abwickeln, das klären wir dann danach. Erst mal nur Daten ja okay, grundsätzliche Bereitschaft. Im Zweifel ist es auch so, bei den Informationspflichten, die meisten Start-ups werden nun mal als GmbH gegründet, ich kann mir als Gesellschaft die Informationen sowieso jederzeit abverlangen, also können sie das auch gleich reinschreiben. Da gibt es auch wenig zu diskutieren." (RA-2, 17)

3.2.6.2   Beirat

Generell besteht in Deutschland für eine GmbH nicht die Pflicht, einen Aufsichtsrat bzw. Beirat einzurichten. Trotzdem wird dieser häufig mittels der Vereinbarung eines Entsendungsrechts aufgestellt, um das Unternehmen – ähnlich dem Reporting – umfassender zu kontrollieren und unterstützen. Hier besetzt ein ausgewählter Vertreter einen Platz im Beirat, wobei es sich i. d. R. um den Beteiligungsmanager handelt, der das PU betreut. Die grundsätzliche Pflicht, die Geschäftsführung zu überwachen, besteht für den Beirat nicht, kann jedoch vertraglich vereinbart werden. Weiterhin ist es möglich, den Beirat als Beratungsorgan (auch Sounding board genannt), Kontrollorgan oder Organ mit Geschäftsführeraufgaben auszugestalten (Kantehm & Rasmussen-Bonne, 2013, S. 165). Generell gibt es keine einheitliche und standardmäßige Ausgestaltung eines Beirats.

Ein Beirat erlaubt die direkte Überwachung und Einflussnahme auf das PU. Je nach Ausgestaltung des Beirats können positive Effekte auf das PU erzielt werden (Brehm, 2012, S. 96): Bspw. können erfahrene Industrieexperten durch Einsichtnahmen das Wachstum des Unternehmens fördern. Werden jedoch durch den Beirat oder dessen Mitglieder Entscheidungen der Unternehmer ungerechtfertigt blockiert, kann dies negative Effekte auf das PU ausüben und eine Gefahr darstellen. Demnach wird das Ziel verfolgt, einen ausgewogenen Beirat zu bestimmen, der auch die Interessen des Unternehmens vertritt (Brehm, 2012, S. 98).

Aus den Aussagen der Experten wird deutlich, dass das Aufstellen eines Beirats sowohl auf Seiten der Investoren als auch der Gründer angenommen wird. Auch geht hervor, dass im Vertrag oft ausschließlich die Struktur für einen Beirat geschaffen, dieser aber noch nicht installiert wird. Die Besetzung erfolgt erst bei speziellen Anlässen, bspw. bei schlechter Entwicklung oder einer neuen Finanzierungsrunde. Obwohl Konsens über die Formierung des Beirats besteht, wird über die Verteilung der Sitze häufig diskutiert, da jeder der Investoren vertreten sein möchte. Gleichzeitig ist die Mitgliederzahl jedoch beschränkt, damit dieser entscheidungsfähig bleibt und die Meinungsfindung vereinfacht wird.

„Ja, das war dem Investor auch sehr wichtig. In dem Beirat sollte der externe Berater, von dem ich vorhin sprach, installiert werden. Der ist auch Beiratsvorsitzender. Das zweite Beiratsmitglied ist der Investor selbst und die anderen Beiratsmitglieder sind einmal der zukünftige Geschäftsführer und unser Rechtsanwalt. Das sind die vier Beiratsmitglieder und da wurde nicht viel darüber diskutiert. Es gab schnellen Konsens, dass das ein wichtiges Gremium ist, um auch Entscheidungen zu treffen." (ET-2, 55)

„Wenn es eine Runde ist mit einem Investor, dann braucht es keinen Beirat. Wenn es eine Runde ist mit einem Investor und Angels oder zwei Investoren, dann kann man sich auch in der ersten Runde die Frage nach dem Beirat schon stellen. In der zweiten Runde oder dritten Runde kommt der Beirat in 80 % der Fälle." (RA-1, 51)

3.2.6.3   Veto-Rechte

Mit Zustimmungs- bzw. Veto-Rechten möchte sich der Investor vor Aktivitäten des PU außerhalb des normalen Geschäftsbetriebs schützen. Bspw. könnte ein Gründer die Positionierung des PU radikal ändern und den Geschäftsbetrieb auf eine andere Branche verlagern. Dadurch kann die VCG in die Lage versetzt werden, in einer Branche aktiv zu sein, in welcher ihr das Know-how fehlt oder sie laut den Investitionsbedienungen nicht investieren darf oder will.

Welche Geschäfte erst nach Zustimmung vorgenommen werden dürfen, ist nicht einheitlich geregelt. Beispielhafte zustimmungspflichtige Geschäft sind: Kreditaufnahme, Aufnahme neuer Gesellschafter, Entlassung der Geschäftsführer oder die Einstellung neuer Mitarbeitern mit einem Jahresbruttogehalt über 50.000 Euro. Ein umfassender Überblick über zustimmungspflichtige Geschäfte ist zudem in Tabelle 4 dargestellt.

Mitwirkungs- und Zustimmungsrechte werden üblicherweise in der Satzung vereinbart, da dann die Beschlüsse bei Verstoß seitens der Gesellschaft ungültig sind. In der Gesellschaftervereinbarung werden hingegen ggf. Schadensersatzansprüche ausgelöst (Kantehm & Rasmussen-Bonne, 2013, S. 164-165). Ein Beschluss der Gesellschaft ist demnach nur wirksam, wenn der Investor seine Zustimmung erteilt.

Mit der Formulierung von Veto-Rechten werden von der VCG mehrere Ziele zur Risikominimierung verfolgt, indem diese in höherem Maße Einfluss auf das Unternehmen ausübt als ihr im Vergleich zu ihren Anteilen zustehen würde: So wird bspw. sichergestellt, dass das PU Entscheidungen im Sinne einer positiven Unternehmensentwicklung trifft (Brehm,

2012, S. 115). Auch wird das PU durch die Erfahrung der VCG direkt unterstützt und beeinflusst, indem dieses sich vor weitreichenden Geschäften ein Feedback von den Investoren einholen muss (Brehm, 2012, S. 116). Damit geht einher, dass durch das zwangsweise Einholen einer zweiten Meinung bei wesentlichen Entscheidungen den Gründern mehr Sicherheit in der Leitung des Geschäfts vermittelt wird. Demnach sind diese Rechte in der Lage, Moral Hazard und Hold-up-Risiken zu senken (Simon, 2010, S. 198).

Tabelle 4:   Übersicht zustimmungspflichtiger Geschäfte

Regelungsfeld	Regelungsinhalt	Kontrolle über
Struktur-maßnahmen	– Veräußerung des Unternehmens oder von wesentlichen Teilen – Gründung und Beendigung von – Gesellschaften oder Unternehmen – Einräumung oder Beendigung jedweder Beteiligungen am Gewinn	– Unternehmensstruktur – Beherrschungs- und Gewinnabführungsverträge – Andere Gewinnbeteiligungen
Verfügung über Wirtschaftsgüter	– Erwerb, Belastung und Veräußerung von Grundstücken – Miet- und Pachtverhältnisse oberhalb fixer Grenzen oder Budget – Investitionen mit AK/HK oberhalb Grenzen – Verfügung über gewerbliche Schutzrecht/Software/Know-how	– Wirtschaftsgüter mit Schlüsselfunktionen – Langfristige/hohe Bindungen
Markttransaktionen	– Einschränkende Lieferverbindlichkeiten – Wettbewerbsverbote	– Langfristige/hohe Bindungen – Verdeckte Strukturänderungen
Personal-maßnahmen	– Bestellung und Abberufung von Geschäftsführern – Bestellung und Abberufung von Bevollmächtigten – Dienstverhältnisse oberhalb fixer Jahresbezüge – Vereinbarungen über Altersversorgung und Ähnliches	– Vertretungsmacht – Schlüsselpersonen – Begünstigung von Personen
Planung und Kontrolle	– Aufstellung Geschäftsplan und Budget – Veränderung von Strategie- und Produktprogramm – Entwicklungsprojekte oberhalb fixer Grenzen – Wahl des Abschlussprüfers	– Strategie und Ziele – Governance
Finanzierungs-maßnahmen	– Sicherheitsleistungen, Bürgerschaften/ Garantien, Wechsel – Aufnahmen von Krediten oberhalb Budget – Gewährung von Darlehen, vor allem an nachstehende Personen	– Finanzielle Risiken – Begünstigung von Personen
Rechtshandlungen	– Einleitung von Aktivprozessen oberhalb fixer Grenzen – Vergleiche und Forderungserlasse oberhalb fixer Grenzen	– Rechtliche Risiken – Begünstigung von Personen

Quelle: In Anlehnung an Schefczyk (2006, S. 37)

Generell werden Mitwirkungs- und Zustimmungsrechte von Investoren – aufgrund ihrer Stellung als Minderheitsgesellschafter – stets eingefordert und in jedem Vertrag festgeschrieben, obwohl sie sich in der Praxis von VCG zu VCG unterscheiden. Da zustimmungspflichtige Geschäfte häufig in monetären Größen gemessen werden, werden diese Grenzen zumeist individuell und mit unterschiedlicher Intensität diskutiert:

„Nein, weil die [Veto-Rechte] in einem so fairen Verhältnis sind, dass es wirklich sehr große Summen sind, dass man sagen kann, das wären dann entweder exorbitant große Gehälter, die der Investor natürlich vermeiden möchte und wo wir aber auch sagen, wir bekommen alle Mitarbeiter unter dieser Summe. Oder andererseits, dass die Investitionen dann so groß sind, dass wir auch im Beirat frühzeitig Bescheid geben, weil wir die Summe nicht einfach in kurzen Perioden ausgeben, sondern das von uns lange geplant wird und wir auch Angebote einholen oder wir auch nochmal mit den Partnern verhandeln, sodass das dem Investor frühzeitig bekannt gemacht wird auch in den monatlichen Reportings." (ET-2, 65)

„Um ein gewisses Maß zu haben, was in einer gewissen Bandbreite ist, die ich akzeptiere. Da gibt es eigentlich auch nicht viele Diskussionen. Der Haupthintergrund ist, dass die Gründer sich nicht gegängelt fühlen wollen und wegen jedem Bleistift nachfragen. Da herrscht, glaube ich, auch immer das größte Missverständnis. Ich nehme jetzt mal als Beispiel den Hightech Gründerfonds. Ich glaube, die haben immer ein Verhältnis von einem Bearbeiter für elf oder zwölf Start-ups. Wenn da jeden Tag einer kommt, wegen einem Bleistift oder einer Büroklammer, dann haben die auch keine Lust drauf. Bei anderen Fonds ist das genauso. Insofern ist auch der Ansatz nicht so. Die eigentliche Musik spielt ja dann, wenn es eine Abweichung vom Jahreswirtschaftsplan gibt. Im Grunde genommen sagt keiner: komm jedes Mal zu mir und frage mich, sondern die sagen immer: ‚Wenn es etwas im Jahreswirtschaftsplan gibt, dann ist das okay', dann haben wir den abgesegnet, was eben dazu führt, dass die Planung sehr gut sein muss. Was beim Start-up faktisch in der Finanzplanung möglich ist. Die finden eigentlich immer Mittel und Wege, das Ganze zu machen. Da gibt es nie großartige Diskussionen. Das ist eher, dass man sagt: ‚Ich gehe da jetzt mal praktisch ran' und da sind alle offen. Ich habe das noch nie erlebt, dass da einer gesagt hat: ‚Das auf jeden Fall und das auf jeden Fall', sondern eher, dass man sagt: ‚Wir sind uns einig, wenn das irgendwie außergewöhnliche Geschäfte sind, dann wollen wir da ein Wort mit zu reden haben.'" (RA-2, 17)

3.2.7   Sonstige Schutzrechte

In dieser Kategorie sind weitere Rechte aufgeführt, die das Investment betreffen und nicht eindeutig den anderen Kategorien zugeordnet werden können. Üblicherweise dienen die folgenden Reglungen dem Schutz der Investoren und des Investments. Von den Rechten in dieser Kategorie geht gleichzeitig keine entscheidende Wirkung auf die VC-Finanzierung aus.

3.2.7.1   Garantien

Während der Due Diligence werden Start-ups einer intensiven Prüfung durch die VCG unterzogen, wobei die Daten, auf denen die Prüfung und die Investitionsentscheidung beruhen, eher Annahmen als tatsächliche Fakten sind. Eine potenzielle Gefahr besteht darin, dass

Gründer ausgewählte Einzelheiten zurückhalten, die zu einem negativen Ergebnis der Prüfung führen könnten. Eine Maßnahme zum Schutz vor diesem Szenario sind Garantien, mit denen sich der Investor bestimmte rechtliche, wirtschaftliche, finanzielle oder technologische Verhältnisse schriftlich bestätigen (bzw. garantieren) lässt. Bei Nicht-Erfüllung der Garantien besteht grundsätzlich ein Haftungsanspruch der Investoren gegenüber dem Garantiegeber, also den Gründern. Entsprechend der Ausgestaltung dieser Klauseln sind diese verpflichtet, den garantierten Zustand herzustellen. Daneben werden zusätzliche Rahmenbedingungen zum Inkrafttreten der Klauseln festgelegt: Bspw. werden sogenannte Baskets, also monetäre Freimengen, definiert, die bzgl. der Garantieverletzungen überstiegen werden müssen, um Schadensersatzansprüche auszulösen (Kantehm & Rasmussen-Bonne, 2013, S. 163). Garantien werden beispielhaft zu folgenden Bereichen verlangt, wobei der Umfang des Garantiekatalogs oft mehrere Seiten umfasst:

- „gesellschaftsrechtliche Angaben: Gründung und Bestehen der Gesellschaft, Einzahlungen auf das Stamm- und Grundkapital, Fehlen von Beteiligungsrechten an Ergebnissen der Gesellschaft, vollständige Offenlegung der Kapitalisierung der Gesellschaft inklusive Umwandlungs-, Options- oder sonstigen Bezugsrechten, Richtigkeit der Eintragung ins Handelsregister, Gültigkeit der aktuellen Satzung, Fehlen weiterer Vereinbarungen oder Verträge zwischen den Gesellschaftern oder mit Dritten (…)
- Angaben bzgl. der Vermögensverhältnisse: Eigentum an den wesentlichen Vermögensgegenständen, Richtigkeit der Angaben zu möglichen Tochterunternehmen, zutreffende tatsächliche Grundlage des mittelfristigen Geschäftsplans, Zustand des Betriebsvermögens, Nichtbestehen von Überschuldung und Zahlungsunfähigkeit, Fehlen von wesentlichen negativen Veränderungen und Entnahmen oder Gewinnausschüttungen seit dem letzten Bilanzstichtag" (Simon, 2010, S. 177)

Das wesentliche Ziel der Investoren ist es, durch Garantien die Informationsasymmetrien und – mittels der Signalisierung durch die Gründer in Bezug auf die Zusicherung der Schadensersatzpflicht – die Risiken der adversen Selektion zu senken. Auf der anderen Seite stellt Brehm (2012, S. 204) fest, dass Garantien einen geringen Einfluss auf das Unternehmen ausüben, da schwerwiegende finanzielle Folgen bei Garantieverletzung eher unwahrscheinlich sind, was auch aus der Expertenbefragung hervorgeht. Zudem werden Garantien in jedem Beteiligungsvertrag festgelegt, wobei die genaue Ausgestaltung dieser oft verhandelt wird, sie in der Folge aber selten in Anspruch genommen werden:

„Es gibt ein paar Items, wo man dann work solid ist, also wo man dann gar nichts machen kann, also z. B: Titel Garantien. Das ist auch als Gründer klar: Bei Titel-Garantien – die musst du geben, da gibt es gar keine Diskussion. Das ist auch in Ordnung so, aber alle sonstigen Rechte, Shareholder Rechte oder alles andere, wird verhandelt." (ET-IvM, 34)

„Ja gut, so etwas hat man schon. Es gibt auch Fälle, wo man sagt, hier und hier ist eine besondere Garantie speziell wichtig. Wenn zum Beispiel ein Patent oder Trademark, irgendwelche rechtlichen Gegebenheiten abgeklärt sein müssen und dann besteht man irgendwie

*in den Verträgen, nicht unbedingt im Term Sheet, dann darauf, dass die Gründer dafür ein-
stehen und es so ist wie sie, es gesagt haben. Die Frage ist halt, ob das dann hinterher
durchgesetzt wird. Da ist mir eigentlich kein Fall bekannt. " (IvM-3, 80)*

*„Am meisten gezetert wird nachher bei der sauberen Definition der Meilensteine, den Ga-
rantien. Ein völlig überschätztes Thema aber bei den Garantien wird viel gezetert."
(RA-1, 33)*

3.2.7.2 Wettbewerbsverbot

Mithilfe des Wettbewerbsverbots wird dem Risiko, dass der Gründer als Träger des Know-
hows das Unternehmen verlässt, Rechnung getragen: Denkbar wäre, dass dieser mit der Geschäftsidee – bspw. dem entwickelten Produkt – in einem konkurrierenden Unternehmen
tätig wird oder ein zweites Start-up gründet, um das Produkt ungebunden zum wirtschaftlichen Erfolg zu führen, ohne dass die Investoren am Gewinn partizipieren. Durch das ange-
strebte Binden des Gründers durch die Investoren an das Unternehmen sind Parallelen zum
Vesting erkennbar.

Ein Wettbewerbsverbot für die Zeit während der Arbeit im Unternehmen besteht dabei bereits auf gesetzlicher Basis (bspw. § 112 HGB). Soll der Gründer auch nach dem Ausscheiden sein Wissen und Know-how für eine gewisse Zeit nicht weiter nutzen dürfen, muss dieses über ein erweitertes Wettbewerbsverbot vereinbart werden (Brehm, 2012, S. 148).

Die VCG versucht damit, das Hold-up-Risiko zu senken, dass der Gründer die Investoren
mit der Aussage erpresst, mit dem Know-how das PU zu verlassen (Simon, 2010, S. 216).
Da der Gründer ohne diese Vereinbarung eine Idee auf Kosten der Investoren prüfen und im
Anschluss ohne deren Beteiligung verwerten könnte, wird zudem das Moral Hazard-Risiko
gesenkt. In der Praxis wird ein Wettbewerbsverbot häufig vereinbart und von Seiten der
Gründer nicht verhandelt.

3.2.7.3 Pay-to-Play-Klausel

Mit jeder weiteren Finanzierungsrunde nimmt i. d. R. die Anzahl an Investoren zu, die unterschiedliche Vorzugsrechte vom PU verlangen. Eventuelle Neuinvestoren fordern ein, dass
deren Vorzugsrechte bedeutender sind als die der Altinvestoren. Daher werden Pay-to-Play-
Klauseln vereinbart, womit ein Finanzinvestor seine Vorzugsrechte dann behält, wenn dieser
in der aktuellen Finanzierungsrunde wiederum Kapital investiert. Zusätzlich wird damit ein
Anreiz geschaffen, auch im Anschluss an eine Down-Runde in das PU zu investieren (Simon,
2010, S. 403), da die Investoren sonst Sonderrechte wie Verwässerungsschutz und Liquidationspräferenz verlieren (Weitnauer et al., 2011, S. 350). Pay-to-Play-Regelungen bieten
demnach nicht nur Vorteile für Investoren, sondern auch für das PU.

Zudem sind diese Klauseln dazu geeignet, die Informationsasymmetrien für Neuinvestoren
zu senken, da Altinvestoren eher dazu bereit sind, in ein Unternehmen mit einer guten Entwicklung zu investieren (Simon, 2010, S. 410). In der Praxis sind Pay-to-Play-Klauseln insbesondere für das Verhältnis der Investoren untereinander relevant und werden daher nicht

von den Gründern angeschnitten und selten im Zuge der Vertragsgestaltung vereinbart. Die praktische Relevanz dieser Regelung allgemein ist daher fraglich.

4 Systematische Literaturanalyse zu VC-Verträgen

Die erste Forschungsfrage lautet: Was ist zum Thema VC-Vertragsgestaltung bisher geforscht worden und wie lassen sich die bisherigen Einflussfaktoren auf den Vertrag und die Wirkung aus diesem systematisieren?

Mit diesem Kapitel wird ein Weg geebnet, um eine empirische Analyse von Beteiligungsverträgen durchzuführen. Um die Forschungsfrage zu beantworten, wird eine systematische Literaturanalyse durchgeführt. Dazu wird zuerst die Methode vorgestellt und auf die durchsuchten Datenbanken und Keywords eingegangen. Im zweiten Schritt werden die gefundenen Artikel im Gesamtüberblick aufgezeigt, ausgewertet, die wichtigsten Autoren und Studien kurz präsentiert und diskutiert. Darauf aufbauend wird ein Modell entwickelt, welches die Einflüsse auf den Vertrag und die Wirkung des Vertrags auf die PU darstellt. Dieses Modell ist die Haupterkenntnis dieses Abschnitts. Es dient als Grundlage für weitere Untersuchungen in dieser Arbeit und liefert erste Erkenntnisse für Forschungsfrage zwei und drei, welche direkt nach den Einflussfaktoren auf den Vertrag und die Wirkung dessen abzielen.

4.1 Methode der systematischen Literaturanalyse

In diesem Kapitel wird die Methode der systematischen Literaturanalyse vorgestellt. Weiterhin wird das Vorgehen der Analyse beschrieben und die Ergebnisse eingegrenzt. Zu Beginn werden die Ziele der Literaturanalyse definiert.

Ziele der Literaturanalyse sind, das zu untersuchende Forschungsfeld abzubilden, zu beurteilen und darauf aufbauend eine Forschungsfrage zu erarbeiten (Tranfield, Denyer & Smart, 2003, S. 208). Dabei lassen sich zwei Arten von Literaturanalysen unterscheiden: Es gibt das Traditional literature review und das Systematic literature review (Jesson, Matheson & Fiona, 2011, S. 10). Der traditionelle Literaturüberblick ermöglicht das Zusammenfassen von bekanntem Wissen in Journalen und anderen Quellen ohne eine vorgeschriebene Methodologie. Dadurch ergeben sich Nachteile wie fehlende Transparenz und Diskussion darüber, warum Artikel ausgeschlossen oder eingeschlossen werden. Weiterhin ist hier die mögliche Verzerrung bei der Auswahl der Studien (Selection bias) zu nennen. Eine Studie nach diesem Vorbild ist zudem von anderen Forschern nicht wiederhol- und überprüfbar, kritische Studien werden ggf. nicht betrachtet (Jesson, Matheson & Fiona, 2011, S. 75).

Dem gegenüber gibt der systematische Literaturüberblick deutliche Vorgaben an die Forschungsfrage. Das Vorgehen bei der Suche nach den Suchbegriffen, den Einschluss- und Ausschlusskriterien und bei der Aufnahme der Artikel in die Analyse ist klar definiert (Jesson, Matheson & Fiona, 2011, S. 12). Jesson, Matheson und Fiona (2011) nennen sechs Schritte, um eine systematische Literaturanalyse durchzuführen:

© Springer Fachmedien Wiesbaden GmbH, ein Teil von Springer Nature 2018
N. Röhr, *Der Vertrag zwischen Venture Capital-Gebern und
Start-ups*, https://doi.org/10.1007/978-3-658-21351-0_4

1. Definition der Forschungsfrage
2. Den Plan entwerfen
3. Nach der Literatur suchen
4. Einschluss- und Ausschlusskriterien anwenden
5. Qualitative Bewertung anwenden
6. Synthese

Diesem Vorgehen wird sich in diesem Kapitel angeschlossen. Die Form der Analyse stellt eine geordnete sowie methodische Recherche und keine willkürliche oder zufällige Suche nach Ergebnissen dar. Sie verfolgt das Ziel, keine vom Forscher beeinflussten Resultate zu erzielen.

4.1.1 Ziel der Analyse, Suchbegriffe, Einschränkungen und Datenbanken

Das Ziel der zu realisierenden Analyse ist es, zu erfassen, auf welche Art und Weise über VC-Verträge geforscht und welche Ursachen und Wirkungen dabei untersucht wurden, weil in der bisherigen Forschung noch keine systematische Literaturanalyse zum Thema VC-Vertragsgestaltung durchgeführt wurde. Von besonderem Interesse sind dabei empirische Arbeiten, um darauf aufbauend eine eigene empirische Untersuchung anzuschließen. Ziel ist es, herauszufinden, welche verschiedenen Charakteristika auf die Verträge wirken und wie der Vertrag auf das PU, die VCG und deren Verhältnis untereinander wirkt. Die Ergebnisse werden abschließend überblicksartig vorgestellt und diskutiert.

Um das Ziel – also die Forschungsfrage zu beantworten – zu erreichen, werden nun die angewandten Suchbegriffe und Einschränkungen definiert. Weiterhin findet eine kurze Diskussion zu den in der systematischen Literaturanalyse verwendeten Datenbanken statt.

Gesucht wird nach dem Keyword „Venture Capital" in Kombinationen (AND-Verknüpfung) mit den Wörtern „Contract*", „Covenant*", „Agreement*" und „Vertr*". Der Begriff Venture Capital ist relevant, um nur Untersuchungen, die sich mit diesem Thema befassen, zu finden. Der Begriff „Contract*" bezieht sich explizit auf die Untersuchung von Verträgen. Der Stern (*) am Ende des Wortes erlaubt es, das Wort beliebig enden zu lassen. So sind Studien, die „Contract" benutzen, ebenso eingeschlossen wie bspw. „Contracts" oder „Contracting". Die Suchbegriffe „Covenant" und „Agreement" decken synonyme Bezeichnungen des Wortes „Contract" ab. Da aufbauend auf dieser Arbeit eine empirische Untersuchung von deutschen Verträgen durchgeführt wird, sind insbesondere deutschsprachige Ergebnisse zu dem Thema relevant. Auf diesen Umstand wird mit dem Keyword „Vertr*" (z. B. Vertrag, Verträge, Vertragsgestaltung) eingegangen.

Eine Volltextsuche liefert zu viele irrelevante Ergebnisse, daher werden ausschließlich Titel, Abstract und ggf. Keywords durchsucht. Bei der Suche werden keine Einschränkungen bezüglich des Veröffentlichungsjahres oder Journalranking gemacht. Ausschließlich Studien in englischer oder deutscher Sprache werden untersucht. Weiterhin werden nur akademische Zeitschriften, Journale, Working Paper, Kongressbeiträge, Bücher und Dissertationen in die

Analyse eingeschlossen. Beiträge in Magazinen, Handelsveröffentlichungen und Nachrichten sowie Berichte, Studienarbeiten, Überblicke und Buch-Reviews werden aufgrund mangelnder Relevanz nicht aufgenommen. Lediglich Studien, die empirische Verträge, Vertragsklauseln oder die Wirkung von Verträgen (ausschließlich zwischen der VCG und dem PU) untersuchen, werden einbezogen. Die Kriterien zur Berücksichtigung einer Veröffentlichung ist in Tabelle 5 dargestellt.

Tabelle 5: **Einschlusskriterien der systematischen Literaturanalyse**

Kriterium	Ausprägung
Sprache	Deutsch Englisch
Quellenart	Akademische Zeitschriften Journale Working Paper Kongressbeiträge Bücher Dissertationen
Untersuchung	Verträge als Untersuchungsgegenstand VC im Fokus Untersuchung des Verhältnisses zwischen der VCG und dem PU Empirische Untersuchung

Quelle: Eigene Darstellung

Durchsucht werden die Literaturdatenbanken Academic Source Complete, Business Source Complete und EconLit über die EBSCOHost und die Web of Science Datenbank von Thomas Reuters. Die Datenbanken bieten den Vorteil, sich mit sämtlichen relevanten Journalveröffentlichungen auseinandersetzen zu können. Auf eine Recherche in den Datenbanken der vier großen Verlage wird daher verzichtet.[3] Zusätzlich wird die Deutsche Wirtschaftsdatenbank Wiso-Net durchsucht, um gleichfalls deutsche Veröffentlichungen zum Thema zu finden.

Um den Geltungsbereich zu vergrößern und über die oben beschriebene Erhebung hinaus Konferenzbeiträge, unveröffentlichte Studien und ähnliche Materialien zu finden, werden – wie Tranfield et al. (2003, S. 215) empfehlen – zusätzlich das Social Science Research Network (auch SSRN) und Google Scholar eingesetzt. Dabei ist zu beachten, dass bei Google Scholar allein die Titel durchsucht werden, da ein ausschließliches Verarbeiten der Abstracts nicht möglich ist.[4] Da Google Scholar über keine Platzhaltersymbole (wie bspw. „*") verfügt, wurde dort nach den einzelnen Suchbegriffen separat gesucht (Contract, Contrats,

---

[3] Eine testweise Suche auf Elsevier (www.sciencedirect), Emerald (www.emeraldinsight.com) und Wiley (www.wiley.com) führte zu keinen zusätzlichen Treffern. Der Springer Verlag (www.springerlink.com) stellt eine für die Untersuchung nicht geeignete Literatursuche bereit.

[4] Die Suche nach „Venture Capital Contract" erzielt über 450.000 Treffer, welche nicht im Rahmen dieser Arbeit durchsucht werden können.

Contracting; Covenant, Covenants; Agreement, Agreements; Vertrag, Verträge, Vertragsgestaltung).

Die Suche wurde am 20.01.2016 durchgeführt. Sämtliche Ergebnisse wurden mithilfe der Software Zotero gespeichert, um diese zu einem späteren Zeitpunkt einzusehen. Zotero bietet den Vorteil, die Suchresultate mit Abstract und ggf. Volltext direkt abzuspeichern. Bis auf Wiso-Net werden alle Datenbanken von Zotero unterstützt. Die Resultate von Wiso-Net wurden in einer Excel-Datei gespeichert, per Hand abgeglichen und manuell in Zotero eingefügt, falls sie nicht in anderen Datenbanken gefunden wurden. Eine Wiederholung der Prüfung der Ergebnisse fand am 06.06.2016 statt.

4.1.2 Eingrenzung der Ergebnisse

In diesem Abschnitt erfolgen die Erläuterungen zur Anzahl der Treffer bei der Literaturanalyse und das weitere Eingrenzen der Resultate, um den Vorgaben aus Tabelle 5 entsprechende Studien festzustellen.

Der folgende Prozess des Ausschlussverfahrens ist in Abbildung 9 dargestellt und gliedert sich in fünf Schritte:

1. Prüfen der Quellenarten
2. Entfernen der Duplikate
3. Prüfen der Abstracts
4. Prüfen der Volltexte
5. Rückwärtssuche

Jede Maßnahme hat einen anderen Fokus. Trotzdem werden iterativ alle Anforderungen (Sprache, Quellenart, Untersuchung) geprüft. Aus Abbildung 9 geht ebenfalls hervor, wie viele Suchresultate bei jedem Schritt aus den Rechercheergebnissen entfernt werden.

Prüfen der Quellenarten

Tabelle 6 stellt die gefundenen Resultate der Suche dar. In der ersten Spalte ist die durchsuchte Datenbank angegeben. Die in Tabelle 5 unter dem Einschlusskriterium Quellenart aufgezeigten Anforderungen finden anschließend bei den drei erst genannten Datenbanken Anwendung. Alle gefundenen Ergebnisse, die nicht den Einschlusskriterien entsprechen, werden aus dem Ergebnispool ausgeschlossen und entfernt. Beim SSRN und Google Scholar wird dieses Vorgehen aufgrund von fehlenden Suchoptionen händisch nachgearbeitet.

Es folgen in der zweiten Spalte die gesuchten Keywords (ohne „Venture Capital"), in der dritten Spalte ist die Summe aller Resultate in der jeweiligen Datenbank pro Keyword ersichtlich.

In der vierten Spalte der Tabelle 6 sind die Trefferzahlen nach dem Ausschluss gemäß der Quellenart angegeben. Insgesamt wurden über alle Datenbanken hinweg 4.144 Resultaten gefunden. Nach dem ersten Ausschließen verbleiben 2.019 Ergebnisse in der Untersuchung.

Tabelle 6:   Anzahl der Ergebnisse der systematischen Literaturanalyse

Datenbank	Keyword	Treffer (alle)	Treffer nach Ausschluss (gemäß Quellenart)
EBSCOHost	Contract*	1854	713
	Covenant*	68	34
	Vertr*	3	3
	Agreement*	967	153
Web of Science	Contract*	338	323
	Covenant*	15	15
	Vertr*	0	0
	Agreement*	81	78
Wiso-Net	Contract*	118	112
	Covenant*	9	9
	Vertr*	181	75
	Agreement*	11	5
SSRN	Contract*	138	138
	Covenant*	9	9
	Vertr*	0	0
	Agreement*	42	42
Google Scholar	Contract*	260	260
	Covenant*	13	13
	Vertr*	10	10
	Agreement*	27	27
Summe		4144	2019

Quelle: Eigene Darstellung

Entfernen der Duplikate

731 Duplikate wurden aufgrund ihrer Titelübereinstimmungen gefunden und aus der Erhebung ausgeschlossen. Weitere 24 Einträge wurden beim Sichtprüfen in Übereinstimmung mit den Anforderungen an die Sprache entfernt, da diese Schriften nicht auf Deutsch oder Englisch verfasst sind. Darüber hinaus wurden 59 Treffer nach inhaltlicher Prüfung der Titel aufgrund der Quellenart abgelehnt. Hauptsächlich handelt es sich dabei um Nachrichtenbeiträge wie „NewsBrief" oder „EU Legal & Regulatory Update -- May 2013".

Prüfen der Abstracts

Von den verbleibenden 1.205 Ergebnissen wurden im Anschluss die Abstracts und nochmals die Titel durchsucht, um sämtliche Artikel auszuschließen, welche nicht den Suchkriterien entsprechen.

25 Artikel wurden als Duplikate erkannt und zwölf Einträge wurden aufgrund der Sprache ausgeschlossen. Weitere 83 Artikel entsprechen nicht der Vorgabe an wissenschaftliche Quellen. Hier wurden überwiegend Zeitschriftenartikel und Buch-Reviews ausgeschlossen.

Neben der Sprache und Quellenart werden hier die Anforderungen an die Untersuchung relevant: So wurden 214 Einträge ausgeschlossen, da sie sich nicht mit dem Thema Verträgen auseinandersetzen. 496 Studien befassen sich nicht mit VC. Ein Großteil dieser Studien gehen auf Joint Ventures oder Contracting-out ein. Bei 100 Studien von EBSCOHost handelt es sich um Arbeiten zu den Themen Investment Banking oder Rating (Keyword: Investment Banking; Venture Capital; Brokerage; Ratings and Ratings Agencies (G24)), die keinen Bezug zu VC aufweisen.

Ein fehlender Vollzugriff liegt bei 53 Veröffentlichungen vor. Diese werden im Folgenden nicht berücksichtigt. Von den insgesamt 1.205 potentiellen Ergebnissen wurden 322 relevante Paper identifiziert, die sich empirisch mit VC in Kombination mit Verträgen beschäftigen. Diese 322 Artikel wurden anschließend inhaltlich überprüft.

Prüfen der Volltexte

Spätestens bei der Überprüfung der Volltexte ist bei der Suche nach Duplikaten zu beachten, dass Working Paper nicht berücksichtigt wurden, wenn zum entsprechenden Paper eine spätere Journalveröffentlichung erschienen ist. Wenn ein Working Paper berücksichtigt wurde, wurde der aktuellste Stand verwendet.

So wurden wiederum acht Duplikate gefunden, ein Artikel ist in italienischer Sprache verfasst und fünf Suchtreffer entsprechen nicht den Vorgaben an die Quellenart. Gemäß den Vorgaben aus Tabelle 5 wurden 20 Artikel gelöscht, die nicht die Vertragsgestaltung zum Thema haben. Fünf weitere Studien befassen sich nicht mit VC. 15 Arbeiten untersuchen ausschließlich den Zusammenhang zwischen dem Investor und der VCG und wurden daher ebenfalls ausgeschlossen. Es wurden 193 Veröffentlichungen, wovon elf Reviews sind, gefunden, welche ausschließlich theoretisch vorgehen und keinen empirischen Bezug aufweisen. Eine besondere Gegebenheit stellt sich bei sieben weiteren Studien ein: Diese erfassen deskriptiv die Ist-Situation in der Vertragsgestaltung in verschiedenen Ländern. Inhaltlich sind sie damit relevant, allerdings untersuchen sie nicht empirisch das Verhältnis zwischen der VCG und dem PU. Sie werden aus der Untersuchung ausgeschlossen.[5]

---

[5] Es handelt sich dabei um die Studien: Bentivogli (2009); Farag (2004); Klonowski (2006); Anita, Pereczes & Rába (2015); Sahlman (1990); Sander & Koomagi (2007); Wong, Bhatia & Freeman (2009).

Rückwärtssuche

Die elf oben genannten Reviews mit theoretischem Bezug wurden als Ausgangslage genutzt, um mithilfe der Rückwärtssuche weitere relevante Veröffentlichungen zu identifizieren. Durch diese Suche konnten vier zusätzliche Artikel gefunden werden.

Durch den gesamten Prozess konnten 72 relevante Untersuchungen gefunden werden, die empirisch die Vertragsgestaltung zwischen der VCG und dem PU untersuchen. Die relevanten Studien wurden mithilfe von MAXQDA kodiert.

Zu jeder Arbeit wurden die bibliografischen Daten (Titel, Autoren, Jahr, Journal) als auch Daten zur Untersuchung (Untersuchungsland, Ehrhebungsmethode, betrachtete Periode, Stichprobenumfang, ggf. Datenbank) erfasst. Im folgenden Abschnitt werden diese Daten ausgewertet.

Abbildung 9:   Auswahlprozess der systematischen Literaturanalyse

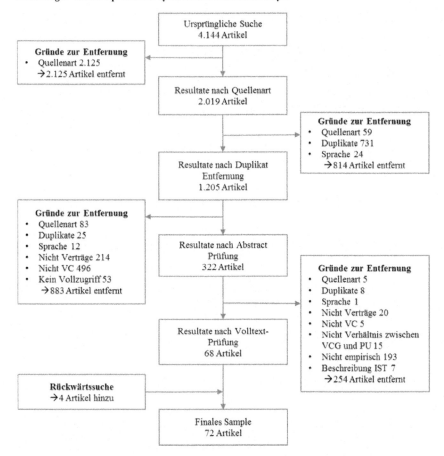

Quelle: Eigene Darstellung nach Fischer (2014, S. 6) und Vaquero Martín, Reinhardt & Gurtner (2016, S. 1100)

4.2   Darstellung der Ergebnisse

In diesem Abschnitt werden die 72 relevanten Studien zusammenfassend ausgewertet und die Charakteristika der Studien analysiert. Alle in die Betrachtung einfließenden Studien sind im Anhang A aufgeführt. Weiterhin werden Untersuchungen vorgestellt, welche direkt Verträge zur Analyse vorliegen hatten, weil diese für die eigens durchzuführende empirische Untersuchung besonders relevant sind.

4.2.1 Auswertung der Studien

Analysiert werden die Zeitschriften, in denen die Studien veröffentlicht wurden, das Jahr der Publikation, die Verfasser der Untersuchungen sowie die untersuchten Länder und Datenherkunft (vgl. bspw. Hueske & Guenther, 2015). Weiterhin erfolgt eine Darstellung und Analyse der Studien, welche direkt VC-Verträge vorliegen hatten und diese ausgewertet haben, da diese für den Fortgang der Untersuchung von besonderer Bedeutung sind.

Da drei der Veröffentlichungen auf Deutsch und 69 in englischer Sprache verfasst sind, wird auf die Sprache im Folgenden nicht weiter eingegangen. Aufgrund der geringen Anzahl deutschsprachiger Studien ist nicht von einer Verzerrung der Ergebnisse auszugehen.

4.2.1.1 Journale

Die Auszählung der Studien ergibt, dass 49 Artikel in Journalen veröffentlicht wurden, sechs sind in Form von Büchern (Dissertationen) oder Buchbeiträgen erschienen und bei 17 Publikationen handelt es sich um Working Paper.

Die Anzahl der Veröffentlichungen und das Ranking des Verbands der Hochschullehrer für Betriebswirtschaft (VHB) je Journal sind zusammenfassend in Abbildung 10 dargestellt. Links ist die Auflistung der Journale ersichtlich, wobei zur rechten Seite hin die Studienanzahl zu sehen ist. Die farbliche Markierung stellt das VHB-Ranking des jeweiligen Journals dar. Neben den Journalveröffentlichungen sind auch die Anzahl der Buchbeiträge sowie Working Paper abgebildet.

Die 49 Journalveröffentlichungen wurden in 37 verschiedenen Magazinen publiziert, wobei das Journal of Financial Intermediation mit fünf Studien (10 % aller Zeitschriften-Publikationen) die meisten Publikationen zum Thema VC-Verträge veröffentlicht hat. Danach folgen mit jeweils drei Veröffentlichungen das Journal of Business Venturing, Financial Markets and Portfolio Management und das Venture Capital Journal.

Den einzelnen Journalen werden beim VHB-Ranking Kategorien zugeordnet, welche ausdrücken, mit welchem Forschungsfeld sich das Journal hauptsächlich beschäftigt. Anhand dieser Einteilung wird ersichtlich, dass der überwiegende Teil der Journale dem Bereich Bankbetriebslehre/Finanzierung zuzuordnen ist (zwölf Journale mit 19 Studien), gefolgt von den Bereichen Entrepreneurship (acht Journale mit zwölf Studien), Technologie, Innovation und Entrepreneurship (sechs Journale mit acht Studien) und Steuerlehre (sieben Journale mit acht Studien). Es folgen die Themen, Allgemeine Betriebswirtschaftslehre (sechs Journale mit sieben Studien), Recht (zwei Journale mit zwei Studien) und Wirtschaftsinformatik (ein Journal mit einer Studie). Zu beachten ist hierbei, dass die Journale nicht nur einer Teilkategorie zugeordnet werden können. Jede Kategorieneinteilung wurde hier auch als solche ausgezählt.

Von den 49 Journalveröffentlichungen haben 40 Artikel ein VHB-Ranking. 20 dieser Studien sind in einem A+ oder A Journal herausgegeben. Dies zeigt, dass 50 % der vom VHB-

Ranking bewerteten Studien, die sich mit der Vertragsgestaltung im VC-Bereich beschäftigen, in Journalen mit herausragender wissenschaftlicher Bedeutung veröffentlicht wurden. Das hier zu untersuchende Forschungsgebiet ist international relevant.

Abbildung 10: Auswertung der relevanten Studien nach VHB-Ranking

Quelle: Eigene Darstellung

4.2.1.2   Veröffentlichungszeitpunkte

Im Rahmen der ermittelten relevanten Veröffentlichungen ist die am meisten zitierte Studie die Untersuchung von Kaplan und Strömberg (2003). Nach dieser Veröffentlichung stieg die Anzahl der Publikationen im Gebiet der VC-Vertragsforschung stark an. Den vorläufigen Höhepunkt stellt das Jahr 2009 dar, in dem neun Studien herausgegeben wurden. Danach ging die Anzahl der Neuerscheinungen leicht zurück. Vor allem seit 2013 werden immer weniger Studien veröffentlicht: 2013 sind sechs, 2014 drei und 2015 zwei Studien zum Thema erschienen.

Ein Überblick über die zeitliche Entwicklung der Publikationen bietet Abbildung 11. Hierbei ist zu beachten, dass es sich in Summe um 70 Studien handelt, da zwei Publikationen, die nach dem 01.01.2015 veröffentlicht wurden, innerhalb des Fünf-Jahres-Zyklus unberücksichtigt bleiben.

Abbildung 11: Anzahl der Publikationen im Fünf-Jahres-Zyklus

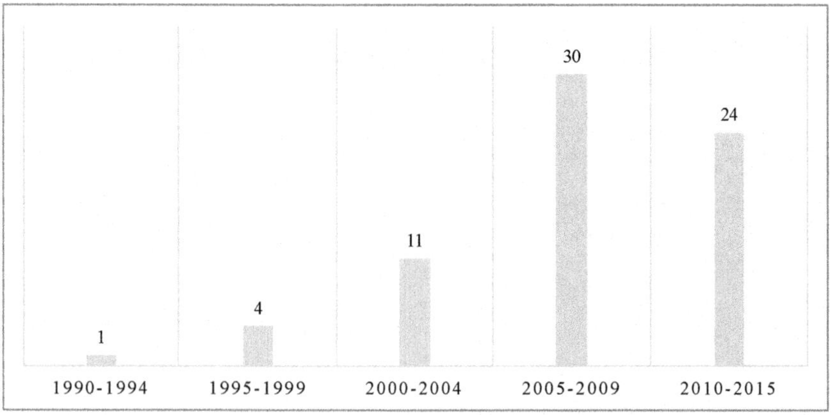

Quelle: Eigene Darstellung

4.2.1.3   Autoren

Die 72 Studien wurden von insgesamt 151 Autoren verfasst, was im Durchschnitt zwei Autoren je Studie ergibt. Insgesamt gibt es 104 verschiedene Forscher, wovon 26 Autoren mehr als einen Artikel verfasst haben. Die Autoren sind in Abbildung 12 aufgelistet.

Douglas Cumming (York University) hat mit sieben Zeitschriftenbeiträgen die meisten Publikationen zum Thema VC-Verträge verfasst, gefolgt mit jeweils sechs Veröffentlichungen von Uwe Walz (Wolfgang-Goethe-Universität Frankfurt am Main) und Ola Bengtsson (Lund University). Die drei Autoren Cumming, Walz und Bengtsson haben zusammen mit rund 27 % die meisten der in der Literaturanalyse gefundenen Studien verfasst.

Alle drei Professoren haben Zugriff auf real existierende Vertragsdaten, mit denen sie verschiedene Forschungsfragestellungen analysieren. Dasselbe trifft auf die Autoren mit mehr als zwei Veröffentlichungen zu. Der einzige Forscher, der über keinen Zugriff auf Verträge verfügt und mehr als zwei Publikationen veröffentlicht hat, ist James O. Fiet. Dieser arbeitet stattdessen mit Umfragen.

Die aktuellsten Veröffentlichungen zum Thema VC-Verträge stammen von Ola Bengtsson, welcher in den Jahren 2014 und 2015 jeweils zwei Studien publizierte. Ola Bengtson ist im Januar 2014 verstorben. Seitdem ist die Gesamtanzahl an Neuerscheinungen zum Thema zurückgegangen.

Abbildung 12: Übersicht der Autoren mit mehr als einer Veröffentlichung

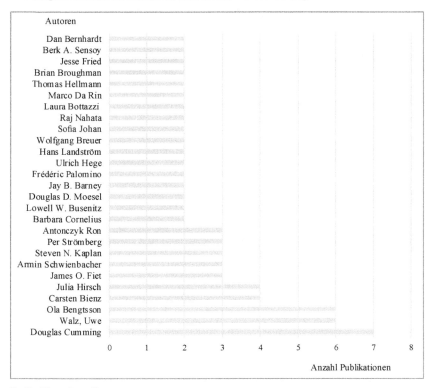

Quelle: Eigene Darstellung

4.2.1.4   Länder und Datenbestände

Insgesamt wurden 56 verschiedene Länder analysiert, wobei bei zwei Studien die Anzahl der untersuchten Länder nicht eindeutig feststellbar ist. Ein Grund für die hohe Anzahl an

Nationen liegt in den häufig groß angelegten Ländervergleichsstudien (etwa Cumming, Schmidt & Walz, 2010; Kaplan et al., 2007; Lerner & Schoar, 2005). 48 Veröffentlichungen (67 %) bearbeiten ein Land, sechs Studien untersuchen zwei Länder, vier Artikel betrachten sieben Länder und 14 Schriften untersuchen mehr als zehn Länder. Die meisten Nationen (39 Länder) analysieren Cumming et al. (2010).

Mit insgesamt 35 der 72 Studien sind die USA das Land, in welchem die meisten der gefundenen Untersuchungen stattfinden. Danach folgen Deutschland mit 29 Studien, Frankreich und Belgien mit jeweils 16, Niederlande mit 15, Großbritannien mit 14, Schweden mit zwölf, Österreich mit elf und Italien, Norwegen sowie Finnland mit zehn Studien.

Aus Abbildung 13 geht hervor, dass ein direkter Zugang zu Verträgen bei insgesamt 31 Arbeiten vorliegt, 41 Studien weisen keinen Zugriff auf Verträge auf und erhoben die Vertragsdaten somit indirekt. Der Grund für die indirekte Erhebung ist die fehlende Verfügbarkeit von öffentlichen bzw. beobachtbaren Daten über die Vertragsgestaltung. Die Mehrheit der Autoren (26 Studien) nutzen Umfragen in Form von Fragebögen, um mit deren Hilfe Erkenntnisse zu erzielen. Weitere sechs Studien verwenden ausschließlich vorhandene Datenbanken, wobei die Venture Economics von Thomas Reuters mit drei Analysen führend ist. Neun Studien verwenden andere Arten der Datengenerierung, wovon bspw. zwei Studien nachweislich IPO-Prospekte zur Auswertung gebrauchen.

21 Studien mit indirekter Erhebung befragen ausschließlich die VCG. Bei elf Studien steht das Unternehmen bzw. der Entrepreneur oder CEO im Fokus. Nur eine Studie befragt sowohl die VCG als auch das PU (Yitshaki, 2008).

Abbildung 13: Übersicht zur Datenerhebung der Studien zu Verträgen

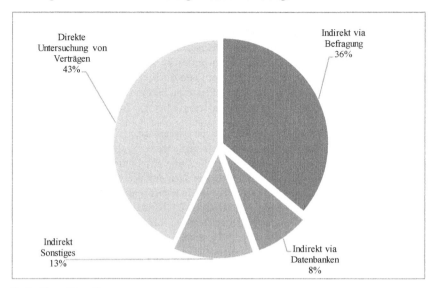

Quelle: Eigene Darstellung

4.2.2 Studien mit direkter Vertragsuntersuchung

Bei 31 Studien liegen den Untersuchungen Verträge vor, wobei verschiedene Arbeiten auf Daten oder Datensätze aus gleicher Herkunft zurückgreifen. Im Folgenden werden die Studien vorgestellt, um einen Überblick über die bisherige Vertragsforschung zu erhalten. Dabei werden die Datenherkunft und Stichprobeneigenschaften beschrieben und die Ergebnisse der jeweiligen Untersuchung überblicksartig dargestellt. Gegliedert sind die Studien nach den verschiedenen Autoren und Datenquellen.

Bengtsson und Cumming nutzen für ihre Studien (Bengtsson mit sechs und Cumming mit sieben Beiträgen) jeweils mehrfach einen exklusiven Datensatz von externen Dienstleistern. Im Gegensatz dazu erheben die Autoren der restlichen 18 Studien eigene Vertragsdaten, die sie dann mehrfach zur Analyse verschiedener Fragestellung verwenden. Zu ihnen gehören die Forscher und Forschergruppen Walz (in Zusammenarbeit mit der Kreditanstalt für Wiederaufbau (KfW)), Antonczyk, Kaplan und Strömberg (erarbeiteten gemeinsam zwei Erhebungen), Hommel und Walz (in Zusammenarbeit mit der Deutschen Forschungsgemeinschaft (DFG)) und drei weitere Erhebungen, auf deren Datengrundlage ausschließlich einmal zugegriffen wurde.

4.2.2.1   Erhebungen Bengtsson

Ola Bengtsson verfasste sechs Studien auf Grundlage der umfangreichsten Stichproben-größe unter allen relevanten Datensätzen. Er bezieht die Daten zu den PU und verschiedenen Investmentrunden von der Private Equity-Beratungsfirma VC Experts. Diese machen sich die öffentlich zugänglichen Certificates of Incorporation zunutze, welche mit deutschen Handelsregisterauszügen vergleichbar sind. Der Vorteil dieser Zertifikate liegt in der Veröf-fentlichungspflicht der Daten, wodurch kein Reporting bias in der Untersuchung entsteht und eine zufällige Stichprobe erzielt wird (Bengtsson & Sensoy, 2011, S. 483).

Die Bescheinigungen beurkunden die tatsächliche Existenz eines Unternehmens. Für eine rechtliche Gültigkeit enthalten diese weitere Informationen wie Vesting-Regeln oder Veto-Rechte („What is a certificate of incorporation?", 2009). Die Certificates of Incorporation enthalten detaillierte Informationen zu Cashflowrechten, mit denen sich VCG gegen Ver-luste absichern. Informationen zur Kontroll- und Stimmrechtsverteilung sowie Bewertung der PU sind nicht enthalten (Bengtsson & Sensoy, 2011, S. 483). Indem zusätzliche Daten-banken, wie bspw. Venture Economics, genutzt werden, wird das Fehlen dieser Informatio-nen ausgeglichen (Bengtsson & Sensoy, 2011, S. 483). Andere Studien, die diese Daten-grundlage nutzen, sind nicht bekannt. Vermutlich wurde es Ola Bengtsson gestattet, diese Daten exklusive für Forschungszwecke zu nutzen.

In der ersten Studie von Bengtsson (2011) zum Thema VC untersucht er, wie Nebenabreden (Covenants) in Finanzierungsverträgen genutzt werden. Er zeigt, dass VCG Veto-Rechte halten, obwohl sie als Aktionäre Zugang zu anderen Steuerungsmöglichkeiten haben. Wei-terhin beweist er, dass VC-Verträge stärker variieren als Kreditverträge. Als Ursache dafür sieht der Autor die abweichenden Interessenkonflikte bei dieser Form der Finanzierung im Vergleich zur Vergabe von Kreditverträgen. Er stellt fest, dass Verträge mit größeren ein-maligen Auszahlungen im Schnitt 1,6-mal mehr Vertragsklauseln enthalten. Außerdem ent-halten die Verträge durchschnittlich 0,6-mal mehr Absicherungsklauseln, sobald die VCG keine Board-Mehrheit besitzt. Wenn weniger VCG das PU finanzieren oder das PU bei der Finanzierung bereits älter ist, steigt die Anzahl der Vertragsklauseln.

Bengtsson und Sensoy (2011) beleuchten in einer weiteren Studie die Einflüsse der Über-wachung der PU und Managementunterstützung auf die Allokation von Cashflowrechten. Dabei zeigen sie, dass VCG mit größerer Erfahrung, besseren Fähigkeiten und häufigerer Teilnahme an Board-Meetings weniger Cashflowrechte verlangen als unerfahrene VCG.

Im Jahr 2014 betrachtet Bengtsson und Bernhardt (2014b) den Einfluss von (Fach-) Anwäl-ten auf die Vertragsgestaltung. Sie entwickeln ein theoretisches Modell, in dem sich dem Gründer die Auszahlungskonsequenzen des mit der VCG geschlossenen Vertrags nicht er-schließen. Ein Anwalt mit VC-Erfahrung (Fachanwalt) kann – im Gegensatz zu einem nor-malen Anwalt – den Gründer über die Konsequenzen informieren. Zentrale Bestandteile des Modells sind die Projektqualität, die Erfahrung des Gründers und Anwalts sowie die Ver-wendung von Cashflowrechten. Die Studie untersucht den Einfluss der drei erstgenannten

Modellbestandteile auf die im Vertrag vereinbarten Cashflowrechte. Ergebnis ist, dass mit steigender Projektqualität die Anzahl der vereinbarten Cashflowrechten abnimmt. Dass unerfahrene Gründer mit einem qualitativ hochwertigen Projekt von Fachanwälten beraten werden, wird von den VCG präferiert und hat einen wesentlichen Einfluss auf die Verhandlung. Die Aussagen des Modells werden in der Studie empirisch bestätigt.

In der Theorie passen VCG den Beteiligungsvertrag an jede Finanzierung individuell an, da die Risiken stets anders gelagert sind. Bengtsson und Bernhardt (2014a) belegen hingegen, dass VCG die ihnen bekannten Klauseln immer wieder verwenden. In 46 % der untersuchten Fälle verwenden VCG exakt die gleichen Cashflowrechte wie in einem der fünf vereinbarten Verträge davor. Eine Anpassung der Klauseln findet über das „Lernen" von neuen Klauseln von anderen Syndizierungspartnern statt. Demnach nutzen Investoren ausschließlich Klauseln, deren Wirkung ihnen genauestens bekannt ist.

Weiterhin untersuchten die Autoren Bengtsson und Sensoy (2015) den Einfluss der PU-Performance auf die Veränderung der Rechte, die die VCG verlangt. Wenn die Performance des PU zwischen den Finanzierungsrunden schwach war, verlangt die VCG mehr Cashflowrechte. Neu finanzierende VCG erhalten mehr Rechte und die Sonderrechte der bisherigen VCG treten hinter die Rechte der neuen Investoren zurück. Demnach verschlechtern sich die Finanzierungsbedingungen der PU bei schwacher Performance deutlich.

In der aktuellsten Untersuchung (Bengtsson & Ravid, 2015) wurde der Einfluss der geografischen Lage auf die Vertragsgestaltung untersucht. Verträge enthalten signifikant weniger investorenfreundliche Cashflowrechte, wenn das PU aus Kalifornien kommt oder der Investor stärker in Kalifornien exponiert ist. Mehr Cashflowrechte werden dann verlangt, wenn die Entfernung zwischen VCG und PU steigt: Die Entfernung hat einen Einfluss auf die Überwachung und Informationskosten.

4.2.2.2 Erhebungen Cumming

Douglas Cumming nutzt für seine sieben Studien verschiedene Erhebungen und Datenquellen. Drei Studien (Cumming, 2005a; 2006a; 2006b) beruhen auf Daten von Macdonald and Associates aus Toronto, welche u. a. Informationen über die Art der Finanzierung bereitstellen. Auf welche Art und Weise das Unternehmen die Daten beschafft, wird nicht erklärt. Außerdem arbeitet der Autor mit Umfragen (Cumming & Johan, 2007), Interviews und Umfragen in Kombination mit der Sichtung von Verträgen (Cumming, 2008; Cumming & Johan, 2008). Weiterhin gibt es eine Studie, die Cumming zusammen mit Uwe Walz schrieb, in der sie die deutsche CERPES Datenbank nutzten (Cumming et al., 2010).

Schwerpunkte des Autors sind die Untersuchung des Einflusses von Länderunterschieden auf den Vertrag und der Unterschiede in der Finanzierungsstruktur. Im Jahr 2005 griff Cumming (2005a) den Beitrag von Kaplan und Strömberg (2003) auf, um Aussagen an einem eigenen Sample zu überprüfen. Dazu analysierte er 12.363 Finanzierungsrunden von 1991 bis 2003 in Kanada. Dabei stellt der Autor fest, dass Convertible preferred equity nicht, wie von Kaplan und Strömberg (2003) angenommen, die am häufigsten genutzte Finanzierungsform ist. Vielmehr richtet sich die gewählte Finanzierungsform nach den a) erwarteten Principal-Agent-Problemen, b) Steuereffekten, c) Trends in der Verwendung verschiedener Finanzierungsformen (wird als Lernen verstanden) und d) Marktbedingungen. Diese Untersuchung hat Cumming im Jahr 2006 an einem neuen Datensatz ebenfalls bestätigt (Cumming, 2006b).

In einer weiteren Studie aus dem Jahr 2006 überprüft Cumming die Finanzierungsstruktur für CVC. Ergebnis ist in Übereinstimmung zur vorhergegangenen Studie (Cumming, 2006b), dass Convertible preferred stocks nicht am meisten verwendet werden (Cumming, 2006a).

Cumming und Johan untersuchten 2007 den Einfluss von Verträgen auf die Managementunterstützung und die Konflikte zwischen der VCG und dem PU. Demnach unterstützen VCG Gründer mehr, wenn mehr Cashflow- und Kontrollrechte vorliegen. Die Konflikte werden von der Qualität des Rechtssystems beeinflusst. Die Untersuchung wurde mithilfe eines Fragebogens und anschließender Interviews durchgeführt. Zugang zu Vertragsdaten wurde den Forschern von 5 % der teilnehmenden VCG gewährt, wodurch im finalen Sample 121 Finanzierungsrunden analysiert wurden.

Anhand von 223 VC-Investments in elf europäischen Ländern untersuchte Cumming (2008) den Zusammenhang zwischen der Vertragsgestaltung und dem Exit der VCG. Demnach führen starke VC-Kontrollrechte zu einer höheren Wahrscheinlichkeit, dass das PU via Trade-Sale verkauft wird. Es ist weniger wahrscheinlich, dass das Unternehmen an die Börse geht oder abgeschrieben werden muss. Die Wahrscheinlichkeit der Abschreibung des Investments sinkt um 30 %, wenn die VCG bestimmte Veto-Rechte besitzt, wie etwa die Ersetzung des Gründers als CEO.

Im selben Jahr erschien eine weitere Untersuchung zum Thema Verträge und Exit (Cumming & Johan, 2008). Dabei werden der Einfluss des geplanten Exits, Rechtssystems und die Verhandlungsmacht auf die Allokation von Cashflow- und Kontrollrechten untersucht. Wird ein Trade-Sale als Exit-Variante geplant, verlangt die VCG mehr Veto- und Kontrollrechte. Das Gegenteil trifft auf einen Börsengang zu. Im deutschen Rechtssystem werden weniger Kontroll- und Veto-Rechte verwendet als im sozialistischen, skandinavischen und französischen Rechtssystem. Weiterhin werden erfahrene Entrepreneure mehr mit klassischem Eigenkapital finanziert, erfahrene Investoren nutzen eher Convertible preferred equity.

In einer gemeinsamen Studie von Cumming, Schmidt und Walz (2010) werden die Vertragsstrukturen in verschiedenen Ländern untersucht und verglichen. Dabei stellen sie fest, dass Länder durch verschiedene Rechtssysteme und Buchführungsstandards einen starken Einfluss auf die Vertragsgestaltung haben. Bessere Rechtssysteme (gemessen nach Porta, Lopez-de-Silanes, Shleifer & Vishny, 1998) sorgen für ein schnelleres Screening, eine schnellere Beteiligung und eine höhere Wahrscheinlichkeit einer Syndizierung und Board-Repräsentanz der VCG.

4.2.2.3   Erhebung Walz

Uwe Walz, Carsten Bienz und Julia Hirsch sind mit fünf Studien aus den 72 relevanten Studien vertreten, dabei haben sie ihre Daten bei der KfW erhoben. Die Autoren verfügen über die größte Untersuchung von Verträgen im deutschsprachigen Beteiligungsmarkt. Der betrachtete Zeitraum liegt zwischen 1990 und 2004. In dieser Zeit förderte die KfW indirekt die VC-Branche, indem VCG finanzielle Mittel der KfW abrufen konnten, um diese in PU zu investieren. Daher war die KfW nie direkt, sondern immer indirekt beteiligt. Die VCG bewarben sich an Stelle der PU und reichten umfangreiche Unterlagen (u. a. Finanzinformationen, Businesspläne, Term Sheets) zur Förderung ein. Zu diesen Daten erhielten die Forscher Zugriff, um sie vertraulich zu analysieren (Bienz et al., 2009, S. 3).

Ein großer Vorteil dieses Datensatzes ist, dass er repräsentativ ist. Die KfW war in dem genannten Zeitraum an ca. 60 % aller VC-Investitionen in Deutschland beteiligt. Da es für die Forscher zu umfangreich war, alle Unternehmen zu analysieren, wurde eine Zufallsstichprobe von 300 PU gezogen. Final liegt ein Datensatz aus 290 PU mit 464 Finanzierungsrunden vor, bei welchen u. a. die Finanzierungsinstrumente, Vertragsdaten und allgemeinen Unternehmenscharakteristika erfasst wurden (Bienz et al., 2009, S. 3).

Aus diesen Daten sind fünf Veröffentlichungen entstanden. In einer ersten Untersuchung (Bienz et al., 2009) betrachteten die Autoren Kontroll-, Entscheidungs-, und Veto-Rechte. Dabei konnte eine Entwicklung hin zu amerikanischen Verträgen aufgedeckt werden. Weiterhin wurde eine separate Allokation der Rechte untereinander festgestellt.

Bienz und Walz (2006) analysierten die Veränderung von Kontrollrechten anhand von drei Zeitdimensionen: 1) den Abschluss des Vertrags, 2) die erwartete Vertragslaufzeit und 3) die tatsächliche Vertragslaufzeit. Dabei zeigen sie, dass die Kontrollrechte entlang aller drei Zeitdimensionen angepasst werden. Während der Finanzierung ändert sich die Struktur der Rechte. Zum einen werden überflüssige Rechte an den Entrepreneur zurückgegeben, aber Exit-Rechte aufgebaut. Außerdem wird dargestellt, dass die VCG mehr Kontrollrechte innehat, wenn die erwartete Finanzierungszeit kürzer ist. Auch konnte ein Lerneffekt nachgewiesen werden.

In einer Untersuchung aus dem Jahr 2010 analysierten Bienz und Walz, wann und wie VCG Exit-Rechte nutzen. Grundlegend sind fast alle Exit-Rechte ausschließlich für die VCG vorteilhaft. Der Großteil der Exit-Rechte beschränkt sich auf einen Trade-Sale und nicht auf einen IPO (Bienz & Walz, 2010).

Bienz und Hirsch (2012) belegen in ihrer Untersuchung, dass die Beteiligungsverträge zwischen VCG und PU mehr Bedingungen über eine zukünftige Finanzierung enthalten, wenn das zu finanzierende PU weniger externe Finanzierungsoptionen und damit Verhandlungsmacht besitzt. Die Aussagen werden dazu zuerst theoretisch zu einem Principal-Agent-Modell verdichtet und im Anschluss empirisch bestätigt.

Die letzte Untersuchung mit dem Datensatz stammt aus dem Jahr 2013 (Hirsch & Walz, 2013). Dabei untersuchten die Forscher den Einfluss des VCG-Typs auf die Vertragsgestaltung. Dazu zeigen sie, dass IVC signifikant mehr Vertragsvariablen nutzen als abhängige VCG (also BVC, GVC und CVC).

4.2.2.4   Erhebung Antonczyk

In seiner Dissertation und zwei weiteren Paper hat Ron Antonczyk VC-Verträge und den Einfluss von Anreizkonflikten untersucht (Antonczyk, 2006). Dazu liegen ihm 91 VC-Investitionen mit den jeweiligen Beschlussvorlagen und Beteiligungsverträgen von fünf VCG vor. Analysiert werden die erste VCG-Investitionsrunde eines PU (Antonczyk, 2006, S. 142). Betrachtet wird der Zeitraum zwischen 1997 und 2004.

Der Autor untersucht in seiner Dissertation empirisch die Einflussfaktoren auf die Vertragsgestaltung und beschreibt den deutschen VC-Markt. Dazu nutzt er u. a. die Indikatoren von Kaplan und Strömberg (2004) und erweitert diese, um Principal-Agent-Risiken direkt zu messen.

In einem weiteren Beitrag untersuchen Antonczyk, Breuer und Mark (2007) den Einfluss eines PU, dass in der High-Tech-Branche aktiv ist, auf verschiedene Agency- und Hold-up-Konflikte. Der Wert eines PU in der High-Tech-Branche wird hauptsächlich anhand des nicht zu transferierenden Wissens bestimmter Mitarbeiter festgelegt. Die Forscher zeigen, dass die sich daraus ergebenden speziellen Principal-Agent-Probleme in den verschiedenen Verträgen insbesondere durch stufenweise Finanzierung und Vesting berücksichtigt werden.

In einer anderen Untersuchung (Antonczyk, Brettel & Breuer, 2007) werden die Indikatoren von Kaplan und Strömberg (2004) genutzt, um die Principal-Agent-Risiken zu messen. Dabei stellen die Autoren fest, dass sich die verschiedenen VCG-Typen signifikant voneinander unterscheiden, selbst dann, wenn der Effekt nach den Indikatoren kontrolliert wird. Demnach nutzen IVC und erfahrene VCG weniger Fremdkapitalfinanzierungen, aber mehr Kontrollrechte. Im Bereich der Principal-Agent-Risiken unterscheiden sich erfahrene und unerfahrene VCG nicht voneinander, jedoch in Bezug auf die darauf angepassten Verträge. Die Principal-Agent-Risiken haben einen Einfluss auf die verschiedenen VCG-Typen (in diesem Fall abhängig vs. unabhängig sowie öffentlich vs. privat). Abhängige und private VCG sehen in den Entscheidungsvorlagen weniger Anreizprobleme.

4.2.2.5   Erhebungen Kaplan und Strömberg

Die Studie, die laut Zitationsanalyse bisher am meisten Aufmerksamkeit erhielt (laut Google Scholar sind es 2.160 Zitationen bis zum 11.04.2017) und ein Anstoß für zahlreiche weitere Untersuchungen im Feld der VC-Verträge ist, ist eine Untersuchung von Kaplan und Strömberg (2003). Das Ziel der Studie ist es, die Untersuchung von Gompers (1997) (s. Kapitel 4.2.2.7) mit einem größeren Datensatz zu replizieren und Vorhersagen verschiedener Principal-Agent-Modelle empirisch zu testen. Dazu nutzen die Autoren eine Stichprobe von 14 verschiedenen VCG, welche 213 Investitionen in 119 PU zwischen 1987 bis 1999 vollzogen.

Die Daten und VCG wurden dabei nicht zufällig ausgewählt. Vielmehr wurden Fonds befragt, mit welchen die Autoren bereits in Kontakt standen und die bereit waren, Informationen zu liefern. Sie stellen die vorhandenen Vertragsklauseln sehr umfassend dar. Anschließend überprüfen sie die Aussagen aus verschiedenen theoretischen Principal-Agent-Modellen anhand des Datensatz. Die Autoren kommen zu dem Schluss, dass die einzelnen Cashflow-, Board-, Veto- und Kontrollrechte separat allokiert werden und diese an die Performance des PU gekoppelt sind. Wenn sich das PU gut entwickelt, erhält es mehr Rechte, wenn es sich schlecht entwickelt, erhält die VCG mehr Rechte. Grundlegend werden die Aussagen der Principal-Agent-Theorie bestätigt, jedoch wurde auch festgestellt, dass die Beteiligungsverträge komplexer sind als in der Theorie angenommen.

In einer Folgeuntersuchung haben die Forscher (Kaplan & Strömberg, 2004) die Investments detaillierter betrachtet. Dazu haben sie drei Indikatoren gebildet, um die Principal-Agent-Risiken direkt messbar zu machen. Dazu werden die Entscheidungsvorlagen kodiert, um die ausführenden-, internen- und externen Principal-Agent-Probleme zu beurteilen. Anschließend wurde analysiert, welchen Einfluss die jeweiligen Risiken auf die Verwendung bestimmter Vertragsklauseln ausüben. Interne Risiken korrelieren stark mit Anreiz- und Kontrollrechten. Dasselbe trifft für die externen Risiken zu, welche zusätzlich zu stärkeren Liquidationsrechten für die VCG führen. Höhere Ausführungsrisiken führen zu stärkeren Vesting-Maßnahmen.

Im Jahr 2007 untersuchten Kaplan und Strömberg noch einmal verschiedene Verträge mit zusätzlichen bzw. neuen Daten. Ziel war es, den Unterschied der Investitionen von VCG in verschiedenen Ländern darzustellen. Dazu wurden weitere Daten bei VCG erhoben. Dabei nutzten die Autoren wiederum die originalen Dokumente (Term Sheet, Beteiligungsverträge, Businesspläne, VCG interne Analysen des Investments) (Kaplan et al., 2007, S. 277). In der Studie beschreiben sie, wie die einzelnen Rechte allokiert werden. Weiterhin weisen sie nach, dass die Verträge zwischen verschiedenen Rechtssystemen variieren. Jedoch nutzen erfahrene VCG mehr US-typische Verträge unabhängig von den Rechtssystemen und sind erfolgreicher als unerfahrenere VCG.

4.2.2.6   Erhebung Hommel und Walz

In einem gemeinsamen Projekt zwischen der European Business School (Prof. Ulrich Hommel) und der Johann Wolfgang von Goethe University Frankfurt (Prof. Uwe Walz) wurden verschiedene Daten von VCG erhoben und in vier Studien publiziert. Das Projekt „Governance and Contract Design in the European Venture Capital Industry" wurde durch die DFG gefördert. Ziel war es, einen Datensatz zu schaffen, mit dem länderübergreifend die Form und Funktion von Beteiligungsverträgen analysiert werden kann (Ibrahim, 2009, S. 5). Es wurden Daten von 127 PU und 265 Investmentrunden aus verschiedenen Ländern (Europa, Israel und USA) erhoben, welche die Jahre 1997 bis 2008 abdecken. Die benötigten Daten wurden direkt in den Büroräumen der jeweiligen VCG erhoben.

An der European Business School sind aus dem Datensatz zwei Doktorarbeiten entstanden (Burchardt, 2009; Ibrahim, 2009). An der Goethe Universität entstand ein Arbeitspapier von Hirscha und Sharifzadehb (2009). Weiterhin ist u. a. unter Zuhilfenahme des Datensatzes eine Dissertation von Billitteri (2012) an der Universität Palermo entstanden.

Der Einfluss der Entfernung zwischen dem Sitz der Lead-VCG und dem PU auf die Verträge wurde von Hirsch und Sharifzadeh (2009) untersucht. Dazu haben sie die Rechte in zwei Kategorien eingeteilt: Zum einen die Rechte, welche einen aktiven Eingriff des Investors erfordern, wie Stimm- oder Board-Rechte, zum anderen passive Rechte wie Veto- und Informationsrechte. Bei steigender Nähe von VCG und PU steigt die Wahrscheinlichkeit, dass die VCG mehr Stimm-, Board- und Veto-Rechte verlangt, während die Informationsrechte nicht von der Nähe zueinander beeinflusst werden. Demnach scheint die Nähe eine Ergänzung der Verträge darzustellen, da nur dann gewisse Klauseln (wie bspw. Board- und Stimmrechte) effektiv ausgenutzt werden können.

Während eines Forschungsaufenthalts in Deutschland bekam Billiteri (2012) die Möglichkeit, den Datensatz für die eigene Dissertation zu nutzen. Sie untersucht den Einfluss von adverser Selektion und Moral Hazard auf die Vertragsgestaltung. Demnach sind Cashflow- und Kontrollrechte stark mit dem Grad an Moral Hazard-Risiken in jeder Finanzierungphase geknüpft. Syndizierung und Finanzierungsinstrumente wie Prefered stocks (Vorzugsaktien) werden genutzt, um die Risiken abzuschwächen.

Ibrahim (2009) untersuchte in ihrer Dissertation in drei Studien den Einfluss auf die Vertragsgestaltung. Im ersten Beitrag wiederholt sie die Studie von Kaplan und Strömberg (2004) für die eigene internationale Stichprobe. Dabei kann sie die Ergebnisse der Autoren nicht bestätigen. Demnach gehen die Vorhersagen aus der Principal-Agent-Theorie nicht mit den empirischen Befunden einher. Der zweite Beitrag befasst sich mit dem Einfluss der Erfahrung der VCG auf die PU. Dabei zeigt sich, dass erfahrene VCG unerfahrene VCG in der Rendite übertreffen. Durch besseren Dealflow wählen erfahrenere VCG bessere PU aus und erreichen einen besseren Exit via IPO oder Trade-Sale. Die Effekte gehen dabei nicht nur auf die Selektion zurück. In der Vertragsgestaltung nutzen erfahrene VCG mehr Kontroll- und Wandelrechte. Im dritten Beitrag wird speziell auf Kontrollrechte eingegangen. Untersucht wird der Einfluss der Principal-Agent-Risiken zwischen VCG und PU, aber auch zwischen den VCG während einer Syndizierung. Die Vertragsgestaltung wird von beiden Principal-Agent-Risiken beeinflusst. Dabei ist das Niveau an Veto-Rechten von den Risiken zwischen VCG und PU abhängig, während die Struktur und Allokation der Veto-Rechte durch die Risiken zwischen den VCG beeinflusst werden.

Burchardt (2009) wählt den gleichen Weg wie Ibrahim (2009) und verfasste drei Beiträge auf Grundlage des Datensatzes für seine Dissertation. Dieser ging verstärkt auf die Unterschiede in der internationalen Vertragsgestaltung ein. Dabei stellt er fest, dass länderspezifische Faktoren einen relevanten Einfluss auf die Vertragsgestaltung haben. VCG aus Common Law-Staaten wählen Verträge, die den US-Verträgen sehr ähnlich sind, während VCG aus Civil Law-Staaten andere Vertragsklauseln wählen. Zudem nähern sich Verträge den idealtypischen US-Verträgen an, wenn das Maß an Vertrauen sinkt und die kulturelle Differenz zunimmt. Im zweiten Beitrag weißt der Autor nach, dass erfahrenere VCG durch einen Lerneffekt ihre Verträge an US-typische Verträge anpassen. Im dritten Beitrag wird der Einfluss von Krisen des PU auf die Vertragsgestaltung analysiert. Es wird gezeigt, dass VCG mehr Kontrollrechte nach einer Krise verlangen.

4.2.2.7   Weitere Erhebungen

Es gibt drei Untersuchungen, welche Verträge analysiert haben, aber auf die entsprechende Datengrundlage nur einmal zugegriffen haben. Dazu zählt die erste systematische Untersuchung von Verträgen, die zwischen VCG und PU geschlossen wurden (Gompers, 1997). Zur Verfügung stehen dem Autor 50 Verträge, welche durch den Aeneas Fund – ein Fonds der Harvard Universität – finanziert wurden. Anhand eines Principal-Agent-Modells belegt Gompers, dass es optimal ist, Cashflow- und Kontrollrechte separat zu allokieren und Convertible securities zu nutzen. Anhand des Datensatzes bestätigt er seine theoretischen Vorüberlegungen. Demnach wandeln VCG ihre Anteile in Eigenkapital um, wenn das Investment Erfolg hat. Weiterhin nutzen VCG mehr Sicherungsmechanismen, wenn die Principal-Agent-Probleme steigen, bspw. in Early-Stage- oder High-Tech-Unternehmen.

Lerner und Schoar (2005) untersuchen bei 210 VC-Investitionen den Einfluss des Rechtssystems auf die Strukturierung der Finanzierung und Verträge. Dabei prüfen sie Verträge von VCG, die in Entwicklungsländer investieren. Auch hier wurden die Daten direkt bei den Gesellschaften erhoben. Die Autoren stellen fest, dass Investoren in Ländern mit effektiver Rechtsdurchsetzung bzw. einem Common Law-Rechtssystem die Rechte und Pflichten aus dem Beteiligungsvertrag anhand der Performance des PU anpassen. Weiterhin werden Cashflow- und Kontrollrechte separat allokiert und Convertible preferred stocks verwendet. Generell sind diese Verträge denen in den USA sehr ähnlich. Demgegenüber nutzen Investoren in Ländern mit niedriger Rechtsdurchsetzung bzw. Zivilrechtssystemen die Mehrheit der Anteile am PU als Sicherheit. Die VCG sind in Staaten mit diesem Rechtssystem häufiger im Board vertreten und nutzen öfter Fremdkapital zur Finanzierung. Gleichzeitig sind die Bewertung der PU und die Renditen der VCG geringer.

Der letzte Datensatz, welcher bisher für nur ein Paper verwendet wurde, ist von Hartmann-Wendels, Keienburg und Sievers (2011). Dieser verfügt über ein Dataset von 17 VCG, wobei alle 600 Investitionen dieser von 1990 bis 2005 abdeckt wurden. Wie die Daten erhoben wurden oder es zu der Kooperation kam, wird nicht beschrieben, bis auf: „According to the research cooperation agreement, we were allowed to analyse the complete financial statements of the concerned venture capitalists, including detailed descriptions on each of the transactions" (Hartmann-Wendels et al., 2011, S. 477). In der Studie betrachten die Autoren, warum die gewählten Finanzierungsformen zwischen den verschiedenen Finanzierungsrunden variieren. Der Grund, warum deutsche VCG unterschiedliche Finanzierungsformen einsetzen, liegt in den unterschiedlichen Gewinnpotenzialen und Verlustbegrenzungsmöglichkeiten der Instrumente. Ein Einfluss auf die Wahl der Finanzierungsform haben dabei die

VCG-Erfahrung, ob ein Investment allein oder syndiziert eingegangen wurde, die Phase und Branche des PU sowie die wirtschaftlichen Aussichten.

4.3 Auswertung der Ergebnisse

Im Folgenden werden die Studien ausgewertet und analysiert, indem Faktoren vorgestellt werden, welche die Vertragsgestaltung zwischen VCG und PU beeinflussen. Auch wird auf die Wirkung der Verträge auf das PU eingegangen. Das Ziel ist die Erstellung eines Modells über die Wirkung und den Einfluss der Vertragsgestaltung auf das PU sowie ein Überblick über empirisch untersuchte Einflussfaktoren. Dieses Modell dient als Grundlage für eine sich anschließende empirische Untersuchungen von VC-Verträgen.

Um eine Systematisierung der 72 in der systematischen Literaturanalyse identifizierten Studien zu erreichen, wurden von jedem Beitrag die verwendeten Variablen und Wirkungszusammenhänge erfasst und mit Hilfe von MAXQDA kodiert. Dabei wurden Daten zu drei Schwerpunkten festgehalten: Analysiert die Untersuchung 1) den Einfluss von bestimmten Faktoren bzw. Variablen auf den Vertrag, 2) die Wirkung des Vertrags auf das PU oder die VCG oder 3) beide dieser Wirkungsrichtungen? Alle in den Studien verwendeten Variablen wurden aufgenommen und anschließend induktiv Kategorien gebildet. Abbildung 14 stellt die Ergebnisse der Studienauswertung dar.

Nach der Kodierung wurden verschiedene Variablen vereinigt, die dasselbe messen, aber unterschiedlich benannt wurden: z. B. bezeichnen Broughman und Fried (2010) Gründer, die mehr als ein Unternehmen gegründet haben, als „Serial Entrepreneur", während Hirsch und Walz (2013) den gleichen Unternehmer-Typ als „Repeat Entrepreneur" betiteln. Auch wurden Variablen zusammengefasst, die einen Zustand in einer anderen Detailtiefe messen: Während Kaplan und Strömberg (2004) den Umsatz mit 1 und 0 messen (mit 1, wenn das Unternehmen keine Umsätze generiert; mit 0, sobald es Umsätze hervorbringt), erfasst Stein (2008) den Umsatz als absolute Größe. Weiterhin wurden Variablen verbunden, die einen Umstand invers erfassen: Nahata (2013) erfasst „unsuccessful" Entrepreneure und Bengtsson (2011) „successful" Entrepreneure. Auch wurden Variablen zusammengeführt, die das Gleiche beschreiben, aber unterschiedlich gemessen wurden: Auf der einen Seite messen Isaksson et al. (2004) die Erfahrung der VCG, indem sie 50 % der VCG mit den meisten Investments als „erfahren" und die anderen 50 % als „unerfahren" deklarieren. Auf der anderen Seite erfasst bspw. Joly (2009) die Erfahrung als Anzahl der Jahre, die die VCG in der VC-Branche aktiv ist. Abschließend wurden Variablen entfernt, die nur einmal erhoben wurden, wie z. B. „Frequency of Disappointments in Past VC-E Relationships" (Parhankangas, Landstrom & Smith, 2005).

Darauf aufbauend wurden die Variablen, die Einfluss auf die Vertragsgestaltung haben, in verschiedene Kategorien eingeteilt. Dabei wurde sich an vorhandene Kategorisierungen einzelner Studien angelehnt. Der Einteilung der Variablen in die vier Kategorien Deal/Investment Charakteristika, VCG Charakteristika, PU Charakteristika und Markt Charakteristika (bspw. Bengtsson & Bernhardt, 2014b; Bienz & Hirsch, 2012; Cumming, 2005a; Hartmann-

Wendels et al., 2011) wurde sich angeschlossen. Die kategorisierten Variablen definieren den Zusammenhang zwischen den verschiedenen Charakteristika und der Verwendung von bestimmten Vertragselementen. Dabei wird untersucht, ob bestimmte Eigenschaften (wie bspw. die Erfahrung der VCG) einen Einfluss auf die verwendeten Rechte ausübt (Kelly & Hay, 2003).

Laut den gefundenen Studien hat der Vertrag Einfluss auf den Exit, den Umfang der Managementunterstützung und auf die zwischenmenschlichen Beziehungen. Diese Faktoren haben direkt und indirekt einen Einfluss auf den Beteiligungserfolg.

Zu beachten ist, dass Teile der vier Charakteristika und Vertragselemente genutzt werden, um die abhängigen Variablen zu erklären. Hege, Palomino und Schwienbacher (2003) untersuchen z. B. den erfolgreichen Exit von VCG-Investments unter Berücksichtigung des Unterschieds zwischen Europa und den USA. Dazu erfassen sie neben verschiedenen Vertragselementen (Wandelanleihen, Einfluss im Board, Informationspflichten) auch weitere Variablen wie das Investitionsvolumen oder das Alter der VCG, um mehr über den Einfluss auf den Erfolg zu erfahren. Dies ist ein Hinweis darauf, dass die Charakteristika untereinander in Verbindung stehen.

Eine detailliertere theoretische Einordnung des Modells findet in Kapitel 4.3.4 statt.

Abbildung 14: Einflussfaktoren auf den Vertrag und Wirkung dessen

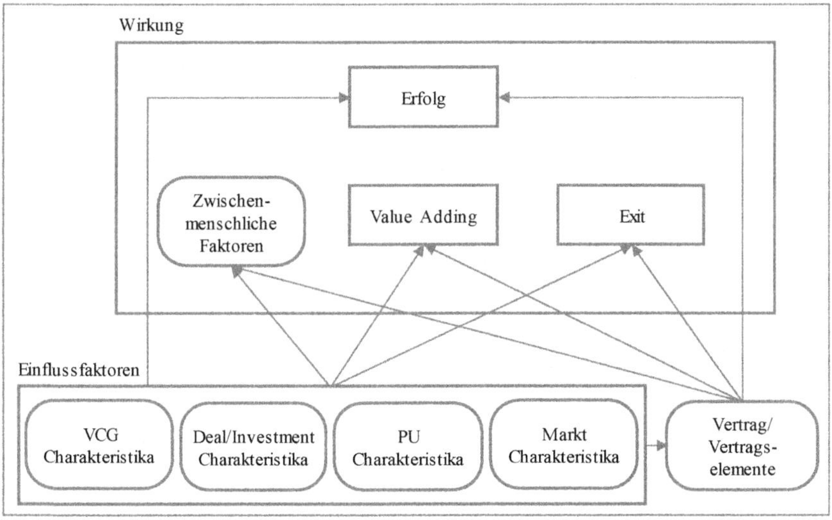

Quelle: Eigene Darstellung

Bevor die Erläuterung der einzelnen Einflussfaktoren und Wirkungsvariablen stattfindet, ist weiterhin zu beachten, dass es nicht das Ziel der Analyse ist, eine vollständige Darstellung aller erhobenen Variablen und eine genaue Auszählung der Verwendung einzelner Variablen zu leisten. Dies ist nicht zielführend, da die einzelnen Studien eine zu große Heterogenität aufweisen. Die Fallzahlen unterschieden sich zu stark voneinander, bspw. erheben Amatucci und Swartz (2011) Daten von zwölf einzelnen Fällen. Bengtsson und Sensoy (2015) analysieren dagegen 1.237 einzigartige US-Unternehmen. Weiterhin unterscheiden sich die Methoden der Erhebung und Untersuchung voneinander (s. Kapitel 4.2.1.5).

Auch eine Darstellung der Wirkungsrichtung und Einflussstärke der Variablen ist nicht möglich, da auch dafür die Studien eine zu große Heterogenität aufweisen und zu unterschiedliche Fragestellungen betrachten. Eine weitere Anpassung des Modells wird in Kapitel 5 vorgenommen.

4.3.1 Einflussfaktoren auf den Vertrag

Im Folgenden werden die vier Charakteristika-Kategorien erläutert und die zugeordneten Variablen vorgestellt. Die Variablen werden als Frage formuliert, damit die Darstellung einheitlich ist.

4.3.1.1 Deal/Investment Charakteristika

In der Gruppe Deal/Investment Charakteristika sind Variablen zusammengefasst, die das eigentliche Investment beschreiben. Zu den in den relevanten Studien am meisten verwendeten Variablen zählen dabei:

- In welchem **Jahr** fand das Investment statt?
- Ob und auf welchem Weg ist ein **Exit** (mögliche Ausprägungen: IPO, Trade-Sale, Buyback, Abschreibung, kein Exit) erfolgt oder geplant?
- Wie hoch ist die **Investitionssumme** (unterteilbar in: alle Investoren, betrachtete VCG)?
- Ob und mit wem bzw. mit wie viel anderen Investoren wird eine **Syndizierung** eingegangen?
- Die wievielte **Finanzierungsrunde** findet statt?

Weitere Variable, die in Untersuchungen genutzt wurden, sind:

- Wie hoch ist die **Bewertung** des PU?
- Wer ist die **Lead-VCG**?
- **Wie viele VCG** investierten in der aktuellen Runde?
- In welchem **Jahr** fand die erste Finanzierung statt?
- Wie groß ist der **Umfang der Managementunterstützung**?
- Wie hoch ist der gezahlte **Preis pro Anteil**?
- Was ist die Herkunft des Deals (**Empfehlungsquelle**)?
- In welchem **Land** oder Region ist die VCG und/oder das PU ansässig (auch **Entfernung** zwischen PU und VCG)?

Als teilweise mit Vertragselementen überschneidende Variable werden hier auch betrachtet:

- Wie sind die **Board-Sitze** verteilt?
- Wie viele **Unternehmensanteile** bzw. Stimmrechte erwirbt der Investor (unterteilbar in: alle Investoren, betrachtete VCG)?

Auch **zwischenmenschliche Faktoren** haben einen Einfluss auf die Vertragsgestaltung. Dazu wurden die sozialen Bindungen (social ties) zwischen dem Gründer und dem Investmentmanager befragt. Untersucht wurde, wie groß das Vertrauen zwischen den beiden Parteien ausgeprägt ist oder welchen Einfluss die Verhandlungsmacht hat (Batjargal & Liu, 2004; Lim & Cu, 2012).

4.3.1.2   VCG Charakteristika

Die Kategorie VCG Charakteristika fasst die Eigenschaften der VCG bzw. Investoren zusammen. Die häufigsten Nennungen erfuhren die Variablen:

- Wie **alt** ist die **VCG**?
- Wie **alt** ist der investierende **Fonds**?
- Wie groß ist die **Fondsgröße** (unterteilbar in: Fundraising, Assets under Management)?
- Wie groß ist die **Erfahrung** der VCG (auch Alter der VCG, Anzahl an PU, spezielle Erfahrungen im US-Markt oder mit US-VCG)?
- Von welchem **Typ** ist die **VCG** (mögliche Ausprägungen: Independent-VC, Bank-VC, Corporate-VC, Government-VC, Public, Private, Captive)?
- In welchem **Land** oder Region ist die Lead VCG ansässig?

Weitere Rollen spielen die Variablen:

- Hat die VCG einen **Branchenfokus**?
- Hat die VCG einen **Regionalfokus**?
- Hat die VCG einen **Phasenfokus**?
- Wie ist die **Reputation** der VCG?
- Wie groß ist die **Laufzeit** des **Fonds**?

Die folgenden Variablen werden auf der Ebene der Deal/Investment Charakteristika in Erfahrung gebracht und hier als Durchschnittswerte der VCG Charakteristika betrachtet. Dazu zählen:

- Wie hoch ist der durchschnittliche Anteil an syndizierten Investments?
- Wie hoch ist der durchschnittliche Umfang der Managementunterstützung?
- Wie hoch ist die durchschnittliche Anzahl an finanzierten PU?
- Wie hoch ist die durchschnittliche Investitionshöhe?
- Wie lange ist die durchschnittliche Investmentdauer?

- Welche Exit-Kanäle werden durchschnittlich gewählt?

Grundlegend ist die Varianz der Variablen in dieser Kategorie höher, da die Variablen oft sehr spezifisch betrachtet wurden. Bspw. haben Masulis und Nahata (2009) nur CVC-Fonds und deren Eigenschaften analysiert. Diese Fonds werden in der hier durchgeführten Analyse jedoch nicht separat berücksichtigt.

4.3.1.3   PU Charakteristika

Die meisten unterschiedlichen Variablen sind in der Kategorie PU Charakteristika versammelt. Hier werden Eigenschaften gesammelt, die das PU, den Entrepreneur oder die Gründer beschreiben.

Am häufigsten zur Untersuchung genutzt wurden die Variablen:

- Wie **alt** ist das PU?
- In welcher **Phase** ist das PU (mögliche Ausprägungen: Seed-, Start-up, Early-Stage, Late-Stage, Turnaround, Expansion, Buy-out)?
- In welcher **Branche** agiert das PU (auch detaillierte Brancheneinteilung in bspw. Biotech, IT, Retail, Health Care oder Unterscheidung in High-Tech-Industrie, Growth-Industrie oder keine Brancheneinteilung)?
- Handelt es sich bei dem Gründer um einen **Mehrfachgründer**?

Die letzte Variable in der Liste wird häufig genutzt, um die Erfahrung und das Können des Gründers zu beurteilen. Als weitere Eigenschaften dazu zählen:

- War der **Gründer** bereits mit einem anderen Unternehmen **erfolgreich**?
- Wie **alt** ist der **Gründer**?
- Welchen (Bildungs-)**Abschluss** hat der Gründer?

Als weitere Variablen, die den Gründer bzw. das Gründerteam beschreiben, gelten:

- Wie viele **Unternehmensanteile** besitzen alle **Gründer**?
- Wie viele **Board**-Sitze haben die Gründer?
- Ist der **Gründer** noch der **CEO** des Unternehmens?

Zu den Charakteristika, die ausschließlich das Unternehmen charakterisieren, zählen:

- Ist ein **Umsatz** vorhanden (bzw. wie hoch ist dieser)?
- Wie viele **Mitarbeiter** hat das PU?
- Ist ein **Gewinn** vorhanden (bzw. wie hoch ist dieser)?
- Ist ein **fertiges Produkt** vorhanden?
- Ist ein **Patent** vorhanden?
- Welche **Rechtsform** hat das PU (in Deutschland unterteilbar in: GmbH, AG, GmbH & Co. KG, andere)?

- In welchem **Land** oder Region ist das PU ansässig?

4.3.1.4   Markt Charakteristika

Die Markt Charakteristika stellt die Kategorie mit der größten Diversität und gleichzeitig die mit den wenigsten Variablen dar. In dieser Kategorie sind Variablen zusammengefasst, die das Makroumfeld der Investitionen beschreiben.

Die Betrachtung dieses Umfeldes wird erst relevant, wenn Investitionen in verschiedenen Ländern oder Regionen mit sehr unterschiedlichen Rahmenbedingungen[6] getätigt werden. Sobald nur eine Region betrachtet wird, können einzelne Variablen in die drei anderen Kategorien verschoben werden. Jedoch haben das Rechtssystem und das Marktumfeld einen starken Einfluss auf die Vertragsgestaltung, wodurch diese Kategorie grundsätzlich beibehalten wird. Häufig diskutiert werden die Variablen:

- Welches **Rechtssystem** (unterteilbar in: German Law, Common Law, French Law) herrscht in dem Land des PU vor?
- Wie groß ist das **Bruttoinlandsprodukt** des Landes, in welchem investiert wird?

Weiterhin werden Variablen genutzt, um den Markt zu erfassen:

- Welche **Branchengröße** liegt vor?
- Welche **Branchenentwicklung** liegt vor?
- Wie hoch ist die **Branchenvolatilität**?
- Welche **Branchenstruktur** liegt vor (z. B. Market-to-book-Verhältnisse, durchschnittliche F&E-Ausgaben, durchschnittlicher Return-on-Assets)?
- Wie hat sich der **Aktienmarkt** in dem Land entwickelt?
- Wie haben sich die **VC-Investitionen im Land entwickelt**?
- Wie haben sich die **VC-Investitionen in der Branche entwickelt**?

Auch werden bestimmte Eigenschaften des Steuersystems berücksichtigt. Dies geschieht über verschiedene Indikatoren, die auch für Ländervergleiche genutzt werden: Cumming und Johan (2008, S. 1217) nutzen z. B. den Legality Index, welcher verschiedene Rechtsfaktoren (wie Korruption, Aktieninhaber-Rechte oder Rechtsstaatlichkeit) in einem Index zusammenfasst. Dabei stellt ein höherer Indexwert ein „besseres" Rechtssystem dar.

---

[6] In den USA sind die einzelnen Bundesstaaten deutlich unabhängiger als bspw. die deutschen Bundesländer, wodurch dort die Erfassung des Bundestaates sinnvoll ist. In Kalifornien bspw. sind Wettbewerbsverbote für Angestellte und Gründer rechtlich nicht zulässig, im Gegensatz zu anderen Bundestaaten oder Deutschland.

4.3.1.5   Übersicht der Einflussfaktoren

In Abbildung 15 sind alle identifizierten Einflussfaktoren auf den Vertrag zusammenfassend dargestellt, wobei die Durchschnittswerte der VCG Charakteristika ausgelassen wurden, da diese als Einzelwerte in den Deal/Investment Charakteristika enthalten sind.

Abbildung 15: Einflussfaktoren auf den Vertrag

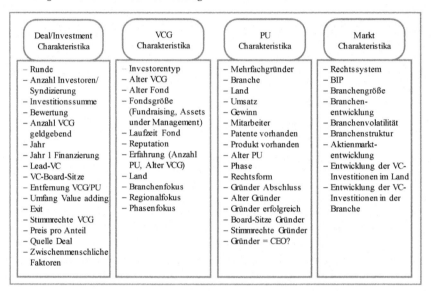

Quelle: Eigene Darstellung

Die Variablen sind dabei nicht vollständig und lassen sich erweitern: Bengtsson und Bernhard (2014) weisen z. B. auf die Wirkung von Anwälten auf die Vertragsgestaltung hin. Sie belegen in ihrer Untersuchung, dass VCG es bevorzugen, wenn nicht erfahrene Gründer mit einem Projekt von hoher Qualität von einem Anwalt mit VC-Erfahrung beraten werden. Amatucci (2011) weist darauf hin, dass auch das Geschlecht des Gründers einen Einfluss auf die Vertragsgestaltung haben kann. Aggarwal und Singh (2013) untersuchen, wie Blogs die Vertragsgestaltung beeinflussen.

Die herausgearbeiteten und den Vertrag beeinflussenden Variablen sind als kleinster Nenner unter den vielfältigen Möglichkeiten zu verstehen. Weitere Faktoren, die eine Beeinflussung der Vertragsgestaltung ausüben, sind vorhanden. Eine weitere Validierung der Variablen findet in Kapitel 5 statt.

4.3.2 Vertragselemente

In diesem Abschnitt werden alle Vertragselemente zusammenfassend dargestellt, welche in bisherigen Untersuchungen vorkamen. Abbildung 16 gibt die untersuchten Vertragselemente wieder. Sie werden zur besseren Übersicht in sechs Kategorien eingeteilt, wobei die Unterteilung aus Kapitel 3 Anwendung findet.

Sämtliche Vertragsvariablen wurden in Abbildung 14 bzw. 17 als Vertrag/Vertragselemente zusammengefasst. Der Grund dafür liegt in der starken Heterogenität der Untersuchungen. Einige Autoren fassen verschiedene Rechte als Indizes zusammen (bspw. Lim & Cu, 2012, mit Contractual favorableness), während andere den Fokus auf bestimmte Rechte legen (wie bspw. Bengtsson, 2011, der die Downside protection betrachtet) oder auf die verwendeten Finanzierungsinstrumente abstellen.

Untersuchungen, die eine direkte Analyse von Verträgen vornehmen, sind selten, was wiederum die Aussagekraft von einigen Studien einschränkt. In einer Umfrage können ausschließlich bereits bekannte Vertragselemente abgefragt werden. Es wird kein Raum für neuartige Vertragsvarianten gelassen, wodurch es z. B. bei einer indirekten Erhebung zu keiner konkreten Abbildung der Machtverhältnisse beider Vertragsparteien (also VCG und PU) kommen kann. Eine Erhebung von Vertragsklauseln via Umfragen stellt daher eine Limitation dar, welche nur über einen direkten Einblick in die Verträge gelöst werden kann. Da dies selten durchgeführt wird, sind in diesem Modell alle Rechte als Vertrag/Vertragselemente zusammengefasst.

Weiterhin ist auffällig, dass bisher noch keine Untersuchung von einzelnen Vertragselementen durchgeführt wurde. Wenn mehrere Vertragsklauseln erfasst wurden, werden diese zu einem Index zusammengefasst, um diese mittels linearer Regressionsanalysen untersuchen zu können (bspw. von Bengtsson & Sensoy, 2011, S. 485; Burchardt, 2009, S. 52-53; Caselli, Garcia-Appendini & Ippolito, 2013, S. 207; Joly, 2009, S. 15; Kaplan et al., 2007, S. 296). Daher sind keine Aussagen darüber möglich, warum bestimmte Vertragselemente verwendet werden und andere nicht.

Abbildung 16: Vertragselemente

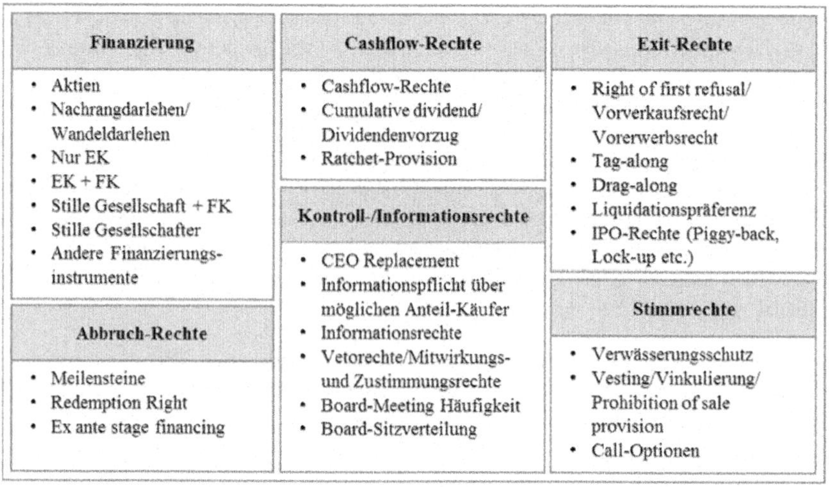

Finanzierung	Cashflow-Rechte	Exit-Rechte

• Aktien
 • Nachrangdarlehen/
   Wandeldarlehen
 • Nur EK
 • EK + FK
 • Stille Gesellschaft + FK
 • Stille Gesellschafter
 • Andere Finanzierungs-
   instrumente
	• Cashflow-Rechte
	 • Cumulative dividend/
	   Dividendenvorzug
	 • Ratchet-Provision
		• Right of first refusal/
		   Vorverkaufsrecht/
		   Vorerwerbsrecht
		 • Tag-along
		 • Drag-along
		 • Liquidationspräferenz
		 • IPO-Rechte (Piggy-back,
		   Lock-up etc.)

Abbruch-Rechte	**Kontroll-/Informationsrechte**	

• Meilensteine
 • Redemption Right
 • Ex ante stage financing
	• CEO Replacement
	 • Informationspflicht über
	   möglichen Anteil-Käufer
	 • Informationsrechte
	 • Vetorechte/Mitwirkungs-
	   und Zustimmungsrechte
	 • Board-Meeting Häufigkeit
	 • Board-Sitzverteilung
		Stimmrechte
		 • Verwässerungsschutz
		 • Vesting/Vinkulierung/
		   Prohibition of sale
		   provision
		 • Call-Optionen

Quelle: Eigene Darstellung

4.3.3 Wirkung des Vertrags

In diesem Abschnitt werden Studien vorgestellt, die den Einfluss der Vertragsgestaltung auf das PU oder die VCG untersucht haben. Die Wirkung des Vertrags auf das PU bzw. die VCG wurden weniger untersucht als die Einflussfaktoren auf den Vertrag, wodurch es möglich ist alle Studien die die Wirkung untersuchten kurz vorzustellen. Abbildung 17 stellt das gesamte Modell inklusive der Wirkungsmechanismen und identifizierten Variablen dar.

Drei Studien analysieren den Zusammenhang zwischen dem Vertrag und einem anschließenden Exit (Caselli et al., 2013; Cumming, 2008; Felix, Pires & Gulamhussen, 2014). Die VCG sichert sich im Vertrag verschiedene Rechte für den Exit-Fall und plant vorab, welcher Exit realistisch ist. Um für den Exit Vorbereitungen zu treffen, werden bereits zur Finanzierung des PU bestimmte Klauseln vereinbart, die einem mögliche Käufer der Anteile die Möglichkeit eines schnellen Verkaufs des PU signalisieren.

Weiterhin ist ein Zusammenhang zwischen dem Vertrag und dem Umfang der anschließenden Managementunterstützung bzw. dem Involvement untersucht worden (Cumming & Johan, 2007; Lim & Cu, 2012; Yitshaki, 2008). Wenn die VCG durch ein aktives Value adding vertragliche Vorteile für den Exit (bspw. durch einen höheren Eigenkapital- statt Fremdkapitalanteil) hat, ist diese Wirkung relevant und der Ausgestaltung der Verträge geschuldet.

Am häufigsten wird die Verbindung zwischen den Vertragselementen und dem Erfolg für die VCG (Erlös aus Exit bzw. Internal Rate of Return (IRR) der VCG) oder das PU (Wachstum) untersucht. Der Vertrag hat nach den Untersuchungen mehrere Möglichkeiten, um einen Einfluss auf den Erfolg zu nehmen. Der Vertrag dient der VCG als Verlustbegrenzung, da durch verschiedene Klauseln versucht wird, die Verluste zu begrenzen (bspw. durch den Verwässerungsschutz). Aber auch ein direkter Einfluss des Vertrags auf die Rendite der VCG ist möglich: Durch Lock-up-Klauseln können Investoren dazu verpflichtet werden, ihre Aktienanteile nach einem IPO für eine bestimmte Dauer zu halten. Ist die Lock-up-Periode vorüber, übt dies einen direkten Einfluss auf den Aktienkurs und die Performance des PU aus, da die Alt-Investoren ggf. beginnen, ihre Anteile zu verkaufen (Espenlaub et al., 2002; Field & Hanka, 2001). Eine Diskussion über weichere Faktoren wie bspw. die Motivation und dem Setzen von Leistungsanreizen für Gründer findet sich aber nicht.

Die weiteren Wirkungen wurden jeweils nur von höchstens einer Studie untersucht und lassen sich als Gruppe der zwischenmenschlichen Beziehungen zusammenfassen. Untersucht wird, welchen Einfluss die Vertragsgestaltung auf die wahrgenommene Fairness zwischen den Gründern des PU und der VCG hat. Busenitz, Moesel, Fiet und Barney (1997) stellen fest, dass die Nutzung von vielen einschränkenden Klauseln die wahrgenommene Fairness des PU gegenüber der VCG sinken lässt und damit auch die Bereitschaft, Rat und Hilfestellung anzunehmen.

Ebenfalls untersuchen die Forscher den Einfluss der Vertragselemente auf den Umfang von Entlassungen (Fiet & Busenitz, 1997). Demnach führen bspw. Veto-Rechte seitens der VCG auf die Höhe der Gehälter der PU-Manager zu weniger Entlassungen.

Weiterhin wird der Einfluss des Vertrags auf das Vertrauen analysiert (Fairchild & Mai, 2013; Strätling, Wijbenga & Dietz, 2011). Die VCG ist bestrebt, bei einem Gründer, dem sie nicht vertrauen, strengere Kontroll- und Informationspflichten einzubauen. Dies führt zu einer Rückkopplung des Gründers gegenüber der VCG.

Yitshaki (2008) untersucht den Einfluss und die Wirkung von Konflikten zwischen PU und VCG. Demnach liegen Konflikte inhärent zwischen den beiden Parteien zugrunde. Der Autor führt drei Dimensionen von Konflikten ein, wovon eine dieser drei Dimensionen vertragliche Konflikte beschreibt.

Parhankangas et al. (2005) weisen auf den Umstand hin, dass die Vertragsgestaltung direkte Rückschlüsse auf die Verhandlungsstrategie vor Gericht, Kompromissbereitschaft und Geduld seitens der VCG bedingt. Demnach haben zwischenmenschliche Faktoren nicht nur einen Einfluss auf die Vertragsgestaltung, sondern der Vertrag wirkt auf die zwischenmenschliche Beziehung ein.

Abbildung 17: Modell zu Einflussfaktoren und Wirkung des Vertrags

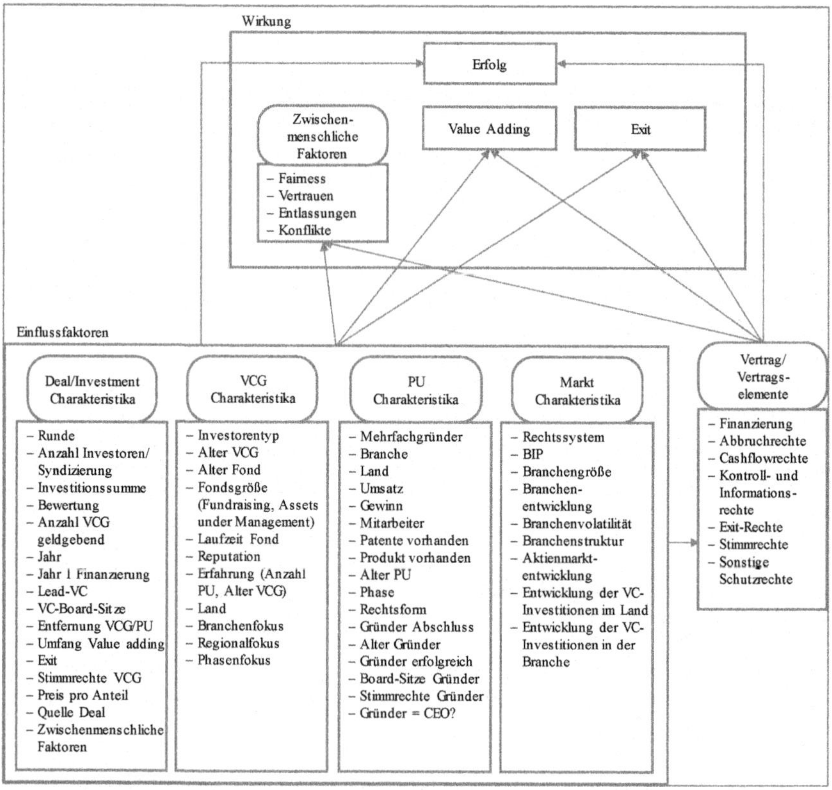

Quelle: Eigene Darstellung

4.3.4 Theoretische Ansätze zum Modell

Bei der Betrachtung der 72 relevanten Studien werden zwei theoretische Konzepte wiederholt von den Autoren genutzt, um die Wirkungs- und Einflussfaktoren zu beschreiben: die Prinzipal-Agent-Theorie und das Lernen der VCG.

Das Hauptanliegen der Prinzipal-Agent-Theorie ist es zu erklären, wie – ausgehend von den Zielkonflikten und der asymmetrischen Informationsverteilung zwischen Principal und Agent (s. Kapitel 2.7) – Delegationsverträge ausgestaltet sein müssen, um die inhärenten

Konflikte zu lösen bzw. zu minimieren (Schefczyk, 2006, S. 42). Gerade der Beteiligungs-vertrag ist ein solcher Delegationsvertrag. Daher lassen sich Erkenntnisse aus den theoreti-schen Modellen in die Praxis übertragen.[7]

Trester (1998) belegt mit seinem Modell, dass unter asymmetrischer Informationsverteilung das Finanzieren mittels Fremdkapital ungeeignet ist und nur Vorzugsaktien dazu geeignet sind, unter solchen Bedingungen eine optimale Finanzierung zu gewährleisten. Mithilfe ei-ner Befragung bestätigt er sein Modell, da VCG in den USA in den frühen Runden überwie-gend mit Vorzugsaktien finanzieren und erst in späteren Runden zu Fremdkapital greifen (Trester, 1998). Ein anderes Modell belegt, dass VCG mit mehr Erfahrung eher Firmen mit-tels eines IPO verkaufen. Der Grund liegt vor allem darin, dass diese VCG attraktivere PU gewinnen können (Sorensen, 2007).

Diese Beispiele belegen, dass die Theorie akzeptabel ist, um die Ursachen-Wirkungsbezie-hungen des Modells zu erklären. Auch die auf der Principal-Agent-Theorie aufbauende In-complete-Contracting-Theorie ist geeignet, in der Praxis vorhandene Phänomene zu erklären (Hart, 2017, S. 1733-1735). Die Theorie besagt, dass die Verträge aufgrund von unsicheren Zukunftsaussichten nie vollständig sein können (Aghion & Bolton, 1992). Demnach kann der Vertrag Risiken verstärken, welche nicht abgesichert werden können, da nie für alle möglichen Szenarien ein Vertrag aufgesetzt werden kann. Somit hat der Vertrag eine Wir-kung auf die Principal-Agent-Risiken.

Die Principal-Agent-Risiken zwischen den Parteien lassen sich mithilfe der Einflussfaktoren indirekt messen. Nach Antonczyk (2006, S. 171) ist bspw. die High-Tech-Branche beson-ders von Hidden Information, Hold-up und Hidden Action betroffen, da die Gründer mehr über ihre Entwicklung wissen als die Investoren, die exogene Prognoseunsicherheit größer ist und das PU stärker von den Gründern abhängig ist. Demnach erklärt bspw. die Branche das Auftreten von Principal-Agent-Risiken.

Kaplan und Strömberg (2004) waren die ersten, die einen Vorschlag machten, die Principal-Agent-Probleme zwischen den Akteuren direkt zu messen. Dazu beurteilten sie Auszüge aus Entscheidungsvorlagen der VCG auf ausführende, interne und externe Prinzipal-Agent-Probleme. Dieser Ansatz wurde von Ibrahim (2009) und Antonczyk (2006) für den deut-schen Markt wiederholt. Die Principal-Agent-Probleme lassen sich demnach durch die Cha-rakteristika beschreiben und interagieren mit ihnen.

Zusammenfassend ist die Principal-Agent-Theorie geeignet, das Modell zu erklären, gleich-zeitig lässt eine empirische Prüfung des Modells neue Rückschlüsse auf theoretische Vor-hersagen ziehen. Wobei es deutlich mehr Principal-Agent-Studien gibt als empirische Über-prüfungen dieser Modelle (vor allem aus Mangel an vorhandenen Daten, wie weiter oben

---

[7] Kapitel 3 stellt für jedes vertragliche Sonderrecht die jeweiligen Zielkonflikte zwischen den Parteien und das entsprechende Minderungspotenzial vor.

beschrieben wurde). In Kapitel 6 bei der empirisch-quantitativen Prüfung des Modells, werdend daher vermehrt Ansätze aus dieser Theorie genutzt, um die Beobachtungen zu interpretieren.

Lernen hat ebenso einen Einfluss, sowohl auf die Charakteristika als auch auf den Vertrag und wird durch den Vertrag beeinflusst. Um Lernen nachzuweisen, werden die bekannten Variablen über einen Zeitverlauf betrachtet und überprüft, ob diese sich bspw. an amerikanische Verträge (Cumming, 2005a) anpassen oder bestimmte Vertragselemente wie Meilensteine häufiger genutzt werden (Bienz & Hirsch, 2012). Die VCG lernen mit der Zeit, bestimmte Vertragselemente zu nutzen. Dadurch haben sie einen Einfluss auf die Vertragsgestaltung. Auch durch das Anwenden und Experimentieren mit neuartigen Klauseln lernen VCG, diese zu nutzen (Bengtsson & Bernhardt, 2014a), wodurch die Vertragsgestaltung einen Einfluss auf das Lernen ausübt. Generell ist davon auszugehen, dass Lernen und die Principal-Agent-Risiken zusammenhängen. Die VCG werden am ehesten neue Klauseln lernen bzw. anwenden, wenn sie über die Zeit Fehler bei der Investition in ein PU gemacht haben. Vor dem erneuten Auftreten des Fehlers werden sich dann die VCG – wenn möglich – durch Vereinbarung passender vertraglicher Klauseln schützen.

5 Modellspezifikation mithilfe von Experteninterviews

Die zweite und dritte Forschungsfrage lautet: Welche Faktoren beeinflussen die Ausgestaltung von VC Beteiligungsverträgen und die Nutzung von bestimmten Vertragsrechten? Welche Wirkung geht von den Beteiligungsverträgen auf das PU aus?

Die durchgeführte systematische Literaturanalyse und identifizierten Studien in Kapitel 4 können auf diese Forschungsfragen nur teilweise Antworten geben. Es konnten Faktoren identifiziert werden, welche bisher als Einflussfaktoren auf die Verträge untersucht wurden, allerdings ist damit nicht geklärt, ob dies in der Praxis ebenso gesehen wird. Hinzu kommt das allgemeine Fehlen an Studien, die sich mit der Wirkung von Verträgen befassen. Nach der Prüfung der vorhandenen Forschungsliteratur, lassen sich dazu keine allgemeinen Aussagen treffen.

In diesem Kapitel wird daher das Modell aus Kapitel 4 überprüft und unter Zuhilfenahme von Experteninterviews angepasst. Ziel ist es, das bisher aufgestellte Modell zu spezifizieren, damit dieses im Anschluss empirisch-quantitativ überprüft werden kann: Aktuell sind in dem Modell zu viele Einflussfaktoren vorhanden. Diese können nicht alle überprüft werden. Daher müssen diese reduziert werden, sodass nur noch für den deutschen VC-Markt relevante Faktoren erhalten bleiben. Ein weiteres Ziel ist es, beurteilen zu können wie und wann einzelne Vertragselemente eine Wirkung erzielen. Zusätzlich sollen die in der Literaturanalyse gefundenen Einflussgrößen und Wirkungen überprüft und ggf. neue Determinanten aufgedeckt werden (ähnlich Frese, 2014, S. 57).

Dazu wird die Methode des Experteninterviews, das Vorgehen bei der Befragung und die Auswertung der Interviews vorgestellt. Danach werden die Ergebnisse deskriptiv dargestellt. Das sich daran anschließende Kapitel diskutiert die Ergebnisse und gibt Aufschluss darüber, welche Einflüsse auf die Vertragsgestaltung vorhanden sind und wie der Vertrag eine Wirkung auf das PU hat. Abschließend wird das Modell aus Kapitel 4 an die Ergebnisse der Befragung angepasst.

5.1 Methode der Experteninterviews

Quantitative Untersuchungen sind dazu geeignet, bestimmte soziale Phänomene zu identifizieren und die Kausalzusammenhänge signifikant zu bestätigen. Diese Form der Untersuchung stößt allerdings an Grenzen, wenn neben der Wirkung zudem Wirkungsrichtungen und die zugrundeliegenden Ursachen dieser Phänomene untersucht werden soll (Gläser & Laudel, 2010, S. 25). Für diese Art an Fragestellung ist eine qualitative Forschungsmethode vorzuziehen.

© Springer Fachmedien Wiesbaden GmbH, ein Teil von Springer Nature 2018
N. Röhr, *Der Vertrag zwischen Venture Capital-Gebern und Start-ups*, https://doi.org/10.1007/978-3-658-21351-0_5

Das Experteninterview ist geeignet für „Untersuchungen, in denen soziale Situationen oder Prozesse rekonstruiert werden sollen, um eine sozialwissenschaftliche Erklärung zu finden. Wir bezeichnen solche Untersuchungen (…) als rekonstruierende Untersuchungen" (Gläser & Laudel, 2010, S. 13). Weiterhin ist es durch die Methode möglich, das Modell aus Kapitel 4 zu überprüfen und an die Aussagen der Experten anzupassen.

Die Methode des qualitativen Experteninterviews gehört zu den Methoden der Befragung. Ziel ist es, die Forschungsfrage mittels Fragen an die Gesprächspartner zu beantworten (Gläser & Laudel, 2010, S. 39). Diese Befragung wird dabei als Interview bezeichnet. Die befragten Personen verfügen über Spezialwissen zum Untersuchungsgestand und werden daher als „Experten" bezeichnet (Kaiser, 2014, S. 36). Das Erfüllen weiterer Voraussetzungen zum Hintergrund dieser Experten – wie bspw. ein Hochschulabschluss – sind nicht vorhanden (Liebold & Trinczek, 2009, S. 35).

Um die Forschungsfragen und damit auch das Modell von möglichst vielen Seiten zu beleuchten, werden mehrere Gruppen von Experten befragt. Zum einen werden spezialisierte VC-Anwälte interviewt, die VCG und/oder PU während der Zeit der Beteiligung beraten und begleiten. VC-Anwälte verfügen über das größte Detailwissen zum Aufbau der Verträge und zum eigentlichen Ablauf des Beteiligungsprozesses. Zum anderen werden VC-Investmentmanager und Gründer, die selbst Erfahrung mit VC-Finanzierungen gesammelt haben, befragt. Hiermit besteht die Möglichkeit, detaillierte Aussagen zu der Wirkung der Verträge und der einzelnen Klauseln zu erhalten. Investmentmanager begleiten ebenfalls mehrere Finanzierungen, Gründer haben die geringste Erfahrung in Bezug auf die Ausgestaltung der Beteiligungen – meistens ausschließlich die Finanzierung des eigenen Unternehmens. Trotzdem kann davon ausgegangen werden, dass diese die Thematik aus einem anderen Blickwinkel betrachten als Investmentmanager oder Anwälte, da sie persönlich und emotional stärker in die Verhandlung eingebunden sind. Damit wird der VC-Vertragsabschluss von allen Seiten beleuchtet: Die geldgebenden VCG (Investmentmanager) finden Beachtung, genauso wie die gelderhaltenden Gründer und VC-Anwälte, die diesen Prozess beratend begleiten.

Es wurden teil- bzw. halbstandardisierte, mündliche Einzelinterviews für die Durchführung der Expertenbefragung gewählt (Kaiser, 2014, S. 30-31). Dabei beantwortet der Interviewte die gestellten Fragen ohne Vorgaben (Gläser & Laudel, 2010, S. 41). Mit dem als Leitfaden gestalteten Fragebogen werden keine Fragen vergessen und allen Interviewten ähnliche Fragen gestellt. Zudem wird damit die Vergleichbarkeit der Aussagen sichergestellt. Durch das offene Design soll ein möglichst freier Gesprächsverlauf gewährleistet werden.

Der generelle Ablauf eines Experteninterviews umfasst laut Kaiser (2014, S. 12) zehn wesentliche Schritte, die im folgenden Kapitel detailliert und durchgeführt werden:

1. Entwicklung des Interviewleitfadens (Kapitel 5.1.2)
2. Pre-Test des Leitfadens (Kapitel 5.1.2)
3. Auswahl und Kontaktierung der Interviewpartner (Kapitel 5.1.3)

4. Durchführung der Experteninterviews (Kapitel 5.1.3)
5. Protokollierung der Interviewsituation (Kapitel 5.1.3)
6. Sicherung der Ergebnisse (Kapitel 5.1.3)
7. Kodierung des Textmaterials (Kapitel 5.1.4)
8. Identifikation der Kernaussagen (Kapitel 5.2)
9. Erweiterung der Datenbasis (Kapitel 5.3)
10. Theoriegeleitete Generalisierung und Interpretation (Kapitel 5.4)

5.1.1 Leitfadenentwicklung und Pre-Test

Die Entwicklung des Interviewleitfadens – der im Anhang B zu finden ist – für die Durchführung der Befragung orientiert sich in seiner Struktur an den Erkenntnissen aus Kapitel 4 und hat zum Ziel, die dahinterliegenden Wirkungsmechanismen zu erklären. Gleichzeitig bildet Kapitel 4 die theoretischen Grundlagen und Vorüberlegungen, um ein Experteninterview zu vollziehen (Gläser & Laudel, 2010, S. 74-75).

Angestrebt wird eine Interviewlänge von ca. 60 Minuten: Mehr Zeit ist für die Befragten nicht zumutbar, weniger würde dem Umfang des benötigten Wissens nicht gerecht werden. Ausgehend von dieser Dauer werden etwa acht Fragen gestellt, die sich inhaltlich an den Schwerpunkten des im vorhergehenden Kapitel erarbeiteten Modells (s. Abbildung 17) orientieren (Gläser & Laudel, 2010, S. 144). Außerdem wird vom Interviewer eingefordert, wenn möglich, die Eindrücke und Erfahrungen der Befragten an konkreten Beispielen belegen zu lassen.

Da drei unterschiedliche Befragungsgruppen an Experten interviewt werden – Gründer, Anwälte und Investmentmanager – wurden drei verschiedene Fragebögen entwickelt. Die Bögen wurden jedoch so vorbereitet, dass alle Fragen allen Personen gestellt werden, auch wenn jeweils eine Gruppe zu bestimmten Fragekomplexen mehr und detailliertere Aussagen treffen kann als die anderen.

Die Befragung gliedert sich in vier Teile (s. Abbildung 18): Zu Beginn des Gesprächs wird für die Teilnahme am Interview durch den Interviewer gedankt und kurz auf den Wissensstand des Fragenstellers eingegangen. Dabei wird angegeben, dass sich der Interviewer mit der theoretischen Literatur zur Vertragsgestaltung, die zumeist aus dem fremdsprachigen Raum stammt, beschäftigt hat, nun aber Einblicke in die deutsche VC-Praxis fehlen. Damit wird die Rolle des wissenden Experten eingenommen (Gläser & Laudel, 2010, S. 112).

Darauffolgend geht der Interviewer auf den Ablauf, das Ziel, die Verwendung der Daten und die voraussichtliche Dauer des Interviews ein. Danach wird darum gebeten, das Gespräch mit einem Tonband aufzeichnen zu dürfen. Wenn diesem zugestimmt wird, wird das Tonband gestartet und die Person gefragt, ob bereits Fragen offengeblieben sind (Bogner, Littig & Menz, 2014, S. 59-60; Gläser & Laudel, 2010, S. 144).

Abbildung 18: Ablauf der Experteninterviews

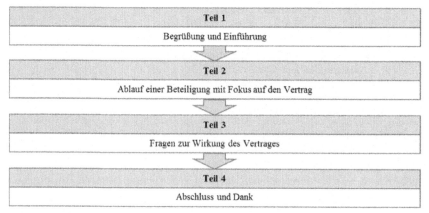

Quelle: Eigene Darstellung

Der erste Teil des Interviews enthält drei Fragen, die einen einfachen Einstieg in die Befragung gewährleisten und ein eventuelles Unwohlsein bzgl. der ungewohnten Interviewsituation beheben. Es wird nach dem biografischen Hintergrund gefragt, auch um den Expertenstatus zu verifizieren. Grundsätzlich sollen die Fragen aber eine lockere und entspannte Atomsphäre schaffen, um nicht gleich mit Fragen zu beginnen, die der Experte vielleicht nicht beantworten kann (Bogner et al., 2014, S. 60).

Der zweite Abschnitt hat den Einfluss auf die Vertragsgestaltung zum Fokus. Zuerst wird eine allgemeine Frage gestellt, unter welchen Umständen der Experte mit Beteiligungsverträgen in Berührung gekommen ist. Diese Information dient dem Interviewer dazu, zu erfahren, ob die Person in die geldgebende, gelderhaltende oder beide Seiten Einblick erhalten hat und um daraufhin die folgenden Fragen anpassen zu können. Es wird darauf hingewiesen, zuerst über die vorvertragliche Phase und damit die Gestaltung des Term Sheets oder Letter of Intent zu berichten: Es wird danach gefragt, wie dieser Prozess abläuft. Anschließend wird nachgefragt, wer, wie und warum entscheidet, dass von diesem ersten Entwurf abgewichen wird, um die Einflussfaktoren auf die Vertragsgestaltung zu ermitteln. Im Anschluss daran werden die Fragen für den Fall einer Seed-Runde und einer Folgefinanzierung wiederholt. Zum Abschluss des zweiten Teils wird nach einer zusammenfassenden Einschätzung gefragt, warum jeder Beteiligungsvertrag anders ist und welche Faktoren maßgeblich für eine Anpassung sind.

Die Wirkung des Vertrags wird im dritten Teil der Befragung behandelt. Zu Beginn wird durch den Interviewer verdeutlicht, dass nun die Phase betrachtet wird, nachdem der Vertrag notariell beurkundet wurde und die ersten finanziellen Mittel ausgezahlt wurden. Es wird zuerst gefragt, welche Rechte die VCG verlangt. Anschließend wird diskutiert, ob von bestimmten Rechten Gebrauch gemacht wurde (wie bspw. dem Recht, den Geschäftsführer zu entlassen oder andere) und welche Wirkung dies auf das PU hatte. Hierbei wird geklärt, ob die VCG die Rechte, die sie verlangen überhaupt nutzen. Dieser Fragenteil wird so lange wiederholt bis möglichst alle Rechte, von denen Gebrauch gemacht wurde, erfragt wurden.

Neben diesen konkreten Zusammenhängen ist auch denkbar, dass der Vertrag indirekt und über die zwischenmenschliche Ebene wirkt (bspw. Parhankangas et al., 2005). Im Hinblick darauf werden Fragen im Anschluss gestellt, die sich dabei an den bereits in der Forschungsliteratur (s. Kapitel 4.3.3) beschriebenen möglichen Wirkungen von Verträgen orientieren. Zuerst wird in Erfahrung gebracht, ob sich die Beziehung zwischen dem Gründer und Investmentmanager verändert und wenn ja, wann dies der Fall ist. Danach wird gefragt, ob es durch den Vertrag zu Konflikten gekommen ist. Auch wird kurz nach den in der Literatur genannten Auswirkungen des Vertrags gefragt: Ob der Vertrag auf die Managementunterstützung, den Exit und den Erfolg des PU wirkt.

Mit der Frage, ob und wann die beteiligten Personen den Vertrag heranziehen und sich damit aktiv im Geschäftsalltag beschäftigen, wird festgestellt, ob generell eine Wirkung vom vereinbarten Vertrag ausgeht. Wenn dieses Verhalten häufig auftritt, ist von einer Wirkung auszugehen.

Den Abschluss des Interviews bildet der vierte Teil, wobei dem Experten noch einmal für das Interview und die Beantwortung der Fragen gedankt wird. Gleichzeitig wird angeboten, weitere Gedanken, die bisher unberücksichtigt blieben, zu diesem Thema beizutragen. Damit wird die Offenheit des Fragebogens weiter erhöht, da der Experte hier auf vom Forscher ausgelassene Punkte eingehen kann. Abschließend – nach Beendigung der Tonaufnahme – werden die Experten gefragt, ob diese zusätzliche Kontakte nennen können, welche ebenfalls Interesse an der Teilnahme der Befragung haben.

Zusammenfassend wird im Zuge des offenen, leitfadengeführten Fragebogens nach der Begrüßung im zweiten Teil der Prozess der Vertragsgestaltung rekonstruiert und im dritten Abschnitt die konkrete Anwendung bestimmter Rechte und deren Auswirkungen in Erfahrung gebracht. Den Schluss bildet wiederum der Dank mit Verabschiedung.

Der Fragebogen im Anhang B wurde vorab einem Pre-Test unterzogen (Bogner et al., 2014, S. 34; Kaiser, 2014, S. 69): Zuerst wurde er mit mehreren Wissenschaftlern diskutiert und anschließend angepasst. Darauf folgend wurde der Fragebogen in einer früheren Form zusammen mit einem VC-Investmentmanager getestet und wiederum angepasst. Dabei wurden insbesondere eine Trennung der Seed-Runde und vorvertraglichen Phase eingebaut und weitere Fragen in Kapitel 3 hinzugefügt – begründet liegt dies in der überschüssigen Interviewzeit und das teilweise erschwerte Beantworten einiger vorherigen Fragen.

5.1.2 Auswahl der Experten und Durchführung der Interviews

Die ursprüngliche Planung der Befragung sah vor, für jede Gruppe an befragten Experten – Gründer, Anwälte und Investmentmanager – zwei Personen zu interviewen und diese Zahl weiter zu erhöhen, falls weiterer Erkenntnisgewinn zu vermuten ist.

Bei der Gruppe der Anwälte wurde nach spezialisierten VC-Anwaltskanzleien gesucht, wobei zwei Fachanwälte mit langjähriger Berufserfahrung im VC-Bereich gefunden wurden, die zudem sehr an einem Gespräch bezüglich des Forschungsschwerpunkts interessiert waren. Nach der Befragung wurde deutlich, dass die Gruppe der Anwälte weniger tiefe Einblicke in den eigentlichen Vertragsverhandlungsprozess und die sich daraus ergebende Wirkung innehaben als angenommen. Da beide Personen ähnliche Aussagen trafen und kein neuer Erkenntnisgewinn von weiteren Anwälten zu erwarten war, wurde die Befragung von zwei Anwälte hier als ausreichend eingestuft.

Bezüglich der Befragung der Investmentmanager wurden vorerst zwei Manager staatlicher VCG interviewt, welche ebenfalls langjähriger Berufserfahrung aufweisen konnten und konsistente Aussagen trafen. Einer der Interviewpartner gab den Hinweis, dass die Vertragsgestaltung bei IVC im Vergleich zu GVC stark abweicht. Daher wurde zudem ein weiterer Manager einer privaten VCG befragt und ein Gründer, der ebenfalls als Investmentmanager für eine private VCG aktiv ist. Da die Antworten nicht stark von den ersten Interviews abwichen, wurde die Befragung dieser Gruppe hier abgeschlossen.

Abschließend wurden zwei Gründer befragt, wovon einer gleichzeitig Investmentmanager ist, wie soeben beschrieben. Da beide Gründer durch private VCG finanziert wurden und gehäuft auf die Unterschiede zwischen staatlichen und privaten VCG eingegangen sind, wurde zusätzlich ein Gründer befragt, der von einer GVC unterstützt wurde. Da es auch hier zu keinem neuen Erkenntnisgewinn kam, wurden keine weiteren Gründer befragt.

Als neuntes und letztes Interview wurde ein BA befragt, obwohl diese Gruppe nicht im Fokus der Arbeit steht. Trotzdem stellen diese in der frühen Phase der Finanzierung häufig finanzielle Mittel zur Verfügung (Brehm, 2012, S. 10), wodurch diese ebenfalls in die Expertenbefragung einbezogen wurden.

Der zusätzliche Erkenntnisgewinn eines jeden weiteren Interviews wurde stets geringer, wodurch nach dem neunten Interview kein weiteres Gespräch geführt wurde. Auch die gezielte Auswahl von Spezialfällen und das Suchen nach empirischen Gegenbeispielen wie von Gläser und Laudel (2010, S. 98-99) empfohlen, konnten den Wissenszuwachs nicht weiter erhöhen, wodurch weitere Befragungen als nicht zielführend bewertet wurden.

Generell war das Finden und Akquirieren von Interviewpartner deutlich leichter als vorab angenommen. Insbesondere durch das Nachfragen am Ende eines jeden Interviews – ob weitere Kontakte empfohlen werden können – wurden zahlreiche weitere potentielle Teilnehmer gefunden, sodass gezielt die Experten ausgewählt werden konnten, von denen der größte Erkenntnisgewinn zu erwarten war.

Tabelle 7 fasst die durchgeführten Interviews in ihren Eckdaten zusammen. Insgesamt wurden neun Interviews durchgeführt. Diese hatten eine Länge von 40 bis 90 Minuten reiner Aufzeichnungszeit (ohne Vor- und Nachgespräche). Angestrebt wurde, die Interviews persönlich durchzuführen, da der Informationsgehalt im persönlichen Gespräch am höchsten ist

(Gläser & Laudel, 2010, S. 153-154). Aufgrund von geografischer Entfernung wurde daneben ein Interview per Skype mit Videofunktion und ein anderes mittels Telefon arrangiert. Die Befragungen fanden im Zeitraum zwischen dem 03.08.2016 und 14.10.2016 statt, wobei der Pre-Test zusammen mit dem Investmentmanager aufgrund der fehlenden Vergleichbarkeit nicht berücksichtig wird.

Tabelle 7:   Teilnehmer und Dauer der Experteninterviews

Codename	Teilnehmer	Interviewdauer	Art des Interviews	Tag der Befragung
IvM-1	Investmentmanager	89 min	Persönlich	03.08.2016
IvM-2	Investmentmanager	90 min	Persönlich	17.08.2016
IvM-3	Investmentmanager	45 min	Skype	06.09.2016
RA-1	VC-Anwalt	72 min	Persönlich	11.08.2016
RA-2	VC-Anwalt	76 min	Persönlich	29.09.2016
ET-IvM	Gründer und Investmentmanager	73 min	Telefon	04.08.2016
ET-2	Gründer	45 min	Persönlich	12.08.2016
ET-3	Gründer	54 min	Persönlich	14.10.2016
BA	Business Angel	40 min	Persönlich	22.08.2016

Quelle: Eigene Darstellung

Nach dem Abhalten der ersten Befragung – dem Pre-Test – wurde die Kontaktaufnahme zu den Interviewpartnern mittels Ansprache per E-Mail gestartet. Dabei wurde darauf eingegangen, wie der Kontakt generiert wurde, was für eine Untersuchung durchgeführt wird, wie lange das Interview dauert und warum die kontaktierte Person als Experte einen Mehrwert dazu beitragen kann. Mit dem Versuch, Vertrauen aufzubauen und den Experten von der Notwendigkeit der Untersuchung zu überzeugen, sollte dieser für die Befragung gewonnen werden (Gläser & Laudel, 2010, S. 159). Anschließend wurde per E-Mail oder telefonisch ein Termin für das Interview vereinbart.

Die persönlichen Treffen fanden in den Räumlichkeiten des jeweiligen Experten sowohl in Berlin, Leipzig als auch Dresden statt. Nach einem anfänglichen, persönlichen Gespräch wurde der Fokus auf die Untersuchung und den Fragebogen gelenkt. Nach dem Einholen der Zustimmung zur Aufzeichnung des nun folgenden Interviews mit einem Smartphone wurde die Befragung gestartet (alle Interviews liegen im mp3/m4a-Format vor). Der Fragebogen wurde vorab nicht an die zu befragenden Personen übermittelt, um möglichst spontane Antworten zu erhalten (wie von Bogner et al., 2014, S. 31 empfohlen).

Nachdem alle Interviews durchgeführt wurden, fand die Transkription der Befragungen statt – das gesprochene Wort wurde in einem (Word)-Dokument verschriftlicht. Die Interviews wurden vollständig transkribiert, um eine subjektive nicht regelbasierte Verkürzung des Interviews zu verhindern (Gläser & Laudel, 2010, S. 193). Außerdem wurden Pausen und paraverbale Äußerungen wie „ähm" nicht mit aufgenommen. Für die Transkription wurden folgende Regeln angewendet (angelehnt an Gläser & Laudel, 2010, S. 194):

- Floskeln, Sprechpausen, „ähm" und ähnliches werden nicht berücksichtigt
- Stottern und Wortabbrüche werden nicht erfasst
- Der sprachliche Stil wird geglättet und Satzbaufehler behoben
- Färbung des Dialekts werden ins Hochdeutsche überführt
- Unterbrechungen während des Interviews werden vermerkt
- Unverständliche Passagen werden fett markiert
- Bei jedem Sprecherwechsel wird eine Zeitmarke gesetzt

Die Transkription der Interviews wurde nicht ausschließlich vom Autor, sondern auch von weiteren Personen durchgeführt, wobei sämtliche Abschriften im Anschluss genau geprüft wurden. Die Transkription erfolgte mithilfe der Software f4transkript.

Nach Prüfung der Abschriften wurden diese zur Freigabe an die jeweiligen Interviewpartner geschickt. Sie bekamen die Möglichkeit, Anmerkungen zum Interview oder weitere Gedanken zu ergänzen, was von einem Interviewpartner wahrgenommen wurde.

5.1.3 Auswertung der Experteninterviews

Nach dem Führen und transkribieren der Interviews beinhaltet der nächste Schritt die Auswertung und Interpretation dieser. Das zu analysierende Material umfasst 584 Audiominuten bzw. 238 Normseiten (eine Normseite entspricht 1.800 Zeichen inkl. Leerzeichen).

Aufgrund der Offenheit der Methode und der fehlenden Standardisierung besteht nicht die Möglichkeit, die Experteninterviews quantitativ statistisch auszuwerten (Kaiser, 2014, S. 3). Für die Analyse und Interpretation hat sich stattdessen die Methode der qualitativen Inhaltsanalyse etabliert (Bogner et al., 2014, S. 72; Gläser & Laudel, 2010, S. 196; Kaiser, 2014, S. 90), die im Folgenden aufgrund des formulierten Ziels der Informationsgewinnung Anwendung findet.

Die Grundlagen für die qualitative Inhaltsanalyse legte Philipp Mayring (2015), wobei sich in der vorliegenden Arbeit an die drei Analyseschritte nach Mayring (2015) und Kaiser (2014) orientiert wird:

Konkret wird im ersten Schritt das Material kodiert, das heißt, es werden bestimmten Aussagen Kategorien zugeordnet. Die Kategorien werden deduktiv aus dem Fragebogen und dem vorhandenen Modell aus Kapitel 4 gebildet. Das Ziel dieser ersten Kategorisierung ist, die für die Forschungsfrage relevanten Aussagen zu identifizieren und sämtliche weiteren Aussagen nicht weiter zu betrachten. Dadurch wird eine Reduzierung des Textmaterials erreicht. Die eigentliche Kodierung erfolgte mithilfe von MAXQDA 12. Abbildung 19 stellt die Kategorien dar. Erfasst werden sämtliche Aussagen, die Einflussfaktoren auf den Vertrag bzw. die Vertragsverhandlung darstellen, getrennt in die Seed-/Term Sheet-Runde und eine spätere Finanzierungsrunde. Die vorliegenden Kategorien werden dazu induktiv erweitert, sobald ein Einflussfaktor auf den Vertrag identifiziert wird.

Weiterhin wird erfasst, welche Wirkung der Vertrag nach den Aussagen der Interviewpartner hat. Aufgenommen werden alle Aussagen zu einer Wirkung auf die Bereiche Zwischenmenschliche Beziehungen, Konflikte, Managementunterstützung, Exit, Erfolg und weitere Bereiche. Außerdem wird kodiert, ob der Vertrag als positiv oder negativ wahrgenommen wird und welche Vertragsklauseln eine Wirkung haben. Auch werden weitere Aussagen aufgenommen, die die Berufserfahrung der Experten beschreiben und wann diese den Vertrag zur Hand nehmen. Falls es weitere Aussagen gibt, die relevant sind und keiner Kategorie zugeordnet werden können besteht die Möglichkeit die Kategorien induktiv zu erweitern.

Ausgewertet werden alle geführten Interviews, bis auf das Interview zum Pre-Test des Fragebogens. Die Analyseeinheit umfasst einen Absatz, wobei erkennbar neue Gedanken des Interviewpartners getrennt werden (Kaiser, 2014, S. 102).

Das kodierte Material wird in einem nächsten Schritt weiter reduziert, indem gleiche Aussagen mehrerer Interviewpartner zusammengefasst werden (Kaiser, 2014, S. 106). Damit ist es möglich, alle Informationen zu Kategorien zusammenzuführen und zu analysieren. Daraus wird ersichtlich, zu welchen Kategorien besonders viele Aussagen getroffen wurden und welche kaum Erwähnung fanden. Die Kernaussagen können darauf aufbauend identifiziert und aufbereitet werden.

Nach Kaiser (2014) kann im dritten Schritt die Datenbasis erweitert werden, um den Interviews weitere Tiefe zu geben. Generell ist dieser Schritt jedoch nicht zwingend nötig, um Experteninterviews auszuwerten (Kaiser, 2014, S. 110). An dieser Stelle können lediglich Informationen hinzugefügt werden, die auf Grundlage der Befragung noch nicht ermitteln wurden und nach Mayring (2015) um die getroffen Aussagen im Interview richtig zu verstehen. Da es zu keinen offenen Fragen diesbezüglich gekommen ist, ist dieser Schritt unnötig.

Abbildung 19: Kodesystem zur Zusammenfassung der Interviews

Quelle: Eigene Darstellung

5.2   Darstellung der Ergebnisse

In diesem Abschnitt werden die einzelnen Kategorien und relevanten Expertenaussagen vorgestellt. Es wird zuerst der Einfluss auf den Vertragsgestaltungsprozess, getrennt nach Seed- und Folgerunde, vorgestellt. Dabei werden die Faktoren zur besseren Übersicht in die drei Charakteristika Deal/Investment, VCG und PU – wie bereits in Kapitel 4 – eingeteilt. Danach werden Aussagen aus der Expertenbefragung zur Wirkung des Vertrags beleuchtet.

5.2.1 Einflussfaktoren auf den Vertrag – Seed-Runde

Im Folgenden werden nur Faktoren dargestellt, welche von mehr als einer Person genannt wurden. Weiterhin werden nicht alle Zitate aus der entsprechenden Kategorie vorgestellt, sondern nur eine repräsentative Auswahl getroffen.

5.2.1.1 Deal/Investment Charakteristika

Im Zuge der Interviews wird deutlich, dass **Anwälte** einen wesentlichen Einfluss auf die Vertragsverhandlungen ausüben. Insbesondere die Gründer erwähnten, sich auf ihre Anwälte zu verlassen, da sie selbst nicht in der Lage sind, einzuschätzen, ob die Bedingungen des Term Sheets bzw. des Beteiligungsvertrags angemessen sind. Beide Anwälte erklärten, dass ihre Hauptaufgabe darin besteht, den Gründern zu erläutern, welche Rechte die VCG aus welchem Grund verlangt – insbesondere bei den Rechten, von denen die VCG nicht abweichen kann und möchte. Daher treten Anwälte in diesem Fall vermittelnd zwischen den Parteien auf. Zu den Aufgaben der Anwälte gehört zudem, die Verhandlungen zu führen und den Start-ups mögliche Optimierungspotentiale aufzuzeigen

„Spätestens dann muss man einen erfahrenen Rechtsanwalt, wie [Name] einschalten, um da auch sicher zu sein, dass man auf dem richtigen Weg unterwegs ist." (IvM-1, 78)

„Bei der [Name] GmbH war es so, dass das Gründerteam als auch ich stark involviert waren und unser Anwalt das natürlich sehr stark geleitet hat. Der Anwalt hat uns gesagt, welche Konsequenzen es aus dem Vertrag gibt." (ET-2, 15)

„(...) da haben wir ständig und mehrmals am Tag mit unserem Anwalt gesprochen und er hat uns dann immer beraten, wie man weiter vorgehen könnte und wie man dann auch mit der anderen Anwaltsseite darüber sprechen kann." (ET-2, 36)

„Wir haben ja keine Übersicht über die anderen Verträge, die [Name VCG] abschließt. Wir kannten ein weiteres PU und wussten aufgrund der Erfahrung, die bei unserem Rechtsanwalt vorlag, dass der Vertrag in einem vernünftigen Benchmark liegt. Aber man kennt ja die anderen Verträge nicht und deshalb hat man keine Kenntnis darüber als Start-up." (ET-2, 80)

„Natürlich. Erstmal würde ich sagen, dass meine Praxis auch zu einem guten Teil daraus besteht, Regelungen zu erklären, Interessen zu erklären, Verständnis für die Position – insbesondere des Investors – zu vermitteln. Und dieses Interesse dann gegen das Interesse des Gründerteams zu spiegeln bzw. zu versuchen, das zum Ausgleich zu bringen." (RA-1, 30)

Einen Einfluss auf den Vertrag hat auch die **Anzahl der Investoren**, die in das Start-up investieren möchten. Dies betrifft vor allem VCG, da sich diese gegen die Interessen der anderen Investoren schützen wollen. Zudem sollten die Investoren in ähnlicher Höhe Mittel zur Verfügung stellen, damit die Machtverhältnisse untereinander ausgeglichen sind. Somit hat auch die **Syndizierung** einen Einfluss auf die Vertragsgestaltung.

„Und es kommt auch immer stark auf die Finanzierungsstruktur an: Wenn wenige Kapitalgeber in der Runde drin sind, umso schlanker kann man es gestalten. Denn wir dürfen ja

nicht nur das Verhältnis zwischen uns und der Gesellschaft sehen, sondern wir müssen auch das Verhältnis der Investoren untereinander sehen. Und letztendlich muss ich mich auch teilweise vor Strategien oder Absichten von anderen Investoren ein Stück weit schützen. (…) und da sind auch manchmal die Begehrlichkeiten von großen Investoren groß, unsere Mitspracherechte entsprechend zu beschneiden. " *(IvM-2, 32)*

„Wo es dann immer die Diskussion gibt, ist dann nach hinten raus, wenn ich sehr viele Investoren habe. Da muss man sich dann ganz genau überlegen, wer ist jetzt eigentlich derjenige, der jetzt auch bestimmt. Mache ich eine Investorenmehrheit? Das ist dann meistens das Mittel der Wahl. " *(RA-2, 17)*

Häufiger als die Anzahl der Investoren wurde das Auftreten von **Konkurrenz mit weiteren Investoren** als Einflussfaktor genannt, gegen die sich eine VCG durchsetzen muss. Sobald das Start-up über mehr als ein Finanzierungsangebot verfügt, hat dieses eine stärkere Verhandlungsposition, da sich die Investoren nun im Wettbewerb gegeneinander befinden.

„Sind sie mit weiteren Investoren im Gespräch? Wo man sich dann selbst als Investor auch ‚hübsch' machen muss und nicht alles wirklich hart verhandeln kann, wenn man den Fall denn haben will. " *(IvM-1, 47)*

„Ich hatte mal ein Interview, in dem eine junge Dame meinte, der Investor muss doch von den Start-ups umschwärmt sein. Nein. Man ist im Wettbewerb zu anderen Investoren. " *(IvM-1, 54)*

„Dann kommt man zu dem Punkt, dass die Gründer vielleicht auch Anspruch erheben, gerade weil sie vielleicht so eine Position haben, dass das Produkt oder die Technologie sehr beliebt ist und sie sehr viele Investoren haben. Dann steigt natürlich die Verhandlungsmacht und dann sind sie sehr selbstbewusst und sagen: ‚Wir wollen auch.' " *(RA-2, 15)*

„Wenn das natürlich etwas ist, wo sich viele drum bemühen, da wird schon sehr viel verhandelt. Das wäre eben ein solcher Faktor, wenn es sehr viele Beteiligungsangebote gibt für das Start-up. Dann muss man wirklich ran an die Verträge und das vergleichen können miteinander. Da ist ein Investor wahrscheinlich noch eher bereit zu sagen: ‚Da können wir mal ran.' Da investiere ich auch selber Zeit und Aufwand in der Anpassung. " *(RA-2, 37)*

Ein weiterer Punkt, der mehrfach von den Experten in der Befragung genannt wurde, ist die geforderte **Investitionssumme** seitens der PU. Vor allem GVC haben einen definierten Investitionshöchstbetrag. Wenn der Kapitalbedarf beim PU größer als dieser Betrag ist, schließen sich Investoren mit Co-Investoren zusammen, was wiederum Einfluss auf die Verträge ausübt: Einerseits muss das Investment ab einer gewissen Höhe vertraglich besser geschützt werden und anderseits erwähnte ein Anwalt, dass Verträge bei geringeren Investitionssummen keine Sonderrechte für die Investoren enthalten sollten.

„Ein Punkt ist noch die Höhe des Beteiligungskapitals (…). Und wir können pro Unternehmen maximal 500.000 Euro investieren, (…). Das ist ein entscheidendes Kriterium: Wie viel sind wir bereit zu investieren? Im ersten Schritt versuchen wir das immer zu vermeiden, die komplette halbe Mio. zu ziehen, einfach aus dem Hintergrund, dass es i. d. R. weitere Finanzierungsrunden gibt. Und ich als [Name VCG] als Investor mit dem Rücken an der Wand

stehe und die Finanzierungsmodelle nicht mehr mitmachen kann, dann habe ich zwei Probleme. " (IvM-2, 30)

„Unsere Empfehlung ist immer, wenn wir eben Start-ups betreuen, dass wir sagen: ‚Hier pass auf, die können ja alle 20.000 bis 30.000 Euro mit rein geben, dass man erstmal in Fahrt kommt oder vielleicht auch mal 100.000 Euro.' Dafür gibt es jetzt keine gesonderten Investorenrechte, wie man die eigentlich kennt. Da ist meistens noch nicht einmal ein Term Sheet notwendig. Wenn die größeren Runden kommen, dann sind wir zumindest immer der Meinung, dass ein schon eher ausformuliertes Term Sheet sinnvoll ist, wo wirklich auch festgelegt wird, was später mal in den Verträgen drinstehen soll. " (RA-2, 11)

Ein nächster Ansatz, auf Grundlage dessen die meisten Verhandlungen mit den Gründern geführt werden, ist die **Bewertung**. Diese kann einen direkten Einfluss auf die Gestaltung der Verträge haben: Falls sich bspw. auf keine Bewertung während der Seed-Runde geeinigt werden kann, stellen Investoren die Mittel mit anderen Finanzierungsinstrumenten bspw. Mezzanine zur Verfügung, um die Bewertung erst in der nächsten Runde durchzuführen.

„Oder wir haben in den Verhandlungen den Punkt, dass das Team eine völlig andere Unternehmensbewertung vorschwebt als uns. Dann sagen wir: ‚Okay, wir umgehen das ganze Thema Bewertung, es ist ja noch nicht ein Stück Tinte trocken und man kloppt sich schon um den Unternehmenswert.' Dann sagen wir: ‚Okay, dann streiten wir uns eben nicht um den Unternehmenswert'; und man versucht eben einen Kompromiss zu finden und sagt: ‚Du kriegst von uns eine stille Beteiligung, 300.000, 400.000 und daneben bekomme ich eine kleine offene kleine Beteiligung zu nominal! Ich kaufe 10 % zu nominal und knüpfe daran null Sonderrechte, Veto-Rechte, sonst etwas.' Da kann man das Thema umgehen. " (IvM-2, 41)

„Je nachdem, welche Höhe von Kapital man dann einwirbt und welche Bewertung man als Firma ansetzt, hat man einen völlig unterschiedlichen Kreis an Kapitalgebern. " (ET-IvM, 12)

Auch das **Jahr** hat einen Einfluss auf den Vertrag. Auf der einen Seite betonen die befragten Anwälte, dass es gewisse Trends in der Vertragsgestaltung gibt, während Investmentmanager auf der anderen Seite darauf hinweisen, dass es in bestimmten Jahren immer andere Branchen gibt, die attraktiv sind.

„Da ist die Entwicklung ganz klar die, dass die Liquidationspräferenz nach oben geht. Vor einigen Jahren war es noch eine drei-, vierfache Liquidationspräferenz. Zu Anfang des VC waren die noch wesentlich höher. " (RA-2, 23)

„Am meisten beeinflusst die Industrie, in der die Firma ist; und ob diese gerade gehypt ist oder nicht. Also vor drei-vier-fünf Jahren war alles was Software und SaaS ist, die waren einfach super-hot und jeder Investor hatte unglaublich Druck, dort zu investieren. Entsprechend haben sie extrem hohe Bewertungen gezahlt und haben relativ wenig nachverhandelt und haben viel mit sich machen lassen (...). " (ET-IvM, 20)

Ein nächster Aspekt, der im Zuge der Vertragsvereinbarungen relevant ist, ist die Durchführung der **Due Diligence**, nach der der Beteiligungsvertrag aufgesetzt wird. Die Ergebnisse der Beteiligungsprüfung – vor allem IP-Rechte und Klauseln zu Garantien, die aus der Ermittlung des aktuellen Unternehmenszustands hervorgehen – fließen mit in den Vertrag ein.

„Der Due Diligence-Prozess ist nochmal zwei Monate. (...) Es kann zum Beispiel mal sein, dass ein Lizenzvertrag neugestaltet werden muss oder Markt nochmal anders dargelegt werden muss. Der Lizenzvertrag hätte vielleicht Auswirkungen auf die Vertragsgestaltung, andere Sachen dann eher weniger. Vielleicht müssen wir noch an Schutzrechten arbeiten, die man aber auch in Form von Meilensteinen formulieren kann." (IvM-1, 17)

„Was noch dazu kommt, vor allem bei wirklich technologielastigen Unternehmen – im Bereich Softwareurheberrecht geht das noch – aber im Bereich „Hardware", das sind Thema Patente und Schutzrechte. Schaffen wir es, dass bereits vorhandene Schutzrechte ins Unternehmen eingelegt werden und dem Unternehmen gehören oder schaffen wir es nicht? Das ist auch noch ein wesentlicher Punkt, der vielleicht noch wichtiger ist als der Exit in ein paar Jahren." (IvM-1, 23)

„Ja, das war sogar ein wichtiger Punkt. Das waren die Intellectual properties. Hierbei hätte der Investor natürlich gerne gehabt, dass man sagen kann, dass wir mit den bestehenden Patenten absichern können, dass niemand sonst unser Produkt nutzt. Das kann man natürlich nur im eingeschränkten Maße, weil man nicht genau über die anderen Patente von allen Bescheid weiß und es da natürlich auch eine Phase gibt, in der man für die anderen nicht ersichtlich ist, für die Externen. In den ersten Monaten während der Schutzphase und im Anschluss daran hat man aber eine vernünftige Einigung erzielt. Das war nicht kritisch." (ET-2, 52)

5.2.1.2   VCG Charakteristika

Welche Rechte die VCG verlangen, wird nicht immer neu und individuell entschieden. Es existieren **Standardverträge**, die den Gründern vorgelegt werden und von dem die Gründer dann begründet abweichen können. Oft genannt wurde von den Experten der HTGF, der ausschließlich einen standardisierten Vertrag einsetzt, von dem jedoch in gewissen Teilen individuell abgewichen wird. Da die Bedingungen des HTGF allgemein bekannt sind, sind hier die Diskussionen und Verhandlungen in Bezug auf die Vertragsgestaltung geringer. Jedoch nutzen auch andere Investoren die Beteiligungsdokumentation des HTGF als Muster und Benchmark. Daher wird nicht jeder Beteiligungsvertrag für jedes PU durch die VCG neu aufgesetzt, sondern an bestehende Verträge angelehnt.

„Sagen wir mal, man ist sich einig, dass man investieren wollen würde. Dann diskutiert man intern ungefähr die groben Terms; und wir haben sowohl ein Standard-Term Sheet, als auch ein Term Sheet, das wir ab und zu mal anpassen, was wir dann den Gründern vorlegen. Oft ist das anfangs erstmal eine Diskussion und dann irgendwann in Papierform als Angebot, das wir zu diesen Standardterms – wie wir es nennen – investieren würden." (IvM-3, 18)

„Wir haben, wie gesagt, ein Term Sheet-Muster, an dem wir uns auch orientieren und dann bedarfsweise individuell anpassen." (IvM-1, 21)

„Es waren wirklich faire Sachen, wie zum Beispiel [Name Anwalt] sie auch darstellt; und die nehmen auch einen Mustervertrag. Eigentlich haben die am liebsten auch für alle Startups in ihrem Portfolio genau den gleichen Vertrag. Das ist vergleichbarer, sie wüssten im

Streitfalle, worauf sie sich konzentrieren können und von daher müssen sie nur wenige Punkte abändern. " *(ET-2, 83)*

„*Es war ein sehr kurzes Term Sheet, da es beim HTGF relativ standardisiert ist. Bevor man sich dort bewirbt, kennt man das Modell bereits, zu dem sie normalerweise investieren. Es gibt wohl auch einen gewissen Verhandlungsspielraum, aber die haben trotzdem ihr Modell und wenn man dort hingeht, dann weiß man, worauf man sich einlässt.* " *(ET-3, 21)*

„*Die meisten VC-Investoren haben Mustersammlungen. Das ist ganz besonders ausgeprägt bei dem HTGF. Der HTGF hat eine Standardbeteiligungsdokumentation und – wenn man das etwas böse sagen möchte – dann ist diese Standardbeteiligungsdokumentation nur noch auszufüllen. Wir sind hier die Leute, die Berater, die dann die Lücken in diesen Musterverträgen ausfüllen.* " *(RA-1, 17)*

„*Wenn wir die Fonds betreuen, ist es natürlich so, dass die Fonds ein gewisses Standardmuster haben an Verträgen, die sie abschließen bzw. Standardbedingungen und insofern spätestens, wenn es in die Finanzierung geht, müssen die Verträge abgeschlossen werden.* " *(RA-2, 7)*

„*Aber es setzen sich schon Standards durch. Da muss ich wieder den HTGF nennen. Das Modell von HTGF wird vielerorts von vielen VC kopiert. Das mag daran liegen, dass die Kanzlei, die das für den HTGF gemacht hat, auch für andere Fonds tut oder es mag sein, dass ein VC von den Verträgen Wind bekommt und findet, dass die gut sind und neue Player im Markt bringen vielleicht neue Klauseln mit.* " *(RA-1, 36)*

Der **Investmentmanager** hat einen großen Einfluss auf die Vertragsverhandlung und hat üblicherweise auch die Möglichkeit, in einem gewissen Rahmen den Vertrag selbstständig anzupassen. Allgemein hat jeder Investor andere Vorstellungen und Wünsche, diese werden aber für gewöhnlich im Rahmen der Verhandlung durch den Investmentmanager kommuniziert.

„*Es gibt ein Muster des Term Sheets, dessen konkrete Ausgestaltung obliegt uns, es sei denn, es gibt wirklich strittige Punkte, dann lassen wir da auch nochmal [Name Anwalt] drüber schauen. Sonst ist das auf Basis dieses Term Sheet-Musters unsere Sache, wie wir das Ganze befüllen.* " *(IvM-1, 17)*

„*Da hat er dann gesagt: ‚An der Stelle kann ich euch ein Stück entgegenkommen, an der Stelle ist es schwierig.‘ Am Ende haben wir da einen Mittelweg gefunden, aber das hat dann der Investmentmanager auch relativ autark entschieden. Am Ende werden die Verträge immer von mehreren unterschrieben, aber die haben da schon eine gewisse Handlungsfreiheit.* " *(ET-3, 47)*

„*Und viel hängt an der Person des Beteiligungsmanagers und natürlich hängt auch viel an dem Investor, an den Gesellschaftern und der Geschäftsführung des Start-ups.* " *(RA-1, 130)*

„*Es gibt Investmentbetreuer, die setzen sich hin und machen einen Termin. Wir setzen uns mit allen an einen Tisch und gehen das Vertragswerk durch und wir sagen, welche Klauseln was bewirken. Da gibt es auch unterschiedliche Ansätze. Manche sagen: ‚Wenn sie das unterschreiben, dann haben sie Pech.‘* " *(RA-2, 51)*

Ein weiterer Faktor, der die Verhandlungsposition der VCG schwächen kann, ist der **Anlagedruck**: Das heißt, dass das zur Verfügung stehende Kapital investiert werden muss. Gleichzeitig lässt sich der Anlagedruck über das **Alter des Fonds** bzw. das **Datum** des letzten **Fundraising** beziffert. Eine weitere Möglichkeit ist die Bewertung des Verlangens eines Deals auf Seiten der Investoren des Fonds.

„Das kannst du normal nicht definieren, das hängt davon ab, wie groß dein Appetit auf diese Firma ist. Wenn du als VCG sagst, das ist strategisch jetzt so relevant, ich muss das unbedingt machen, weil wiederum meine Investoren unbedingt wollen, dass ich jetzt ein Deal in dieser Industrie mache, dann machst du diesen Deal halt. Und dann machst du eben alles, um diesen Deal zu machen und möglichst wenig zu verhandeln." (ET-IvM, 18)

„Das variiert natürlich immer ein bisschen. Jetzt sind die Fonds alle wieder etwas gefüllter, es wurden neue Fonds aufgelegt bzw. alte aufgestockt, das heißt, es ist Geld da, es ist wieder Anlagedruck und jetzt geht es wieder los. Das war die letzten zwei Jahre eher schleppend, da waren hauptsächlich Folgefinanzierungen, aber Erstfinanzierungen eigentlich gar nicht mehr." (RA-2, 3)

„Es gibt aktuell eine Tendenz dazu, die ganzen Beteiligungsverträge eher gründerfreundlicher auszugestalten. Weil (a) die Fonds sich verjüngen, die Mitarbeiter werden jünger. Es gibt neue Fonds, die maßgeblich getrieben werden von ehemaligen Gründern, die erfolgreiche Exits hatten. Gerade in Berlin – gefühlt jede Woche ein neuer Exit. Die haben natürlich einen neuen Ansatz. Die kennen das so ein bisschen, die fühlen sich gegängelt vom Investor." (RA-2, 15)

Fast alle Interviewpartner machten deutlich, dass der **Investorentyp** die Vertragsgestaltung wesentlich beeinflusst, da jeder Investor andere Interessen verfolgt. So haben vor allem GVC Vorgaben an ihre Vertreter, wie die finanziellen Mittel vergeben werden, sodass über bestimmte Punkte im Vertrag nicht verhandelt wird. Demgegenüber sind private Fonds sowohl in der Mittelvergabe als auch in der Vertragsgestaltung freier, aber trotzdem an die Bedingungen der Fondsinvestoren gebunden. Strategische Investoren haben üblicherweise spezielles Interesse an der Technologie des PU und gehen daher mit einem technischeren Fokus auf das Start-up ein, während bei BA der Finanzierungsprozess eher unstrukturierter abläuft und häufig kein standardisiertes Vertragswerk existiert.

„Darüber fließt auch die Subvention mit rein, dies bedeutet aber auch im Umkehrschluss, wir sind als [Name VCG] bei der stillen Beteiligung nicht frei, was die Vertragsverhandlung angeht. Dort gibt es eine ganz klare Vorgabe, dort gibt es einen Förder-Korridor, in dem wir uns bewegen können. Und wenn jetzt bspw. der Mittelständler einen Punkt nicht akzeptiert, den wir aber zwingend brauchen, dann kann der Deal daran scheitern. Weil wir sind nicht in der Lage, einzelne Punkte zu verhandeln. Dort beschränkt es sich im Wesentlichen darauf, dass man die Inhalte des Beteiligungsvertrags dem Kunden erklärt, wie das gemeint ist, wie das in der Praxis aussieht. Mehr passiert da aber nicht." (IvM-2, 11)

„(...) dann sind die Verhandlungen teilweise auch heftig. Weil es kommen dann auch unterschiedliche Interessen, die aufeinanderstoßen und der BA verflogt eine andere Strategie als der Finanzinvestor, der wiederum will was ganz anderes als ein strategischer Investor, also da geht es dann ans Eingemachte." (IvM-2,11)

„Alles ist verhandelbar. Das ist der große Unterschied, wenn du sag ich mal ,Staats-fonds' hast oder Public controlled-Fonds oder Private controlled-Fonds. Im Private ist sehr viel möglich. Je eher die Partner auch die Entscheider sind, umso mehr ist möglich. Je rigi-der das Ganze ist, umso weniger ist möglich. Also z. B., wenn du mit einer VC-Gesellschaft wie der [Name GVC] oder [Name GVC] redest oder so – mit denen ich mal zu tun hatte – dann ist da immer relativ wenig möglich. Ich würde die auch nicht als VC bezeichnen, ehr-lich gesagt, sonders als Stupid Capital, aber das ist eine andere Frage. Wenn du mit ver-nünftigen VC-Gesellschaften redest, die ihr Geld von Privatleuten oder vermögenden Insti-tuten haben, dann ist da einfach mehr möglich. Das ist einfach so." (ET-IvM, 24)

„Ich denke es ist wichtig, dass man zwischen BA und den traditionellen Fonds unterscheidet. Und das können Sie mir mit Ihrer Arbeit bestätigen oder nicht, das BA sehr fallbezogen und individuell agieren, während ein Fond eher starre Regeln hat." (BA, 102)

„Die Frage ist: Welche Interessen verfolgt der Investor? Der rein renditeorientierte Investor wird das eventuell strenger angehen als der Investor mit einem öffentlichen Hintergrund, der ist da vielleicht weicher." (RA-1, 36)

„Also die Term Sheet-Verhandlungen – die halte ich für wichtig, die passieren auch, zumin-dest bei den institutionellen Investoren, hat man immer eine Term Sheet-Phase. Wo das eher nicht so ist, ist der ganze BA-Bereich, der ist sowieso eher semiprofessionell." (RA-2, 11)

5.2.1.3 PU Charakteristika

Ein weiterer Einfluss auf den Vertrag und vor allem die Verhandlungen hat der Aspekt, ob es sich bei dem Gründer um einen **Mehrfachgründer** handelt, der bereits Erfahrung mit VC-Finanzierungen sammeln konnte. Ist dies der Fall, besitzt der Gründer im Vergleich mehr Macht in den Verhandlungen. Dasselbe trifft zu, wenn das Unternehmen bereits länger am Markt besteht. Durch die Erfahrung verhandeln die Gründer üblicherweise mehr und die VCG sind bereit, das vorhandene Wissen höher zu bewerten.

„Das hängt sicherlich auch damit zusammen, ob wir es mit erfahrenen Gründern zu tun haben." (IvM-1, 47)

Auf die Frage, ob es einen Einfluss hatte, dass der Geschäftsführer bereits ein anderes Un-ternehmen gegründet hat: „Ja, einen sehr großen. Es war für uns der entscheidende Punkt, dass man nicht als Forschergruppe wahrgenommen wurde, sondern auch als Experten, die Markt- und Branchenwissen mit sich bringen. Das war kriegsentscheidend." *(ET-2, 90)*

Neben den bis hierher aufgezeigten Aspekten hat zudem die **Branche** einen Einfluss auf die Verhandlungsposition und damit auch auf den Vertrag. Sobald Unternehmen in einer Bran-che aktiv sind, die aktuell im Trend liegen, haben die Gründer eine verbesserte Verhand-lungsposition – vor allem, da die Branche die Exit-Möglichkeiten bestimmt.

„Es ist auch abhängig von der Branche. Habe ich überhaupt eine Chance, in dieser Branche an irgendeinen Konzern zu verkaufen oder an irgendein größeres Unternehmen?" (IvM-2, 28)

„Am meisten beeinflusst die Industrie, in der die Firma ist; und ob diese gerade gehypt ist oder nicht. Also vor drei-vier-fünf Jahren war alles was Software und SaaS ist, die waren einfach super-hot und jeder Investor hatte unglaublich Druck, dort zu investieren. Entsprechend haben sie extrem hohe Bewertungen gezahlt und haben relativ wenig nachverhandelt und haben viel mit sich machen lassen (...). SaaS ist auf dem absteigenden Ast, zeitweise war-ist E-commerce hochgeflogen bis 2010-2011, ist jetzt völlig uninteressant. Also, wenn du ein E-commerce-Modell hast, das ist jetzt zwar nett, aber da wird sich jetzt kein VC zu hinreißen lassen, dass drei Stunden zu verhandeln, sondern da wird es irgendwann sagen: ‚Ja, mein Gott, das ist nur E-commerce‘, dann ist es halt so." (ET-IvM, 20)

Daneben hat auch die Vertragsgestaltung in den USA einen Einfluss auf die Vertragsgestaltung in Deutschland, wobei im Allgemeinen davon gesprochen werden kann, dass das **Land**, in dem die Klauseln festgeschrieben bzw. der Vertrag geschlossen wird, einen Einfluss ausübt. Da in den USA der größte und aktivste VC-Markt zu finden ist (s. Kapitel 2.6.1), nimmt diese in Bezug auf die Vertragsgestaltung eine wichtige Rolle im internationalen Kontext ein.

„Es gibt halt je nach Region unterschiedliche Term Sheets und unterschiedliche Klauseln, die sich manche Gründer einbauen wollen in ihren Vertrag. Also es gibt Unterschiede zwischen USA und Europa z. B.; und auch Israel und Europa, die sind auch mehr angelehnt an die USA." (IvM-3, 116)

„Es kommen auch immer mal wieder neue Klauseln aus den USA rüber." (RA-1, 36)

Wesentliche Rollen spielen zudem der **Businessplan**, die (Einzigartigkeit der) Geschäftsidee und das **Team**, obwohl diese gleichzeitig nicht zu quantifizieren sind. Sobald eine VCG unbedingt in ein Start-up investieren möchte, hat dieses eine deutlich bessere Verhandlungsposition. Wann dieser Fall zutrifft, ist jedoch nicht bestimmbar: Ein Investmentmanager nannte dazu bspw. einen realisierbaren Umsatz von zehn Mio. Euro nach ca. fünf Jahren. Der Businessplan wird als Grundlage genutzt, um aus diesem die Meilensteine abzuleiten, wodurch dieser einen direkten Einfluss auf den Vertrag hat.

„(...) dann spielt die potenzielle Skalierbarkeit – nach unserer eigenen Einschätzung wissen wir das zu Beginn natürlich nie – eine Rolle. Wenn die uns ausreichend hoch erscheint, das Wachstumspotenzial ausreichend hoch erscheint, wäre ein Beispiel, innerhalb von drei, vier, fünf Jahren auf ein Volumen von zehn Mio. Euro zu kommen, das wäre schön. Auch unter Berücksichtigung des gesamten Marktpotenzials, was national und international existiert. Chancen, Risiko, wie viel Kapitalbedarf besteht? Wie sieht das Team aus? Das sind alles Investitionskriterien." (IvM-1, 17)

„Die groben Eckdaten fließen in die ersten Verhandlungen mit dem Unternehmen ein. Letztendlich bekommen wir eine Anfrage rein. Dann schauen wir uns den Businessplan an, machen uns mit dem Geschäftsmodell vertraut und i. d. R. schauen wir uns das Team an. Also, dass wir sagen: ‚Der Businessplan ist grottenschlecht, das wollen wir nicht sehen.' Aber mitunter hat man aber, dass man einen schlechten Businessplan hat, aber dann überzeugt das Team. Oder anders: Man hat einen 1a Businessplan und sagt: ‚Boah was für eine coole Idee'; und dann schaut man sich das Team an und sagt: ‚Die Idee kann man finanzieren, aber nicht mit diesem Team'. Das gibt es alles. Insofern gucken wir uns alles an, sprechen

auch mit den Teams und in diesen Gesprächen wird uns natürlich noch einmal das Geschäftsmodell erläutert und was sie für eine Vision haben." *(IvM-2, 17)*

„Der Businessplan steht eigentlich ganz am Anfang, noch bevor man den Term Sheet schreibt. Ich sag mal ohne Kenntnis des Businessplans ist es für mich unmöglich, mich zu einem Term Sheet zu äußern. Da ich nicht weiß, um was es geht, um wie viel es geht so. Es ist ja eigentlich Grundlage, was der Gegenstand des Unternehmens ist." *(BA, 24)*

„Einmal natürlich an den Verhandlungen und am Verhandlungsgeschick, aber nicht allein, sondern auch an der Verhandlungsstärke. Wie interessiert sind wir an dem Team? Sagen wir, im Zweifel müssen wir das nicht fortführen oder haben wir die Idee im Hintergrund, dass wir das Unternehmen super finden und es unbedingt wollen. Im letzteren Fall hat natürlich das Team dann die stärkere Verhandlungsposition." *(IvM-1, 47)*

„Also wir schließen schon Verträge ab, wo wir teilweise das Gefühl haben, dass die Gründer sehr gut verhandelt haben. Das sind Deals, wo wir unbedingt mitmachen wollten erstmal, weil wir von dem Team absolut überzeugt waren, weil wir von dem Geschäftsmodell absolut überzeugt sind (...)." *(IvM-2, 64)*

„Im Grunde genommen wird er wirklich nur da angepasst, wo die Gründer auch eine starke Verhandlungsbasis hatten oder sehr stark verhandelt haben – der maßgebliche Faktor überhaupt an den Beteiligungsvertrag heran zu gehen und zu sagen, man betreibt auch den Aufwand. Für einen Investor ist das Aufwand, das kostet Geld. Das macht man nur, wenn das Projekt wirklich sehr spannend ist, einzigartig in einer gewissen Weise. Wenn das das zehnte gleiche Start-up ist, wo die sagen: ,Komm, das machen wir noch mit, dann ist gut.' Dann wollen die auch nicht diskutieren." *(RA-2, 37)*

Zusammenfassend wurde 15 Einflussfaktoren auf den Vertrag in Bezug auf die Erstfinanzierung identifiziert: Anwälte begleiten den Prozess der Vertragsverhandlungen. Die VCG haben Standardverträge, welche sie idealerweise abschließen wollen. Mehrfachgründer sind aufgrund ihrer Erfahrung bei Investoren beliebter und können daher bessere Bedingungen verlangen. Der Investmentmanager begleitet, wie der Anwalt, den Prozess, versucht aber das Optimum für die VCG heraus zu handeln. Je mehr Investoren ein PU finanzieren, desto vielfältiger werden die Interessen und damit die Verträge komplexer. Wenn eine VCG mit weiteren Investoren im Wettbewerb steht, wird diese eher bereit sein, auf bestimmte Punkte im Vertrag zu verzichten. Gleiches gilt, wenn der Anlagedruck – etwa kurz nach einem neuen Fundraising – steigt. Je größer die Investitionssumme ist, desto stärker wird das Kapital vertraglich geschützt. Die Bewertung hat ebenso einen Einfluss, da insbesondere bei keiner Einigung über diese auf andere Finanzierungsinstrumente zurückgegriffen wird. Die Branche hat einen Einfluss auf die Exit-Möglichkeiten sowie die Risiken und hat damit ebenso einen Einfluss wie das Land, aus welchem das PU bzw. die VCG kommen. Mehrfach wurde erwähnt, dass bestimmte Investorentypen in der Vertragsgestaltung eingeschränkter sind, da sie sich an Vorgaben der Kapitalgeber halten müssen. Das Jahr hat ähnlich wie die Branche einen Einfluss auf den Exit. Ein Einfluss geht ebenso vom Businessplan bzw. dem Team aus, der Einfluss lässt sich jedoch nicht auf einen zentralen Aspekt reduzieren. Abschließend spiegeln sich auch die Ergebnisse der Due Diligence teilweise in den Beteiligungsverträgen wieder.

5.2.2 Einflussfaktoren auf den Vertrag – Folgefinanzierung

In einer Folgefinanzierung laufen die Vertragsverhandlungen und die Erstellung eines Term Sheet ähnlich ab wie in der Seed-Runde. Daher wirken dort auch die gleichen Faktoren wie in der Seed-Runde. Jedoch haben die beiden Vertragsparteien inzwischen mehr Informationen übereinander, wodurch eine getrennte Betrachtung zwischen Seed und späteren Runden sinnvoll ist. Als relevante Faktoren wurden für eine Folgefinanzierung die Faktoren Branche, Bewertung, Investorentyp, Anwälte, Investmentmanager, Jahr des Vertragsabschlusses und die Anzahl der Investoren genannt, welche bereits in der Seed-Runde herausgestellt wurden.

„Das ist nicht leicht. Gerade bspw. in der Biotechnik ist es schwierig gewesen, im letzten Jahr eine Anschlussfinanzierung zu bekommen. Im Bereich Software war es eher einfach. Also auch Co-Investoren zu bekommen. " (IvM-1, 41)

„Das, was jetzt hier ein größerer Punkt ist, dass der strategische Investor sein Know-how und das, was er einbringt, ein Stück weit bewertet sehen will. Er bringt definitiv mehr mit als ein reiner Finanzinvestor. Diese Finanzinvestoren, wie der [Name VCG] oder [Name VCG], die bringen natürlich Management-Know-how, Controlling mit, aber die haben nicht genügend Marktzugang. Die können einem jetzt keine Vertriebskanäle öffnen. Die können natürlich versuchen, mit ihrem Know-how zu unterstützen, aber die haben jetzt keine eigenen Kunden dahinter, wie das bei so einem Strategen ist, der einfach sagt: ‚Wir nehmen euer Produkt mit auf und schieben das über unsere Sales Channels mit raus.' Das ist natürlich ein riesen Vorteil, den die mitbringen. Und den wollen die ein Stück weit bewertet haben und das ist dann natürlich auch ein Diskussionspunkt. Wie man das dann letztendlich bewertet, das ist schon ein großer Punkt gewesen. " (ET-3, 63)

5.2.2.1 Deal/Investment Charakteristika

Neue Faktoren, die in der Folgerunde hinzukommen, beziehen sich vor allem auf die bisher gesammelte Erfahrung der Investoren mit den Start-up (und andersherum), womit die Risiken auf beiden Seiten sinken. Sofern der bestehende Gesellschafterkreis erhalten bleibt, also keine neuen Investoren hinzukommen, wird bei der Folgefinanzierung auf den **bestehenden Vertrag aufgebaut** – was zudem die schnellste und günstigste Variante der Vertragsgestaltung darstellt.

„Oder wir schaffen es, dass sogar der Co-Investor zu unseren Beteiligungsbedingungen einsteigt. Das heißt, unsere alten Konditionen im Vertrag würden erhalten bleiben. Den Verträgen mit unseren Rechten tritt er dann bei. Solche Fälle gab es auch. Das ist natürlich auch nicht schlecht. (...) Aber sonst geht es eigentlich hauptsächlich darum, in den Verträgen die alten Rechte fortzuführen, soweit das möglich ist und keine neuen Rechte einzuführen. Vor allem wenn Co-Investoren dazu kommen. Deshalb sind die Verhandlungen dort eher schlank. " (IvM-1, 41)

„Dann gibt es Konstellationen, wo nur die bestehenden Gesellschafter und Investoren weiter finanzieren, das ist ein relativ geschmeidiger Prozess. Weil dann sattelt man auf den bestehenden Regelungen auf; und in ganz einfach strukturierten zweiten Finanzierungsrunden ist der einzige Punkt, über den man sich streitet, die neue Unternehmensbewertung. " (IvM-2, 43)

„Da kennen sich die Parteien natürlich viel besser in der Situation und dann werden alte Verträge fortgeschrieben oder eben neu. Da ist der erste Punkt, um den es immer geht und der wichtigste, wie die Liquidationspräferenz fortgeschrieben wird und was ist der Schwellenwert für eine Mitveräußerungspflicht. Garantien bleiben erhalten. Die Anlagen zu den Garantien werden ausgetauscht und aktualisiert, die Verjährungspflicht wird um ein Jahr oder zwei Jahre verlängert – also wird einfach fortgeschrieben aus dem alten Vertrag." (RA-1, 39)

„Im Wesentlichen ist es bei der Folgefinanzierung dann so. Da geht es dann wirklich nur noch um die wirtschaftlichen Themen, vor allem die Meilensteinregelungen. Die eigentlichen Investorenrechte, wenn das eine reine Folgefinanzierung mit bestehenden Investoren ist, die werden eigentlich kaum angefasst. Wenn ein neuer Investor dazu kommt, dann gesellt der sich eigentlich zu den Investorenrechten mit dazu. Da wird das auch nicht aufgehoben. Mit dem Seed-Vertrag zurrt man die Investorenrechte eigentlich schon fest." (RA-2, 21)

Sobald **neue Investoren** hinzukommen, wird die Vertragsgestaltung komplexer – vor allem, weil neue Interessen hinzukommen. Hier besteht eine Möglichkeit darin, dass sich der neue Investor den alten Bedingungen anschließt. Handelt es sich dabei um einen neuen Lead-Investor, möchte dieser jedoch häufig seine Bedingungen zusätzlich in den Beteiligungsvertrag einbringen. Damit wird der Vertrag oft in Gänze neu verhandelt und vereinbart. Darüber hinaus besitzt der neue Lead-Investor das Recht, die Verträge zu seinen Gunsten zu ändern, wovon allerdings nicht immer Gebrauch gemacht wird.

„Anders sieht es wiederum aus, wenn wir schon in einem Unternehmen sind. Nicht wenn wir dann von uns aus eine interne Folgefinanzierung machen, sondern wenn ein externer Investor dazu kommt. Das habe ich am Anfang auch gar nicht eingesehen. Das kann doch gar nicht sein. Weil der, der als erster in einem Unternehmen investiert, der trägt auch das größte Risiko, der muss doch auch das Sagen haben. Aber es ist dummerweise so, wer als letztes kommt, ‚der bezahlt die Kapelle und dessen Musik wird gespielt‘. Das heißt, dann fangen die komplizierteren Vertragsgestaltungen an, wo man dann wirklich sagt: ‚Jetzt gibt es aber Abweichungen zu dem, was ursprünglich mal vorgesehen war.‘ Das kann so weit gehen, dass bei Beiratsfunktionen wir nur noch Beobachter sind oder gar keine Rolle mehr im Beirat haben. Da werden wir vielleicht bei der Gesellschafterversammlung in die Ecke gedrängt, weil wir immer weniger Anteile haben und da lassen wir uns auch verwässern, im Gegensatz zum [Name VCG]. Vielleicht wenn wir noch unsere Sonderrechte verlieren, dann fängt es wirklich an, spannend zu werden. Aber wenn wir Seed-Investor sind oder Erstinvestor bei einem Start-up, dann sind die Abweichungen von den Verträgen relativ überschaubar." (IvM-1, 35)

„Klassischerweise war das bei mir immer so, dass der neu hinzukommende Kapitalgeber hat da insbesondere die Struktur des Beirats des Boards verändert, dann werden die Sitze neu verteilt innerhalb des Beirats: Also wer hat wie viele Sitze in dem Beirat und was darf der Beirat entscheiden und bei welchen Entscheidungen braucht es die Gesellschafterversammlung." (ET-IvM, 46)

„In der nächsten Runde liegt es dann ein bisschen daran, welchen Eindruck der Investor von dem Vertragswerk hat. Nach der klassischen Lehre würde man sagen: Neuer Investor, neuer Vertrag. Das ist aber nicht immer so. Bei mir ist das in den wenigsten Fällen so." (RA-1, 42)

„Aber ansonsten passiert in den Folgefinanzierungen relativ wenig. An der Vertragsgestaltung ändert sich erst dann etwas, wenn man eine sehr große Finanzierungsrunde hat mit mehreren oder einem großen externen Investor, der noch nicht mit dabei ist und neue Vertragsbedingungen festlegt." (RA-2, 21)

5.2.2.2   PU Charakteristika

Auf der anderen Seite stehen die Gründer, die von der erzielten **Performance** dahingehend abhängig sind, ob ihnen im Zuge der neuen Finanzierungsrunde mehr Rechte zugestanden werden: Wenn die Entwicklung des PU gut war, werden die Sonderrechte der Investoren teilweise entfernt. Über den Punkt, ob die Investoren mehr Sonderrechte einfordern, wenn die Performance schlechter war, herrscht jedoch keine Einigkeit. Während ein Interviewpartner dem zustimmte, verdeutlichte ein anderer, dass Investoren aufgrund der fehlenden operativen Ausrichtung von VCG nicht mehr Rechte verlangen.

„(...) Je erfolgreicher das Team, umso mehr hat das Team die Macht, unsere Sonderrechte einzuschränken. Aber am Ende fängt der gleiche Prozess nochmal an, der Finanzierungsprozess. Nur mit einem etwas verschobenen Kräfteverhältnis: Die Gründer kriegen mehr Einfluss in Folgefinanzierungen, wenn sie in der Vergangenheit erfolgreich waren. Wenn es eine Not-Finanzierung ist, dann wird der Einfluss der Investoren größer, logisch. Dann sagen wir: ,Wir retten euch, wir machen noch einmal eine Finanzierung, aber ich will jetzt Punkt 1, Punkt 2, Punkt 3.' Also dann stärkt man noch einmal die Rechte der Finanzinvestoren. Aber i. d. R. werden die Teams von den Machtverhältnissen stärker, aber das ist auch total in Ordnung, weil das Risiko ist ja auch von Investorenseite gesunken als zu dem Zeitpunkt des Erstinvestments." (IvM-2, 43)

„Das kann sich nur mal drehen, wenn sich das Team so stark entwickelt hat und das Startup wirklich nicht mehr auf das Team verzichten kann. Dass das dann kippt und man sagt, man will langsam nicht mehr gegängelt werden, das ist aber sehr, sehr selten der Fall. Also normalerweise bleiben die Rechte drin." (RA-2, 21)

„Aber, dass der Investor sagt, er möchte gern mehr Rechte haben, weil es nicht so gut läuft, das glaube ich eher nicht. Das habe ich bisher so auch noch nicht gesehen. Worüber man dann diskutiert, ist eine engere Einbindung des Investors. Zum Beispiel holen sie Berater mit rein und machen Workshops oder klassisch jemanden, der das Modell analysiert. Das findet aber operativ statt. Das hat nichts mit dem Beteiligungsvertrag als solches zu tun. Man kann die Mitbestimmungsrechte noch ein wenig verfeinern. Das findet dann aber meisten auch nicht über eine Vergrößerung der Gesellschaftsversammlung statt, sondern man installiert mitbestimmende Beiräte, die das Ganze operativ abarbeiten. Da kann man natürlich das Management auch enger mit einbinden. Das passiert aber nicht auf der Ebene des Beteiligungsvertrags. Wie viel mehr Rechte soll es denn da noch geben? Es ist auch ein schmaler Grat. Der Investor möchte ja auch nicht die Geschäftsführung selber übernehmen. Ein wirklich professioneller VC weiß, es sind Fälle dabei, die herausfallen. Das gehört mit dazu. Und dann stecken die auch keine Mühen mehr rein. Insofern dreht man an diesen Investorensonderrechten nicht mehr. Die bleiben eher bestehen und man versucht es, operativ zu kippen." (RA-2,31)

Als weiterer Einflussfaktor auf die Vertragsgestaltung in einer Folgefinanzierung zählt der **Zeitpunkt**, zu dem **neue finanzielle Mittel benötigt** werden. Sobald ein Start-up unter Zeitdruck steht, neue Investoren zu suchen, zu finden und die Verträge zu verhandeln, ergibt sich für die VCG die Möglichkeit, diese Situation zu ihren Gunsten ausnutzen.

„Ein Start-up, das sich – acht oder neun Monate, sagt man – vor Ende der Liquidität bemüht hat, hat bessere Chancen als ein Start-up, das erst drei Monate vor Ende kommt. Die werden schlechtere Konditionen kriegen und da kann man dann auch nur wenig dagegen tun." (RA-1, 65)

„Alles, was man schluckt, zeigt, man ist ein schwacher Gründer. Man hat immer die Thematik, dass, wenn deren Zeit knapp ist und kurz vorm Cash Out, dass man nicht zu Ende verhandeln kann. Und das wissen natürlich auch die VCs. Aber grundlegend, wenn man früh genug anfängt und seine Prozesse im Griff hat, kann man alles verhandeln." (ET-IvM, 32)

Ebenfalls beeinflusst die Vertragsgestaltung zur Folgefinanzierung, wie viele **Anteile die Gründer** zu diesem Zeitpunkt am PU haben. Viele Investoren streben an, dass die Gründer in frühen Phasen der Finanzierung einen signifikanten Anteil am PU halten, damit diese motiviert und am Wachstum des PU interessiert sind.

„Aber das ist eine Maßgabe bei dem [Name VCG] als auch [Name VCG]: Zumindest in der ersten und idealerweise auch in der zweiten Finanzierungsrunde, dass das Management die Mehrheit behält. Weil mir nützt es nichts, einen Gründer an Board zu haben, der am Unternehmen noch 10 % hält und der Rest wird von irgendwelchen Kapitalgebern gehalten. Wenn der in die Krise kommt, wirft der uns die 10 % vor die Füße und sagt: ‚Macht euren Kram alleine.' Also die müssen schon, wenn es denn zum Fliegen kommt, an der Chance im entsprechenden Maß mit partizipieren." (IvM-2, 23)

„Was häufig bei Folgefinanzierungen auch gemacht wird, ist – dadurch, dass ab einem gewissen Punkt, die Gründer auch nicht mehr verwässert werden sollen; sie werden ja zwangsläufig verwässert, weil sie nicht mitziehen können – das man sagt: ‚Ein bisschen incentiviert bleiben, sollen sie ja auch noch.' Und dann funktioniert das dann ein bisschen über Mitarbeiterbeteiligungsmodelle." (RA-2, 33)

Insgesamt bleiben die Faktoren, die bereits in der Seed-Runde einen Einfluss auf den Vertrag ausgeübt haben, in der Folgefinanzierung erhalten. Generell sind Investoren im Zuge dessen bestrebt, ihre Sonderrechte zu behalten. Dies ändert sich üblicherweise nur dann, wenn ein neuer Lead-Investor hinzukommt, der einen grundlegend überarbeiteten Beteiligungsvertrag verlangt. Die Performance des PU kann dabei einen wesentlichen Einfluss ausüben, dahingehend, dass bei guter Unternehmensentwicklung zunehmend Sonderrechte der Investoren eingeschränkt werden. Bei schlechter Performance besteht hingegen Uneinigkeit darüber, ob die Investoren mehr Rechte erhalten, da diese zumeist – aus der Seed-Runde heraus – über umfassende Rechte verfügen. Einen maßgeblichen Einfluss auf die Vertragsverhandlungen hat zudem der Zeitpunkt, bis zu dem die Folgefinanzierung abgeschlossen sein muss bzw. bevor neue Mittel unerlässlich für das Fortbestehen der Gründung sind. Wenn ein Cash

Out droht, besitzt der Investor eine deutlich bessere Verhandlungsposition als die Unternehmer. Weiterhin wird in den ersten Folgefinanzierungsrunden stets versucht, die Gründer an den Anteilen bzw. eventuellen Exit-Gewinnen partizipieren zu lassen.

5.2.3 Relevanz und Wirkung des Vertrags

Ein Ergebnis der systematischen Literaturanalyse aus Kapitel 4 verdeutlichte, dass bisher die Wirkung von Beteiligungsverträgen nur selten erforscht wurde. In diesem Abschnitt wird daher – basierend auf den geführten Experteninterviews – dargestellt, ob es einen Hinweis darauf gibt, dass der Vertrag eine Wirkung hat. Dazu wird gemäß der Befragung im Folgenden darauf eingegangen, von welchen im Vertrag vereinbarten Klauseln VCG Gebrauch machen und welche Wirkung dies ggf. auf die PU hat.

Darüber hinaus wurden die Experten mit bestimmten Wirkungen, die aus der Literaturanalyse hervorgingen, konfrontiert: Zwischenmenschliche Beziehung, Konflikte, Managementunterstützung, Exit und Erfolg. Im Folgenden werden die Aussagen zu den verschiedenen Aspekten dargestellt und außerdem dargelegt, ob die Experten den Vertrag grundsätzlich als positives oder negatives Instrument wahrnehmen.

In dieser Beziehung wird mit einer übergeordneten Frage – zu welchem Zeitpunkt oder Zweck der Beteiligungsvertrag zur Hand genommen wird – bereits vorab ersichtlich, zu welchen Anlässen das Vertragswerk besondere Beachtung bei Gründern, Managern oder Anwälten findet. Mehrfach genannt wurden hierbei die Anlässe Meilensteine (4 Befragte), Veto-Rechte (6 Befragte) und (als Vorlage für) neue Finanzierungsrunden (4 Befragte), wobei letzteres keinen Einflussfaktor im eigentlichen Sinne darstellt. Einmalige Erwähnung fanden zudem Vesting-Regeln, Informationspflichten und Fristen, die eingehalten werden müssen, um den Beirat einzuladen. Gleichzeitig wurde darauf hingewiesen, dass die Verträge sonst keine Relevanz im täglichen Umgang haben. Gerade die befragten Gründer betonten, ohne einen Blick in den Vertrag Detailwissen zu zustimmungspflichtigen Handlungen und der Auszahlung von Meilensteinen zu besitzen.

„Aber den Beteiligungsvertrag nimmt man eigentlich erst dann wieder in die Hand bei Folgefinanzierung. Oder bei Meilensteinen. Aber hauptsächlich bei Folgefinanzierung (...)." (IvM-1, 74)

„Okay, man guckt, was für Meilensteine hat man eigentlich, ja, da muss man mal nachgucken, aber wenn die die Meilensteine geschafft haben, wenn unsere Beteiligung komplett ausgezahlt ist und die Planung einigermaßen im Korridor verläuft, will den Vertrag niemand sehen." (IvM-2, 74)

„Den nehme ich entweder zur Hand, wenn es um die Auszahlung von Meilensteinen geht und ich aus dem Kopf nicht mehr weiß, was vereinbart war. Ansonsten nicht." (BA, 94)

„Also in einen Teil des Vertrags guckt man schon rein. Wenn nämlich Meilensteinzahlungen fällig werden, vielleicht sind die dann in der Anlage – aber die Anlage gehört zu dem Vertrag – oder wenn Berichte angefordert werden oder wenn Zustimmungsrechte erfüllt werden sollen, dann muss ich in dieses Vertragswerk oder in die Beteiligungsdokumentation schauen,

um zu sehen, was ist denn nun zustimmungspflichtig. Das auf jeden Fall. Rechte, die verletzt werden, sind diese Zustimmungsrechte. " (RA-1, 69)

„*Wenn du ein zustimmungspflichtiges Geschäft hast und du schon das Gefühl hast, das könnte zustimmungspflichtig sein, dann liest du da nochmal nach. Aber meisten hat man das im Kopf.* " (ET-IvM, 85)

„*Man möchte natürlich auch nicht gegen irgendwelche Kontrollrechte oder Informationspflichten verstoßen. Deswegen liest man lieber nochmal nach.* " (ET-2, 136)

„*Also es gibt zwei Situationen, in denen wir den Beteiligungsvertrag in die Hand nehmen, im Regelfall. Einmal ist das die Frage: Handelt es sich um zustimmungsbedürftige Rechtsgeschäfte und muss ich hier eine Zustimmung einholen? Wer muss zustimmen? Die Gesellschaftsversammlung? Der Beirat? Der Investor selbst? Das ist die eine Situation. Die zweite Situation ist in der Folgefinanzierung, dass der eben entsprechend angepasst werden muss.* " (RA-2, 68)

„*Aber was natürlich immer wieder spannend ist, sind die Leaver-Fälle, wo man wirklich selbst nachschauen muss, gerade weil es so viele Gestaltungsmöglichkeiten gibt. Man kann sich ja auch nicht die gesamten Verträge merken. Insofern kommt es da schon mal vor, dass man eben hineinschaut, wenn man nochmal an etwas arbeiten muss.* " (RA-2, 70)

„*Da ich aktuell die neuen Verträge verhandle, habe ich den öfters in der Hand, weil die neuen Verträge teilweise darauf aufbauen. Aber wenn man nicht gerade Beteiligungsverträge verhandelt, schaut man da vielleicht ein oder zwei Mal im Monat rein.* " (ET-3, 117)

5.2.3.1   Wirkung einzelner Klauseln

Die im dritten Teil der Expertenbefragung formulierte Frage, bezieht sich konkret darauf, ob und ggf. wie der Beteiligungsvertrag bzw. dessen Klauseln eine Wirkung hat. Mithilfe der durch die Experten getroffenen Aussagen wird deutlich, dass die Rechte, die im Zusammenhang mit einer möglichen Wirkung genannt werden, unter den Befragten wiederholt auftreten. Insbesondere zwei Rechte werden in diesem Zusammenhang häufig genannt: Meilensteine und Veto-Rechte (bzw. zustimmungspflichtige Geschäfte).

Die im Vertrag festgeschriebenen **Meilensteine** wirken insbesondere auf das PU. Das Ziel von Meilensteinen ist es, die Gründer unter Druck zu setzen und die Unternehmensentwicklung in eine Richtung zu lenken, wobei auch das Nicht-Erreichen dieser in Betracht gezogen werden muss. In diesem Fall zahlen Investoren die nächste Tranche häufig auf freiwilliger Basis aus, verlangen aber teilweise stattdessen auch Nachverhandlungen.

„*Welche Aufgabe haben Meilensteine? Kontrolle nur? Nein, nicht nur zur Kontrolle, sondern vor allem auch zum Anreiz bzw. als Druckmittel.* " (IvM-1, 33)

„*Ja, das steht dann schon als stille Drohung im Hintergrund. Wenn Meilensteine nicht erfüllt werden, obliegt es dem Investor, freiwillig Mittel auszuzahlen. Das ist immer eine stille Drohung. (...) Das heißt, da gibt es schon ernsthaften Druck in Richtung Unternehmer. Das wissen auch die Unternehmer. Das macht man denen schon klar. Wenn die Ziele nicht erreicht werden, dann besteht kein Anrecht mehr. Wenn die Meilensteine erreicht werden, dann gibt es laut Vertrag ein Anrecht. Dann müssen wir auch auszahlen. Aber wir müssen nicht mehr auszahlen, wenn Meilensteine nicht erreicht sind und da gab es sicherlich auch den einen oder anderen Fall." (IvM-1, 64)*

„(...) i. d. R. sagen dann auch wir als Finanzinvestor, dass die Meilensteinplanung extrem knackig ist. Dass wir wirklich in dem Gründerteam Druck auf den Kessel bekommen. Dass die wirklich hintereinander weg die Themen strukturiert abarbeiten. (...) Theoretisch können wir auch jegliche weitere Zahlung ablehnen, wenn die Meilensteine nicht zu 100 % geschafft wurden. Aber wie sieht es in der Praxis aus? (...) Das nicken uns externe Dritte ab und dann ist man am Ende des Tages an der Stelle, das man sagt, wir haben 80, 90 % des einzelnen Meilensteins erreicht. Theoretisch müssen wir dann nicht auszahlen, weil das ist das Horrorszenario eines Gründers, das wir die Reißleine ziehen. In der Praxis sieht es aber wirklich so aus, dass, wenn wir dann wirklich bei 70, 80, 90 % sind, dann auf freiwilliger Basis auszahlen. Aber das ist aus Gründersicht natürlich gruselig, weil die können es nicht beeinflussen. Denn die sind auf Gedeih und Verderb von dieser freiwilligen Auszahlung angewiesen und das ist auch ein heftiger Punkt." (IvM-2, 39)

„Nein, aber im Endeffekt ist das auch gerade bei den Meilensteinen nicht so, dass wir die immer 100 % getroffen hätten. Da lagen wir an manchen Stellen schon ein bisschen weiter daneben. Dann wurde das praktisch diskutiert und festgelegt, welchen Weg man dahingeht. (...) Da war das im Endeffekt immer relativ unkompliziert, auch wenn man nicht überall komplett getroffen hat." (ET-3, 97)

„Das habe ich jetzt erst in jüngster Zeit erlebt, dass der Investor die Verfehlung von Meilensteinen dazu benutzt, diesen Beteiligungsvertrag nicht mehr zu honorieren." Auf die Frage, was die Konsequenz daraus ist: „Sie mussten ein Wandeldarlehen zu schlechteren Konditionen akzeptieren – mit später einem Wandlungsrecht, mit einem Discount, dann vielleicht noch von 15 oder 20 %, wovon der Beteiligungsvertrag nicht gesprochen hat." (RA-1, 75-78)

Neben den Meilensteinen wird eine wesentliche Beeinflussung durch **Veto-Rechte** durch die Experten vermutet. Je nach Art und Höhe des zustimmungspflichtigen Geschäfts kommen diese Rechte in unterschiedlicher Ausprägung zum Einsatz: Auf der einen Seite werden die festgelegten (oft hohen) Grenzen durch Entscheidung der Gründer nicht berührt, womit Veto-Rechte keinen Einsatz finden. Auf der anderen Seite kommen sie bei im Vertrag festgelegten niedrigen Werten häufig zum Zuge.

Zudem wird deutlich, dass Gründer diesbezüglich häufig mit ihrem Anwalt bzw. Investmentmanager in Verbindung stehen, um zu prüfen, ob verschiedene Geschäfte laut ihres Vertrags zustimmungspflichtig sind: Zum einen sind vor allem die Investoren der Ansicht, dass durch diese Klauseln Know-how in das Unternehmen fließt, während zum anderen insbesondere ein Unternehmer die Auffassung vertritt, dass diese den Prozess der Entscheidungsfindung verlangsamen. Die kontroversen Meinungen begründen die Annahme, dass im Allgemeinen eine Wirkung von diesem Recht ausgeht.

„Das führt dazu, dass wir – okay, wenn wir ein Veto-Recht ziehen – dass wir sagen: ‚Wir lehnen es ab, weil so und so oder ihr müsst es so und so machen.' Aber dazu kommt es zusätzlich einfach zu einer Diskussion über verschiedenen Sachverhalte. Das Management

sieht es aus der fachlichen Seite, der Marktsicht, wir sehen es eher aus der Sicht des Investors. Wir sehen es auch mit dem Erfahrungswert, den wir mit anderen PU gemacht haben; und das sind Informationen, von denen profitiert auch das Management. Dass wir sagen: ‚Okay, wir hatten einen ähnlich gelagerten Deal und dort ist es so und so gelaufen, deshalb wollen wir X.' Also darüber kommt relativ viel Einfluss, aber im Sinne von beratendem Einfluss. " (IvM-2, 70)

„Das macht den Prozess wesentlich langsamer, den Unterschriftenprozess; den Entscheidungsprozess. Weil du musst ja erstmal Leute aufgleisen, denn dein Investmentmanager steckt nicht in deinem operativen Geschäft drin, der versteht auch diesen Vertrag, den du da abschließt, auch erstmal nicht und versteht deine Zahlenlage und deine internen Prozesse nicht. Dann musst du erstmal das erklären, dazu muss man erstmal Zeit finden bzw. der muss Zeit finden, sich das erklären zu lassen – das geht meisten nicht am Telefon. Dann wollen sich auch immer alle wichtigtun und lassen sich auch einfliegen und so und dann muss man halt Investoren operative Dinge erklären, die die dann meistens nicht verstehen und dann wollen sie da nochmal nachverhandeln und das zieht sich dann nochmal. Das ist alles recht anstrengend. In den aller seltensten Fällen kommt dann am Ende was Besseres raus, als was man von vornherein verhandelt hatte. " (ET-IvM, 50)

„Ich habe noch nie gesehen, dass ein Geschäftsführer deswegen aufgehängt worden ist, weil er diese Zustimmungsrechte nicht beachtet hat. Die Zustimmungsrechte erschweren das Geschäft, wenn die Schwellenwerte zu niedrig sind, wenn es um die Einstellung von Programmierern oder Codern geht. Die Zustimmungsrechte sind sowas wie eine Reisekostenabrechnung. Da finde ich immer Fehler. Also wenn ich da etwas finden will, dann glaube ich, habe ich da gute Chancen, Verstöße zu finden, weil der Geschäftsführer das nicht immer 100 % im Griff hat, ob er die Zustimmungsrechte eingehalten hat oder nicht. " (RA-2, 81)

Wie bereits weiter oben erwähnt, fanden vor allem Meilensteine und Veto-Rechte Aufmerksamkeit bei der Frage nach wesentlichen Aspekten des Vertrags, die eine Wirkung ausüben. Daneben geht zudem aber auch von den Informationspflichten der PU gegenüber den Investoren, den Vesting-Regelungen, vom Beirat und weiteren Gesellschafterrechten eine Beeinflussung aus, auf die im Folgenden eingegangen wird.

Bezüglich der **Informationspflichten** kommen alle PU den vereinbarten Informationswünschen der Investoren nach und bringen i. d. R. Verständnis dafür auf. Gleichzeitig erheben auch die Investoren zumeist keine Einwände gegen die zur Verfügung gestellten Reporting der PU – falls dies doch auftreten sollte, wird das gewünschte Reporting erläutert oder externe Buchhalter engagiert. Da die Berichterstellung generell ein komplexer Prozess ist, müssen sich mehrere Personen im PU zur Erstellung austauschen. Damit kann dieses Recht einen positiven Einfluss haben, wenn dadurch die innerbetriebliche Kommunikation verbessert wird. Der Einfluss ist aber sehr gering. Ein Anwalt weist im Speziellen darauf hin, dass Berichte dazu genutzt werden, um die Geschäftsführung gewissermaßen zu „quälen".

„Aber das ist dann ein freundlicher Austausch, dass man sagt: ‚Das Reporting ist nicht ausreichend für uns, könnt ihr das bitte so und so machen. ' Und das geht auch so weit, dass ich als Principal dann mit denen hineingehe und definiere, wie das Reporting aussehen sollte und wie häufig es kommen sollte; und dann wird das angepasst und – in so und so vielen Fällen – dann funktioniert das eben auch. Das ist jetzt nicht so, dass man dann auf den

Paragraphen herumreitet und dann sagt: ,Ihr habt euch verpflichtet, das zu tun.' Das läuft halt anders in einem konstruktiven Gespräch. Und die meisten Gründer sind dann auch bereit, auf die ein oder andere Art und Weise einzulenken." (IvM-3, 69)

„Hat es zwangsläufig, in dem Moment, wo es einen Beirat gibt oder Reporting-Anforderungen oder Reporting schedules, wo es heißt, es ist jede Woche ein Call zu machen mit den Investoren oder es muss jede Woche ein Reporting rumgeschickt werden oder-oder-oder. Das sind so die klassischen Einflüsse wie – man nennt das Managementunterstützung – in weit das jetzt positiv oder eine nervige Unterstützung ist, in 20 % der Fälle vielleicht positiv." (ET-IvM, 79)

„Wir haben zwar durch die monatlichen Reportings immer kurz Kontakt miteinander, aber es bezieht sich ansonsten vor allem auf die Beiratssitzungen." (ET-2, 107)

„Wir haben das monatliche Reporting gemacht. Ich fand das gar nicht schlecht. Viele finden Reporting nervig. Ist es manchmal auch ein bisschen, aber wir haben für uns einen ganz guten Prozess gefunden, dass wir gesagt haben, wir haben verschiedene Abteilungen, die mit daran arbeiten. Also das übernimmt nicht nur einer. Sondern: es gibt einen Finanzteil, es gibt einen technischen Teil und einen Marketingteil. Man muss schon immer schauen, dass das nicht zu viel Zeit frisst. Aber es ist auch für alle gar nicht so schlecht, ab und zu mal zu reflektieren und zu sehen, ob das gerade etwas geworden ist. Deswegen kommen wir mit diesem Rhythmus ganz gut klar und haben das für uns auch soweit optimiert." (ET-3, 43)

„Berichtspflichten kann man gerne ziehen. Also Berichtspflichten sind ja ein Instrument, um die Geschäftsführung zu quälen." (RA-1, 89)

Darüber hinaus haben **Vesting-Regelungen** einen Einfluss, sobald einer der Gesellschafter das PU verlässt. Die Vesting-Regeln haben bei dem Ausstieg eines Gesellschafters automatisch eine Auswirkung auf die Anteile des Aussteigers. Eine weitere Wirkung, neben der angestrebten Motivation und dem Binden der Gründer, dieser Klausel wurde im Zuge der Befragung nicht angeführt.

„Es gibt natürlich solche Sachen wie Bad-Leaver oder so, wenn Gründer irgendetwas absichtlich falsch reporten oder fahrlässig große Fehler machen, sodass dann der Bad-Leaver gewählt werden muss oder wird: Manchmal voll oder in Teilen, oder es werden einem Anteile aberkannt, oder das Vesting wird nicht vollkommen durchgeführt, wie es hätte werden müssen, aber das sind die Randfälle." (IvM-3, 80)

„Was tatsächlich immer durchgesetzt wird, vom Grundsatz her, sind die Leaver-Klauseln. Aber auch da eher im einvernehmlichen, weniger im strittigen Fall. Es gibt auch viele Gründer, die kommen mit dem gesamten Druck nicht klar. Diese ganze Gründer-Romantik ist weg. Dem halten die nicht stand, zum Beispiel familiäre Gründe. Dann einigt man sich eigentlich. Aber vom Grundsatz her fällt das genau in diesen Bereich. Das ist schon das häufigste, dass diese Leaver-Regelungen zwar einschlägig sind, aber man einigt sich noch." (RA-1, 39)

Ein **Beirat** hat einen Einfluss auf das PU. Die Regelung, wann dieser eingerichtete wird und wer diesem beiwohnt, wird in dem Beteiligungsvertrag geregelt. Diese Form der Managementunterstützung geht direkt auf den Vertrag zurück und erzielt somit eine Wirkung.

Gleichzeitig ist es keine Pflicht, bei einer GmbH einen Beirat einzurichten, wodurch jeder Beirat individuell eingerichtet wird und immer andere Kompetenzen und Rechte hat.

„(...) der andere Weg der Einflussnahme ist über den Beirat. Wenn ein Beirat installiert ist – und das steht ja schon im Vertrag, den wir ganz am Anfang eingehen oder in der Satzung – dass, wenn ein Beirat eingeräumt wird, welche Rechte dieser Beirat hat. Es nützt uns nichts so ein Gefälligkeitsbeirat, der dreimal im Jahr tagt und irgendwas erzählt und das Management sagt: ‚Ist mir jetzt wurscht, ich habe euch den Kaffee gegeben und jetzt verschwindet mal wieder, das war es.' Also da müssen schon klar die Rechte des Beirats definiert sein und darüber kriegen wir schon erheblich Einfluss auf die Unternehmen, wenn wir dann wirklich sagen, wir wollen ein Beiratsmitglied in den Beirat entsenden. Und der hat natürlich ganz klar die Interessen der Gesellschaft zu wahren, logisch, aber auch die Interessen von uns vom [Name VCG] umzusetzen. Und da ist ganz klar starke Einflussnahme möglich. Und je mehr die eigentliche Entwicklung aus dem Ruder läuft, desto stärker wird von solchen Rechten Gebrauch gemacht." (IvM-2, 70)

„Wir haben zwar durch die monatlichen Reportings immer kurz Kontakt miteinander, aber es bezieht sich ansonsten vor allem auf die Beiratssitzungen." (ET-2, 107)

Ebenfalls wird – besonders in Krisensituationen – von **weiteren Gesellschafterrechten** Gebrauch gemacht. Im Vordergrund steht dabei vor allem die Möglichkeit, den Geschäftsführer zu entlassen. Der Impuls dazu stammt häufig nicht von den Investoren, sondern von den Mitgründern: Diese stellen bspw. fest, dass ein Mitgründer nicht mehr aktiv mitarbeitet und bitten dann die Investoren darum, diesen aus dem Unternehmen mit den ihnen gegebenen Mitteln zu entfernen. Die Anteile stehen anschließend eventuell einem neuen Geschäftsführer zu Verfügung, um diesen zu motivieren. Ob diese Maßnahme einen positiven oder negativen Einfluss hat, kann durch die Befragten nicht eingeschätzt werden.

„Also da werden strategische Sachen festgelegt, dort werden teilweise personelle Sachen festgelegt. Es werden teilweise auch Gesellschafter entfernt in Krisensituationen. Also er muss ja nicht die Gesellschaft komplett verlassen, aber kann auch Anteile stimmrechtslos stellen, das haben wir gehabt." (IvM-2, 47)

„Die Geschäftsführung steht immer im Feuer und ist immer von Entlassungen bedroht. Da können dann die Mehrheitsverhältnisse eine Abberufung erschweren, das ist ganz klar. Wenn ich keinen neuen Geschäftsführer habe, werde ich den Alten auch nicht abberufen." (RA-2, 72)

Zusammenfassend wird deutlich, dass eine Wirkung von den vereinbarten Verträgen ausgeht. Insbesondere Meilensteine und Veto-Rechte spielen für das PU eine wesentliche Rolle. Aber auch Informationspflichten, die Einrichtung eines Beirats und Vesting-Regelungen üben – als Bausteine des Vertrags – einen Einfluss aus. Weiterhin beeinflussen die Investoren durch ihre Stimmrechte das PU: Bspw. werden durch diese Klauseln Geschäftsführer entlassen und andere Maßnahmen durch die Gesellschafterversammlung eingeleitet.

5.2.3.2   Spezifische Wirkung des Vertrags

Nachdem im oberen Teil dieses Kapitels im Allgemeinen nach der Relevanz sowie der Wirkung der Verträge gefragt wurde und die Experten Aussagen zu möglichen beeinflussenden Vertragsbestandteilen äußerten, wird im Folgenden auf spezifische Faktoren eingegangen, die gemäß der Literaturanalyse aus Kapitel 4 durch den Vertrag beeinflusst werden und in die Befragung mit eingeflossen sind. Dabei wurde nach den Variablen zwischenmenschliche Beziehungen, Konflikte, Managementunterstützung, Exit und Erfolg gefragt.

Ein Ergebnis der Interviews macht deutlich, dass eine direkte Wirkung von Verträgen auf die **zwischenmenschlichen Beziehungen** überwiegend verneint wurde. Alle Beteiligten betonten, dass bereits zu Anfang – also bevor es zu Vertragsverhandlungen kommt – Sympathie zwischen Gründer und Investmentmanager vorliegen sollte. Ist dies nicht der Fall, wird von allen Seiten von der Durchführung der Investition Abstand genommen. Vertrauen in die jeweils andere Partei wird darüber hinaus als besonders wichtig angesehen, wobei Vertrauen laut der Experten nicht vom Vertrag beeinflusst wird. Demnach muss ein Grundvertrauen vorhanden sein, bevor es überhaupt zu einem Vertrag kommt.

„Ich war einmal bei einem jungen Gründerteam, aus der [Name Uni] kamen die. Dort habe ich gemerkt, wie während des Gesprächs die Stimmung gekippt ist. Ich kann es bis heute nicht verstehen. Die haben geschildert, was sie machen. Das machen die Gründer immer gern. Dann fangen die Schilderungen an, was wir denn so machen. Ich meine spätestens mit dem Forced-Exit kippte die Stimmung etwas. Dann war ich nicht mehr so richtig erwünscht, weil man dann schon gemerkt hat, dass das Klauseln sind, die denen überhaupt nicht gefallen." (IvM-1, 54)

„Aber es ist unterschiedlich, es bringt auch nichts, einen Vertrag auszuverhandeln, wo wir wissen, die Gründer fühlen sich komplett über den Tisch gezogen und total unwohl. Das ist ein Spannungsfeld, in welches wir gar nicht reingehen wollen. Wenn wir das mitkriegen, dann sagen wir auch: ,Okay, wir nehmen von dem Deal Abstand. Wir sehen den Deal so und so strukturiert und wenn ihr so große Bauchschmerzen habt, dann gehen wir.' Weil, wenn eine Geschäftsbeziehung schon so anfängt, dann ist das wohl besser. Es muss ein Vertrauensverhältnis da sein und es ist ein gemeinsames Geben und Nehmen und der eine muss den anderen leben lassen." (IvM-2, 58)

„Nein, würde ich nicht sagen. Es ist allgemein so, dass so eine Beziehung wächst, wenn man mehr zusammen macht und verschiedene Termine zusammen hat. Man ist schon, ich will jetzt nicht sagen befreundet, aber ein gewisser Sympathiegrad ist schon da und man weiß genau, wie der andere auf bestimmte Dinge reagiert." (ET-3, 101)

„Man muss Vertrauen gewonnen haben. Man muss Vertrauen haben, wenn man in die Verhandlungen einsteigt und das Vertrauen muss am Ende der Verhandlungen, wenn man den Vertrag abgeschlossen hat, auch noch bestehen." (RA-1, 130)

Obwohl die Wirkung durch den Vertrag auf die zwischenmenschlichen Beziehungen nicht identifiziert werden konnte, lassen die Aussagen die Vermutung zu, dass es aufgrund des Vertrags zu **Konflikten** als beeinflusster Aspekt kommt. Insbesondere die Auszahlung von Meilensteinen und Veto-Rechte spielen dabei eine wesentliche Rolle. Die Ausprägung der

Konflikte hängt davon ab, ab welcher Höhe zustimmungspflichtige Geschäfte relevant werden und wie eindeutig die Meilensteine definiert sind. Demnach lassen sich die zwischenmenschlichen Faktoren auf den Faktor Konflikte reduzieren.

„Ja, da gibt es auch Konflikte. Aber so richtig massive Konflikte, das ist eher selten, weil das sind wieder die leidigen Themen – ich wiederhole mich – wer hat welche Veto-Rechte und welche Unternehmensbewertung und am Ende sagen sie: ‚Okay, wir können jetzt damit leben.'" *(IvM-2, 60)*

„Also bspw. ich habe mal eine Firma gekauft, als ich Geschäftsführer war bei einer anderen Firma (...) und das war natürlich ein zustimmungspflichtiges Geschäft. Aber das war nur eine Short term opportunity. Man hatte also nur ganz kurz Zeit, den Abschluss zu machen, weil da schon ein anderer dran war und ich wollte die Firma unbedingt haben. Und da die einen Kollegen von einem Investor komplett im Urlaub waren und nicht in der Lage waren, eine Entscheidung beizutragen, aber die Opportunity da war und alle anderen Gesellschafter zugestimmt haben, habe ich dann den Deal gemacht und unterschrieben. Das hat der Investor, der im Urlaub war, überhaupt nicht gut gefunden und wollte noch einmal drei Stunden darüber reden und so, aber die Zeit hatten wir einfach nicht. Dann gab es da ganz klar einen Konflikt, weil das natürlich explizit zustimmungspflichtig war, obwohl er unter 25 % hatte. Das ist so ein direktes Resultat aus dem Vertrag, ja (...)" *(ET-IvM, 66)*

„Ja, Milestones-Auszahlungen. Ich hatte Milestones für Umsatz, Marge und EBIT gehabt, also die klassische Dreifaltigkeit. Dann legst du im November eines Jahres x fest, was du im Oktober eines Jahres x + 1 erreichen musst, aber wie das nun mal so ist mit der Welt, die dreht sich weiter. Dann kann man aus irgendeinem Grund das EBIT nicht erreichen oder die Marge oder was auch immer: z. B, weil im Vertrag drinsteht, die Due Diligence-Kosten oder es gibt irgendwelche Prüfungskosten für die Milestones, die dann meisten nicht mit reingerechnet wird. Was aber nicht berücksichtigt wird, ist, dass eine Due Diligence massiv die Zeit der Leute frisst, die dann nichts Anderes machen können. Und dann kommt es dazu, dass man seine Milestones reißt, wenn auch knapp. Dann sagt der Investor: ‚Jetzt können wir nicht zahlen, jetzt müssen wir nachverhandeln.' Und dann steht man halt in einem großen Konflikt, weil man nicht nachverhandeln will und irgendwelche Milestones in dem Vertrag hat, die man selbst auch nicht will, weil man genau weiß, das ist Unfug." *(ET-IvM, 68)*

„Ja, ein Investor hat ein Veto-Recht bei der Einstellung einer Person. Man hat selber fünfmal mit der Person gesprochen, ist sich absolut sicher, dass es die richtige Einstellung wäre; und ein Investor hat 20 Minuten – während er auf dem Flughafen saß und auf seinen Flug gewartet hat – mit dem telefoniert und sagt jetzt: ‚Nee, Veto.' Dann gibt es da ein größeres Unbehagen." *(ET-IvM, 70)*

„Ich denke, dafür ist das Start-up noch zu jung und dadurch, dass wir keine Streitfälle hatten, ist das noch nicht aufgetreten. Wenn es natürlich später zu Exit-Verhandlungen kommt oder aber auch zu Problemen, dass eine Insolvenzbedrohung droht, dann könnte ich mir schon vorstellen, dass natürlich generelles Potential für Streitanfälligkeit viel größer ist und dann eher Konflikte auftreten. Aber unter den günstigen Voraussetzungen, die momentan bestehen, ist es nicht akut. Es gibt keine." *(ET-2, 117)*

Die direkte Beeinflussung der **Managementunterstützung** durch die Regelungen im Vertrag zum Beirat, den Reportingpflichten und Veto-Rechten der Investoren wird mittels der

Befragung bestätigt. Allerdings ist dabei dahingehend zu unterscheiden, dass umfassende Regelungen nicht zwangsläufig die Unterstützung intensiveren. Erwähnt wurde bspw., dass die Hilfestellungen dann intensiver sind, sobald ein Beirat eingerichtet ist. Die Unterstützung ist in erster Linie auch von der eingeforderten Hilfe durch die Gründer abhängig.

„(...) bei einem Board ist es intensiver. Aber das hängt auch davon ab, wie die Gründer das möchten und fordern und wie stark sie es forcieren." (IvM-3, 94)

„Doch hat er, ganz eindeutig. Dadurch, dass wir ziemlich enge Bandagen anlegen, durch zahlreiche Mitspracherechte, Veto-Rechte, muss uns das Management in vielen Fällen fragen. Das führt dazu, dass wir – okay, wenn wir ein Veto-Recht ziehen – dass wir sagen: ‚Wir lehnen es ab, weil so und so oder ihr müsst es so und so machen.' Aber dazu kommt es einfach zu der Diskussion über verschiedenen Sachverhalte. (...) Also darüber kommt relativ viel Einfluss, aber im Sinne von beratendem Einfluss." (IvM-2, 70)

„Hat es zwangsläufig, in dem Moment, wo es einen Beirat gibt oder Reporting-Anforderungen oder Reporting schedules, wo es heißt, es ist jede Woche ein Call zu machen mit den Investoren oder es muss jede Woche ein Reporting rumgeschickt werden oder-oder-oder. Das sind so die klassischen Einflüsse wie – man nennt das Managementunterstützung – in weit das jetzt positiv oder eine nervige Unterstützung ist, in 20 % der Fälle vielleicht positiv." (ET-IvM, 79)

„Ich glaube, das ist weniger eine Frage des Vertrags. Das ist eine Frage des Ansatzes. Inwiefern bin ich bereit, überhaupt die Managementunterstützung zu geben oder bin ich ein reiner Kapitalgeber und sage, das Management finanziert sich eben, weil es so gut ist und nicht, weil ich extra noch Arbeit reinstecken muss. Das hat aber mit dem Vertrag nichts zu tun. Ich glaube, das ist eher eine Frage der Investoren-Philosophie, die sie betreiben. Wie weit wollen sie überhaupt rein ins operative Geschäft?" (RA-2, 62)

Alle Interviewpartner stimmten zu, dass der Vertrag einen Einfluss auf den **Exit** hat. Der Beteiligungsvertrag wird am ehesten für den Fall des Exits geschrieben und sämtliche Regelungen, wie bei einem Exit verfahren werden muss, sind in diesem enthalten. Da es sich bei einer VC-Investition um ein Engagement auf Zeit handelt, kommt dem Exit daher eine besondere Stellung zu. Gleichzeitig kann der Gründer durch Liquidationspräferenzen für einen Exit demotiviert werden, wodurch dieser einen Verkauft aktiv zu verhindern versucht. Um dieses Szenario auszuschließen, gibt es die sehr umfassenden Exit-Rechte.

„Der Vertrag wird natürlich erstmal einen Einfluss haben. Erstmal steht im Vertrag drin, wer kann denn einen Exit erzwingen oder durchdrücken, wenn es Diskussionen gibt: damit fängt es schon mal an. Dann hat der Vertrag Einfluss auf die Verteilung der Exit-Erlöse, wer kriegt wie viel? Rein theoretisch auch wann? Als nächstes hat der Vertrag Auswirkung darauf, wie lange muss der Gründer noch bleiben, obwohl das eigentlich dann erst diskutiert wird, wenn der Exit da ist. Aber natürlich hat der Vertrag einen Einfluss auf den Exit, ich kann bestimmen, wo passiert ein Exit, in welcher Höhe passiert ein Exit. Manchmal steht auch drin, dass ein Exit so und so eine Höhe haben muss, damit überhaupt ein Exit passieren kann. Nicht vielleicht in unserer Stage, aber in höheren Stages: Da wird dann teilweise eine Bewertung vorgegeben oder Multiples vorgegeben, also klar, hat es einen Einfluss auf den Exit." (IvM-3, 98)

„Sicher, der Vertrag ist erstmal geschrieben auf den Exit hin. Die Liquidationspräferenz regelt nur den Fall des Exits. Die Mitveräußerungspflicht regelt auch den Fall des Exits und Mitveräußerungsrechte schaffen die Berechtigung, im Falle eines Exits mit zu verkaufen. Auf jeden Fall." (RA-1, 116)

Im Gegensatz zu den oben aufgeführten Aspekten, bei denen i. d. R. alle Befragten in ihren Aussagen konsistent waren, herrscht Uneinigkeit über den Punkt, ob der Vertrag einen Einfluss auf den **Erfolg** des PU hat. Generell wird dies verneint, jedoch sichert der Vertrag dem Unternehmen Geld zu, was wiederum zum Erfolg führen kann. Genauso wird die Verteilung der Anteile am PU diskutiert, was die Gründer motivieren kann und damit einen Einfluss auf den Erfolg hat. Auch kann Erfolg durch bestimmte Maßnahmen, die die Investoren einleiten, eintreten: bspw. durch das Auswechseln des Managements.

Alle Interviewpartner stimmen hingegen überein, dass sie keine Entscheidung dazu treffen können, ob der Vertrag eine positive oder negative Beeinflussung widerspiegelt, da nicht klar ist, wie die Unternehmensentwicklung ohne die Finanzierung und Unterstützung ausgesehen hätte. Demnach ist es ebenso möglich, dass der Vertrag zum Misserfolg des Unternehmens beiträgt: Bspw., wenn durch zu viele zustimmungspflichtige Geschäfte die Dynamik des PU verloren geht.

„Mhhh... kannst du so und so beantworten. Auf der einen Seite ja, weil der Vertrag die Rahmenbedingungen vorgibt, wie die Gründer incentiviert sind oder das Managementteam. Und man kann bestimmt Korrelationen feststellen zwischen ‚wie incentiviert sind Gründer‘ und ‚wie motiviert sind sie dadurch, gute Arbeit zu leisten oder bei der Company zu bleiben‘. Es gibt nicht nur Gründer, es geht auch mit den Employees weiter; sowohl jetzt als auch in zwei, drei Jahren. Mit einem ESOP-Pool kann man ja auch drauf sein: Wenn der ESOP nicht groß genug ist, kann es sein, dass die Company nicht so groß wird; oder man muss sich später einen ESOP-Pool einräumen. Aber ansonsten: Es ist nicht so, dass wir feststellen, die Art von Vertrag hat den und den Erfolg gebracht und dieser nicht. Da ist der Vertrag der kleinste Einflussfaktor, wenn ich ehrlich bin und viele, viele, viele weitere Faktoren haben da einen größeren Einfluss auf den Erfolg des Start-ups." (IvM-3, 100)

„Das ist schon fast eine philosophische Frage. In gewisser Weise ja, weil er kanalisiert die Entwicklung des Unternehmens entsprechend in die Richtung, in die alle hinwollen. Ein Punkt, der mir spontan dazu einfällt, ist das Thema Meilensteine, dadurch. (...) Aber das strukturierte Abarbeiten von Themen bringt die Gesellschaft ganz klar voran. Es bringt auch das Thema Installation eines Beirats das Unternehmen weiter, weil da einfach externe Expertise – erfahrene Leute aus der Branche, gestandene Unternehmer – das bringt das Unternehmen weiter. Es kann aber auch durchaus sein, dass der Vertrag die Entwicklung behindert, es stehen Klauseln drin, wo ein Finanzinvestor über irgendwelche Veto-Rechte falsche Entscheidungen trifft. Das kann das Unternehmen schädigen. Das geht in beide Richtungen." (IvM-2, 72)

„In dem Moment, wo die Unternehmensanteile der Unternehmensbewertung mit Good- und Bad-Leaver-Klauseln formuliert sind, muss es ja einen Einfluss haben und darüber, wie hoch die Liquiditätspräferenz ist, weil das ist für den Gründer oder diejenigen, die ein Mitarbeiterbeteiligungsprogramm haben, dann auch immer in Euro ein klarer Einfluss hat. Deshalb muss man die Frage mit ‚Ja‘ beantworten. Im Sinne, dass man dadurch aber täglich seine

Arbeit verändert, denke ich nicht, dass es eine Rolle spielt, weil das durch zu viele andere Einflussfaktoren beeinflusst wird. " *(ET-2, 131)*

„Nein, das hängt von anderen Faktoren ab. Das hängt von dem Erfolg des Geschäftsmodells ab. Der Vertrag hat vielleicht ein paar Folterinstrumente und er kann dem Unternehmen, wenn diese dann ausgeübt werden, weil sie einer einsetzen will und auch bewusst einsetzen will, das Tagesgeschäft beeinträchtigen, weil die ansonsten nur noch dort sitzen und Reporte und Berichte schreiben. Das kann dann schon sein. " *(RA-1, 119)*

„Das glaube ich nicht. Der Erfolg des PU hängt von den Köpfen ab, die da arbeiten. Hängt von den Investmentbetreuern ab, die das Ganze mit steuern. Aber beim Vertrag wüsste ich nicht, an welcher Stelle der irgendwie auf den Erfolg des Unternehmens Einfluss hat. " *(RA-2, 66)*

Das letzte Element, auf das in diesem Zusammenhang eingegangen wird, zielt in eine ähnliche Richtung wie schon die Frage nach dem Erfolg: Im Fokus steht hier das Thema, ob der **Vertrag positiv oder negativ** für die Unternehmen ist bzw. von diesen wahrgenommen wird.

Generell wird der Vertrag von Seiten der Investoren als positiv für die Gründer angesehen. Sie würden nicht in Gründer investieren wollen, welche sich durch den Vertrag unter Druck gesetzt fühlen. Demgegenüber erwähnten alle Gründer, dass sie den Vertrag als eher negativ wahrnehmen und sich eher unter Druck gesetzt fühlen. Demnach gibt es bei diesem Punkt Uneinigkeit bei den Befragten, was darauf hindeutet, dass alle Parteien den Beteiligungsvertrag anders wahrnehmen. Damit ist es abschließend demnach, nicht möglich, zu beurteilen ob der Vertrag einen positiven oder negativen Einfluss auf das PU hat.

„Naja, wenn er sich unter Druck gesetzt fühlt, ist er dann ja irgendwie falsch in der Branche. Also natürlich ist ein gewisser Druck dann da, wenn man Gründer ist und viel Geld bekommt und insbesondere wenn die Company dann nicht so performed, wie sie eigentlich sollte oder wie geplant war, aber in allererster Linie ist das erstmal Ansporn. Ansonsten hat man den falschen Gründer. " *(IvM-3, 89)*

„Unter Druck gesetzt im positiven Sinne. Wenn das so ein Szenario ist, dass der Gründer sich unter Druck gesetzt fühlt, dann haben wir etwas falsch gemacht. Weil das ist ein Deal, den wir eigentlich nicht begleiten wollen, weil das geht schief. " *(IvM-2, 62)*

„So ein Vertrag ist immer negativ. Ich habe noch keinen gehört, der gesagt hat: ‚Ja, der Vertrag ist positiv.‘ Das ist völliger Blödsinn. Du musst darin immer Sachen regeln, die du eigentlich nicht regeln willst. Du musst dich gedanklich mit Dingen auseinandersetzen, wenn irgendwelche Dinge schiefgehen, aber dabei geht gerade gar nichts schief. Und selbst wenn du irgendwelche Milestones hast, bist du immer in der Angst: ‚Mist, was mach ich, wenn ich die mal verfehle.‘ Eigentlich müsste ich jetzt sofort wieder Capital raisen und das bei jemanden, der keine Milestones hat. Und das ist grundsätzlich immer ein negatives Szenario. Ein Vertrag spornt nur dann an, wenn es ein Opportunity-Szenario gibt im Verkaufsfall, dann spornt mich das an; die Earnout-Milestones. " *(ET-IvM, 75)*

„Ich finde es schwierig, dass ein Vertrag eine positive Wirkung haben soll. Natürlich, wenn man dadurch mehr arbeitet und dadurch seine Ziele erreicht, dann wäre es im Nachhinein eine positive Wirkung. Natürlich hat man schon Sorge, gerade als Gründer. (...) dann ist es

schon so, dass man eher den Druck spürt und sagt: ‚Wenn wir den nächsten Meilenstein nicht erfüllen oder ich dann in eine persönliche Haftung komme, dann habe ich ein großes Problem. Dann bin ich erstens arbeitslos und zweitens habe ich dann noch einen großen Rechtsstreit am Hals, wo ich die Summe nicht aufbringen kann.' Dann kann es ein Problem sein." (ET-2, 120)

„Es gibt natürlich einen gewissen Druck, den man sich aufbaut, wenn man Mitarbeiter anstellt. Man hat eine gewisse Verantwortung für die Mitarbeiter. Man hat die Anforderung, das Geschäft am Laufen zu halten. Aber dass der Vertrag mich unter Druck setzt, könnte ich nicht sagen. Auch nicht, dass er mich extrem anspornt. Das ist für mich eher so ein ‚Ermöglichen-Ding': Er ermöglicht mir, unsere Idee voranzutreiben und dahingehend gewinne ich dem etwas positives ab." (ET-3, 109)

Zusammenfassend wird bezüglich der Aspekte, die laut der Experten durch den Vertrag beeinflusst werden, festgestellt, dass die Befragten nicht von einer pauschalen Auswirkung auf die zwischenmenschlichen Beziehungen ausgehen. Vielmehr kann es durch die Beteiligung zu Konflikten kommen, insbesondere, wenn die Grenzen für zustimmungspflichtige Geschäfte sehr niedrig sind und Meilensteine nicht klar definiert werden. Angesichts von Informationspflichten, einem Beirat und Veto-Rechten wird eine intensivere Managementunterstützung hervorgerufen. Zudem besitzt der Vertrag für den Fall eines Exits eine Wirkung. In Bezug auf die Vermutung, dass der Vertrag einen Einfluss auf den Erfolg hat, besteht Uneinigkeit, betont wurde aber, dass der Vertrag auch nachteilig für das PU sein kann. Generell wird bei der Befragung der Experten deutlich, dass der Vertrag von allen Parteien unterschiedlich wahrgenommen wird.

5.3 Diskussion der Ergebnisse

Im Folgenden werden die aus den Experteninterviews gewonnenen Faktoren mit denen aus der Literaturanalyse aus Kapitel 4 und weiterer Literatur abgeglichen. Die Betrachtung erfolgt getrennt nach den Einflussfaktoren auf den Vertrag und die Wirkung des Vertrags. Ziel dieses Abschnitts ist es, die Faktoren abzugleichen und damit die Plausibilität der Faktoren zu prüfen.

5.3.1 Diskussion der Einflussfaktoren

Im Zuge der Experteninterviews wurden mehrere Einflussfaktoren auf die Vertragsgestaltung festgestellt. Der eigentliche Vertrag und die Anpassung an diesen finden durch Verhandlungen statt. Daher muss betrachtet werden, welche Faktoren einen Einfluss auf die Verhandlungsmacht (Untersuchungen dazu u. a. von Heughebaert & Manigart, 2012; Koskinen, Rebello & Wang, 2014; Renucci, 2014; Silveira & Wright, 2016) haben, um darauf Rückschlüsse ziehen zu können, wie diese sich auf den Vertrag auswirken.

Als Grundlage für die Verhandlungen dienen üblicherweise **Standardverträge**, welche den Gründer von den Investoren vorgelegt werden. Dass VCG Standardverträge nutzen, ist in der Forschung erstmal 2014 in einem Beitrag von Bengtsson und Bernhardt (2014a) aufgegriffen worden. Dabei stellten sie bei einer Stichprobe von 4.561 PU fest, dass VCG in 46 %

der Fälle exakt die gleichen Cashflowrechte wie in einem der fünf vereinbarten Verträge davor verwendeten. VCG und PU Charakteristika, wie bspw. die Branche, haben auf die Verwendung von Cashflowrechten keinen Einfluss. Der Einsatz von Standardverträgen durch VCG ist eine neue Erkenntnis, da in der Theorie jeder Vertrag an die Gegebenheiten des individuellen Falls angepasst wird (Bengtsson und Bernhardt 2014a, S. 396). Die Experteninterviews bestätigen auch die Tendenzen zu einer Standardisierung der Verträge. Der Grund dafür liegt in der Komplexität der Verträge, da es den Investmentmanagern nicht möglich ist, den Vertrag beliebig anzupassen. Vielmehr ergibt der Vertrag eine Einheit, wodurch Klauseln nicht beliebig getauscht werden können.

Als weiterer Einflussfaktor auf die Verträge wurden **Anwälte** identifiziert. Die einzige Untersuchung, die zum Thema Anwälte während einer VC-Finanzierung vorliegt, stammt ebenfalls von Bengtsson und Bernhardt (2014b). Diese belegen, dass die VCG weniger Cashflowrechte verlangen, wenn die Projektqualität hoch ist und die Gründer von spezialisierten VC-Anwälten beraten werden. Diese Feststellung kann durch die Interviews bestätigt werden: Die befragten Gründer präferen spezialisierte VC-Anwälte, da oft nur diese in der Lage sind, die Verträge gegenüber anderen Verträge zu beurteilen und zu bewerten, ob das Angebot der VCG gut oder schlecht ist.

Ob es sich bei dem Gründer um einen **Mehrfachgründer** handelt, wurde in mehreren Studien untersucht (bspw. Broughman & Fried, 2010; Hirsch & Walz, 2013; Kaplan & Strömberg, 2004). Nahata (2013) untersuchte den Zusammenhang von Mehrfachgründern auf die Vertragsverhandlung und stellte einen Einfluss dahingehend fest, dass erfahrene Gründer Start-up-freundlichere Verträge erhalten: Sie besitzen mehr Kontrolle über das Board, mehr Anteile am PU, sie behalten eher den CEO-Posten und diese PU erhalten außerdem eine höhere Bewertung, was auf eine stärkere Verhandlungsposition zurückzuführen ist. Nahata stellt weiterhin heraus, dass diese positiven Effekte auch vorliegen, wenn der Gründer mit einem früheren Start-up nicht erfolgreich war. Die durchgeführte Untersuchung stützt die Ergebnisse der Expertenbefragung, da auch laut der Experten Mehrfachgründer aufgrund ihrer Erfahrung eine bessere Verhandlungsposition haben.

Der direkte Einfluss der **Investmentmanager** auf die Vertragsgestaltung wurde bisher noch nicht in der Wissenschaft untersucht. Generell ist davon auszugehen, dass die Investmentmanager die VCG repräsentieren und somit in deren Interesse handeln. Die Manager agieren in den Grenzen der VCG und benötigen für bestimmte Geschäfte Freigaben: Bspw. existiert beim HTGF zur Risikoabsicherung ein Vier-Augen-Prinzip, wonach stets zwei Manager bei Verhandlungen anwesend sein müssen. Durch die Interviews ist es nicht möglich, einen entscheidenden Faktor zu identifizieren, der einen Manager dazu veranlasst, einen Deal abzulehnen oder eine gewisse Klausel zu verhandeln. Diese Entscheidungen beruhen auf den persönlichen Erfahrungen und Werten des Investmentmanagers, welche nicht beobachtet werden können. Dies gibt wiederum einen Hinweis darauf, warum dieser Zusammenhang bisher nicht in der VC-Forschung betrachtet wurde.

Ein bisher vielfach untersuchter Punkt ist die **Anzahl der Investoren bzw. Syndizierung** zwischen mehreren Investoren als Einflussfaktor auf die Vertragsgestaltung. Fujiwara und Kimura (2012) stellten in ihrer Untersuchung heraus, dass der Lead-Investor mehr Anteile hält und häufiger im Board vertreten ist als ein Co-Investor. Dass Verträge erst durch Syndizierung angepasst werden, stellte ebenfalls Bengtsson und Bernhardt (2014a) fest. Auch Bienz und Hirsch (2012) weisen darauf hin, dass Syndizierung die Kosten erhöhen kann, da die VCG sich untereinander abstimmen müssen. Weiterhin erklären die Autoren, dass Syndizierung die Verhandlungsposition des PU stärkt. Den Erkenntnissen kann durch die hier durchgeführte Untersuchung zugestimmt werden. Sobald eine Syndizierung vorliegt, werden die Verträge angepasst. In der Literatur weniger diskutiert ist die Aussage eines Befragten, dass die Verträge auch dahingehen angepasst werden, um sich gegen die Interessen der anderen Investoren schützen zu können.

Den Einfluss von **weiteren Investoren** und damit ein **Wettbewerb** unter den VCG wurde von Geronikolaou und Papachristou (2016) untersucht. Diese stellen konzeptionell fest, dass bei steigendem Wettbewerb unter den VCG Gründer eine größere Verhandlungsmacht haben. Auf der einen Seite können Gründer damit ihren Profit erhöhen, gleichzeitig werden dadurch aber auch riskantere Projekte finanziert (vgl. dazu auch Inderst & Müller, 2004). Demnach stimmen die Ergebnisse der Befragung mit der Forschungsliteratur überein.

Eine Studie von Gompers und Lerner (2000) gibt zudem einen Hinweis darauf, dass der **Anlagedruck** seitens der VCG einen Einfluss auf den Vertrag hat. Die Autoren stellten fest, dass die Bewertung von PU steigt, wenn die VCG mehr Kapital zur Verfügung haben. Auch Cumming und Dai (2011) belegen, dass mit zunehmender Fondsgröße der Anlagedruck und damit auch die Bewertung, die die VCG den PU bewilligt, steigen. Zu ähnlichen Ergebnissen gelangen auch weitere Studien, nach welchen VCG mehr und schneller Geld an die PU geben, wenn die Fonds mehr Kapital erhalten (Gompers & Lerner, 2000; Lauterbach, Hass & Schweizer, 2014). Diese Aussagen wurden ebenfalls in den Experteninterviews getroffen. Daher lässt sich auch dieses Ergebnis durch andere Studien bestätigen.

Als ein wesentlicher Einflussfaktor auf den Beteiligungsvertrag wurden die verschiedenen **Investorentypen** festgestellt. Auch diese Erkenntnis wurde bereits von anderen Autoren aus der Theorie erzielt (Croce, D'Adda & Ughetto, 2015; Hirsch & Walz, 2013). Laut einer Studie haben universitäre- und GVC-Investoren größere Verhandlungsmacht als unabhängige VCG, wodurch diese eine geringere Bewertung der PU verhandeln können (Heughebaert & Manigart, 2012). Auch Brander, Du und Hellmann (2015) stellten fest, dass bei gemeinsamer Investition von GVC und IVC in ein PU die Bewertung höher ist als bei alleiniger Finanzierung durch ein IVC oder ein GVC. Vor allem in Deutschland ist – aufgrund der Vielzahl an GVC im Frühphasenmarkt und der damit einhergehenden Bedingungen für deren Investition – von großer Beeinflussung der Vertragsgestaltung durch diese Fonds auszugehen.

Der Einfluss der **Investitionssumme** wird in circa 20 der 72 relevanten Studien aus Kapitel 4 berücksichtigt (Cumming et al., 2010; Hege, Palomino & Schwienbacher, 2009; Lim & Cu, 2012; Stein, 2008). Damit gilt dieser Faktor als einer der am häufigsten untersuchten

Einflussfaktoren. Auch in der hier durchgeführten Erhebung wurde nicht nur herausgestellt, dass die Investitionshöhe einen Einfluss hat, sondern auch zwei mögliche Gründe dafür genannt: Zum einen weil jeder Fonds eine Höchstsumme hat, die für die Finanzierung zur Verfügung steht. Zum anderen werden größere Kapitalsummen als schützenswerter angesehen als weniger bereitgestelltes Kapital. Damit lässt sich belegen, dass die Investitionssumme sowohl in der Forschung, als auch in der Praxis als relevanter Einflussfaktor auf die Verträge bekannt ist.

Auch der Einfluss der **Bewertung** wurde in ungefähr zehn der 72 Studien bestimmt, um die Vertragsgestaltung zu erklären (bspw. Bengtsson & Sensoy, 2015; Cumming & Johan, 2007; Hartmann-Wendels et al., 2011; Kaplan et al., 2007). Als direkte Begründung dafür gilt, dass eine von den Gründern eingeforderte, sehr hohe Bewertung des PU dazu führen kann, dass die VCG Nachrangdarlehen nutzt, da eine Bewertung anhand von historischen Werten zur Unternehmensentwicklung in der nächsten Finanzierungsrunde einfacher ist.

Die **Branche** wird ebenfalls in der Literatur als Einflussfaktor gesehen: Antonczyk, Breuer und Mark (2007) untersuchen bspw. den Einfluss der Branche auf verschiedene Principal-Agent-Probleme und wie diese durch den Vertrag gelöst werden können. In den Interviews wurde betont, dass die Branche vor allem einen Einfluss auf den Exit hat, da es attraktive Branchen gibt, wo viele Käufer vorhanden sind und weniger attraktive Branchen.

Dass das **Jahr** einen Einfluss auf den Vertrag hat, belegen u. a. Bengtsson und Bernhardt (2014a) sowie Bienz und Hirsch (2012). Diese erklären, wie Trends über die Jahre bestimmte Vertragselemente beeinflussen. Dass Trends im Markt vorhanden sind, wurde von den Interviewpartnern geteilt, zusätzlich wurde darauf eingegangen, dass in jedem Jahr andere Branchen – aufgrund von veränderten Exit-Aktivitäten – für die Investoren attraktiv sind.

Der Einfluss des **Landes** wurde in Kapitel 4.3.1.4 berücksichtigt. Dabei wurde z. B. deutlich, dass das Land, in welchem der Deal sattfindet, einen Einfluss auf die Vertragsgestaltung hat (bspw. Cumming et al., 2010; Lerner & Schoar, 2005). Im Zuge der Interviews wurde dieser Aspekt allerdings nur am Rande erwähnt, da alle Befragten – bis auf einen Fonds – ausschließlich innerhalb Deutschlands aktiv sind.

Ein Punkt, welcher in der Literatur bisher noch nicht diskutiert wurde, ist der Einfluss der **Due Diligence** auf die Vertragsgestaltung. Die Ergebnisse der Expertenbefragung machen in diesem Bezug deutlich, dass die Gründe dafür in der geringen Relevanz und schweren Nachvollziehbarkeit dieses Faktors liegen. Zwar gehen die Resultate der Due Diligence in die Formulierung des Vertrags ein, allerdings obliegt diese Aufgabe den Anwälten der VCG. Daher handelt es sich bei der Beteiligungsprüfung um einen wichtigen Faktor für die allgemeine Gültigkeit des Vertrags, gleichzeitig hat diese aber nur einen geringen Einfluss auf die Vertragsverhandlungen und die spätere Wirkung des Vertrags.

Die **Finanzierungsrunde** hat einen unmittelbaren Einfluss auf die Vertragsgestaltung, da für jede Runde ein neuer Beteiligungsvertrag aufgesetzt werden muss. Je fortgeschrittener die Unternehmensentwicklung und -phase ist, desto mehr Finanzierungsrunden hat das PU üblicherweise eingeworben und desto größer wird für gewöhnlich der Investorenkreis sein (bspw. Kaplan & Strömberg, 2003). Obwohl der Vertrag zwangsläufig für eine neue Finanzierungsrunde angepasst wird, versuchen die VCG laut den Experten, den Vertrag aus der vorherigen Runde fortzuschreiben.

Neuen Investoren bei einer Folgefinanzierung ist es möglich, die Verträge neu aufsetzen zu lassen. Gemäß den Aussagen der Experten ist zu erkennen, dass trotz neuer Investoren die Verträge häufig nicht komplett neu geschrieben werden. Fujiwara und Kimura (2012) stellten in ihrer Untersuchung heraus, dass der Lead-Investor in der Position ist, die Verträge und die Struktur des Unternehmens nach ihren Vorgaben anzupassen. Generell verlangen neue Lead-Investoren ausschließlich mehr Board-Sitze (Fujiwara & Kimura 2012, S. 58), was die Aussagen aus den Interviews bestätigt.

Dass die **Performance** bei einer Folgefinanzierung einen Einfluss hat, stellten bereits Kaplan und Strömberg (2003) in einer der ersten empirischen Studien zu VC-Beteiligungsverträgen fest. Uneinigkeit bei den Experten herrscht darüber, ob in den Verträgen mehr Rechte für die VCG und mehr Pflichten für das PU festgeschrieben werden, sobald die Performance des PU niedriger ausfällt als erwartet. Bei der Untersuchung von Kaplan und Strömberg (2003) wird allerdings ein eindeutiger Einfluss durch die Performance auf die Verträge herausgestellt: Bei schlechter Entwicklung wird der Vertrag strenger formuliert und die VCG erhalten mehr Macht als die Gründer. Demnach ist ein Einfluss auf die Verträge durch die Performance zu vermuten, wobei dieser in der Literatur bestätigt und bei der Befragung kontrovers diskutiert wird.

Als weiterer Einfluss auf den Beteiligungsvertrag wurde der **Zeitpunkt bis zum Cash Out** identifiziert. Wenn das PU in naher Zukunft auf weitere Mittel angewiesen ist, erzeugt dies den Druck, schneller eine Folgefinanzierung abzuschließen, wodurch das PU seine Verhandlungsposition schwächt. Dieser Zusammenhang wurde bisher noch nicht in der Vertragsforschung als Einflussfaktor berücksichtigt. Ein Grund dafür könnte sein, dass es schwierig ist, den Zeitpunkt bis zum Cash Out zu bestimmen.

Den **Anteil am PU**, den die Gründer besitzen, wurde bei der Befragung als weiterer Einflussfaktor erkannt. Es ist intuitiv klar, dass die Investoren mehr Macht in dem PU haben, wenn diese mehr Anteile besitzen und die Gründer weniger Anteile. Komplett neu ist die Erkenntnis, dass die Investoren ein Interesse daran haben, das die Gründer in den ersten Runden nicht zu stark verwässern, damit dieser, weiterhin motiviert sind im PU zu arbeiten. Zu vermuten ist, dass dieser Faktor in Deutschland stärker ausgeprägt ist, als in anderen Ländern, da in Deutschland in der Frühphase viele GVC aktiv sind, die in der Höhe der zu haltenden Anteile beschränkt sind, wie in den Experteninterviews deutlich wurde.

Der **Businessplan** und das Team haben den vermutlich größten Einfluss auf den Vertrag, was sowohl in der Befragung als auch Literatur deutlich wird. Um diesen wesentlichen Zusammenhang zu erfassen, werden in der Forschungsliteratur zahlreiche Variablen genutzt, da die Aspekte nicht direkt messbar sind: Bspw., ob ein Prototyp vorhanden ist, bereits Umsätze erzielt wurden (bspw. Bienz & Hirsch, 2012) oder auch wie viele Angestellte das PU hat (Burchardt, 2009). Auch die befragten Experten gaben an, einen Einfluss der Geschäftsidee und der Einschätzung dieser auf die Vertragsgestaltung zu erkennen. Die Einschätzung des Teams und Businessplans basiert dabei auf der subjektiven Wahrnehmung der Erfolgsaussichten durch die Investoren.

5.3.2 Diskussion der Wirkung

Die überwiegende Wirkung, die vom Vertrag ausgeht, wird laut der durchgeführten Interviews durch die Bestandteile Meilensteine und Veto-Rechte verursacht. Zu beiden Aspekten wurden in der bisherigen Forschung noch keine Untersuchungen durchgeführt, die zu dieser Feststellung gelangen. Einen Hinweis darauf geben ggf. Cuny und Talmor, die 2005 die Fragestellung untersuchten, welche Faktoren einen Einfluss auf die optimale Meilensteinsetzung ausüben, auf die Wirkung dieser gehen die Autoren jedoch nicht ein. Die Aussagen innerhalb der Expertenbefragung, dass der Beteiligungsvertrag dann zur Hand genommen wird, um Meilensteine und Veto-Rechte in diesem nachzulesen und zu prüfen, unterstützt hingegen die hier gemachte Feststellung, dass eine Wirkung dieser Klauseln vorhanden ist. Die Wirkung durch Meilensteine kommt insbesondere in dem Sinne zum Tragen, dass diese als Ziele für die Gründer vereinbart werden. Ziele haben nach der Zielsetzungstheorie (Locke, Frederick, Lee & Bobko, 1984) wiederum einen direkten Einfluss auf das menschliche Handeln, sodass ein positiver Zusammenhang zwischen Zielen und der erbrachten Leistung besteht.

Die befragten Experten sind zudem der Ansicht, dass der Vertrag keinen Einfluss auf die **zwischenmenschlichen Beziehungen** als ein mögliches beeinflusstes Element aufweist. Wichtiger sei vielmehr das Vertrauen zueinander, das allerdings bereits vor der Vertragsverhandlung eine Rolle spielt und somit nicht von den unterzeichneten Verträgen beeinflusst wird. Zu einer gegenteiligen Einschätzung kommt jedoch eine Studie aus Dänemark: Demnach hat der Vertrag einen starken Einfluss auf das Vertrauen der Gründer gegenüber der VCG (Strätling et al., 2011, S. 812). Es besteht nach den Autoren die Gefahr, dass, wenn die VCG zu sehr Kontrolle ausübt, andere unterstützende Faktoren zu kurz kommen. Jedoch konnten die Forscher keinen Zusammenhang zwischen dem Vertrauen und der Performance des PU herstellen. Unklar ist, wie das Vertrauen von den VCG gegenüber den Gründern beurteilt wurde und ob die VCG den Vertrag bei verändertem Vertrauen überhaupt anpassen. Allgemein gesprochen ist die Forschung in Bezug auf den Zusammenhang zwischen Vertrauen und Entrepreneurship noch am Anfang (Welter, 2012, S. 193). Daher ist auch keine Aussage darüber möglich, ob und ggf. wie der Vertrag die zwischenmenschlichen Beziehungen beeinflusst.

Insbesondere durch nicht erreichte Meilensteine und Veto-Rechte kann es zu **Konflikten** zwischen dem PU und der VCG kommen. Yitshaki (2008) stellte dies in einer qualitativen Studie ebenfalls fest, wobei der Konflikt zwischen VCG und PU inhärent verankert ist: Je stärker die Anforderungen der VCG an die Performance sind und je mehr die Investoren im

PU involviert sind, desto größer ist das Konfliktpotential. Die Auswertung der Experteninterviews lässt den gleichen Schluss zu: Je geringer die Grenzen der von der VCG geforderten zustimmungspflichten Geschäfte sind, desto mehr Konflikte gibt es. Die festgelegten Höhen dieser Geschäfte sind vor allem dann niedrig, wenn die VCG mehr Mitsprache in dem PU erzielen möchte. Darüber hinaus ist zu vermuten, dass Konflikte – je nach Intensität – sowohl einen positiven als auch negativen Einfluss auf das Unternehmen ausüben können. Zu diesem Ergebnis kommt auch eine andere Studie: Demnach haben beziehungsbasierte Konflikte zwischen VCG und PU einen negativen Einfluss auf die Performance der VCG. Basieren die Konflikte hingegen auf den Aufgaben, ergibt sich ein signifikant positiver Einfluss (Brettel, Mauer & Appelhoff, 2013).

Alle befragten Interviewpartner trafen zudem übereinstimmende Aussagen dazu, dass der Vertrag einen Einfluss auf den **Exit** hat. Felix et al. (2014) belegen empirisch, dass die Verwendung von Wandelanleihen, Anzahl der Reportings und die Anwesenheit der VCG im Board des PU einen Einfluss auf den Zeitpunkt des Exits durch die VCG aus dem PU hat. Eine andere Studie stellt heraus, dass bei steigender Zahl an Kontrollrechten durch die VCG ein Exit via Trade-Sale (und nicht als IPO oder Liquidation) hervorgerufen wird (Cumming, 2008). Demnach hat der Vertrag sowohl laut Befragung als auch bisheriger Forschung einen entscheidenden Einfluss auf die Art und den Zeitpunkt des Exits.

Die überwiegende **Managementunterstützung** der VCG erfolgt durch das Einfordern von Reportings, das Vereinbaren von Veto-Rechten und dem Einsetzen eines Beirats. Vor allem durch letzteren Aspekt wird die Unterstützung deutlich intensiviert. Zu dem gleichen Resultat kommt auch eine Studie von Cumming und Johan (2007), wonach die VCG das PU mehr unterstützt, wenn der Investor über mehr Rechte verfügt. Bspw. verbringen die VCG 30 % mehr Zeit mit dem PU, wenn diese über Veto-Rechte (im Gegensatz zu denen ohne Veto-Rechte) verfügen.

Der Vertrag hat Einfluss auf den Exit-Zeitpunkt und dessen Form, die Konflikte zwischen VCG und PU und auf die Managementunterstützung (Bottazzi, Da Rin & Hellmann, 2008 über den Einfluss von Value adding zum Erfolg). Aus dieser Kombination ist zu vermuten, dass der Vertrag auch einen Einfluss auf den **Erfolg** des PU und der VCG hat. Hege, Palomino und Schwienbacher (2009) untersuchen, warum die Performance von US-amerikanischen VCG höher ist als von europäischen VCG. Dabei wurden ausschließlich Vertragsvariablen genutzt, um zumindest einen Teil der erklärten Differenz zu bestimmen. Dies ist ein Hinweis darauf, dass der Vertrag einen Einfluss auf den Erfolg hat. Auch eine Studie anhand von 834 Vertragsabschlüssen in Italien kommt zu dem Schluss, dass die Firmen erfolgreicher sind, bei welchen die VCG mehr Kontrollrechte besitzt (Caselli et al., 2013). Als Grund dafür wird angeführt, dass sich erfolgreiche PU weniger Sorgen vor den Restriktionen machen und als Signaleffekt an die VCG bereit sind, sich mehr kontrollieren zu lassen. Andere Studien (bspw. Reißig-Thust, Brettel & Witt, 2004) decken jedoch keinen Zusammenhang zwischen den Verträgen und dem Erfolg auf, was eine finale Einschätzung des vermuteten Zusammengangs zwischen dem Vertrag und Erfolg verhindert. Vor allem durch die Meilensteine können sich Gründer unter Druck gesetzt fühlen und die Leistungsbereitschaft gesteigert werden, was für eine positive Beeinflussung spricht. Mögliche negative Auswirkungen spiegeln sich hingegen in einer schlechten Performance des PU wieder. Deutlich wird, dass in Bezug auf den Erfolg keine endgültige Aussage darüber getroffen werden kann, ob sich der Einfluss des Vertrags positiv oder negativ auswirkt – beide Ausprägungen wurden von den Experten genannt und sind daher denkbar.

5.4 Ergebnisintegration in das Modell

Im Folgenden werden das Modell (s. Abbildung 17) bzw. die Resultate aus Kapitel 4 mit den Erkenntnissen aus den Experteninterviews abgeglichen: Im hier anzupassenden Modell werden ausschließlich die Faktoren belassen, welche sowohl in der Literaturanalyse als auch in den Experteninterviews identifiziert wurden. Damit wird eine Reduktion der Modellvariablen auf die ausschließlich relevanten Aspekte erzielt. Zudem ist es so möglich, das Modell im Anschluss empirisch-quantitativ zu überprüfen. Von einer Erweiterung des Modells wird abgesehen, da – wie in Kapitel 6 ersichtlich wird – die Fallzahl der vorhandenen Stichprobe zu klein ist, um alle dann enthaltenen Einflussfaktoren zu analysieren. Daher muss eine Reduktion der Einflussfaktoren erfolgen. Das Modell ist in Abbildung 20 dargestellt.

Zu Beginn sind die Faktoren aus dem ursprünglichen Modell zu nennen, die im Zuge der Experteninterviews bestätigt wurden und daher im Folgenden beibehalten werden. Dazu gehören die Elemente: Mehrfachgründer, Anzahl der Investoren, Investitionssumme, Bewertung, Branche, Investorentyp, Anteil der Gründer am PU (komplementär dazu auch Anteil der VCG am PU), Jahr bzw. Jahr der ersten Finanzierung und Runde.

Wie bereits im Kapitel 4 deutlich und durch die Nicht-Nennung innerhalb der Befragung bestätigt wurde, spielen die Markt Charakteristika keine Rolle bei der ausschließlichen Betrachtung des deutschen Beteiligungsmarkts. Sie werden stattdessen dann bedeutsam, sobald mehrere Länder oder grenzüberscheitende Transakationen in die Untersuchung einfließen. Daher werden alle den Markt betreffende Variablen als nächster Schritt aus dem Modell entfernt. Die Frage, ob VCG und PU aus dem gleichen Land stammen, bleibt hingegen bestehen.

Die in der Befragung ermittelten Faktoren neue Investoren bei Folgefinanzierung, Anlagedruck und Wettbewerb sind bereits durch andere, den gleichen Inhalt ansprechende Variablen im Modell enthalten. Die entsprechenden Charakteristika Anzahl VCG geldgebend, Lead-VC, Alter VCG/Fond, Fondsgröße und Erfahrung werden beibehalten. Daneben lässt sich auch die Performance indirekt mithilfe der Phase beschreiben: Wenn die Phase als Entwicklungsstadium des Unternehmens verstanden wird, ist die Performance dann positiv, wenn das Unternehmen eine spätere Phase erreicht hat.

Generell konnte die Wirkung des Vertrags mithilfe der Experteninterviews bestätigt werden, womit dieser Zusammenhang im Modell verbleibt. Der Vertrag hat Auswirkungen auf den Exit und die Managementunterstützung. Die zwischenmenschlichen Beziehungen lassen sich auf den Aspekt der Konflikte zusammenfassen. Da Vertrauen laut der Experten bereits vor Vertragsabschluss vorhanden sein muss, kann hier die Beeinflussung durch den Vertrag nicht bestätigt werden und wird daher aus dem Modell entfernt. Die Variablen Managementunterstützung und Konflikte haben wiederum einen Einfluss auf den Erfolg des PU.

Der Einfluss des Businessplans würde sich mithilfe dessen Teilaspekte Umsatz, Gewinn, Mitarbeiter, Vorhandensein von Patenten und Vorhandensein eines Produkts beschreiben lassen. Allerdings machten die befragten Experten deutlich, dass eine eindeutige Zuordnung von relevanten Faktoren aus dem Businessplan für das Stattfinden einer Investition nicht möglich ist. Auch sind einige Faktoren, wie bspw. Umsatz, Gewinn oder Mitarbeiter in der Seed-Runde, nicht in jedem Fall vorhanden, wodurch diese Variablen nicht für eine Beschreibung geeignet sind. Daher werden alle soeben genannten Faktoren nicht in das Modell aufgenommen.

Abschließend wurde in den Interviews auf die Wichtigkeit des Gründerteams und dessen Qualifikationen eingegangen. Daher wird der Aspekt Abschluss Gründer beibehalten, da mithilfe dieses Faktors auf die Qualifikation geschlossen werden kann.

Abbildung 20: Spezifiziertes Untersuchungsmodell

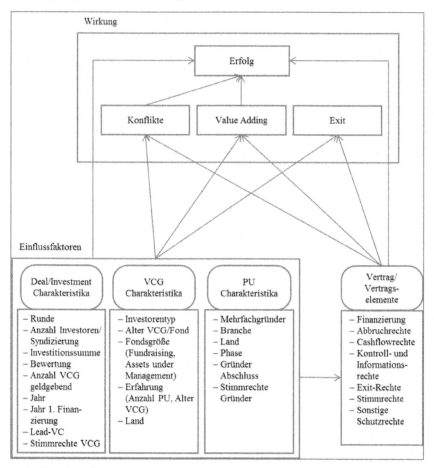

Quelle: Eigene Darstellung

6 Empirisch-quantitative Untersuchung

Im Folgenden wird das Modell aus Kapitel 5 empirisch-quantitativ überprüft, um damit die zweite und dritte Forschungsfrage zu beantworten. Dazu werden zu Beginn die zu prüfenden Zusammenhänge aus dem Untersuchungsmodell generiert. Danach wird das Vorgehen zur Erhebung der Daten beschrieben. Anschließend wird dargestellt, wie die Variablen operationalisiert und welche Variablen aus dem zuvor erstellten Modell empirisch-quantitativ überprüft werden. Daran schließt sich die Beschreibung der Stichprobe an, wobei diese charakterisiert wird und die ausgewerteten Beteiligungsverträge mit Ergebnissen von anderen Studien abgeglichen werden. Dieser Schritt beleuchtet erste neue Erkenntnisse, da – wie in Kapitel 4 dargelegt – die Auswertung von real vorliegen Beteiligungsverträgen in der VC-Vertragsforschung die Ausnahme ist. Auch wird in diesem Kapitel die Stichprobe auf Repräsentativität überprüft. Nachdem die Datenerhebung und die gewonnenen Daten umfassend beschrieben wurden, schließt sich die eigentliche Überprüfung des Modells an. Dazu werden die statistischen Analysemethoden vorgestellt und die Einflussfaktoren auf den Vertrag sowie die Wirkung des Vertrags auf das PU getestet und diskutiert. Abbildung 21 fasst das Vorgehen dieses Kapitels zusammen.

Abbildung 21: Vorgehen der empirischen Untersuchung

Entwicklung Zusammenhänge	Daten-erhebung	Operation-alisierung	Stichproben-beschreibung
Was wird untersucht?	Wie werden die Daten gewonnen?	Wie können die gewonnenen Daten analysiert werden?	Wie sind die Daten verteilt?

Methodik	Einfluss-faktoren	Wirkung
Wie lassen sich die Daten analysieren?	Prüfung der Daten und Zusammenhänge (Z1)	Prüfung der Daten und Zusammenhänge (Z2-Z8)

Quelle: Eigene Darstellung

© Springer Fachmedien Wiesbaden GmbH, ein Teil von Springer Nature 2018
N. Röhr, *Der Vertrag zwischen Venture Capital-Gebern und Start-ups*, https://doi.org/10.1007/978-3-658-21351-0_6

6.1   Generierung der Zusammenhänge

Aus dem Modell in Kapitel 5 lassen sich Zusammenhänge ableiten, welche im folgenden Kapitel überprüft werden. Abbildung 22 stellt das Modell und die dazugehörigen Zusammenhänge vor. Auf eine Begründung dieser wird an dieser Stelle verzichtet und auf Kapitel 4 und 5 verwiesen. Ebenfalls wird nur eine Aussage bezüglich des Zusammenhangs getroffen und nicht, ob dieser positiv oder negativ ist, weil verschiedene Elemente einen teilweise positiven als auch negativen Einfluss haben können und diese an dieser Stelle nicht differenziert betrachtet werden.

In dieser Arbeit werden die zu untersuchenden Beziehungen nicht als klassische Hypothesen – wie im statistisch testtheoretischem Sinn – verstanden, sondern als Zusammenhänge formuliert. Die Zusammenhänge weisen eher einen qualitativen Charakter auf. Daher wird zu jedem der Zusammenhänge im Folgenden kurz aufgeführt, wann von einer Bestätigung gesprochen werden kann bzw. wann dieser verworfen wird. Damit kann ein exploratives Vorgehen bei der Datenanalyse verfolgt werden.

Zusammenhang 1 unterstellt eine Verbindung zwischen den Einflussfaktoren, welche die verschiedenen Charakteristika umfassen und dem Vertrag. Es wird vermutet, dass die Faktoren einen Einfluss zum einen auf den gesamten Vertrag haben und zum anderen (gleichzeitig) auf die einzelnen Vertragselemente. Daher ergibt sich folgender Zusammenhang:

Z1: Die Einflussfaktoren haben einen Einfluss auf den Vertrag und auf die Vertragselemente.

Der Zusammenhang gilt als bestätigt, wenn mindestens die Hälfte aller Einflussvariablen nötig ist, um zu erklären, warum bestimmte Vertragselemente verwendet werden. Dann kann davon ausgegangen werden, dass die verschiedenen Faktoren einen Einfluss haben und Z1 kann damit bestätigt werden. Z1 testet somit die Gesamtheit aller Einflussfaktoren auf alle Vertragselemente, womit eine Vielzahl an Analysen durchgeführt wird.

Weiterhin wird angenommen, dass diese Einflussfaktoren einen Einfluss auf den Exit und die Konflikte im PU haben. Zusätzlich hat der Vertrag bzw. bestimmte Rechte daraus einen Einfluss auf den Exit und Konflikte. Die Überprüfung der Managementunterstützung ist nicht möglich, was in Kapitel 6.3 begründet wird und ist daher aus dem Modell entfernt worden. Die sich draus ableitenden Zusammenhänge lauten:

Z2: Die Vertragselemente haben einen Einfluss auf den Exit der VCG aus dem PU.

Z3: Die Einflussfaktoren haben einen Einfluss auf den Exit der VCG aus dem PU.

Z4: Die Vertragselemente haben einen Einfluss auf die Konflikte im PU.

Z5: Die Einflussfaktoren haben einen Einfluss auf die Konflikte im PU.

Z2 gilt als bestätigt, wenn mindestens ein Vertragselement in der Lage ist, das Auftreten eines Exits zu erklären. Analog ist Z3 bestätigt, wenn für das Eintreten eines Exits mindestens eine Einflussvariable nötig ist. Dieselbe Logik ist für die Zusammenhänge Z4 und Z5 anzuwenden. Im Gegensatz zu Z1 wird für Konflikte und Exit jeweils nur eine Analyse durchgeführt. Dadurch ist bereits mit jeweils einer Erklärungsvariable aus dem jeweiligen Block von einem Einfluss auszugehen.

Darüber hinaus wurde in der Literaturanalyse als auch in den Interviews ein Zusammenhang zwischen dem Vertrag und dem Erfolg des PU vermutet. Auch hier sind wieder die Einflussfaktoren nötig, um den Erfolg beschreiben zu können, da ermittelt werden konnte, dass diese neben den Vertragselementen eine wesentliche Rolle in der Beeinflussung spielen. Auch wurde in Kapitel 5.3.2 begründet, dass ein Zusammenhang zwischen Konflikten und dem Erfolg besteht. Die Zusammenhänge lauten daher:

Z6: Die Vertragselemente haben einen Einfluss auf den Erfolg des PU.

Z7: Die Einflussfaktoren haben einen Einfluss auf den Erfolg des PU.

Z8: Konflikte im PU haben einen Einfluss auf den Erfolg des PU.

Z6 gilt als bestätigt, wenn mindestens ein Vertragselement in der Lage ist, das Auftreten von Erfolg zu begründen. Z7 wird bestätigt, wenn dies für mindestens einen Einflussfaktor zutrifft. Es ist wieder ein Einflussfaktor bzw. Vertragselement ausreichend, damit der Zusammenhang bestätigt wird, da nur eine Analyse nötig ist. Der Zusammenhang Z8 gilt als bestätigt, wenn Konflikte dazu beitragen, das Eintreten von Erfolg zu beeinflussen.

Abbildung 22: Untersuchungsmodell mit Zusammenhängen

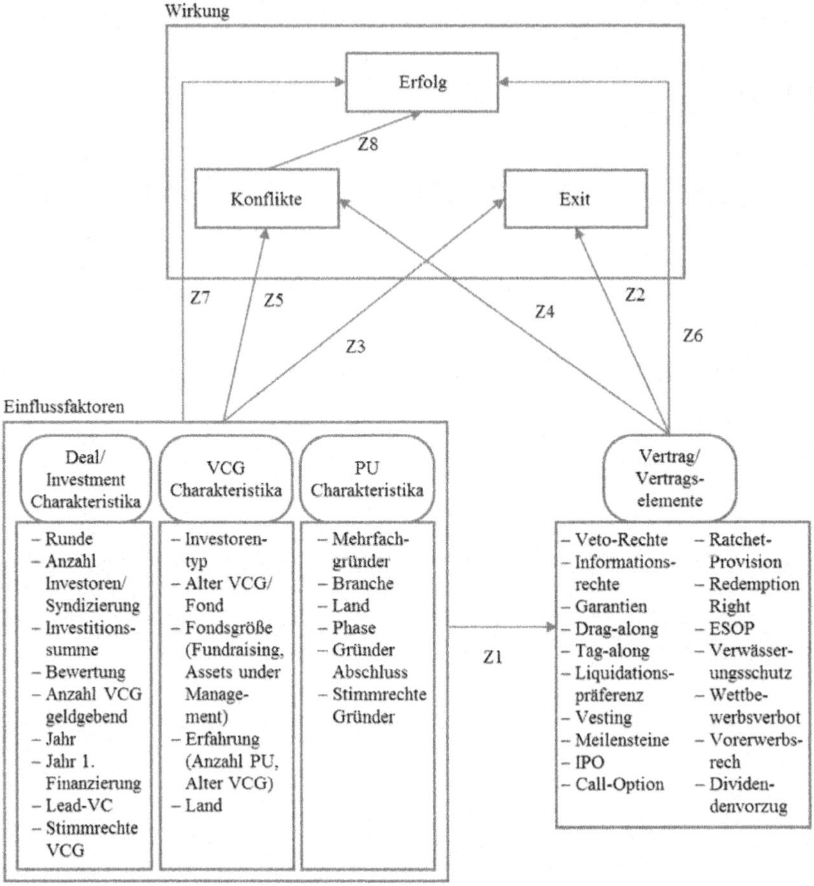

Quelle: Eigene Darstellung

6.2 Datenerhebung und Forschungsdesign

Um das Modell zu testen und um neue Erkenntnisse aus der Vertragsgestaltung zwischen VCG und PU zu gewinnen, kann die Erhebung und Prüfung von real abgeschlossenen Finanzierungsverträgen die größten Erkenntnisgewinne hervorbringen. Gleichzeitig ist das Erheben von Vertragsdaten komplex, da die Verträge von sehr großem Umfang sind und die Herausgabe durch VCG zumeist abgelehnt wird – ein Grund dafür, dass bisher nur sehr wenige Datensätze für die Forschung vorliegen, welche Verträge auswerten (s. Kapitel 4.2.1.4). Dieser Abschnitt beschreibt, wie es gelungen ist, Beteiligungsverträge, die als Grundlage für die vorliegende Arbeit dienen, direkt bei den VCG zu erheben.

In der VC-Forschung werden üblicherweise Zeitpunktanalysen durchgeführt, es gibt einen Mangel an longitudinalen Studien (Bygrave, 2007, S. 20-21) und in den meisten Studien wird nur eine einzelne Informationsquelle zur Untersuchung genutzt (s. Kapitel 4). Bygrave (2007, S. 21-22) kritisiert, dass zu viele Studien – vor allem im Entrepreneurship und VC-Bereich – mit einfach verfügbaren Sekundärdaten durchgeführt werden. Viele Studien nutzen bspw. die ThomsonOne (früher VentureXpert) Datenbank (für einen Überblick s. Da Rin, Hellmann & Puri, 2011, S. 7). In dieser sind aber bspw. keine Vertragsdaten enthalten (Bengtsson, 2012, S. 484), wodurch das Forschungsfeld der Vertragsforschung unterrepräsentiert ist. Weiterhin ist u. a. durch die Nutzung der Datenbank nur der amerikanische VC-Markt umfassend untersucht (Burchardt et al., 2016, S. 42; Denis, 2004, S. 323; Zambelli, 2014, S. 501).

Um die Limitationen dieser Ansätze zu überwinden, wurde zur Erhebung der Daten ein komplett neuartiges Forschungsdesign gewählt. Das Forschungsprojekt „Strategisches Risikomanagement in Frühphasenfonds" entstand aus einer Kooperation zwischen Prof. Dr. Michael Schefczyk (TU Dresden) und Prof. Dr. Andreas Pinkwart (HHL Leipzig Graduate School of Management) heraus. An der Studie haben bisher neun Frühphasenfonds mit 128 PU teilgenommen.

Um sich von den einzelnen Informationsquellen zu lösen und nicht nur eine Zeitpunktanalyse durchzuführen, werden in dem oben aufgezeigten Forschungsprojekt mehrere Informationsquellen kombiniert, um eine objektivere Sicht zu erhalten und eine longitudinale Datenlage zu schaffen. Dazu haben die neun Fonds Einsicht in sämtliche Unterlagen gewährt, wobei der Fokus auf den Entscheidungsakten (Businessplan, Due Diligence, Verträge und Entscheidungsvorlage) und das laufende Reporting (qualitatives und quantitatives Reporting, Meilensteine, Budgets) lag. Die Daten wurden ausschließlich bei deutschen Frühphasen-Investoren erhoben und basieren somit nicht auf Sekundärdaten. Weiterhin wurde eine standardisierte Befragung der Investmentmanager und PU durchgeführt, um auch eine subjektive Einschätzung der Beteiligung zu erhalten. Diese Vorgehensweise gewährt eine hohe wissenschaftliche Relevanz, da Multi-Perspektiven-Analysen möglich werden. Die Datenerhebung geschah direkt in den Geschäftsräumen der jeweiligen VCG und wurde in den Jahren 2011 bis 2014 durchgeführt. Es wurden ausschließlich deutsche VCG in dem Projekt berücksichtigt, um Erkenntnisse außerhalb der USA gewinnen zu können.

6.3 Operationalisierung

Insgesamt stehen für die Untersuchung Daten bzw. Beteiligungsverträge von 71 PU mit 122 Runden zur Verfügung, wobei das Sample in Kapitel 6.4 näher vorgestellt wird. Um das Modell und die Zusammenhänge zu testen, werden jedes Vertragselement sowie alle Einfluss- und Wirkungsvariablen operationalisiert, was im Folgenden im Detail präsentiert wird.

Die **Vertragselemente** wurden aus den zur Verfügung stehenden Beteiligungsverträgen gewonnen. Die Verträge wurden vollständig kodiert und sämtliche enthaltenen Klauseln erfasst. Die Daten liegen in Dummy-Kodierung vor, was bedeutet, dass nur erfasst wurde, ob

einzelne Elemente oder Klauseln – bspw. Vesting – im Vertrag enthalten sind. Nicht ersichtlich wird daraus, in welcher Ausprägung diese vorliegen.[8] Auch wurde die Form der Kapitalzufuhr erfasst, wobei weiter unten in diesem Kapitel in den Tabellen Eigenkapital mit EK,
Fremdkapital mit FK und Mezzanine mit MEZ abgekürzt werden. Als zentraler Aspekt ist
zu erwähnen, dass durch die Experteninterviews deutlich wurde, dass insbesondere Veto-
Rechte und Meilensteine eine wesentliche Rolle für die Wirkung der Verträge spielen. Daher
wurden diese Klauseln detaillierter kodiert: Bei den Meilensteinen wurde erfasst, wie viele
Meilensteine vorhanden sind, welcher Art die Meilensteine sind und wieviel % der Gesamtinvestitionssumme über Meilensteine ausgegeben werden. Auch wurden sämtliche verschiedene Veto-Rechte erfasst. Dazu wurden die Verträge in MAXQDA 12 kodiert und die
Kategorien dann induktiv erweitert, sobald ein neues Veto-Recht aufgeführt wurde. Die gleiche Kodierungsstrategie wurde für die Verträge angewandt, sodass alle Verträge vollständig
kodiert vorliegen. Im Folgenden – also der empirischen Untersuchung – werden nur die relevanten Vertragsklauseln betrachtet, da von den anderen Vertragsbestandteilen (wie der
Präambel und Datenschutzvereinbarungen) kein Einfluss und keine Wirkung ausgeht. Vielmehr handelt es sich um die juristisch notwendigen Bestandteile, damit der Beteiligungsvertrag einen Kaufvertrag darstellt (Brehm, 2012, S. 22).

Für die Operationalisierung der **Einflussfaktoren** konnten ebenfalls einige Variablen aus
den Verträgen gewonnen werden. Insbesondere die Gesellschafterstruktur ist detailliert in
den Beteiligungsverträgen vorhanden. Aus diesen lassen sich weitere Variablen berechnen,
wie etwa die Gesamtanzahl der Gesellschafter, die Höhe des Investitionsvolumens und
Stammkapitals. Die Details zu den Gesellschaftern wurden für bis zu fünf Gründungsgesellschafter und sieben Investoren erfasst. Waren in einer Finanzierungsrunde mehr Teilnehmer
beteiligt, wurden nur die sieben größten Investoren erfasst, alle weiteren Investoren wurden
in einer Gruppe zusammengefasst. Mit sieben Investoren ist eine ausreichende Detailtiefe
gegeben: Teilweise haben PU bis zu 33 Investoren wovon 30 weniger als 10 % aller Anteile
haben, wodurch diese keinen großen Einfluss auf das PU ausüben können und daher nicht
detailliert erfasst werden bzw. zusammenfassend betrachtet werden. Die Bewertung lässt
sich wiederum anhand der Beteiligungshöhe und dem dafür erhaltenen Stammkapital berechnen. Auf dieses Verfahren wurde zurückgegriffen, wenn die Bewertung nicht in den
Verträgen explizit bestimmt wurde. Daneben wird als Lead-Investor der Investor bezeichnet,
welcher das meiste Kapital in der jeweiligen Finanzierungsrunde vergibt. Das ist jedoch niemals die KfW, da diese grundsätzlich immer nur als Co-Investor investiert, auch wenn sie
teilweise das meiste Kapital bereitstellt. [9]

---

[8]   Die Dummy-Kodierung von Vertragselementen ist in der Vertragsforschung üblich. Eine detaillierte Ko-
      dierung ist kaum praktikabel, da die Beteiligungsdokumentation über 200 Seiten hat. Selbst wenn, nur der
      Beteiligungsvertrag betrachtet wird ist dieser ca. 55 Seiten lang. Bei 122 Finanzierungsrunden ergibt dies
      ca. 6.710 Seiten. Gleichzeitig ist ein Vergleich nicht zielführend, da es sich dabei um juristische Texte
      handelt, welche immer versuchen, einen gleichen Zweck zu erfüllen.

[9]   Die KfW investiert stets wie die anderen Investoren, per Förderrichtlinie darf diese aber nie Lead-Investor
      sein, sondern soll immer nur wie alle anderen investieren.

Für die Einteilung der Variablen Branche und Lead Typ und um ein objektives Ergebnis zu erzielen, wurden die Daten von verschiedenen Forschern erfasst, da diese Informationen nicht explizit in den Unterlagen bezeichnet werden.[10] Dazu haben drei Mitarbeiter des Forschungsprojekts die Unternehmen den jeweiligen vorgegebenen Gruppen zugeordnet. In den Fällen, in welchen es keine Übereinstimmung gab, wurde die Gruppeneinteilung diskutiert. Dadurch konnten alle Fälle eindeutig bestimmt werden. Die Branchen werden für die Analyse in vier ähnlich große Gruppen zusammengefasst, um verlässliche Aussagen erzielen zu können. Die Branchen Bauwesen, Chemie/Werkstoffe, Energie/Umwelt, Konsumgüter/Handel und Verbraucherdienstleistungen werden zu einer Gruppe zusammengefasst, Unternehmen der Kategorien Unternehmens-/Industriedienstleistungen und Unternehmens-/Industrieerzeugnisse werden in die Gruppe B2B eingeteilt. Die Branchen Software und Life Science werden aufgrund der hohen Fallzahl nicht weiter zusammengefasst.

Als Seed-Runde gilt die erste Finanzierungsrunde mit VC. Die danach folgenden Runden werden als Series A, gefolgt von Series B, Series C etc. bezeichnet (Pinkwart, Proksch, Fiegler & Ernst, 2015, S. 601). Die Runde C und D wurden zusammengefasst, da es nur eine D-Rundenfinanzierung gab und somit vermieden wird, Rückschlüsse auf dieses eine Unternehmen bei der Darstellung der deskriptiven Daten ziehen zu können.

Zusätzlich fand eine Triangulation der Daten mit zahlreichen weiteren Datenquellen statt. Bspw. wurden für den Einflussfaktor „Mehrfachgründer" nur die Geschäftsführer betrachtet und nicht die weiteren Gründer. Die Namen der Geschäftsführer wurden hier aus dem Handelsregister entnommen. Darüber hinaus wurden etwaige Geschäftsführerwechsel erfasst. Ob der Geschäftsführer ein Mehrfachgründer ist und welchen Bildungsabschluss dieser hat, wurde über eine Internetrecherche ermittelt. Bis auf fünf Geschäftsführer konnten auf diese Weise alle Informationen zu diesem Einflussfaktor ausfindig gemacht werden. Auch die Unternehmenskategorie entstammt dem Bundesanzeiger und der Amadeus Datenbank und wird in der Wirkung genauer erläutert.

Die Bewertung konnte nur für 112 Finanzierungsrunden ermittelt werden. Wenn die VCG keine Anteile übertragen bekommen hat, da nur mit Fremdkapital finanziert und keine Bewertung in den Verträgen festgehalten wurde, ist keine Bewertung möglich. Die Variable Land wurde nur für die VCG erfasst, da die PU ihren Sitz immer in Deutschland haben.

Für die Erhebung der VCG Charakteristika wurden ebenfalls mehrere Quellen genutzt. Vor allem Crunchbase.com, Bundesanzeiger und die Amadeus Datenbank lieferten hier die notwendigen Informationen. Die folgenden Charakteristika wurden dabei (bis auf den Investoren-Typ) nur für den Lead-Investor erhoben. Das Alter der VCG beschreibt den Zeitpunkt, seitdem die Gesellschaft im Bereich der VC-Finanzierung aktiv ist. Dies ist insbesondere bei Sparkassen relevant, welche häufig eine sehr lange Unternehmenshistorie haben, aber VC-

---

[10] Die Brancheneinteilung ist bspw. durch die Amadeus Datenbank möglich, jedoch wurden die Unternehmen nach der Brancheneinteilung des BVK e.V. vorgenommen, um diese mit dessen Zahlen vergleichen zu können.

Finanzierungen erst nach den 2000er durchführen. Die Erfahrung einer VCG wird dahingehend quantifiziert, dass erfasst wird, ob der Investor bereits einen Exit eines PU via IPO erzielen konnte. Wenn dies vorliegt, dann ist von einer größeren Erfahrung auszugehen (die Variable bekommt den Wert 1, sonst 0).

Aufgrund fehlender Informationen zum Fondsvolumen bzw. Assets under Management wird eine Dummy-Variable erhoben, welche angibt, ob es sich bei dem Investor um eine große oder kleine VCG handelt. Als groß gilt die VCG, wenn das Fondsvolumen über 50 Mio. Euro liegt oder die Assets under Management über 100 Mio. Euro. Bei vier der 30 Lead-Investoren können keine Daten zur Größe des Portfolios und Fondsgröße bestimmt werden, da es sich hier um CVC oder Industrieunternehmen handelt, die nicht über einen Fonds in ein PU investieren, sondern direkt als Unternehmen.

Für die **Wirkung** der Verträge konnten die Faktoren Exit, Value adding, Konflikte und Erfolg identifiziert werden. Ob ein Exit vorlag, lässt sich anhand des Status des PU erkennen, der über die Amadeus Datenbank und eine gezielte Recherche nach den Unternehmen ermittelt wurde. Value adding kann für diese Untersuchung nicht betrachtet werden, da sich diese Variable ausschließlich über eine Befragung der Gründer oder Investmentmanager ableiten lässt (bspw. Bottazzi, Da Rin & Hellmann, 2016; Cumming & Johan, 2007; Lim & Cu, 2012; Parhankangas et al., 2005; Strätling et al., 2011), die hier nicht durchgeführt wird.

Dasselbe trifft auch für Konflikte zu: Hier besteht allerdings die Möglichkeit einer teilweisen Operationalisierung. Burchardt (2009) definiert eine Krise bei einer VC-Finanzierung, wenn, a) sechs Monate vor Abschluss einer neuen Finanzierungsrunde das Managementteam gewechselt hat und/oder b) die Bewertung des PU in der neuen Runde um mindestens 10 % niedriger ist als in der vorherigen. Dieser Definition wird sich im Folgenden angeschlossen mit der Erweiterung, dass eine Krise auch dann vorliegt, wenn sechs Monate vor oder nach der Finanzierungrunde der Geschäftsführer wechselt. Ein Konflikt ist wiederum eine abgeschwächte Form der Krise: Wenn die Gründungsgesellschafter a) rational und b) zielorientiert ist sowie c) eine Kommunikation zwischen den Parteien (also den Gründern und der VCG) stattfindet, liegt ein Konflikt vor. Wenn eines dieser Merkmale nicht erfüllt ist, liegt eine Krise vor (vgl. Vecchi, 2009, S. 32). Im VC-Bereich ist daher davon auszugehen, dass eine Krisensituation auch mit Konflikten einhergeht, womit mit der Variable Krise ein geeignetes Maß für den Faktor Konflikte vorhanden ist.

Die Variable Erfolg lässt sich auf mehreren Wegen definieren und bestimmen (Schefczyk, 2004). Eine Möglichkeit ist das Messen der in der Forschung üblichen Erfolgsmaße wie bspw. Mitarbeiter (Wachstum), Umsatz (Wachstum) und/oder Gewinn (Wachstum). Dies ist in der vorliegenden Arbeit generell nicht möglich, da diese Daten nicht für alle Unternehmen und Finanzierungsrunden vorliegen und für kleine Unternehmen nicht veröffentlichungspflichtig sind (§ 325 HGB). Ein weiteres mögliches Erfolgsmaß ist die IRR. Diese lässt sich für die VCG errechnen, indem die Bewertung der ersten Runde mit der Bewertung der nächsten verglichen und der Wertzuwachs daraus berechnet wird. Da die IRR ausschließlich im Falle von mehreren Finanzierungsrunden berechenbar ist, ist dieses Maß nur in 46 Fällen bestimmbar, was wiederum für die statistische Analyse nicht ausreichend ist (Backhaus, Erichson, Plinke & Weiber, 2011, S. 295). Eine für alle Unternehmen erfassbare Messgröße ist jedoch die Größenkategorie des Unternehmens nach § 267 HGB, die auch die oben erwähnte Unternehmenskategorie beschreibt. Diese Daten sind über die Amadeus Datenbank und die Bilanzen (via Bundesanzeiger) frei einsehbar. Erfolg tritt somit für ein Unternehmen dann ein, wenn dieses nicht mehr als „kleine Kapitalgesellschaft" bezeichnet wird, was zumindest einen Teilerfolg für die VCG und das PU darstellt. Dies trifft dann zu, wenn mindestens zwei der drei folgenden Bedingungen überschritten sind: „

1. 6 000 000 Euro Bilanzsumme.

2. 12 000 000 Euro Umsatzerlöse in den zwölf Monaten vor dem Abschlußstichtag.

3. Im Jahresdurchschnitt fünfzig Arbeitnehmer." (§ 267 HGB)

Die Größeneinteilung nach HBG schließt somit mehrere Erfolgskennzahlen ein, ist gleichzeitig für jedes Unternehmen für jedes Jahr – frei von Verzerrungen – vorhanden und beschreibt das Wachstum des PU, woran die VCG im Speziellen interessiert ist. Die Unternehmenskategorie wird als Phase des PU verstanden: Wenn das PU keine kleine Kapitalgesellschaft mehr ist, hat dieses die Phase des Start-up verlassen.

Die Operationalisierung sämtlicher Variablen sowie deren Datenherkunft und Ausprägung sind in Tabelle 8 im Überblick dargestellt. Zusammenfassend lässt sich das Modell aus Abbildung 20, mit Einschränkungen, operationalisieren und empirisch-quantitativ überprüfen.

Tabelle 8:   Operationalisierung der Variablen

Einflussfaktoren		
Variable	**Datenherkunft**	**Ausprägung**
Runde	Beteiligungsvertrag	Seed, Series A, Series B, Series C/D
Jahr Finanzierungsrunde	Beteiligungsvertrag	Jahr
Jahr 1. Finanzierung	Beteiligungsvertrag	Jahr
Branche	Amadeus Datenbank, eigene Einteilung	s. Tabelle 9
Unternehmenskategorie/ -phase	Amadeus Datenbank, Bundes- anzeiger	Kleine, Mittlere, Große, sehr Große
Geschäftsführer Mehrfach- gründer	Internetrecherche	Dummy (0, 1)
Geschäftsführer Bildungs- abschluss	Internetrecherche	Promotion, Hochschule, Ausbil- dung
Investitionssumme	Beteiligungsvertrag	Euro
Stimmrechte Gründer, Stimm- rechte Investoren	Beteiligungsvertrag	Wert in %
Anzahl Gründungsgesellschafter, geldgebende Gründungsgesellschafter, Anzahl Investorengesellschafter,	Beteiligungsvertrag	Anzahl

Einflussfaktoren		
Variable	**Datenherkunft**	**Ausprägung**
geldgebende Investorengesellschafter, Anzahl Gesellschafter,		
Syndizierung	Berechnet, wenn mehr als ein Investor v	Dummy (0, 1)
Bewertung (Post-money)	Berechnet oder Beteiligungsvertrag	Euro
Lead Typ	Eigene Einteilung	GVC, BVC, IVC, BA, CVC
Investorentypen	Eigene Einteilung	GVC, BVC, IVC, BA, CVC, KfW
Alter Lead	Internetrecherche, Crunchbase.com, Amadeus Datenbank, Bundesanzeiger	< 1990 1990-1999 2000-2005 2006-2011
Erfahrung	Internetrecherche, Crunchbase.com, Amadeus Datenbank, Bundesanzeiger	Dummy (0, 1)
Lead Sitz International	Internetrecherche, Crunchbase.com, Amadeus Datenbank,	Dummy (0, 1)
Lead Fonds Groß	Internetrecherche, Crunchbase.com, Amadeus Datenbank,	Dummy (0, 1)
Vertragselemente		
Informationsrechte, Veto-Rechte, Garantien, Wettbewerbsverbot, Vorerwerbsrecht, Drag-along, Tag-along, Liquidationspräferenz, Verwässerungsschutz, Vesting, Meilensteine, Put-Option, Ratchet-Provision, Redemption Right, ESOP, IPO, Dividendenvorzug, Call-Option	Beteiligungsvertrag	Dummy (0, 1)
Kapitalzufuhr	Beteiligungsvertrag	EK, MEZ, EK + MEZ, FK, EK+FK
Detail Meilensteine: Anzahl, % der Auszahlung in Meilensteine, Art der Meilensteine	Beteiligungsvertrag	Dummy (0, 1)
Detail Veto-Rechte: Diverse Veto-Rechte	Beteiligungsvertrag	Dummy (0, 1)
Wirkung		
Exit	Amadeus Datenbank, Internetrecherche	Dummy (0, 1)
Krise/Konflikt	Handelsregister, Verträge	Dummy (0, 1)
Erfolg	Unternehmenskategorie	Dummy (0, 1)

Quelle: Eigene Darstellung

6.4 Über die Stichprobe

Die im vorhergehenden Abschnitt (insbesondere Tabelle 8) dargestellten operationalisierten Variablen werden in diesem Abschnitt inhaltlich vorgestellt. Zuerst erfolgt eine univariate Darstellung der einzelnen Aspekte, die gefolgt wird von bivariaten Analysen der Vertragselemente, den Abschluss bildet die Präsentation der Wirkungsvariablen. Dabei werden bereits erste Rückschlüsse in Bezug auf den Zusammenhang zwischen den Einflussfaktoren und den Vertragselementen (Z1) gezogen.

6.4.1   PU, Deal/Investment und VCG Charakteristika

Tabelle 9 stellt die Verteilung der Eigenschaften der Stichprobe vor. Im Zeitraum zwischen den Jahren 2004 bis 2013 fanden die meisten Finanzierungsrunden zwischen 2007 und 2011 statt. Ein Großteil der PU ist noch aktiv am Markt (n = 44). Ein kleiner Teil konnte bereits via Exit durch die VCG verkauft werden (n = 7). Deutlich mehr PU sind jedoch insolvent gegangen (n = 20).

Im Vergleich zum Datenset von Antonczyk (2006, S. 144), wobei 44 % der Unternehmen als GmbH und 54,9 % als AG gegründet wurden, sind im vorliegenden Sample 94 % der PU als GmbH gegründet worden. Der Grund dafür liegt im vergleichsweise aktuelleren Sample: Um das Jahr 2001 herum wurden mehr Unternehmen als AG gegründet, um diese an der Börse listen zu können. Dieser Trend ist nach dem Platzen der Dotcom-Blase zurückgegangen, da eine AG mehr Kosten aufwirft und u. a. durch mehr benötigte Organe als bei einer GmbH komplizierter zu verwalten ist (Weitnauer et al., 2016, S. 262).

Tabelle 9:   **Charakteristika der Stichprobe**

Variable	Parameter/Ausprägung	Wert
# PU	Summe	71
# Finanzierungsrunden	Summe	122
Jahr der Finanzierungsrunde	2004	2,5 %
	2005	4,9 %
	2006	4,9 %
	2007	10,7 %
	2008	18,0 %
	2009	14,8 %
	2010	20,5 %
	2011	18,9 %
	2012	3,3 %
	2013	1,7 %
Status	Aktiv	61,9 %
	Exit	9,9 %
	Insolvent	28,2 %
Rechtsform	GmbH	94,3 %
	AG	5,6 %
Branche	Bauwesen	1,4 %
	Chemie/Werkstoffe	1,4 %
	Energie/Umwelt	7,0 %
	Konsumgüter/Handel	5,6 %
	Life Science	29,6 %
	Software	35,2 %
	Unternehmens-/Industrie-dienstleistungen	5,6 %
	Unternehmens-/Industrie-erzeugnisse	11,3 %
	Verbraucherdienstleistungen	2,8 %

Variable	Parameter/Ausprägung	Wert
Runde	Seed	52,5 %
	Series A	28,7 %
	Series B	13,9 %
	Series C/D	4,9 %
Unternehmenskategorie/Größe	Klein	66,2 %
	Mittel	28,2 %
	Groß	2,8 %
	Sehr groß	2,8 %
Geschäftsführer/Gründer-Eigenschaften		
Anzahl Geschäftsführer	1	33
	2	33
	3	3
Serial als Geschäftsführer	Ja	26,8 %
	Nein	73,2 %
Bildungsabschluss	Unbekannt	6
	Ausbildung	2
	Universität	54
	Dr.	45
Alter PU in Tage bis erste Finanzierung	Mittelwert	577
	Median	346
	Modus	338
	Standardabweichung	716,0
	Min	1
	Max	3619
Investitionssumme	Mittelwert	1.311.468 Euro
	Median	705.709 Euro
	Modus	500.000 Euro
	Standardabweichung	1.801.004 Euro
	Min	300.000 Euro
	Max	14.105.881 Euro
Anzahl Gründungsgesellschafter	Mittelwert	3,3
	Median	3
	Modus	3
	Standardabweichung	1,8
	Min	1
	Max	11
Anzahl Investoren	Mittelwert	3,6
	Median	3
	Modus	2
	Standardabweichung	4,3
	Min	1
	Max	44
Syndizierung	Dummy	79,5 %
Bewertung (n = 112)	Mittelwert	4.369.962 Euro
	Median	3.336.948 Euro
	Modus	3.333.333 Euro
	Standardabweichung	3.520.737 Euro
	Min	366.530 Euro
	Max	24.000.000 Euro
Lead Typ	GVC	45,1 %
	BVC	33,6 %
	IVC	16,4 %
	BA	1,6 %

Variable	Parameter/Ausprägung	Wert
	CVC	3,3 %
Verschiedene Lead-VC	Summe	30

Quelle: Eigene Darstellung

Die 71 PU aus dem hier verwendeten Set werden bzw. wurden von 108 Geschäftsführern geführt, von denen der Großteil einen Universitätsabschluss oder eine Promotion aufweisen, knapp Dreiviertel der Geschäftsführer haben jedoch davor noch kein anderes Unternehmen gegründet. Im Schnitt werden 1,3 Mio. Euro in 577 Tage nach der Gründung (der Eintragung im Handelsregister folgend) in das PU investiert. Wobei die PU von durchschnittlich drei Personen gegründet und drei weiteren Investoren finanziert werden. Die durchschnittliche Bewertung über alle Finanzierungsrunden hinweg liegt bei 4,4 Mio. Euro.

Im Folgenden werden die Charakteristika der 30 verschiedenen Lead-Investoren vorgestellt und in Tabelle 10 abgebildet. Die Variablen werden in dieser Übersicht teilweise gruppiert, damit keine Rückschlüsse auf die Fonds aus dem Sample möglich sind.

Tabelle 10:   VCG Charakteristika

Variable	Ausprägung	Wert
Lead Typ	GVC	20,0 %
	BVC	23,3 %
	IVC	40,0 %
	BA	3,3 %
	CVC	13,3 %
Alter VCG/Fond	< 1990	13,3 %
	1990-1999	26,7 %
	2000-2005	43,3 %
	2006-2011	16,7 %
Anzahl PU im Portfolio	< 10	26,7 %
	10-19	33,3 %
	20-50	16,7 %
	> 51	10,0 %
	Unbekannt	13,3 %
Erfahrung	Hoch	26,7 %
	Niedrig	60,0 %
	Unbekannt	13,3 %
Lead Fondsgröße	Groß	43,3 %
	Klein	43,3 %
	Unbekannt	13,3 %

Quelle: Eigene Darstellung

Zwölf der 30 Investoren sind IVC, die somit am meisten vertreten sind; mit nur einmaligem Vorkommen sind BA am wenigsten vertreten. Der durchschnittliche Lead-Investor ist seit den Jahren zwischen 2000 und 2005 in der VC-Finanzierung tätig, hat zehn bis 19 PU im Portfolio und bisher kein PU via IPO verkauft und damit nur eine geringe VC-Erfahrung. Exakt die Hälfte der Investoren gelten als große Fonds, die andere als kleine. Bei vier Investoren konnte die Größe des verwalteten Kapitals nicht ermittelt werden.

Die Korrelation der Einflussvariablen wurde ebenfalls betrachtet. Für die weitere Untersuchung relevant sind vor allem die Korrelationen, die hohe Werte (über 0,7 nach Backhaus et al., 2011 S. 340) aufweisen. Einige dieser Korrelationen erklären sich aus der Dummy-Kodierung der Variablen: Wenn das Unternehmen der kleinen Unternehmenskategorie angehört, kann dieses nicht gleichzeitig der mittleren Kategorie angehören. Daher hängen diese Variablen stark negativ miteinander (-0,865) zusammen. Auch sind die Stimmrechte, die die Gründer halten, mit denen der Investoren zur Gänze negativ korreliert (Korrelation von -1), was auf die Operationalisierung zurückzuführen ist, da nur die Gruppe Gründer oder Investoren erfasst wurde. Es ist ein hoher Zusammenhang zwischen der Bewertung und dem Finanzvolumen erkennbar: Wenn das Finanzvolumen des PU steigt, steigt gleichzeitig die Bewertung (0,774). Auch ist eine sehr hohe Korrelation zwischen der Anzahl der Gesellschafter und der Anzahl der geldgebenden Investoren ersichtlich: Wenn zusätzliche Gesellschafter in ein PU hinzukommen, handelt es sich dabei fast immer um Investoren. Demnach wird die Anzahl der Gesellschafter von der Anzahl der Investoren bestimmt. Weiterhin sind BVC Investoren häufig Lead-Investoren, was am hohen Zusammenhang zwischen der Lead-BVC-Variable und der Dummy-BVC-Variable zu erkennen ist – also dem allgemeinen bloßen Auftreten des BVC Investorentyps (0,723). Weiterhin korreliert CVC mit der Alter Lead 1-Variable, was allerdings durch die Operationalisierung erzwungen wird: Wenn kein Alter des Fonds ermittelt werden konnte, wurde das Gründungsdatum der Muttergesellschaft gewählt, welches im Falle von CVC vor dem Jahr 1990 liegt. Der Grund dafür liegt darin, dass nur wirtschaftlich erfolgreiche Unternehmen CVC anbieten können, diese sind häufiger und länger am Markt als andere Unternehmen. Auch ist in dem Datensatz ein Zusammenhang zwischen dem Lead-Investorentyp BA und der Internationalität vorhanden – es gibt eine hohe positive Korrelation (0,701) zwischen diesen Variablen. Demnach stammen die Lead-BA-Investoren zum Großteil nicht aus Deutschland.

6.4.2 Repräsentativität

Im Folgenden wird überprüft, ob das vorliegende Sample eine Verzerrung aufweist. Damit wird überprüft, ob die Stichprobe der Grundgesamtheit entspringt und somit gültige Aussagen aus der Analyse für die VC-Frühphase möglich sind. Dazu werden die Ausprägungen des Sample mit Marktwerten verglichen. Als Vergleichsgrundlage dienen dazu Statistiken des BVK, welcher die vollständigsten Marktstatistiken zum deutschen VC-Markt erhebt. Im BVK sind nicht alle in Deutschland aktiven VCG vertreten, jedoch bilden diese einen sehr großen Teil des Gesamtmarkts ab. Im BVK sind 181 VCG Mitglied, wobei der BVK schätzt, dass es ca. 60 weitere relevante VCG in Deutschland gibt (BVK, 2017).

Im Folgenden werden die Statistiken des BVK aus dem Jahr 2010 – da aus diesem Jahr die meisten Runden vorliegen – und 2015 mit der vorliegenden Stichprobe verglichen (s. Tabelle 11).

Tabelle 11:   Verteilung der Stichprobe über Branchen

Branche	Deutscher VC-Markt 2010 (BVK)	Deutscher VC-Markt 2015 (BVK)	Vorliegende Daten
Bauwesen	1,3 %	0,1 %	1,4 %
Chemie/Werkstoffe	2,8 %	1,4 %	1,4 %
Energie/Umwelt	4,2 %	3,9 %	7,0 %
Konsumgüter/Handel	6,4 %	8,6 %	5,6 %
Life Science	18,0 %	22,0 %	29,6 %
Software/IKT	29,2 %	39,2 %	35,2 %
Unternehmens-/Industriedienstleistungen	18,5 %	6,6 %	5,6 %
Unternehmens-/Industrieerzeugnisse	13,3 %	9,5 %	11,3 %
Verbraucherdienstleistungen	3,6 %	5,2 %	2,8 %
Sonstige	2,5 %	3,5 %	0,0 %

Quelle: Eigene Darstellung

Das vorliegende Sample enthält mehr Unternehmen aus der Branche Life Science als es im deutschen VC-Markt üblich ist. Dies kann damit erklärt werden, dass ein auf Life Science spezialisierter Fonds und dessen Daten mit in die Erhebung eingeflossen sind. Im Gegenzug sind weniger Unternehmen aus den Unternehmens-/Industriedienstleistungen vorhanden. Die übrigen Verteilungen entsprechen ansonsten dem deutschen VC-Markt, wodurch von keiner Verzerrung auszugehen ist.

Im Jahr 2010 waren 55,1 % aller Finanzierungen Erstfinanzierungsrunden, im vorliegenden Datensatz beträgt die Anzahl 52,5 %, was für ein repräsentativen Abgleich spricht. Laut BVK (2011) wurden nur 24,7 % aller Investments im Jahr 2010 syndiziert. In der vorliegenden Strichprobe liegt die Quote mit 79,5 % deutlich höher. Hierfür ist vermutlich der Fokus auf die Frühe-Phase verantwortlich: In dieser werden häufiger Syndizierungen eingegangen als in späteren Phasen bzw. bei Buy-out-Transaktionen. Eine Trennung der Daten, die vom BVK erhoben wurden, welche nur die frühe VC-Phase betrachten, ist jedoch nicht möglich. Insgesamt spricht die Zahl der Erstfinanzierungen für ein repräsentatives Sample, bezüglich der Syndizierung kann keine Aussage getroffen werden.

Zu einer Stärke – auch im Sinne der Repräsentativität – des Datensatzes zählt das Vorhandensein von insolventen PU. Diese machen 28 % aller finanzierten Unternehmen aus. Dadurch ist nicht davon auszugehen, dass der Datensatz bezüglich erfolgreicher Investments verschoben ist. Laut BVK waren im Jahr 2010 26,1 % aller abgeschlossenen Investments Totalverluste, was die Annahme bestätigt, dass ebenfalls eine ausreichende Anzahl an insolvente PU im Datensatz vorhanden sind.

Insgesamt ist der Stichprobenumfang mit 71 PU und 122 Finanzierungsrunden als angemessen groß einzuordnen: Die meisten Autoren verfügen über nicht sehr viele Finanzierungsrunden. Antonczyk (2006) untersuchte für seine Studien 91 Finanzierungsrunden, welche aus den Jahren 1997 bis 2004 stammen. Kaplan und Strömberg (2003) verfügten über Daten von 119 PU mit 213 Runden aus den Jahren 1987 bis 1999. Das aktuellste Sample stammt von Hommel und Walz (bspw. Burchardt, 2009) aus den Jahren 1997 bis 2008, wobei 127 PU mit 265 Runden enthalten sind. Das größte deutsche Sample stammt von Walz (bspw. Hirsch & Walz, 2013). Dieses vereint 290 PU und 464 Runden aus den Jahren 1990 bis 2004. Über das deutlich größte Datensample verfügen Bengtsson und Ravid (2014) mit 4.561 Runden, wobei hier nur die Satzungen ausgewertet wurden und daher die Datentiefe deutlich geringer als in den anderen Studien ist. Auch im Vergleich zum deutschen Gesamtmarkt ist die Zahl der Finanzierungsrunden der vorliegenden Stichprobe angemessen. Im Jahr 2010 wurde in Deutschland in insgesamt 201 Unternehmen der Seed-Phase investiert (BVK, 2011), was einer Abdeckung von ca. 12,4 % (25 Finanzierungsrunden im Sample / 201 Unternehmen) aller Transaktionen entspricht (2009 waren es 155 Seed-Investitionen und damit eine Abdeckung von 11,6 %). Weiterhin spricht für eine Repräsentativität, dass die Vertragsdaten denen von anderen Untersuchungen im deutschen Markt entsprechen (s. Kapitel 6.4.3).

Der größte Vorteil der vorliegenden Stichprobe liegt in seiner Aktualität. Während die anderen Untersuchungen im Jahr 2008, also zu Beginn der Finanzkrise enden, liegen in diesem Sample Daten bis zum Jahr 2013 vor, wodurch eventuelle Verschiebungen durch die Finanzkrise berücksichtigt werden können. Gleichzeitig beginnen die Daten im Jahr 2004, was wiederum eine ausreichende Zeitspanne nach dem Platzen der Dotcom-Krise gewährleistet.

Generell ist von keiner Verzerrung der Daten auszugehen. Bei den neun Fonds, bei denen die Daten erhoben wurden, wurden in acht Fällen Vollerhebungen durchgeführt. In einem Fall konnte ausschließlich eine Stichprobe gezogen werden, wobei diese zufällig ausgewählt wurde. Weiterhin sind 30 verschiedene Lead-Investoren vorhanden, was ebenfalls für eine breite Datenbasis spricht. Durch das Forschungsdesign konnte einem Self-Reporting Bias entgegengewirkt werden, wodurch nicht davon auszugehen ist, dass nur bestimmte PU (bspw. nur erfolgreiche PU) untersucht werden. Auch für ein Selection Bias gibt es keine Anzeichen. Zudem zeigen die Zahlen bezüglich der Insolvenzen, dass keine Performance oder Survivorship Verzerrungen vorliegt. Auch ist es nicht wahrscheinlich, dass die ausgewählten Fonds verzerrt sind, da es eine große Anzahl an verschiedenen Lead-Investoren gibt. Insgesamt liegt demnach ein repräsentativer Datensatz vor.

6.4.3   Charakteristika der Vertragselemente

An dieser Stelle (und mittels Tabelle 12) folgt eine umfassende Auflistung der erhobenen Vertragsvariablen und wie diese ausgeprägt sind. Dieser Abschnitt fällt sehr ausführlich aus, da es nur sehr wenige Untersuchungen gibt, die direkt Verträge untersucht haben (s. Kapitel 4.2.1.4). Zusätzlich werden die Charakteristika und deren Ausprägung mit Ergebnissen anderer Studien verglichen. Genutzt werden als Vergleichsmaße die Untersuchungen von Antonczyk (2006), Bienz et al. (2009) bzw. Zimmermann (2005) mit dem gleichen Sample, Reißig-Thust et. al (2004), Kaplan und Strömberg (2003) sowie Cooley (2017)[11].

Im Durchschnitt werden 9,9 der 17 möglichen untersuchten Klauseln verlangt. Wobei die VCG im Schnitt ca. 40 % der Stimmrechte verlangt und damit die theoretischen Annahmen von Vergara, Bonilla und Sepulveda (2016) bestätigen, wonach die Verteilung der Stimmrechte zwischen VCG und PU im Schnitt um ca. 50 % beträgt. An der Art der Kapitalzufuhr ist ersichtlich, dass die Annahmen von Kaplan und Strömberg (2003), dass nur Wandelinstrumente für eine VC-Finanzierung ideal sind, nicht bestätigt werden kann: Die Art der Kapitalzufuhr ist im deutschen Frühphasenmarkt sehr gemischt, wobei am meisten mit Eigenkapital finanziert wird und erst an zweiter Stellen Wandelinstrumente stehen.

Die eigene Untersuchung zum Auftreten bestimmter Vertragsklauseln ergibt ähnliche Werte wie andere Untersuchungen. Informationsrechte, Veto-Rechte, Garantien und Vesting werden fast immer abgeschlossen. Auch das Wettbewerbsverbot und ein Vorerwerbsrecht ist laut der eigenen Untersuchung in knapp 80 % alle Beteiligungsverträge zu finden und erreicht damit ähnliche Werte wie andere Untersuchungen.

Drag-along und Tag-along sind in über dreiviertel der Verträge zu finden. Die niedrigen Werte bei den Tag-along- und Drag-along-Klauseln in der Studie von Bienz et al. (2009) mit 50 % bzw. 39 % lassen sich durch die verstärkte Finanzierung von Fremdkapital in deren Sample erklären. Da 68 % aller Firmen der Stichprobe von Bienz et al. (2009) mit Fremdkapital finanziert wurden, sind dort auch die Exit-Rechte geringer, da keine Eigenkapitalbeteiligung besteht.

Auffällig ist, dass die Verwendung einer Liquidationspräferenz und eines Verwässerungsschutzes in Deutschland deutlich seltener anzutreffen sind (in 57 % bzw. 73 % aller Fälle in der eigenen Untersuchung) als in den USA (dort in 99 % bzw. 96 % aller Fälle). Demnach gibt es Unterschiede zwischen amerikanischen und deutschen Beteiligungsverträgen.

Bei Antonczyk (2006) und Reißig-Thust (2004) ist die geringe Verwendung von Meilensteinen auffällig (48,4 % bzw. 42,6 % im Vergleich zu 71,3 % im vorliegenden Sample). Hierbei bestätigt sich der Trend, dass über die Jahre immer mehr Meilensteinfinanzierungen verlangt wurden. Während Reißig-Thust die älteste Stichprobe hat, liegt in dieser Studie die aktuellste Stichprobe vor, welches auch die höchsten Werte bei den Meilensteinen aufweist. Dieses Ergebnis unterstützt somit die Lernhypothese von Bienz und Hirsch (2012), wonach Meilensteine eine optimale Form der Finanzierung darstellen, aber komplex zu implementieren sind und daher die VCG erst über die Zeit lernen müssen, diese Klauseln zu verwenden. Auffällig ist, dass in den USA weniger Verträge mit Meilensteinen abgeschlossen werden und somit ein weiterer Unterschied zur deutschen Finanzierungspraxis existiert.

---

[11] Cooley ist eine amerikanische Anwaltsgesellschaft, welche überwiegend VC-Unternehmen berät und quartalsweise Informationen über Trends in den Verträgen veröffentlicht.

Entgegengesetzt zu den Meilensteinen ist die Entwicklung der Ratchet-Provision: Hier ist die Nutzung über die Jahre immer weiter zurückgegangen (Reißig-Thust (Erhebungsjahr 2001): 25,4 %, Antonczyk (Erhebungsjahr bis 2004): 23,1 %, eigene Studie (Erhebungsjahr bis 2014): 7,4 %). Diese Regelung scheint den Investoren demnach nicht mehr von Bedeutung zu sein bzw. nicht den gewünschten Nutzen zu bieten.

Die größten Unterschiede gibt es in der Kategorie Redemption Right bzw. Put-Option. In dieser weist die eigene Untersuchung den geringsten Wert auf. Wobei es sowohl in den USA als auch Deutschland Untersuchungen gibt, die die Verwendung dieser Rechte als sehr hoch (über 75 %) bzw. gering (unter 25 %) einschätzen. Diese Rechte werden demnach sehr individuell verwendet oder eine einheitliche Messung dieser Klauseln ist nicht möglich.

Für den deutschen Markt erstmalig untersucht wurden die Klauseln ESOP, IPO-Rechte, Dividendenvorzug und Call-Optionen, wodurch diese nicht mit anderen Studien verglichen werden können.

Die in Kapitel 3 vorgestellte Forced-Exit-Klausel (3.2.4.6) konnte genauso wie eine Pay-to-play Regelung (s. Kapitel 3.2.7.3) nicht in den 122 Beteiligungsverträgen gefunden werden. Diese Rechte spielen in der Praxis daher keine Rolle.

Tabelle 12:   Vertragselemente im Vergleich zu anderen Untersuchungen

Vertragselement	Wert	Antonczyk (2006)	Bienz et al. (2009)	Reißig-Thust et al. (2004)	Kaplan & Strömberg (2003)	Cooley (2017)
Vertragsindex						
Mittelwert	9,9					
Median	11,0					
Modus	11,0					
SD	2,7					
Min	3					
Max	15					
Kapitalzufuhr						
EK	45,9 %					
MEZ	23,8 %					
EK+ MEZ	12,3 %		68,0 %			
FK	12,3 %					
EK + FK	5,7 %					
Stimmrechte Gründer						
Mittelwert	61,4 %					
Median	64,1 %					
Modus	100 %					
SD	23,9 %					
Min	0,6 %					
Max	100 %					
Informationsrechte	97,5 %	98,9 %				
Veto-Rechte	89,3 %	97,8 %		88,6 %		
Garantien	86,9 %	98,9 %		87,7 %		

Vertragselement	Wert	Antonczyk (2006)	Bienz et al. (2009)	Reißig-Thust et al. (2004)	Kaplan & Strömberg (2003)	Cooley (2017)
Wettbewerbsverbot	78,7 %	96,7 %		82,5 %	70,4 %	
Vorerwerbsrecht	79,5 %	87,9 %		84,0 %		
Drag-along	79,5 %	73,6 %	39,0 %	54,4 %		90,0 %
Tag-along	77,0 %	75,8 %	50,0 %	66,7 %		
Liquidations-präferenz	56,6 %	64,4 %		42,1 %	99,5 %	99,0 %
Verwässerungs-schutz	73,0 %	60,4 %		31,6 %	95,0 %	96,0 %
Vesting	88,5 %	54,9 %		84,2 %	41,2 %	
Meilensteine	71,3 %	48,4 %	70,0 %	42,6 %		42,1 %
Ratchet-Provision	7,4 %	23,1 %		25,4 %		25,4 %
Redemption/ Put-Option	10,7 %	39,6 %	17,0 %	21,9 %	79,0 %	21,9 %
ESOP	28,7 %					
IPO-Rechte	28,7 %					
Dividendenvorzug	18,9 %				14,0 %	
Call-Option	32,0 %					

Quelle: Eigene Darstellung

Die Verträge wurden überwiegend Dummy-kodiert, das heißt es ist nur möglich, eine Aussage zu treffen, ob ein bestimmtes Recht vorliegt, jedoch nicht zur weiteren Ausgestaltung der Klauseln. In Tabelle 13 sind Veto-Rechte und Meilensteine detaillierter vorgestellt. Diese Rechte wurden gesondert und detaillierter kodiert, da von diesen laut den Experteninterviews die hauptsächliche Wirkung der Verträge auszugehen scheint. Zusätzlich wurden die Meilensteine in der Gruppe „Sonstige Meilensteine" zusammengefasst, wenn weniger als zehn PU diese spezielle Art des Meilensteines vorgegeben hatten (dazu zählen bspw. Errichtung eines ESOP, Erreichen des Break-Even oder die Beantragung von Fördermitteln). Es werden nur die Fälle betrachtet, in denen Meilensteine vereinbart wurden (n = 87). Dieselbe Regelung wurde auch für Veto-Rechte angewandt, wenn weniger als zehn PU ein spezielles Veto-Recht haben, werden diese in der Gruppe „Sonstige Veto-Rechte" zusammengefasst. Zudem werden nur Finanzierungsrunden betrachtet, bei welchem Veto-Recht vereinbart wurden (n = 111).

Tabelle 13: Detaillierte Erfassung der Veto-Rechte, Meilensteine und des Beirat

Variable	Parameter/Ausprägung	Wert
Anzahl der verschiedene Meilensteinarten	Mittelwert	2,4
	Median	2
	Modus	2
	SD	1,0
	Min	1
	Max	5

Variable	Parameter/Ausprägung	Wert
Summe der Meilensteine	Mittelwert	4,2
	Median	3
	Modus	1
	SD	3,1
	Min	1
	Max	13
Investitions-summe, die via Meilensteine vergeben wird (nur wenn Meilensteine = 1)	Mittelwert	64,7 %
	Median	65,0 %
	Modus	50,0 %
	SD	14,7 %
	Min	30,0 %
	Max	90,0 %
	30,0 - 49,9 %	6,8 %
	50,0 - 69,9 %	44,8 %
	70,0 - 90,0 %	48,2 %
Art der Meilensteine	Anzahl Kunden oder Umsatz	72,4 %
	Einstellung von Mitarbeitern	23,0 %
	Organisatorische Meilensteine	17,2 %
	Patent erstellen/Prüfen	13,8 %
	Produkt fertig entwickeln	24,1 %
	Produkt am Markt verfügbar	11,5 %
	Technischer Meilenstein	52,9 %
	Sonstige Meilensteine	27,6 %
Summe der Veto-Rechte	Mittelwert	12,3
	Median	13
	Modus	13
	Standardabweichung	3,5
	Min	3
	Max	21
Art der Veto-Rechte	Angestellte über X Euro einstellen	68,2 %
	Vergabe Darlehen über X Euro	12,7 %
	Abgabe von Sicherheitsleistungen, Bürgschaft, Garantien	84,5 %
	Änderung Budget	54,5 %
	Beteiligung an anderen UN/Tochtergesellschaften	94,5 %
	Beteiligung an Gewinnen	21,8 %
	Darlehen ausgeben	36,4 %
	Errichtung/Schließung einer Zweigniederlassung	71,8 %
	Grundstücke kaufen/verkaufen/belasten	69,1 %
	Verbot Transkation mit nahestehenden Personen	71,8 %
	Rückzahlung Darlehen	20,0 %
	Termingeschäfte verboten	34,5 %
	Verbot von Betriebsüberlassungsverträgen	56,4 %
	Verbot zur Verfügung über gewerbliche Schutzrechte und Lizenzverträge	90,0 %
	Vorsorgezusagen	56,4 %
	Wesentliche Änderungen PU-Strategie oder Produktpolitik	41,8 %
	Investitionen über X Euro	24,5 %
	Rechtsstreitigkeiten über X Euro	24,5 %
	Verkauf von Gegenständen über X Euro	70,9 %
	Projekte in bestimmter Höhe verlassen	59,1 %
	Verträge über gewissen Höhen abschließen	67,3 %
	Änderung Satzung/UN Verträge/Beirat	100 %
	Geschäftsführer entlassen/einstellen	100 %
	Sonstige Veto-Rechte	27,3 %

Quelle: Eigene Darstellung

Im Durchschnitt werden 2,4 verschiedene Arten an Meilensteinen bzw. verschiedenen Kategorien an Meilensteinen von der VCG verlangt. Dabei werden im Mittelwert 4,2 Meilensteine verlangt, wobei der Median und Modus auf eine eher niedrigere Anzahl an Meilensteinen hindeuten. Insgesamt werden durchschnittlich 64,7 % der gesamten Investitionssumme via Meilensteine ausgezahlt. Die Spanne reicht von mindestens 30 % bis zu 90 % der Gesamtinvestitionssumme, die erst nach Erreichen von Meilensteinen ausgezahlt wird. Fast dreiviertel aller Meilensteine umfassen das Erreichen von einer gewissen Kundenanzahl oder von Mindestumsätzen, also eine monetäre Zielstellung. In knapp über der Hälfte der Meilensteine werden technische Ziele vereinbart, die häufig durch einen externen Gutachter bestätigt werden müssen und eine sehr große Heterogenität aufweisen.

Bei den Veto-Rechten gibt es Standardklauseln, die fast immer verlangt werden. Dazu zählt das Verbot, die Satzung bzw. den Beteiligungsvertrag zu ändern, einen neuen Geschäftsführer einzustellen oder den alten zu entlassen, über gewerbliche Schutzrechte und Patente zu verfügen, sich an anderen Unternehmen oder Gesellschaften zu beteiligen sowie Sicherheiten und Bürgschaften für andere Unternehmen oder einen Kredit zu gewähren. Auch die Höhe über die bspw. über Gegenstände verfügt werden darf, variiert von PU zu PU, jedoch gibt es hier gewisse Standards. Üblicherweise dürfen keine Angestellten über 50.000 Euro Jahresbruttogehalt eingestellt werden, Darlehen über 25.000 Euro vergeben werden und Investitionen über 25.000 Euro veranlasst werden. Dies ist ohne gesonderte Zustimmung nur möglich, wenn das bereits im Jahresbudget eingeplant war.

6.4.3.1 *Bivariate Analyse der Vertragselemente*

Aufgrund der Seltenheit eines eigenen Datenbestandes werden die Charakteristika der Vertragsvariablen im Folgenden detaillierter mithilfe bivariater Analysen dargestellt. Die Vertragsvariablen werden unterteilt nach Finanzierungsform, Jahr, Runde, Stimmrechte, Lead Typ, Branche und Unternehmenskategorie in den folgenden Tabellen (14 bis 20) abgebildet, da dies laut der systematischen Literaturanalyse die am meisten untersuchten Zusammenhänge sind. Mit diesen bivariaten Analysen lassen sich an dieser Stelle zudem erste Erkenntnisse zur Prüfung des Zusammenhangs 1 (Z1) erzielen. Für die Überprüfung, ob die Gruppen sich signifikant voneinander unterscheiden, wird der Chi-Quadrat-Test genutzt.[12]

Bei der Betrachtung der Vertragselemente in Abhängigkeit von der Finanzierungsrunde in Tabelle 14 wird ersichtlich, dass die Finanzierung über Meilensteine mit jeder weiteren Runde abnimmt. Dies lässt sich damit erklären, dass über die Runden die Informationsasymmetrien zwischen PU und VCG abgebaut werden und gleichzeitig die Verhandlungsmacht des PU steigt. Demgegenüber verlangen die Investoren mehr Exit-Rechte, vor allem IPO-Rechte, aber auch die Liquidationspräferenz sind dann signifikant häufiger vorhanden. Der Hauptgrund hierfür ist – laut den Aussagen in den Experteninterviews – in der zeitlichen Befristung des Engagements der Investoren zu finden: Da diese einen Exit anstreben, werden

---

[12] Für mehr Informationen s. Brosius (2013, S. 421-425).

die VCG den Exit mit jeder weiteren Finanzierungsrunde weiter forcieren und auch mehr Rechte zur Durchführung des Verkaufes verlangen.

Tabelle 14:   Vertragselemente in Abhängigkeit der Runden

Recht	Seed	Series A	Series B	Series C/D
Informationsrechte	95,3 %	100 %	100 %	100 %
Veto-Rechte	95,3 %	85,7 %	76,5 %	83,3 %
Garantien	87,5 %	88,6 %	82,4 %	83,3 %
Wettbewerbsverbot	85,9 %	68,6 %	76,5 %	66,7 %
Vorerwerbsrecht	85,9 %	68,6 %	60,0 %	66,7 %
Drag-along	84,4 %	71,4 %	76,5 %	83,3 %
Tag-along	84,4 %	62,9 %	76,5 %	83,3 %
Liquidationspräferenz***	42,2%	65,7 %	76,5 %	100 %
Verwässerungsschutz	75,0 %	68,6 %	70,6 %	83,3 %
Vesting	92,2 %	85,7 %	82,4 %	83,3 %
Meilensteine**	78,1 %	74,3 %	52,9 %	33,3 %
Ratchet-Provision	10,9 %	5,7 %	0,0 %	0,0 %
Redemption/Put-Option	9,4 %	20,0 %	0,0 %	0,0 %
ESOP	32,8 %	14,3 %	35,3 %	50,0 %
IPO-Rechte***	10,9 %	20,0 %	11,8 %	83,3 %
Dividendenvorzug	18,8 %	17,1 %	23,5 %	16,7 %
Call-Option	32,8 %	28,6 %	35,3 %	33,3 %

Chi-Quadrat-Test nach Pearson, ob Gruppen signifikant verschieden; Signifikanzniveaus < 1 % ***, < 5 % **, < 10 % *

Bei der Betrachtung der Vertragsklauseln in Abhängigkeit der Lead-Investorentypen (Tabelle 15) fallen die zahlreichen signifikanten Unterschiede zwischen den Gruppen auf. Demnach verlangt ein GVC mehr Exit-Rechte (Drag-along, Tag-along und Vorerwerbsrechte) im Vergleich zu den anderen Investorentypen, wobei IPO-Rechte und Liquidationspräferenzen mehr von IVC verlangt werden. Der Grund für diesen Unterschied liegt an dem Finanzierungszeitpunkt der Investoren: GVC finanzieren häufig in der Seed-Phase und sind daher aufgrund größerer Informationsasymmetrien und Zielkonflikte auf mehr Exit-Rechte angewiesen. Im Gegenzug investieren IVC später, womit dann bereits IPO-Rechte nötig sind und eine Liquidationspräferenz vereinbart wird (s. auch Tabelle 14 bezüglich des Zusammenhangs zwischen diesen Rechten und Runde: Liquidationspräferenz und IPO-Rechte werden in späteren Runden verlangt).

Weiterhin sind Exit-Rechte beim HTGF standardisiert und umfassen u. a. das Vorerwerbsrecht, Drag-along und Tag-along, welche von anderen ähnlichen Investorentypen übernommen werden, da der HTGF als Benchmark und Wettbewerber gilt. Ein Dividendenvorzug wird überwiegend von BVC Investoren verlangt: Demnach scheint dieser Investorentyp mehr an regelmäßigen Zahlungen für das eingesetzte Kapital interessiert zu sein.

Tabelle 15: Vertragselemente in Abhängigkeit der Lead Typen

Recht	GVC	BVC	IVC	CVC
Informationsrechte X	96,4 %	97,6 %	100 %	100 %
Veto-Rechte X	94,5 %	95,1 %	68,2 %	75,0 %
Garantien***	98,2 %	73,2 %	86,4 %	75,0 %
Wettbewerbsverbot***	94,5 %	56,1 %	81,8 %	75,0 %
Vorerwerbsrecht***	94,5 %	58,5 %	81,8 %	75,0 %
Drag-along***	98,2 %	58,5 %	72,7 %	75,0 %
Tag-along***	90,9 %	53,7 %	86,4 %	75,0 %
Liquidationspräferenz***	50,9 %	46,3 %	90,9 %	50,0 %
Verwässerungsschutz***	85,5 %	51,2 %	86,4 %	50,0 %
Vesting	94,5 %	80,5 %	90,9 %	75,0 %
Meilensteine***	87,3 %	56,1 %	72,7 %	0,0 %
Ratchet-Provision X	0,0 %	22,0 %	0,0 %	0,0 %
Redemption/Put-Option X	5,5 %	19,5 %	0,0 %	50,0 %
ESOP**	40,0 %	12,2 %	31,8 %	25,0 %
IPO-Rechte***	3,6 %	17,1 %	45,5 %	50,0 %
Dividendenvorzug***	3,6 %	48,8 %	4,5 %	0,0 %
Call-Option**	36,4 %	14,6 %	50,0 %	50,0 %

Chi-Quadrat-Test nach Pearson, ob Gruppen signifikant verschieden; < 1 % ***, < 5 % **, < 10 % *; Zwei Runden mit BA als Lead-Investor als IVC interpretiert; X bei zu wenig Fällen um den Chi-Quadrat-Test durchzuführen (wenn weniger als 40 % der Zellen eine erwartete Häufigkeit kleiner fünf aufweisen)

Die Variablen zu den Stimmrechten werden an dieser Stelle in vier Gruppen eingeteilt, um eine geeignete Analyse mit dem Chi-Quadrat-Test zu ermöglichen: Besitzen die Gründer zwischen 0 bis 25 % der Anteile hat die Variable den Wert 1; zwischen 25 bis 50 % den Wert 2, zwischen 50 bis 75 % den Wert 3 und über 75 % den Wert 4 (s. Tabelle 16).

Bei ESOP und IPO-Rechten gilt, je weniger Stimmrechte die Gründer haben, desto eher sind diese Vertragsklauseln vorhanden. Erklärt werden kann dieses Ergebnis zum einen damit, dass Gründer, die wenige Anteile an ihrem Unternehmen halten, mittels ESOP trotzdem zur Weiterarbeit motiviert werden sollen. Zum anderen, wenn Gründer ihre Anteile über das Stammkapital halten und daher die PU auch dementsprechend groß sind, dass auch ein kleiner Anteil am PU entsprechende Leistungsanreize setzt.

Die Liquidationspräferenz ist eher vorhanden, wenn der Gründer weniger Anteile hält. Je mehr Investoren in das PU investieren, desto eher streben diese an, durch eine Liquidationspräferenz die Rendite zu sichern. Die Gründer akzeptieren dies wiederum, weil die Unternehmen sowie Finanzierungsrunden weiter fortgeschritten sind und das PU sowie die Anteile mehr Wert haben. Demnach hängt die Verwendung der Liquidationspräferenz mit den Anteilen der Stimmrechte, der Anzahl der Investoren und der Finanzierungsrunde zusammen. Um diese Aussage zu prüfen, müssen jedoch multivariate Analysen durchgeführt werden.

Tabelle 16:   **Vertragselemente in Abhängigkeit der Gründerstimmrechte**

Recht	< 25 %	25 % – 50 %	50 % – 75 %	> 75 %
Informationsrechte X	100 %	100 %	97,7 %	94,7 %
Veto-Rechte X	90,0 %	74,2 %	90,7 %	100 %
Garantien	90,0 %	80,6 %	90,7 %	86,8 %
Wettbewerbsverbot	90,0 %	80,6 %	81,4 %	71,7 %
Vorerwerbsrecht	90,0 %	80,6 %	86,0 %	68,4 %
Drag-along	90,0 %	80,6 %	86,0 %	68,4 %
Tag-along	90,0 %	80,6 %	79,1 %	68,4 %
Liquidationspräferenz***	80,0 %	93,5 %	62,8 %	13,2 %
Verwässerungsschutz*	70,0 %	80,6 %	81,4 %	57,9 %
Vesting X	100 %	83,9 %	88,4 %	89,5 %
Meilensteine	60,0 %	67,7 %	72,1 %	76,3 %
Ratchet-Provision X	0,0 %	0,0 %	11,6 %	10,5 %
Redemption/Put-Option X	0,0 %	9,7 %	14,0 %	10,5 %
ESOP**	70,0 %	22,6 %	27,9 %	23,7 %
IPO-Rechte*	30,0 %	25,8 %	18,6 %	5,3 %
Dividendenvorzug*	10,0 %	9,7 %	16,3 %	31,6 %
Call-Option	30,0 %	29,0 %	34,9 %	31,6 %

Chi-Quadrat-Test nach Pearson, ob Gruppen signifikant verschieden; < 1 % ***, < 5 % **, < 10 % *; X bei zu wenig Fällen um den Chi-Quadrat-Test durchzuführen (wenn weniger als 40 % der Zellen eine erwartete Häufigkeit kleiner fünf aufweisen)

Die Jahre, in welchem die PU finanziert wurden, werden ebenfalls zu möglichst gleichgroßen Gruppen zusammengefasst, damit der Chi-Quadrat Test aussagekräftige Ergebnisse liefern kann. Zusammengefasst werden die Jahre von 2004 bis 2007 und 2011 bis 2013. Die Jahre 2008, 2009 und 2010 bleiben bestehen.

Bei der Betrachtung der Jahre, in welchem die PU eine Finanzierung erhielten (Tabelle 17), sind Trends zu erkennen: Die Verwendung von Call-Optionen, ESOP und der Liquidationspräferenz hat zugenommen, während die Verwendung der Dividendenvorzüge abgenommen hat. Die Gründe hierfür können darin liegen, dass die Investoren einen Lernprozess durchlaufen: Die Investoren könnten gelernt haben, wie ein ESOP in verschiedenen PU installiert wird, wie vorteilhaft eine Call-Option bzw. Liquidationspräferenz ist und dass ein Dividendenvorzug keinen Nutzen für die VCG stiftet. Um genaue Aussagen dazu treffen zu können, sind jedoch weitere Analysen notwendig, da hier auch weitere Einflussfaktoren – wie die Runde und die Investorentypen – mit überprüft werden müssen, um Aussagen zur Vermutung treffen zu können.

Tabelle 17: Vertragselemente in Abhängigkeit des Jahres

Recht	2004 – 2007	2008	2009	2010	2011 – 2013
Informationsrechte X	92,9 %	100 %	100 %	96,0 %	100 %
Veto-Rechte X	96,4 %	90,9 %	77,8 %	84,0 %	93,1 %
Garantien X	71,4 %	86,4 %	94,4 %	92,0 %	93,1 %
Wettbewerbsverbot	67,9 %	81,8 %	77,8 %	80,0 %	86,2 %
Vorerwerbsrecht	67,9 %	86,4 %	77,8 %	80,0 %	86,2 %
Drag-along	67,9 %	81,8 %	88,9 %	76,0 %	86,2 %
Tag-along	60,7 %	81,8 %	83,3 %	80,0 %	82,8 %
Liquidationspräferenz***	21,4 %	59,1 %	72,2 %	52,0 %	82,8 %
Verwässerungsschutz*	53,6 %	81,8 %	88,9 %	80,0 %	69,0 %
Vesting X	85,7 %	81,8 %	83,3 %	92,0 %	96,6 %
Meilensteine	60,7 %	81,8 %	77,8 %	76,0 %	65,5 %
Ratchet-Provision X	21,4 %	9,1 %	0,0 %	0,0 %	3,4 %
Redemption/Put-Option X	14,3 %	31,8 %	5,6 %	4,0 %	0,0 %
ESOP***	7,1 %	13,6 %	33,3 %	40,0 %	48,3 %
IPO-Rechte X	3,6 %	31,8 %	16,7 %	8,0 %	27,6 %
Dividendenvorzug**	39,3 %	13,6 %	5,6 %	12,0 %	17,2 %
Call-Option***	3,6 %	22,7 %	27,8 %	48,0 %	55,2 %

Chi-Quadrat-Test nach Pearson, ob Gruppen signifikant verschieden; < 1 % ***, < 5 % **, < 10 % *; X bei zu wenig Fällen um den Chi-Quadrat-Test durchzuführen (wenn weniger als 40 % der Zellen eine erwartete Häufigkeit kleiner fünf aufweisen)

In Tabelle 18 werden Abhängigkeiten der Vertragselemente mit den Finanzierungsformen deutlich. Insbesondere beim Vorliegen einer Fremdkapitalfinanzierung werden weniger Rechte verlangt, wodurch der Test häufig signifikante Gruppenunterschiede anzeigt, obwohl die anderen Gruppen nicht so stark variieren. Dividendenvorzüge werden vor allem bei einer Fremdkapitalfinanzierung verlangt, während dabei auf Wettbewerbsverbote, Vorerwerbsrecht, Drag-along, Tag-along, Liquidationspräferenz, Verwässerungsschutz und Call-Optionen verzichtet wird. Diese Feststellung hat Antonczyk (2006, S. 155-157) in seinem Datensatz ebenfalls beobachtet. Bei einer reinen Fremdkapitalfinanzierung ist das Investment durch die verpflichtende Rückzahlung geschützt und da keine Beteiligung am Stammkapital vorhanden ist, müssen dafür keine speziellen Exit-Rechte vereinbart werden.

Tabelle 18:   **Vertragselemente in Abhängigkeit der Finanzierungsform**

Recht	EK	Mezzanine	EK + MEZ	FK	FK + EK
Informationsrechte X	100 %	96,6 %	86,7 %	100 %	100 %
Veto-Rechte*	80,4 %	96,6 %	93,3 %	100 %	100 %
Garantien**	82,1 %	100 %	100 %	73,3 %	71,4 %
Wettbewerbsverbot***	82,1 %	96,6 %	93,3 %	13,3 %	85,7 %
Vorerwerbsrecht***	85,7 %	96,6 %	93,3 %	6,7 %	85,7 %
Drag-along***	83,9 %	100 %	100 %	6,7 %	71,4 %
Tag-along***	82,1 %	93,1 %	93,3 %	6,7 %	85,7 %
Liquidationspräferenz***	87,5 %	27,6 %	46,7 %	20,0 %	28,6 %
Verwässerungsschutz***	80,4 %	82,8 %	93,3 %	0,0 %	85,7 %
Vesting	87,5 %	93,1 %	100 %	73,3 %	85,7 %
Meilensteine*	67,9 %	86,2 %	73,3 %	46,7 %	85,7 %
Ratchet-Provision X	3,6 %	0,0 %	0,0 %	20,0 %	57,1 %
Redemption/Put-Option***	8,9 %	10,3 %	0,0 %	6,7 %	57,1 %
ESOP**	33,9 %	41,4 %	26,7 %	0,0 %	0,0 %
IPO-Rechte***	30,4 %	6,9 %	13,3 %	0,0 %	0,0 %
Dividendenvorzug***	5,4 %	3,4 %	6,7 %	86,7 %	71,4 %
Call-Option**	28,6 %	48,3 %	46,7 %	6,7 %	14,3 %

Chi-Quadrat-Test nach Pearson, ob Gruppen signifikant verschieden; < 1 % ***, < 5 % **, < 10 % *; X bei zu wenig Fällen um den Chi-Quadrat-Test durchzuführen (wenn weniger als 40 % der Zellen eine erwartete Häufigkeit kleiner fünf aufweisen)

Drag-along- und Tag-along-Regelungen werden in den Branchen Bau, Chemie, Handel und Vertrieb signifikant seltener als in anderen Branchen verlangt (s. Tabelle 19, zur Brancheneinteilung s. Kapitel 6.3). Die Liquidationspräferenz wird häufiger von Life Science-Unternehmen verlangt, demgegenüber spielen Dividendenvorzüge in dieser Branche keine Rolle. IPO-Rechte und Call-Optionen werden mit Software-PU vereinbart. Mögliche Gründe dafür müssen mithilfe multivariater Analysen untersucht werden.

Tabelle 19:   Vertragselemente in Abhängigkeit der Branche

Recht	Branche Rest	Branche B2B	Branche Life Science	Branche Software
Informationsrechte X	100 %	100 %	100 %	97,5 %
Veto-Rechte X	95,5 %	85,5 %	80,0 %	95,6 %
Garantien	86,4 %	75,0 %	88,6 %	91,1 %
Wettbewerbsverbot	63,6 %	80,0 %	85,7 %	80,0 %
Vorerwerbsrecht	63,6 %	80,0 %	88,6 %	80,0 %
Drag-along***	50,0 %	80,0 %	91,4 %	84,4 %
Tag-along*	59,1 %	80,0 %	88,6 %	75,6 %
Liquidationspräferenz**	50,0 %	40,0 %	77,1 %	51,1 %
Verwässerungsschutz	59,1 %	75,0 %	82,9 %	71,1 %
Vesting	81,8 %	90,0 %	88,6 %	91,1 %
Meilensteine	77,3 %	55,0 %	77,1 %	71,1 %
Ratchet-Provision X	13,6 %	5,0 %	0,0 %	11,1 %
Redemption/Put-Option X	18,2 %	5,0 %	5,7 %	13,3 %
ESOP	27,3 %	30,0 %	31,4 %	26,7 %
IPO-Rechte***	13,6 %	40,0 %	22,9 %	4,4 %
Dividendenvorzug**	22,7 %	25,0 %	2,9 %	26,7 %
Call-Option***	54,5 %	60,0 %	25,7 %	13,3 %

Chi-Quadrat-Test nach Pearson, ob Gruppen signifikant verschieden; < 1 % ***, < 5 % **, < 10 % *; X bei zu wenig Fällen um den Chi-Quadrat-Test durchzuführen (wenn weniger als 40 % der Zellen eine erwartete Häufigkeit kleiner fünf aufweisen)

In Tabelle 20 wurde die Unternehmenskategorie (klein, mittlere, große, sehr große) untersucht. Dabei wurden die Kategorien mittlere, große und sehr große zusammengefasst. Damit wird nur die kleine vs. die anderen Kategorien betrachtet, somit kann der Chi-Quadrat-Test aussagekräftige Werte liefern. In der Tabelle wird ersichtlich, dass in späteren Phasen vor allem mehr Rechte im Vergleich zu früheren Phasen verlangt werden. Garantien, Drag-along, Tag-along, Verwässerungsschutz, IPO-Rechte und Call-Optionen sind in späteren Runden signifikant häufiger vertreten. Demnach scheinen die Investoren sich dort eher auf einen Exit vorzubereiten oder die späteren Investments besser schützen zu wollen.

Tabelle 20:   Vertragselemente in Abhängigkeit der Unternehmenskategorie/-phase

Recht	Klein	Mittlere bis sehr groß
Informationsrechte X	97,1 %	100 %
Veto-Rechte	89,4 %	88,9 %
Garantien*	84,6 %	100 %
Wettbewerbsverbot	77,9 %	83,3 %
Vorerwerbsrecht	77,9 %	88,9 %
Drag-along*	76,9 %	94,4 %
Tag-along*	74,0 %	94,4 %
Liquidationspräferenz**	52,9 %	77,8 %
Verwässerungsschutz*	70,2 %	88,9 %
Vesting	87,5 %	94,4 %
Meilensteine	73,1 %	61,1 %
Ratchet-Provision	7,7 %	5,6 %
Redemption/Put-Option	12,5 %	0,0 %
ESOP	27,9 %	33,3 %
IPO-Rechte***	11,5 %	50,0 %
Dividendenvorzug	21,2 %	5,6 %
Call-Option*	28,8 %	50,0 %

Chi-Quadrat-Test nach Pearson, ob Gruppen signifikant verschieden; < 1 % ***, < 5 % **, < 10 % *; X bei zu wenig Fällen um den Chi-Quadrat-Test durchzuführen (wenn weniger als 40 % der Zellen eine erwartete Häufigkeit kleiner fünf aufweisen)

Zusammenfassend sind bereits mittels bivariater Analysen Zusammenhänge zwischen bestimmten Einflussfaktoren und den Vertragselementen erkennbar, was eine erste Bestätigung des Zusammenhangs 1 darstellt.

6.4.3.2   Korrelation der Vertragselemente

Mit der Überprüfung der Korrelation der Vertragselemente kann untersucht werden, ob bestimmte Vertragselemente immer zusammen abgeschlossen werden (bei positiver Korrelation) oder das Vorhandensein eines bestimmten Rechts ein anderes obsolet macht (bei negativer Korrelation).[13] Die Ergebnisse der Korrelationsanalyse sind in Tabelle 21 zu sehen.

---

[13] Die Korrelationen wurden mittels Pearson Korrelation berechnet, welche eigentlich nur für metrische Daten nutzbar ist. Da die Vertragsrechte aber ausschließlich binär-kodiert vorliegen, sind die Korrelationsmaße die gleichen wie explizite Nominalmaße (Phi und Cramer-V) und können daher genauso interpretiert werden.

Bei der Berechnung der Korrelationen ergeben sich teilweise sehr starke Wechselbeziehungen: Bspw. werden Wettbewerbsverbote und Vorerwerbsrechte fast immer gemeinsam abgeschlossen. Auch die Klauseln zu Drag-along, Tag-along und Vorerwerbsrechten korrelieren sehr stark miteinander.

Tabelle 21:   Korrelationsmatrix der Vertragsrechte

	1: Informations-rechte	2: Veto-Rechte	3: Garantien	4: Wettbewerbs-verbot	5: Vorerwerbs-recht	6: Drag-along	7: Tag-along	8: Liquidations-präferenz	9: Verwässer-ungsschutz	10: Vesting	11: Meilen-steine	12: Ratchet-Provision	13: Redemption	14: ESOP	15: IPO	16: Dividenden vorzug	17: Call-Option
1	1	-0,055	-0,062	-0,083	-0,081	-0,081	-0,087	0,074	0,022	-0,057	0,133	0,045	0,055	-0,016	0,072	0,077	0,109
2	-0,055	1	,181*	0,145	0,088	0,022	0,127	-,303**	-0,031	,292**	0,075	0,097	0,033	-0,016	-0,054	0,166	0,123
3	-0,062	,181*	1	,509**	,464**	,404**	,539**	0,051	,255**	,317**	0,129	-0,076	-,181*	0,085	0,049	-,309**	,266**
4	-0,083	0,145	,509**	1	,926**	,728**	,811**	0,15	,539**	,378**	0,112	-0,159	-0,015	,242*	0,078	-,414**	,271**
5	-0,081	0,088	,464**	,926**	1	,799**	,834**	0,17	,605**	,327**	0,127	-0,167	-0,022	,232*	0,124	-,482**	,261*
6	-0,081	0,022	,404**	,728**	,799**	1	,737**	,211*	,605**	,263**	0,127	-,245**	-0,022	,187*	0,178	-,482**	0,174
7	-0,087	0,127	,539**	,811**	,834**	,737**	1	0,151	,545**	,415**	0,128	-0,144	-0,127	,260**	,197*	-,484**	,291**
8	0,074	-,303**	0,051	0,15	0,17	,211*	0,151	1	,285**	-0,108	,212*	-0,132	-0,072	0,117	,224*	-,296**	-0,002
9	0,022	-0,031	,255**	,539**	,605**	,605**	,545**	,285**	1	0,128	,307**	-0,111	0,091	0,06	0,131	-,414**	,220*
10	-0,057	,292**	,317**	,378**	,327**	,263**	,415**	-0,108	0,128	1	-0,001	-0,095	-0,126	0,172	0,096	-0,155	,192*
11	0,133	0,075	0,129	0,112	0,127	0,127	0,128	,212*	,307**	-0,001	1	0,11	-0,016	0,042	-,191*	-,204**	0,124
12	0,045	0,097	-0,076	-0,159	-0,167	-,245**	-0,144	-0,132	-0,111	-0,095	0,11	1	,207*	-,179*	-0,046	,265**	-0,059

	1:Informations-rechte	2:Veto-Rechte	3:Garantien	4:Wettbewerbs-verbot	5:Vorerwerbs-recht	6:Drag-along	7:Tag-along	8:Liquidations-präferenz	9:Verwässer-ungsschutz	10:Vesting	11:Meilen-steine	12:Ratchet-Provision	13:Redemption	14:ESOP	15:IPO	16:Dividenden vorzug	17:Call-Option
13	0,055	0,033	-,181*	-0,015	-0,022	-0,022	-0,127	-0,072	0,091	-0,126	-0,016	,207*	1	-0,16	-0,017	0,037	-0,123
14	-0,016	-0,016	0,085	,242**	,232*	,187*	,260**	0,117	0,06	0,172	0,042	-,179*	-0,16	1	0,047	-0,167	,187*
15	0,072	-0,054	0,049	0,078	0,124	0,178	,197*	,224*	0,131	0,096	-,191*	-0,046	-0,017	0,047	1	-0,109	,246**
16	0,077	0,166	-,309**	-,414**	-,482**	-,482**	-,484**	-,296**	-,414**	-0,155	-,204*	,265**	0,037	-0,167	-0,109	1	-0,151
17	0,109	0,123	,266**	,271**	,261**	0,174	,291**	-0,002	,220*	,192*	0,124	-0,059	-0,123	,187*	,246**	-0,151	1

Korrelation nach Pearson; Signifikanzniveaus (2-seitig) < 1 % **, < 5 % *

Allgemein ist festzustellen, dass eine Häufung an Korrelationen vorliegt, was auf einen Zusammenhang dieser Rechte hindeutet: Tag-along, Drag-along, Vorerwerbsrecht, Wettbewerbsverbot, Verwässerungsschutz und zu einem großen Teil Garantien korrelieren mit über 0,5 miteinander und treten dementsprechend in der Ausgestaltung von VC-Verträgen zusammen auf. Diese sind demnach typisch für eine VC-Finanzierung in der frühen Phase.

Daneben ist eine negative Korrelation der aufgezeigten Rechte mit dem Dividendenvorzug zu erkennen: Wenn ein Dividendenvorzug vereinbart wird, werden Tag-along, Drag-along, Vorerwerbsrecht, Wettbewerbsverbot und Verwässerungsschutz eher nicht abgeschlossen. Aus den vorherigen Analysen, in denen hervorging, dass ein Dividendenvorzug bei Fremdkapitalfinanzierungen verlangt wird, lässt sich schließen, dass in diesem Fall diese Exit-Rechte an Bedeutung verlieren. Dies ist konsistent mit der Erkenntnis, dass ein Fremdkapitalgeber nicht am Eigenkapital beteiligt ist. Damit hat dieser ausschließlich Interesse an der Rückzahlung seiner Einlagen und nicht am Verkauf von Anteilen. Für detailliertere Interpretationsgrundlagen werden weiter unten in diesem Kapitel multivariate Analysen dazu durchgeführt.

6.4.4 Charakteristika der Wirkungsvariablen

Neben den oben aufgezeigten Charakteristika der Einflussfaktoren und Vertragselementen ist es ebenso wichtig, die Wirkungsvariablen und deren Ausprägungen zu kennen. Zur vollständigen Darstellung der Daten werden daher in Tabelle 22 die Charakteristika der zu untersuchenden Wirkungsvariablen aufgezeigt. Dabei bezieht sich der angegebene Wert auf die Anzahl der Finanzierungsrunden und nicht auf die Anzahl der PU. In der Tabelle wird deutlich, dass ein Erfolg in 26 von 122 Fällen erzielt wurde, womit das entsprechende PU in

21,3 % der Runden nicht mehr der Kategorie „kleine Kapitalgesellschaft" zugeordnet wird
(s. Operationalisierung Kapitel 6.3). Zu Konflikten kam es in 19 Runden und in 13 Runden
lag ein ggf. späterer Exit vor. Insgesamt sind 20 von 72 PU insolvent (27,8 %), welche mit
30 Runden (24,6 %) in dem Datensatz vertreten sind. Die vorliegenden Werte können aufgrund fehlender vergleichbarer Studien jedoch nicht mit anderen Werten abgeglichen werden.

Tabelle 22:   Charakteristika der Wirkungsvariablen

Variable	Ausprägung	Wert
Konflikte	Ja	15,6 %
	Nein	84,4 %
Exit	Ja	10,7 %
	Nein	89,3 %
Insolvenz	Ja	24,6 %
	Nein	75,4 %
Erfolg	Ja	21,3 %
	Nein	78,7 %

Quelle: Eigene Darstellung

6.5   Methoden der Untersuchung

Bereits durch die statistische Beschreibung der Stichprobe im vorangegangen Kapitel sind
erste Zusammenhänge zwischen den Charakteristika (bspw. dem Jahr) und den Vertragselementen aufgezeigt worden. Deutlich wurde auch, dass eine bivariate Betrachtung der Einflussfaktoren auf die Vertragselemente nicht ausreichend ist, um die Verwendung von bestimmten Klauseln zu begründen. Vielmehr sind multivariate Analysen notwendig. Im Folgenden werden daher quantitative multivariate Analysemethoden vorgestellt, die geeignet
sind, das Modell empirisch zu überprüfen. Dazu werden die Verfahren der linearen und logistischen Regressionsanalyse präsentiert, bevor darauf aufbauend die Strategie zur Analyse
der Daten diskutiert wird.

6.5.1   Multiple lineare Regressionsanalyse

Die lineare Regressionsanalyse gehört zu dem am häufigsten verwendeten statistischen Ana-
lyseverfahren (Backhaus et al., 2011, S. 56). Auch in der empirischen Vertragsforschung
wird die Regressionsanalyse als Standardmethode verwendet (Antonczyk, 2006, S. 161;
Backhaus et al., 2011, S. 56). Das Verfahren ist geeignet, den Zusammenhang zwischen einer zu untersuchenden abhängigen Variable und einer oder sogar mehreren unabhängigen
Variablen zu beschreiben, was als multiple lineare Regressionsanalyse bezeichnet wird. In
der vorliegenden Untersuchung werden stets mehrere unabhängige Variablen in die Analyse
mit einbezogen, sodass diese Methode hier vorrangig Anwendung finden wird (als Quellen
im Folgenden verwendet: Antonczyk, 2006, S. 160-168; Backhaus et al., 2011, S. 56-114
sowie S. 249-196; Rudolf & Müller, 2012, S. 38-89 sowie S. 183-209).

Die grundlegende multiple lineare Regressionsfunktion lautet:

$$Y = b_0 + b_1 * X_1 + b_2 * X_2 + \ldots + b_k * X_k \tag{1}$$

mit

Y = Schätzung der abhängigen Variable Y,

b_0 = konstanter Term,

b_k = Regressionskoeffizienten,

X_k = unabhängige Variablen.

Dabei wird eine einzelne Beobachtung beschrieben als:

$$y_i = b_0 + b_1 * x_{1i} + b_2 * x_{2i} + \ldots + b_k * x_{ki} + e_i \; (i = 1, \ldots, n) \tag{2}$$

Ein beobachteter Wert y_i setzt sich demnach zusammen aus der Addition eines konstanten Terms (b_0), einer systematischen Komponente (b_k) welche sich mit einer linearen Ausprägung ändert (x_{1i}) und dem Residuum e_i, welches nicht durch die bestehenden X_k erklärt werden kann.

Das Ziel der Regressionsanalyse ist es, eine lineare Funktion zu finden, welche die unbekannten Parameter so schätzt, dass die nicht erklärbare Abweichung minimiert wird. Dafür wird auf das Schätzverfahren der Methode der kleinsten Quadrate zurückgegriffen. Bei diesem Verfahren wird die quadrierte Abweichung zwischen Schätzer und tatsächlichem Wert möglichst klein. Die Zielfunktion lautet:

$$\sum_{k=1}^{K} e_k^2 = \sum_{k=1}^{K} [y_k - (b_0 + b_1 x_{1k} + b_2 x_{2k} + \ldots + b_j x_{Jk})]^2 \rightarrow \text{min!} \tag{3}$$

mit

e_k = Wert der Residualgröße $(k = 1, 2, \ldots, K)$,

y_k = Werte der abhängigen Variable $(k = 1, 2, \ldots, K)$,

b_j = Regressionskoeffizienten $(j = 1, 2, \ldots, J)$,

x_{jk} = Werte der unabhängigen Variablen $(j = 1, 2, \ldots, J; k = 1, 2, \ldots, K)$,

J = Zahl der unabhängigen Variablen,

K = Zahl der Beobachtungen.

Die Zielfunktion kann nun nach b_0 und b_j partiell differenziert werden. Die Ableitungen werden danach gleich null gesetzt und können dann mithilfe linearer Gleichungssysteme gelöst werden.

Dass Verfahren der multiplen linearen Regressionsanalyse ist an verschiedene Voraussetzungen geknüpft:

- Es wurde aus inhaltlichen Überlegungen eine Einleitung in unabhängige und abhängige Variable vorgenommen. Dabei enthält Gleichung (2) alle relevanten unabhängigen Variablen.

- Das lineare Modell aus (2) ist gültig, dass bedeutet, dass ein linearer Zusammenhang zwischen X und Y vorliegt.

- Die Modellfehler jedes einzelnen Probanden sind unabhängig von den Modellfehlern der anderen Probanden (es liegt keine Autokorrelation vor). Diese Annahme ist erfüllt, sobald eine Zufallsstichprobe vorliegt und ein Proband nicht mehrere Messwerte in einem Datensatz aufweist.

Wenn diese Voraussetzungen erfüllt sind, können Parameterschätzungen für das Modell vorgenommen werden. Zusätzlich gibt es eine Voraussetzung, welche die Residualgrößen betrifft. Wenn diese nicht erfüllt ist, kann es zu verzerrten Schätzwerten durch die Methode der kleinsten Quadrate kommen:

- Die Varianz der Residualgröße e_i ist für alle Beobachtungen n konstant: $var(e_i) = \sigma^2$ (Homoskedastizität).

Auch gibt es eine Voraussetzung an die unabhängigen Variablen:

- Es besteht zwischen den unabhängigen Variablen kein linearer Zusammenhang, demnach liegt keine Multikollinearität vor.

Bei Vorliegen von Multikollinearität wird das Verfahren zur Schätzung der Regressionskoeffizienten instabil, die sich dann nicht mehr interpretieren lassen. Demnach wäre dann keine Modellinterpretation möglich.

Wenn die oben genannten Bedingungen erfüllt sind, ist eine adäquate Schätzung der Regressionskoeffizienten gewährleistet und die Ergebnisse lassen sich interpretieren. Wenn die Voraussetzungen erfüllt sind, wird als nächstes die Güte der Regressionsfunktion überprüft. Zum einen wird die globale Güte und zum andere die lokale Güte beurteilt.

Die globale Güte wird mit dem Bestimmtheitsmaß (R^2) überprüft. Dieses gibt an, wie gut das gefundene Modell die vorhandenen empirischen Daten abbildet. Dazu werden die beobachteten und geschätzten Werte von Y miteinander ins Verhältnis gesetzt. Je höher die Übereinstimmung der geschätzten und der beobachteten Werte ist, desto höher wird R^2. Theoretisch ist somit eine Anpassung von 100 % bzw. eins möglich, wohingegen, wenn es zu keiner Anpassung kommt und keine Erklärungskraft des Modells vorhanden ist, ein R^2 von 0 % bzw. null denkbar ist. Üblicherweise wird das korrigiertes R^2 angegeben. Dieses ist um die Anzahl der unabhängigen Variablen bereinigt, da das R^2 mit jeder zusätzlichen unabhängigen Variable – was oft zufällig geschieht – im Wert steigt. Demnach kann das R^2 durch Hinzunahme von irrelevanten unabhängigen Variablen verbessert werden. Diesen Umstand trägt das korrigierte R^2 Rechnung, welches bei einer Hinzunahme von irrelevanten Variablen das korrigierte Bestimmtheitsmaß sinken lässt.

Einen weiteren Test, um die globale Güte zu prüfen, bietet der F-Test. Mithilfe dieses Tests wird überprüft, ob mindestens eine unabhängige Variable geeignet ist, die Ausprägung der abhängigen Variable zu erklären. Wenn dies der Fall ist, wird von einem gültigen Regressionsmodell ausgegangen. Praktisch erfolgt die Prüfung durch die Ermittlung des empirischen F-Werts, welcher mit dem Wert der F-Statistik abgeglichen wird, wobei auch die Stichprobengröße eine Rolle spielt.

Die lokale Güte wird mithilfe des t-Tests überprüft. Mit diesem lässt sich jeder Regressionskoeffizient einzeln analysieren. Dabei wird getestet, ob sich der jeweilige Regressionskoeffizient statistisch signifikant von null unterscheidet. Wenn dies der Fall ist, ist der einzelne Koeffizient dazu geeignet, einen Erklärungsbeitrag für das Modell zu liefern. Die Prüfung wird vollzogen, indem der geschätzte Regressionskoeffizient durch den Standardfehler des Regressionskoeffizienten dividiert wird und anschließend mit dem Wert aus der t-Verteilung verglichen wird.

6.5.2   Logistische Regressionsanalyse

Die oben vorgestellte multiple lineare Regressionsanalyse hat zahlreiche Voraussetzungen. Eine davon ist, dass das Skalenniveau der abhängigen Variable metrisch sein muss. Diese Voraussetzung kann durch die zu untersuchenden Verträge nicht erfüllt werden: Es wird nur erfasst, ob ein bestimmtes Vertragsrecht vorhanden ist oder nicht. Demnach liegt eine 0/1-, binäre bzw. Dummy-Kodierung der abhängigen Variable vor. Um auch Variablen dieser Art überprüfen zu können, wurde die logistische Regressionsanalyse entwickelt.

Ursprünglich wurde die Methode vor allem in epidemiologischen Studien, vereinfacht der Untersuchung von Krankheiten, eingesetzt (Rudolf & Müller, 2012, S. 184). Dabei nimmt die abhängige Variable den Wert krank (1) oder nicht krank (0) an. Untersucht werden können dann Schutzfaktoren wie bspw. Medikamente oder eine genetische Modifikation, die vor dem Erkranken Schutz bieten. Hierbei werden dann die unabhängige Variable als Eintrittswahrscheinlichkeiten für das Ereignis der abhängigen Variable interpretiert.

Um die Eintrittswahrscheinlichkeit mathematisch abbilden zu können, wird eine nicht beobachtbare latente Variable „Z" eingeführt, welche die abhängige Variable Y in Abhängigkeit der unabhängigen Variable X_j ausdrückt:

$$y_k = \begin{cases} 1 \text{ falls } z_k > 0 \\ 0 \text{ falls } z_k \leq 0 \end{cases} \qquad (4)$$

mit $z_k = \beta_0 + \sum_{j=1}^{J} \beta_j * x_{jk} + u_k$

Dabei ist Z die Einflussstärke aus den verschiedenen unabhängigen Variablen, die das Eintreten der unabhängigen Variable herbeiführen. Zusätzlich ist eine Wahrscheinlichkeitsfunktion nötig, um mit der Einflussstärke Z Wahrscheinlichkeitsaussagen zu treffen. Dies erfolgt mittels der logistischen Funktion:

$$p = \frac{e^z}{1+e^z} = \frac{1}{1+e^{-z}} \tag{5}$$

mit e = 2,71828183 (Eulersche Zahl).

Aus Gleichung (4) und (5) folgt damit die logistische Regressionsgleichung:

$$p_k(y = 1) = \frac{1}{1+e^{-z_k}} \text{ mit } z_k = \beta_0 + \sum_{j=1}^{J} \beta_j * x_{jk} + u_k \tag{6}$$

Die so erzeugte Wahrscheinlichkeitsfunktion hat einen s-förmigen Verlauf, welcher stets im Intervall 0 und 1 liegt. Damit wird ein nicht linearer Zusammenhang der abhängigen und unabhängigen Variable modelliert.

Zur Schätzung der Modellparameter wird die Maximum-Likelihood-Methode verwendet, da die Methode der kleinsten Quadrate aufgrund der Verteilung der Residuen ungeeignet ist. Bei der Maximum-Likelihood-Methode werden schrittweise die zu schätzenden Parameter an die beobachteten Parameter angepasst, sodass die tatsächlichen beobachteten Werte eine maximale Wahrscheinlichkeit erhalten.

Ein Nachteil der logistischen Regression liegt in der Interpretation der unabhängigen Variablen. Da die Funktion keinen linearen Zusammenhang unterstellt, sind keine „je…, desto…" Aussagen möglich (wenn sich die abhängige Variable um X erhöht, erhöht sich die unabhängige Variable um Y). Aussagen dieser Art sind nur für den genau betrachteten Punkt der Berechnung möglich und nicht für die gesamte Breite der möglichen Ausprägungen. Somit ist auch ein Vergleich der Koeffizienten untereinander nicht möglich.

Eine Möglichkeit, um die Interpretation der Ergebnisse zu erleichtern, bietet die Chance bzw. Odds. Dabei wird nicht die Eintrittswahrscheinlichkeit, sondern ihr Verhältnis zur Gegenwahrscheinlichkeit betrachtet:

$$\text{Odds } (y = 1) = \frac{p(y = 1)}{1 - p(y = 1)} = e^z \tag{7}$$

Durch die Chance wird der Wertebereich für das Eintreffen eines Ereignisses auf das Intervall zwischen null und ∞ erweitert und kann dann als Chancenverhältnis interpretiert werden. Ein Odd von drei würde bspw. bedeuten, dass die Wahrscheinlichkeit, dass ein Ereignis (bspw. Krankheit) eintritt, dreimal höher ist, wenn die unabhängige Variable vorhanden ist (bspw. Kontakt mit Kranken) als bei Nicht-Vorhandensein. Da die Odds die Linearkombinationen der unabhängigen Variable darstellen, ist damit auch eine Interpretation analog zur linearen Regression möglich.

Ähnlich dem Vorgehen bei der multiplen linearen Regression gibt es für die logistische Regression mehrere Prüfschritte, um die Modelgüte zu beurteilen. Die globale Güte wird mithilfe des Likelihood-Ratio-Tests, Pseudo-R^2 und über die Klassifikationsergebnisse überprüft. Der Likelihood-Ratio-Test bzw. Modell Chi-Quadrat-Test prüft, ob sich das sogenannte Null-Modell, welches ausschließlich den konstanten Term enthält und die Regressionskoeffizienten auf null setzt, von dem errechneten Modell, welches die Regressionskoeffizienten enthält, unterscheidet. Wenn das errechnete Modell eine höhere Erklärungskraft gemessen an dem -2 Log-Likelihood-Wert aufweist, sind die Regressionskoeffizienten und damit die abhängigen Variablen geeignet, mehr Aufklärung zum Modell zu leisten und haben damit einen Einfluss auf die unabhängige Variable.

Als weiteres Maß zur Beurteilung der globalen Güte eignen sich die Pseudo-R^2-Statistiken. Diese versuchen analog der linearen Regression, den erklärten Anteil des Modells zu bestimmen. Für die logistische Regressionsanalyse liegen zwei Maße zur Bestimmung der Erklärungskraft vor: Cox & Snell-R^2 und Nagelkerke-R^2. Der Unterschied liegt in den Ergebnissen der Berechnung: Das Cox & Snell-R^2 kann nie den Wert von 1 erreichen, also kann demnach nie eine vollständige Erklärung vorliegen, während dies bei Nagelkerkes-R^2 möglich ist. Generell werden Werte über 0,2 als akzeptable und über 0,4 als gute Werte angesehen (Backhaus et al., 2011, S. 276).

Das letzte Maß zur Beurteilung der globalen Güte enthält die Beurteilung der Klassifikationsergebnisse. Diese geben an, wie viele der Fälle aufgrund der Anpassung dem richtigen Ereignis zugeteilt werden können. Bei einer gleichen Verteilung der unabhängigen Variable würden immer 50 % der Fälle richtig zugeordnet werden. Durch das Modell und die abhängigen Variablen soll dieser Wert erhöht werden. Wenn dies gelingt, sind die abhängigen Variablen dazu geeignet, eine bessere Fallzuordnung zu leisten. Mit dem Hosmer-Lemeshow-Test steht auch ein statistisches Testverfahren zur Verfügung, welches die Güte der Klassifikationsergebnisse berechnet.

Zur Prüfung, ob die einzelnen abhängigen Variablen einen Einfluss auf die unabhängige Variable haben und damit einen Einfluss zur Erklärung des Modells, wird die Wald-Statistik verwendet. Diese ist an den t-Test wie in der linearen Regressionsanalyse angelehnt: Getestet wird dabei, ob die unabhängige Variable dazu geeignet ist, die Gruppen der abhängigen Variable zu trennen. Wenn dies der Fall ist, kann die Null-Hypothese abgelehnt werden und die unabhängige Variable hat somit einen Einfluss.

6.5.3   Untersuchungsstrategie

Das Untersuchungsmodell (Abbildung 22) wird mithilfe einer Vielzahl an Regressionsanalysen überprüft. Wenn die abhängige Variable metrisch skaliert ist, wird eine multiple lineare Regressionsanalyse ausgeführt.

Zur Prüfung der globalen Güte wird das R^2 und korrigierte R^2 sowie der F-Wert und das Signifikanzniveau des F-Tests angegeben. Es werden dazu die Regressionskoeffizienten und die dazugehörigen Standardfehler in Klammern angegeben.

Die Prüfung der Heteroskedastizität wird via Augenschein in einem Streudiagramm der Residuen durchgeführt (Backhaus et al., 2011, S. 106; Rudolf & Müller, 2012, S. 44). Die Prüfung auf Multikollinearität erfolgt mithilfe des Variance Inflation Factors (VIF) – wenn diese einen Wert von unter fünf aufweisen, wird nicht von Multikollinearität ausgegangen (Hair, Black, Babin, Anderson & Tatham, 2006, S. 230). Da teilweise Zeitreihendaten vorliegen (wenn ein PU mehrere Finanzierungsrunden in dem Datensatz hat), wird ebenfalls auf Autokorrelation mittels des Durbin-Watson-Test überprüft (nach Backhaus et al., 2011, S. 103).

Für die logistische Regression wird analog zur linearen Regression die Prüfung auf Autokorrelation und Multikollinearität durchgeführt. Backhaus et al. (2011) empfehlen zudem, dass je Ausprägung der abhängigen Variable mindestens 25 Beobachtungen vorhanden sein sollten (damit sind mindestens 50 Beobachtungen bei einer 50-50-Verteilung notwendig), da die Maximum-Likelihood-Schätzung sonst ungenaue Ergebnisse liefert. Weiterhin wird von den Autoren die Empfehlung gegeben, dass bei mehr unabhängigen Variablen auch die Anzahl der Beobachtungen steigen muss. Um wie viel eine Erhöhung der Zahl der Beobachtungen notwendig ist, wird von Backhaus et al. (2011) keine Aussage getroffen. Ein Hinweis darauf, wie viele Fälle pro unabhängiger Variable notwendig sind, liefern Hosmer und Lemeshow (2000, S. 346) und Norusis (2005, S. 319): Demnach wird das Zehnfache der Anzahl der zu schätzender Parameter als minimale Häufigkeit der schwächer besetzten abhängigen Variable empfohlen. Damit könnten für die eigene Untersuchung bei einer Fallzahl von 122 ca. sechs unabhängige Variablen (bei gleicher Verteilung der Ausprägungen) statistisch zuverlässig berechnet werden. Da die Anzahl der unabhängigen Variablen im vorliegenden Modell höher ist, muss eine Auswahl getroffen werden, welche Variablen einen Einfluss haben. Da eine weitere Reduzierung der Variablen mittels Expertenmeinungen oder anderen Methoden keine konsistente Reduzierung verspricht, wird auf eine statistische Methode zurückgegriffen, um zu bestimmen, welche Variablen einen Einfluss haben. Zur Analyse wird auf die Methode der Vorwärts-LR-Methode zurückgegriffen. Damit entscheidet der Computer, welche unabhängige Variable (basierend auf dem Likelihood-Quotienten-Test) am höchstens zur Erklärung der abhängigen Variable beiträgt und fügt dieses Element dem Modell hinzu. Dieses wird solange wiederholt bis keine zusätzliche Variable mehr gefunden wird (abhängig von dem festgelegten p-Wert: hier 0,05). Dabei wird auch nach jedem Hinzufügen geprüft, ob eine Variable wieder entfernt werden kann, falls diese sich durch die Kombination von zwei Variablen besser beschreiben lässt (Ausschluss, wenn p-Wert: 0,10). Somit entsteht damit ein möglichst sparsames Modell mit wenigen Einflussfaktoren, welche dann wiederum statistisch valide Aussagen zulassen. Analog zur Vorwärts-LR-Methode läuft die Rückwärtsmethode ab: Dabei werden zuerst alle Variablen in das Modell aufgenommen und anschließend so lange Variablen entfernt, bis ein Modell mit ausschließlich signifikanten Variablen entsteht.

Zur Prüfung der Güte wird bei der logistischen Regressionsanalyse die Anzahl der Fallausprägungen vorgestellt. Zusätzlich wird für die globale Güte das R^2 (Cox & Snell und Nagelkerkes) und das Modell χ^2 inklusive Signifikanzniveau dokumentiert. Die Prüfung der Klassifikationsergebnisse erfolgt mittels der Erhöhung der richtig klassifizierten Treffer, wird aber nicht in den Tabellen dargestellt. Die Regressionskoeffizienten werden als Werte sowie als Odds-Effektstärken dargestellt. Für die lokale Güte wird das Signifikanzniveau der unabhängigen Variablen dargestellt. Die Regression wird zweimal durchgeführt, wenn die Bewertungsvariable nicht als relevanter Faktor identifiziert wurde, da in diesem Fall die Fallzahl um zehn Fälle höher liegt. Dokumentiert wird dann nur die Analyse ohne die Variable Bewertung.

Abschließend werden die Ergebnisse auf ihre Robustheit überprüft, indem in die Analyse verschiedene Kontrollvariablen eingebunden werden: Zum einen wäre es möglich, dass die Daten durch die Datenerhebung verschoben sind. Um dies festzustellen, wird zu jeder Finanzierungsrunde ein Index entsprechend der Datenerhebung erfasst, sodass im Zuge der Analyse auf einen signifikanten Einfluss auf die unabhängige Variable kontrolliert werden kann. Ebenso wird dies für jedes einzelne PU sowie jeden einzelnen Lead-Investor durchgeführt. Dazu hat jeder Lead-Investor bzw. jedes PU eine eigene durchlaufende Nummerierung erhalten. Wenn sich die Ergebnisse mit diesen Kontrollvariablen nicht verändern, sind die Ergebnisse robust. Auch werden teilweise Ausreißer (dies sind Fälle, in denen die Standardabweichung der Residuen größer 2,5 ist) entfernt und die Ergebnisse beurteilt. Wenn die durch die LR-Methode ausgewählten Variablen signifikant bleiben, sind die Ergebnisse robust und werden ohne die Kontrollvariablen dokumentiert. Den gesamten Ablauf zur Analyse stellt Abbildung 23 in Form einer Checkliste dar.

Abbildung 23: Prüfschritte der statistischen Analyse

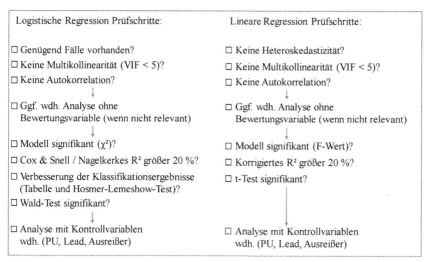

Logistische Regression Prüfschritte:	Lineare Regression Prüfschritte:
☐ Genügend Fälle vorhanden?	☐ Keine Heteroskedastizität?
☐ Keine Multikollinearität (VIF < 5)?	☐ Keine Multikollinearität (VIF < 5)?
☐ Keine Autokorrelation?	☐ Keine Autokorrelation?
↓	↓
☐ Ggf. wdh. Analyse ohne Bewertungsvariable (wenn nicht relevant)	☐ Ggf. wdh. Analyse ohne Bewertungsvariable (wenn nicht relevant)
↓	↓
☐ Modell signifikant (χ²)?	☐ Modell signifikant (F-Wert)?
☐ Cox & Snell / Nagelkerkes R² größer 20 %?	☐ Korrigiertes R² größer 20 %?
☐ Verbesserung der Klassifikationsergebnisse (Tabelle und Hosmer-Lemeshow-Test)?	☐ t-Test signifikant?
☐ Wald-Test signifikant?	
↓	↓
☐ Analyse mit Kontrollvariablen wdh. (PU, Lead, Ausreißer)	☐ Analyse mit Kontrollvariablen wdh. (PU, Lead, Ausreißer)

Quelle: Eigene Darstellung

6.6 Einflussfaktoren auf die Vertragsgestaltung

Im folgenden Abschnitt wird untersucht, welche Faktoren bzw. Charakteristika (der PU, VCG und Deal/Investment) einen Einfluss auf den Vertrag und die Vertragsgestaltung haben. Damit wird detailliert der Zusammenhang 1 überprüft, wobei die Einflussfaktoren dem spezifizierten Untersuchungsmodell aus Kapitel 5 (s. Abbildung 22) entspringen.

Eine Möglichkeit, die Beeinflussung zu analysieren, besteht darin, den Einfluss der Faktoren auf einen (metrischen) Vertragsindex zu testen. Dazu werden die Dummy-kodierten Vertragsrechte aufaddiert, sodass ein Index entsteht, der theoretisch im Intervall zwischen null bis maximal 17 erhobenen Vertragselementen liegt. Es kann damit untersucht werden, welche Faktoren einen Einfluss auf die Anzahl der abgeschlossenen Klauseln haben. Dieses Verfahren wird bei der Vertragsuntersuchung häufiger angewandt (bspw. von Bengtsson & Sensoy, 2011, S. 485; Burchardt, 2009, S. 52-53; Caselli et al., 2013, S. 207; Joly, 2009, S. 15; Kaplan et al., 2007, S. 296) und wird daher ebenfalls zu Beginn der Untersuchung mithilfe einer linearen multiplen Regressionsanalyse durchgeführt.

Daneben ist es möglich, Einflussfaktoren auf jedes Vertragsrecht einzeln zu untersuchen, was sich der Analyse des Vertragsindex anschließen wird. Eine Analyse dieser Art wurde bisher noch nicht durchgeführt und ist in der Forschungsliteratur bereits als Forschungslücke identifiziert worden (Burchardt et al., 2016; Drover et al., 2017, S. 11). Mit dieser Analyse kann herausgestellt werden, welche Faktoren auf die Nutzung eines bestimmten Vertragsrechts hindeuten. Für diese Fragestellung ist die logistische Regressionsanalyse geeignet, da jedes Vertragsrecht 0/1-kodiert vorliegt. Die Form der Analyse setzt voraus, dass für jede Ausprägung der abhängigen Variable mindestens 25 Fälle vorhanden sind. Diese Voraussetzung ist nicht erfüllt für Informationsrechte, Veto-Rechte, Garantien und Vesting-Klauseln, da diese fast immer vorhanden sind und damit nicht 25 Fälle erreicht werden, bei denen diese Klauseln nicht abgeschlossen wurden. Die Klauseln Dividendenvorzug, IPO, Redemption/Put-Option und Ratchet-Provision und sind nahezu nie vorhanden, sie wurden also in weniger als 25 Fällen abgeschlossen und sind daher ebenfalls nicht überprüfbar.

Als Ergebnis daraus wird deutlich, dass im Folgenden die Beeinflussung der Klauseln Wettbewerbsverbot, Vorerwerbsrecht, Drag-along, Tag-along, Liquidationspräferenz, Verwässerungsschutz, Meilensteine, ESOP und das Vorhandensein einer Call-Option untersucht wird. Durch die Vorwärts-LR-Methode ergibt sich dadurch ein exploratives Vorgehen, was zudem – da hier auf keine bestehenden Untersuchungen aufgebaut werden kann – ideal für die vorliegende Untersuchung ist.

Aufgrund der Wichtigkeit von Veto-Rechten und Meilensteinen für die Wirkung von Verträgen, wie insbesondere in den Experteninterviews aufgedeckt wurde, wird hier die 0/1-Kodierung zu einer detaillierten Erfassung erweitert (s. Tabelle 13). So wird es weiter unten in diesem Abschnitt möglich, Einflussfaktoren auf diese Elemente im Detail mithilfe der Regressionsanalyse zu untersuchen.

Abschließend werden in diesem Kapitel die wichtigsten Einflussfaktoren auf die Vertragsgestaltung zusammenfassend identifiziert und diskutiert.

6.6.1 Vertragsindex

Für die Analyse des Vertragsindex wird eine lineare Regression verwendet, da die abhängige Variable metrisch skaliert ist. In die Analyse können nicht alle Einflussvariablen auf einmal einfließen, da sonst zu viele unabhängige Variablen (n = 48) vorliegen. Daher wird für diesen Fall die Rückwärtsmethode genutzt: Hierbei werden Variablen (analog zur Vorwärtsmethode), welche nicht zur Erklärung der abhängigen Variable beitragen, entfernt. Zusätzlich wurde die Analyse ohne Berücksichtigung der Bewertungsvariable durchgeführt, da so der Datensatz um zehn Fälle größer ist und die Bewertung bei der Methode ebenfalls als nicht relevanter Einflussfaktor eingestuft wird.

Insgesamt sind zehn Variablen nach dem Rückwärtsverfahren relevant, um die Verwendung der Anzahl an verschiedenen Vertragsklauseln zu beschreiben (s. Tabelle 23). Das Modell ist insgesamt hoch signifikant. Demnach sind die Variablen geeignet, um zu erklären, warum der Vertragsindex variiert (zu erkennen am F-Wert = 13,809 und damit signifikant auf dem 1 %-Niveau). Auch die Erklärung der Variablen liegt bei über 50 % (korrigiertes R^2 = 0,514), womit das Modell sehr gut interpretierbar ist. Es liegt keine Multikollinearität, Autorkorrelation oder Heteroskedastizität vor.

Das Jahr, in welchem der Vertrag abgeschlossen wurde, hat einen signifikanten positiven Einfluss auf den Index, was bedeutet, dass die Investoren über die Jahre mehr Klauseln im

Zuge der Vertragsgestaltung verlangen. Dieser Effekt wurde bereits in anderen Untersuchungen bestätigt (u. a. Bengtsson & Bernhardt, 2014a; Bienz & Hirsch, 2012; Cumming, 2005a). Dieser Umstand belegt, dass die Verträge immer komplexer werden und die VCG neue Klauseln für die Finanzierung anwenden.

Auch die Phase bzw. die Unternehmenskategorie hat einen sehr starken positiven Einfluss auf die Verwendung der Anzahl von Klauseln. An den Zahlen wird ersichtlich, je weiter entwickelt das PU ist, umso mehr Vertragsrechte werden verlangt, was bereist bei den bivariaten Analysen erkenntlich wurde. Erwähnenswert ist in diesem Zusammenhang, dass die Runde nicht als beeinflussende Variable ausgewählt wurde und hier demnach nur einen kleineren bzw. keinen Einfluss hat – die Entwicklung bzw. Größe des PU ist entscheidender. Ein möglicher Grund dafür liegt im benötigten Finanzierungsvolumen: Je größere und entwickelter und damit in einer späteren Entwicklungsphase das Unternehmen ist, desto mehr Investoren werden dieses finanzieren, was wiederum zu mehr Vertragselementen führt.

Auch sind bei Mehrfachgründern, mehr Vertragselemente in dem Beteiligungsvertrag zu finden. In den Experteninterviews wurde bereits erwähnt, dass Mehrfachgründer eine deutlich bessere Verhandlungsposition bei den Investoren haben. Gemäß den Ergebnissen akzeptieren diese jedoch eher mehr Vertragsklauseln. Aus dieser Erkenntnis sind aber keine Rückschlüsse auf den Inhalt der Vertragsklauseln möglich: Bspw. liegt die Bewertung eines PU ohne Mehrfachgründer bei durchschnittlich 3,96 Mio. Euro, bei der Gruppe der PU mit Mehrfachgründer beträgt diese im Schnitt 5,57 Mio. Euro. Damit ist zu vermuten, dass die Mehrfachgründer mehr Vertragselemente akzeptieren und trotzdem eine bessere Verhandlungsposition haben.

Weiterhin wird ersichtlich, dass sowohl GVC als auch BVC mehr Vertragselemente verlangen, was aber unabhängig davon ist, ob diese Investorentypen als Lead-Investoren auftreten. Diese Erkenntnis ist neu, da bisher sehr wenige Untersuchungen durchgeführt wurden, bei denen VC-Investoren nicht als homogene Gruppe betrachten werden (Manigart & Wright, 2013). Das Ergebnis ist ein Indiz darauf, dass die unterschiedlichen Investorentypen unterschiedliche Beteiligungsverträge aufsetzen.

Daneben hat auch die Kapitalzufuhr einen großen Einfluss auf den Vertragsindex. Je nachdem, in welcher Form das PU finanziert wird, werden mehr oder weniger Vertragselemente benötigt. Der Einfluss der Kapitalzufuhr auf den Vertrag lässt sich aus rechtlicher Perspektive erklären: Durch die Verwendung von Fremdkapital ist das Abschließen von bestimmten Rechten, insbesondere einer Liquidationspräferenz, unnötig, da das PU auf jeden Fall den investierten Betrag zurückzahlen muss. Daher sind dort weniger Rechte nötig, während bei gleichzeitiger Finanzierung mittels Eigenkapital und Fremdkapital deutlich mehr Rechte zum Schutz des Fremdkapitals als auch des Eigenkapitals benötigt werden.

Tabelle 23:   Einflussfaktoren auf den Vertragsindex

Vertragsindex	
Jahr 1. Finanzierung	0,550 (0,109)***
Unternehmenskategorie mittel	1,433 (0,547)***
Unternehmenskategorie sehr groß	5,119 (1,608)**
Serial als Geschäftsführer	1,013 (0,400)**
Dummy GVC	1,911 (0,675)***
Dummy BVC	1,142 (0,452)**
Kapitalzufuhr MEZ	1,027 (0,447)**
Kapitalzufuhr EK+MEZ	1,035 (0,584)*
Kapitalzufuhr FK	-1,976 (0,789)**
Kapitalzufuhr FK+EK	2,117 (0,821)**
Konstante	-1.096,47 (219,95)***
F-Wert	13,809***
R²/Corr	0,554 / 0,514
Anzahl Fälle:	122

Lineare Regressionsanalyse mit Rückwärtsmethode; AV: Vertragsindex; Dargestellt: Regressionskoeffizient dahinter in Klammern Standardfehler; Erläuterung der Variablen in Kapitel 6.3; Signifikanzniveaus < 1 % ***, < 5 % **, < 10 % *

6.6.2   Wettbewerbsverbot

Das Modell zur Erklärung der Verwendung des Wettbewerbsverbots (s. Tabelle 24 für die Ergebnisse der logistischen Regression mittels Vorwärts-LR-Methode) ist hoch signifikant, wobei hervorgeht, dass zwei Charakteristika dazu geeignet sind, zu erklären, warum dieses Recht verwendet wird. Das R^2 ist mit einem Wert über 0,2 akzeptabel ($R^2 = 0,288 / 0,446$) und das Modell damit interpretierbar.

Einen starken Effekt auf die Verwendung der Klausel hat die Kapitalzufuhr. Die Chance, dass ein Wettbewerbsverbot vereinbart wird, beträgt 0,039, wenn das Unternehmen mit Fremdkapital finanziert wird. Die Effektstärke ist dabei besonders hoch, da in den 15 Fällen, in denen ein PU mit Fremdkapital finanziert wurde, nur zweimal ein Wettbewerbsverbot vereinbart wurde. Dieses Resultat unterstützt die Aussagen der Korrelationsanalyse (Tabelle 21), wonach dieses Recht bei einer Fremdkapitalfinanzierung nicht vereinbart wird, aber bei allen anderen Finanzierungsformen Anwendung findet.

Als zweiten Einflussfaktor hat die LR-Methode die Erfahrungsvariable des Lead-Investors identifiziert. Demnach ist die Wahrscheinlichkeit des Vorhandenseins eines Wettbewerbsverbots dann höher, wenn der Lead-Investor erfahren ist, also bereits Anteile eines PU via IPO verkauft hat. Demnach verlangen diese Lead-Investoren häufiger ein Wettbewerbsverbot, was an der größeren Erfahrung liegen kann.

Tabelle 24:   Einflussfaktoren auf die Verwendung des Wettbewerbsverbots

Wettbewerbsverbot	
Kapitalzufuhr FK	-3,233 / 0,039***
Erfahrung	1,548 / 4,701**
Konstante	1,361 / 3,900***
Modell χ^2	41,423***
R^2 Cox & Snell/Nagelkerkes	0,288 / 0,446
Anzahl Fälle: 0	26
1	96

Logistische Regression mit Vorwärts-LR-Methode; AV: Wettbewerbsverbot; Dargestellt: links Regressionskoeffizient, rechts Effektstärke via Odds; Erläuterung der Variablen in Kapitel 6.3; Signifikanzniveaus < 1 % ***, < 5 % **, < 10 %*

6.6.3   Vorerwerbsrecht

Das Modell zur Erklärung der Vorerwerbsrechte (s. Tabelle 25) ist signifikant und interpretierbar (R^2 = 0,369 / 0,579). Fremdkapital und zwei weitere Elemente, die den Investorentyp betreffen, wurden hier als hoch signifikante Einflüsse identifiziert.

Erklärt werden kann das Resultat in Bezug auf die Kapitalzufuhr mittels Fremdkapital damit, dass ein Vorerwerbsrecht bei einer Fremdkapitalfinanzierung unnötig ist, da keine Anteile am Stammkapital des PU gehalten werden. Daher wird dieses Recht bei dieser Finanzierungsform nicht abgeschlossen und bestätigt die bivariaten Ergebnisse aus der Korrelationsanalyse.

Zusätzlich wurden zwei Investorentypen gefunden, die das Vorhandensein des Vorerwerbsrechts beeinflussen: Wenn ein GVC das PU finanziert, ist die Wahrscheinlichkeit ca. 15-mal höher, dass ein Vorerwerbsrecht in dem Beteiligungsvertrag vorhanden ist. Demgegenüber sinkt die Wahrscheinlichkeit, wenn ein unabhängiger Fonds das PU finanziert. Hierbei werden die Unterschiede zwischen den beiden Typen deutlich, welche bereits in der Expertenbefragung herausgestellt wurden: GVC verlangen mehr Exit-Rechte und können von diesen auch nicht abweichen, während dies bei IVC möglich ist.

Tabelle 25:   Einflussfaktoren auf die Verwendung des Vorerwerbsrechts

Vorerwerbsrecht	
Dummy GVC	2,707 / 14,984***
Dummy IVC	-2,016 / 0,133**
Kapitalzufuhr FK	-4,365 / 0,013***
Konstante	0,860 / 2,263
Modell χ^2	56,152***
R² Cox & Snell/Nagelkerkes	0,369 / 0,579
Anzahl Fälle: 0	25
1	97

Logistische Regression mit Vorwärts-LR-Methode; AV: Vorerwerbsrecht; Dargestellt: links Regressionskoeffizient, rechts Effektstärke via Odds; Erläuterung der Variablen in Kapitel 6.3; Signifikanzniveaus < 1 % ***, < 5 % **, < 10 %*

6.6.4   Drag-along

Das Modell in Tabelle 26 zur Erklärung des Drag-along ist signifikant und nach dem R² sehr gut interpretierbar, da es eine hohe Erklärungskraft (R² = 0,496 / 0,778) aufweist. Insgesamt wurden fünf Einflussvariablen identifiziert, welche für 25 Fälle der schwächer besetzten Variable zu viele sind, um valide Aussagen zu treffen, daher sind die Effektstärken nicht bzw. nur eingeschränkt interpretierbar.

Generell führt eine Fremdkapitalfinanzierung zur Vernachlässigung der Drag-along-Klauseln. Die Begründung dazu geht einher mit der Diskussion zum Vorerwerbsrecht im vorhergehenden Abschnitt: Bei einer Fremdkapitalfinanzierung ist der Investor nicht am Stammkapital des PU beteiligt und partizipiert daher nicht an der Wertentwicklung, wodurch auch keine Exit-Rechte benötigt werden.

Daneben übt auch hier das Jahr einen Einfluss auf das Vorhandensein der Klausel aus, was darauf hindeutet, dass das Drag-along-Recht von den Investoren über die Jahre hinweg häufiger verlangt wird.

Wird ein PU aus der Branche Bau, Chemie, Handel oder Vertrieb finanziert, wird deutlich seltener ein Drag-along vereinbart. Der Grund dafür kann darin liegen, dass in diesen Branchen die Exit-Aussichten via Trade-Sale im Vergleich zu den anderen Branchen geringer sind und diese Klausel daher von den Investoren nicht verlangt wird. Diese Erkenntnis deckt sich mit den Aussagen des Experteninterviews, wo darauf hingewiesen wurde, dass in manchen Branchen ein Trade-Sale unrealistisch ist.

Darüber hinaus wird deutlich, dass Investoren des Typs GVC dieses spezielle Exit-Recht besonders häufig einfordern, vor allem, wenn diese als Lead-Investoren auftreten. Auch BVC verlangen häufiger eine Drag-along-Regelung. Hintergrund dieses Resultats können individuelle Investoreneffekte sein, für welche aufgrund bisher fehlender Untersuchungen keine Erklärungen geliefert werden können.

Tabelle 26: **Einflussfaktoren auf die Verwendung des Drag-along**

Drag-along	
Jahr 1. Finanzierung	0,496 / 1,643**
Branche Bau/Chemie/Handel/Vertrieb	-5,108 / 0,006***
Lead Typ GVC	4,840 / 126,483***
Dummy BVC	3,778 / 43,726**
Kapitalzufuhr FK	-6,633 / 0,001**
Konstante	-995,347 / 0,000**
Modell χ^2	83,552***
R^2 Cox & Snell/Nagelkerkes	0,496 / 0,778
Anzahl Fälle: 0	25
1	97

Logistische Regression mit Vorwärts-LR-Methode; AV: Drag-along; Dargestellt: links Regressionskoeffizient, rechts Effektstärke via Odds; Erläuterung der Variablen in Kapitel 6.3; Signifikanzniveaus < 1 % ***, < 5 % **, < 10 % *

6.6.5 Tag-along

Das Modell (s. Tabelle 27) für den Tag-along ist ähnlich ausgeprägt wie das des Drag-along-Rechts, was in der hohen Korrelation dieser beiden Klauseln begründet liegt. Insgesamt ist das Modell gut interpretierbar (R^2 = 0,362 / 0,549). Dieses Recht wird nicht bei einer Fremdkapitalfinanzierung benötigt und Investoren des Typs GVC verlangen es vergleichsweise häufiger, wobei auch die Argumentation analog zum Drag-along möglich ist.

Dazu werden Klauseln zum Tag-along seltener in einer Series A abgeschlossen. Diese Erkenntnis war jedoch nicht zu erwarten, denn üblicherweise verlangen Investoren über die Runden hinweg zunehmend Exit-Rechte, was sowohl in den Experteninterviews als auch den bivariaten Analysen gefunden wurde. Für das Tag-along kann diese Aussagen aber nicht bestätigt werden, vielmehr wird auf dieses Recht laut logistischer Regressionsanalyse verzichtet. In allen der Series A vor- und nachgelagerten Runden ist die Anzahl wiederum deutlich höher, was auch aus Tabelle 14 im Kapitel 6.4.3.1 hervorgeht. Da selbst in der Seed-Runde mehr Tag-along-Klauseln als in der Series A vereinbart werden, wird der Grund für dieses Ergebnis einem anderen Anlass geschuldet sein: Viele Fremdkapitalfinanzierungen in dem vorliegenden Sample wurden in der Series A durchgeführt. Bei dieser Form der Finanzierung wird üblicherweise kein Tag-along-Recht vereinbart, was das Gesamtergebnis in diesem Fall verzerrt. Zusammenfassend ist nicht davon auszugehen, dass die Investoren in der Series A auf Tag-along-Klauseln verzichten, sondern dieses in allen anderen Runden verlangt wird.

Tabelle 27:   **Einflussfaktoren auf die Verwendung des Tag-along**

Tag-along	
Runde Series A	-1,706 / 0,182***
Dummy GVC	2,228 / 9,282***
Kapitalzufuhr FK	-3,460 / 0,031***
Konstante	0,645 / 1,905
Modell χ^2	54,794***
R^2 Cox & Snell/Nagelkerkes	0,362 / 0,549
Anzahl Fälle: 0	28
1	94

Logistische Regression mit Vorwärts-LR-Methode; AV: Tag-along; Dargestellt: links Regressionskoeffizient, rechts Effektstärke via Odds; Erläuterung der Variablen in Kapitel 6.3; Signifikanzniveaus < 1 % ***, < 5 % **, < 10 % *

6.6.6   Liquidationspräferenz

Das Modell zur Liquidationspräferenz ist signifikant sowie sehr gut interpretierbar (R^2 = 0,450 / 0,604) und in Tabelle 28 dargestellt. Auch sind durch die gleichmäßige Verteilung der Fälle die Effektstärken von allen vier Einflussvariablen aussagekräftig.

Eine Liquidationspräferenz wird überwiegend dann abgeschlossen, wenn das PU nur mit Eigenkapital finanziert wird. Speziell dafür ist diese Regelung auch konzipiert, da Fremdkapital bzw. Mezzanine trotz eines Exits zurückgezahlt werden muss. Die Investoren bestehen immer auf mindestens die Rückzahlung ihrer Einlagen. Dieses kann bei einer Eigenkapitalfinanzierung nur mittels einer Liquidationspräferenz ausgeführt werden.

Einen weiteren Effekt haben die Stimmrechte, die die Gründer am PU halten: Je weniger Stimmrechte die Gründer haben, desto eher wird eine Liquidationspräferenz vereinbart. Hierzu können zwei Erklärungsansätze aufgezeigt werden. Auf der einen Seite scheinen sich die Investoren gegen einen niedrigen Exit-Erlös abzusichern zu wollen, wenn Gründer weniger Anteile haben. Auf der anderen Seite besitzen die Investoren bei geringer Anzahl an Stimmrechten der Gründer eine stärkere Verhandlungsmacht und verlangen nicht nur mehr Anteile, sondern auch eine Liquidationspräferenz.

Sobald ein BA oder ein CVC Lead-Investor ist, wird seltener eine Liquidationspräferenz verlangt. Hierfür sind jedoch nur sehr wenige Beobachtungen vorhanden, wodurch die Effektstärken ggf. überschätzt werden. Insgesamt traten in dem Datensatz nur zweimal ein BA und viermal ein CVC als Lead-Investor auf. Zudem ist der Einfluss des Lead-Investors des Typs CVC kaum signifikant. Jedoch gehen die erzielten Ergebnisse konform mit den Experteninterviews, wonach BA die Verträge deutlich offener und informeller gestalten. Gerade die sehr komplexe Regelung der Liquidationspräferenz wird dann nicht festgeschrieben.

Tabelle 28: **Einflussfaktoren auf die Verwendung der Liquidationspräferenz**

Liquidationspräferenz	
Stimmrechte Gründer	-0,066 / 0,936***
Lead Typ BA	-5,668 / 0,003***
Lead Typ CVC	-2,734 / 0,065*
Kapitalzufuhr EK	2,182 / 8,865***
Konstante	3,884 / 48,635***
Modell χ²	73,006***
R² Cox & Snell/Nagelkerkes	0,450 / 0,604
Anzahl Fälle: 0	53
1	69

Logistische Regression mit Vorwärts-LR-Methode; AV: Liquidationspräferenz; Dargestellt: links Regressionskoeffizient, rechts Effektstärke via Odds; Erläuterung der Variablen in Kapitel 6.3; Signifikanzniveaus < 1 % ***, < 5 % **, < 10 %*

6.6.7 Verwässerungsschutz

Die Ergebnisse für die Verwendung des Verwässerungsschutzes sind signifikant und das R² ausreichend groß (s. Tabelle 29). Bei der Analyse fällt jedoch auf, dass es keine empirischen Beobachtungen für den Fall gibt, dass mit Fremdkapital finanziert und eine Klausel zum Verwässerungsschutz abgeschlossen wird. Damit ist das R² nicht berechenbar und kann nur geschätzt werden. Wenn ein solcher Fall künstlich eingefügt wird, damit ein Gegenbeispiel vorhanden ist, ist das R² berechenbar, beträgt dann aber nur 0,319 für Cox & Snell bzw. 0,466 bei Nagelkerkes. Die ermittelten Einflussvariablen verändern sich nicht, nur der Einfluss des Fremdkapitals wird als hoch signifikant eingestuft. Demnach kann das Modell trotzdem interpretiert werden. Die Finanzierung mit Fremdkapital hat einen starken Einfluss auf die Verwendung des Verwässerungsschutzes: Wenn mittels Fremdkapital finanziert wird, wird kein Verwässerungsschutz abgeschlossen (Begründung analog zum Vorerwerbsrecht).

Auch wird ein Verwässerungsschutz seltener vereinbart, wenn mehrere Investoren ein PU finanzieren. Die Gründe dafür können zum einen darin liegen, dass sich die Investoren möglicherweise nicht einigen können, welchem Investor ein eventueller Verwässerungsschutz zusteht und daher darauf verzichtet wird. Zum anderen möchten die Investoren die Gründer nicht demotivieren: Wenn es bei vielen Investoren mit Verwässerungsschutz zu einer Finanzierungsrunde mit einer niedrigeren Bewertung kommt, werden die Gründer aus dem Unternehmen gedrängt. Der zweite Erklärungsansatz scheint auch in Anbetracht der Unternehmenskategorie folgerichtig zu sein: Wenn das Unternehmen noch klein ist, wird seltener ein Verwässerungsschutz vereinbart, was für die Nachteiligkeit dieser Klausel für den Gründer in einer Finanzierungsrunde mit einer niedrigeren Bewertung in einer frühen Phase des PU spricht.

Weiterhin wird häufiger auf einen Verwässerungsschutz verzichtet, wenn der Lead-Investor seinen Sitz nicht in Deutschland hat. Allerdings ist dazu kein signifikanter Einfluss vorhanden, wodurch die Erklärungskraft dieser Variable nicht gegeben ist.

Tabelle 29:   **Einflussfaktoren auf die Verwendung des Verwässerungsschutzes**

Verwässerungsschutz	
Unternehmenskategorie klein	-6,106 / 0,002*
Anzahl Investoren	-0,229 / 0,795***
Kapitalzufuhr FK	-26,245 / 0,000
Lead International	-3,587 / 0,028
Konstante	8,428 / 4.572,024**
Modell χ^2	58,777***
R^2 Cox & Snell/Nagelkerkes	~ (0,382 / 0,555)
Anzahl Fälle: 0	33
1	89

Logistische Regression mit Vorwärts-LR-Methode; AV: Verwässerungsschutz; Dargestellt: links Regressionskoeffizient, rechts Effektstärke via Odds; Erläuterung der Variablen in Kapitel 6.3; Signifikanzniveaus < 1 % ***, < 5 % **, < 10 %*

6.6.8 Meilensteine

Um die Einflussfaktoren zu bestimmen, welche die Verwendung von Meilensteinen begründen, wird durch die Vorwärts-LR-Methode ein augenscheinlich signifikantes Modell gefunden. Für das Modell ergibt sich auf den zweiten Blick jedoch ein ähnliches Phänomen wie beim Verwässerungsschutz: Aufgrund einer fehlenden Beobachtung im vorhandenen Datensatz, in der der Lead-Investor ein CVC ist und Meilensteine abgeschlossen werden, lässt sich hier keine Berechnung des R^2 durchführen (s. Tabelle 30). Dadurch wählt der LR-Algorithmus ggf. falsche Variablen aus, da die Auswahl der Variablen auf der R^2-Änderung beruht. Aufgrund dessen wird für die Analyse die Variable Lead CVC sowie danach Alter Lead 1 und Fondsgröße, bei denen dieselbe Problematik aufgekommen ist, ausgeschlossen, damit eine Berechnung ermöglicht wird.

Tabelle 30: **Einflussfaktoren auf die Verwendung von Meilensteinen 1**

Meilensteine	
Jahr 1. Finanzierung	0,248 / 1,281*
Branche B2B	-1,191 / 0,304**
Lead Typ GVC	1,305 / 3,686**
Lead Typ CVC	-21,694 / 0,000
Dummy BA	-1,408 / 0,245***
Konstante	-496,594 / 0,000*
Modell χ^2	34,441***
R^2 Cox & Snell/Nagelkerkes	~ (0,246 / 0,352)
Anzahl Fälle: 0	35
1	87

Logistische Regression mit Vorwärts-LR-Methode; AV: Meilensteine; Dargestellt: links Regressionskoeffizient, rechts Effektstärke via Odds; Erläuterung der Variablen in Kapitel 6.3; Signifikanzniveaus < 1 % ***, < 5 % **, < 10 % *

Das errechnete Modell in Tabelle 31 ist signifikant und, da das R^2 größer 0,2 ist, interpretierbar (R^2 = 0,239 / 0,342). Zu erkennen ist, dass BA (wie Lead CVC) weniger Meilensteine im Vergleich zu anderen Investoren verlangen, da diese im Allgemeinen informeller bei einer VC-Finanzierung vorgehen. Demgegenüber verlangen GVC- und IVC-Investoren häufiger Meilensteine, insbesondere wenn diese Lead-Investoren sind.

Ein PU, welches in der Branche Industrieerzeugnisse tätig ist, wird seltener via Meilensteine finanziert. Ein Grund dafür könnte sein, dass es in dieser Branche schwieriger ist, adäquate Meilensteine aufzustellen oder das Risiko einer Kapitalfehlallokation geringer ist.

Wenn ein Mehrfachgründer als Geschäftsführer eingestellt wird, steigt die Chance, dass Meilensteine vereinbart werden. Dieser Einfluss geht mit Blick auf die Experteninterviews darauf zurück, dass Mehrfachgründer ein höheres Selbstbewusstsein haben, mehr Erfahrung aufweisen und daher eher bereit sind, Meilensteine zu akzeptieren. Nach der Principal-Agent-Theorie sinken bei einem Mehrfachgründer die Risiken der adversen Selektion, da die VCG beobachten kann, dass der Geschäftsführer bereits Erfahrung hat (Kaplan & Strömberg, 2003, S. 297). Obwohl davon ausgegangen werden könnte, dass keine Meilensteine aufgrund der gesunkenen Risiken benötigt werden, scheinen die erfahrenen Gründer jedoch Meilensteine zu akzeptieren, da sie vermutlich hoffen, so an anderen Stellen im Vertrag bessere Konditionen zu erhalten.

Tabelle 31:   Einflussfaktoren auf die Verwendung von Meilensteinen 2

Meilensteine	
Serial als Geschäftsführer	1,254 / 3,504*
Branche B2B	-1,689 / 0,185**
Lead Typ GVC	2,197 / 8,995***
Lead Typ IVC	1,431 / 4,184**
Dummy BA	-1,658 / 0,190***
Konstante	0,432 / 1,540
Modell χ^2	3,338***
R^2 Cox & Snell/Nagelkerkes	0,239 / 0,342
Anzahl Fälle: 0	35
1	87

Logistische Regression mit Vorwärts-LR-Methode; AV: Meilensteine; Dargestellt: links Regressionskoeffizient, rechts Effektstärke via Odds; Erläuterung der Variablen in Kapitel 6.3: Analyse durchgeführt ohne Einflussvariablen Lead CVC, Alter Lead 1 und Fondsgröße; Signifikanzniveaus < 1 % ***, < 5 % **, < 10 % *

6.6.9   ESOP

Die ausgewählten, geeigneten Faktoren zur Erklärung, ob ein ESOP eingerichtet wird, werden in dem Modell, das mit einem R^2 von über 0,4 gut interpretierbar ist ($R^2 = 0,400 / 0,573$), in der Tabelle 32 dargestellt.

Wenn sich das Unternehmen in der Seed-Runde befindet oder in einem späteren Jahr finanziert wird, ist die Wahrscheinlichkeit der Einrichtung eines Mitarbeiterbeteiligungsprogramms höher. Demnach ist es VCG in den letzten Jahren wichtiger geworden, ein ESOP einzurichten und das bereits in der Seed-Runde. Seit 2009 wird in über 50 % aller Seed-Runden ein Beteiligungsprogramm aufgebaut, wohingegen bis 2007 noch kein ESOP bei einer Seed-Runde vereinbart wurde.

Weiterhin ist ein Einfluss des Investitionsvolumens vorhanden, jedoch lässt sich die Wirkungsrichtung des Effekts nicht spezifizieren und damit keine Aussage treffen.

Wenn der Lead-Investor ein IVC ist, beträgt die Chance, dass ein ESOP vereinbart wird, 0,023. Demnach ist dieses Element ein Schutzfaktor. Dieser Investorentyp lässt also seltener ein ESOP einrichten.

Zusätzlich üben größere Fonds einen Einfluss dahingehend aus, dass, sobald diese als Lead-Investor investieren, häufiger einen ESOP verlangen. Es ist zu vermuten, dass ein ESOP die Motivation der Gründer und deren Mitarbeiter fördert und damit das PU schneller wächst, wodurch die VCG wiederum höhere Exit-Erlöse erzielt kann und dadurch mehr Erfolg beim Fundraising hat.

Tabelle 32: **Einflussfaktoren auf die Verwendung von ESOP**

ESOP	
Runde Seed	1,975 / 7,204***
Jahr	0,993 / 2,700***
Finanzierungsvolumen	0,000 / 1,000***
Lead Typ IVC	-3,783 / 0,023***
Fondsgröße Lead	1,786 / 5,965***
Konstante	-1.999,429 / 0,000***
Modell χ^2	62,409***
R^2 Cox & Snell/Nagelkerkes	0,400 / 0,573
Anzahl Fälle: 0	35
1	87

Logistische Regression mit Vorwärts-LR-Methode; AV: ESOP; Dargestellt: links Regressionskoeffizient, rechts Effektstärke via Odds; Erläuterung der Variablen in Kapitel 6.3; Signifikanzniveaus < 1 % ***, < 5 % **, < 10 % *

6.6.10 Call-Option

Das errechnete Modell für die abhängige Variable Call-Option aus Tabelle 33 ist signifikant und weist eine ausreichende Erklärungskraft aus (R^2 = 0,500 / 0,697). Sieben Einflussfaktoren sind zu viele, um die Effektstärken beurteilen zu können, da die schwächer besetzte Variable nur ca. vier Einflussvariablen zulässt. Trotzdem lässt sich die Wirkungsrichtung beurteilen.

Die Variable Jahr deutet darauf hin, dass die VCG eine Call-Option häufiger in den letzten Jahren verlangt, was bereits mit den bivariaten Untersuchungen deutlich wurde. Zudem wird die Klausel häufiger in den Branchen Bau, Chemie, Handel, Vertrieb und Industrieerzeugnisse eingesetzt. Dies kann an den größeren Risiken bzw. häufigeren Fluktuation der Gründer in diesen Branchen liegen.

VCG verlangen dieses Recht darüber hinaus von kleinen Unternehmen seltener, womit diese Klausel in der frühen Unternehmensphase weniger relevant ist. Auch wird dieses Recht seltener eingefordert, wenn die Geschäftsleitung promoviert hat. Die Investoren scheinen davon auszugehen, dass ein promovierter Unternehmer in der Geschäftsführung zu einer geringeren Fluktuation führt oder dieser eine größere Verhandlungsmacht besitzt, wodurch dieses Recht nicht vereinbart wird – der Effekt ist jedoch nicht signifikant.

Weiterhin wird das Recht seltener bei einer reinen Fremdkapital- und Eigenkapitalfinanzierung verlangt. Bei der Fremdkapitalfinanzierung hat die VCG kein Interesse und Anspruch auf Anteile aus dem Stammkapital und wird daher keine Call-Option verlangen. Bei einer reinen Eigenkapitalfinanzierung ist zu vermuten, dass sich die Investoren bereits über die

Vorerwerbsrechte und weiteren Sonderrechte ausreichend gegen das Ausscheiden von Gesellschaftern abgesichert haben oder das PU dann über genügend Verhandlungsmacht verfügt, sodass diese Regelung von den VCG nicht verlangt wird.

Tabelle 33:   **Einflussfaktoren auf die Verwendung der Call-Option**

Call-Option	
Jahr	1,389 / 4,012***
Branche Bau/Chemie/Handel/Vertrieb	3,522 / 33,862***
Branche B2B	3,602 / 36,862***
Unternehmenskategorie klein	-2,669 / 0,069***
Dr. als Geschäftsführer	-1,148 / 0,317*
Kapitalzufuhr EK	-3,697 / 0,025***
Kapitalzufuhr FK	-4,328 / 0,013***
Konstante	-2.788,951 / 0,000***
Modell χ^2	83,111***
R² Cox & Snell/Nagelkerkes	0,500 / 0,697
Anzahl Fälle: 0	83
1	39

Logistische Regression mit Vorwärts-LR-Methode; AV: Call-Option; Dargestellt: links Regressionskoeffizient, rechts Effektstärke via Odds; Erläuterung der Variablen in Kapitel 6.3; Signifikanzniveaus < 1 % ***,
< 5 % **, < 10 % *

6.6.11 Kapitalzufuhr

Im Folgenden werden die Einflussfaktoren auf die Eigenkapital- und Mezzanine-Kapitalzufuhr untersucht. Die Analyse der anderen Arten der Kapitalzufuhr ist aufgrund der zu kleinen
Fallzahlen nicht möglich.

Das Modell zur Verwendung von Eigenkapital ist hoch signifikant und in Tabelle 34 dargestellt. Die Berechnung des R² ist nur näherungsweise möglich, da ein empirisches Gegenbeispiel für den Fall fehlt, in welchem das PU eine sehr große Kapitalgesellschaft ist und
nicht via Eigenkapital finanziert wurde. Daher wird der Schritt nach Hinzufügen der Variable Unternehmenskategorie- nicht dargestellt. Trotzdem ist das R² ausreichend groß, da
dieses im Schritt vor dem Hinzufügen der kritischen Variable bereits 0,503 bzw. 0,672 beträgt. Damit ist das Modell sehr gut interpretierbar.

Den größten Effekt auf die Kapitalzufuhr hat die Unternehmenskategorie bzw. -phase. Wenn
ein PU eine sehr große Kapitalgesellschaft ist, wird dieses eher mit Eigenkapital finanziert.
Der Grund dafür liegt in der Verhandlungsmacht des PU: Dieses ist als große Gesellschaft
in der Lage Fremdkapital aufzunehmen. Wenn dieses PU aber VC für die Finanzierung
wünscht, wird dieses nur reines Eigenkapital wollen. Es ist nicht auf Mezzanine angewiesen,
da reines Eigenkapital für das PU günstiger ist (Kantehm & Rasmussen-Bonne, 2013, S. 88).

Auch ist die Principal-Agent-Theorie geeignet, um zu erklären, warum die Phase einen Einfluss hat: In der späteren Runde sind die Informationsasymmetrien zwischen dem PU und der VCG deutlich kleiner als zu Beginn der Finanzierung. Damit einher geht die Möglichkeit für die VCG, über reines Eigenkapital zu investieren, da diese so besser an der Wertentwicklung des PU partizipieren können und die gesenkten Risiken dies erstmals zulassen.

Daneben finanzieren CVC-Fonds stärker via Eigenkapital als andere Investoren. Ebenso werden Gründer, die einen Doktortitel halten, stärker mit reinem Eigenkapital finanziert. Auch hier ist wieder zu vermuten, dass Gründer mit diesem Abschluss eine größere Verhandlungsmacht haben und daher eher Eigenkapital verlangen können.

Die Branche Software wird seltener nur mit Eigenkapital finanziert, was die erhöhten Principal-Agent-Risiken in dieser Branche widerspiegelt. Wenn das PU mit Eigenkapital finanziert wird, haben die Gründer weniger Stimmrechte, weil diese mehr Anteile am Stammkapital abgeben müssen als bei anderen Finanzierungsformen. Insbesondere bei einer Fremdkapitalfinanzierung muss das PU keine Stimmrechte abgeben.

Wenn der Lead-Investor ein großer Fonds ist, ist die Wahrscheinlichkeit für ein PU ebenfalls geringer, eine reine Eigenkapitalfinanzierung zu erhalten. Dies kann in der größeren Verhandlungsmacht der Investoren begründet liegen: Die Gründer sind bereit, für einen kapitalstarken Investor auf reines Eigenkapital zu verzichten. Diese Argumentation würde damit die Untersuchung von (Hsu, 2004) unterstützen, wonach Investoren mit größerer Reputation zu einer niedrigeren Bewertung in PU investieren können.

Überraschend ist der Einfluss der Runde: Wenn das PU in einer späten Runde ist, ist die Wahrscheinlichkeit höher, nicht mit Eigenkapital finanziert zu werden. Der Grund hierfür ist in den Interaktionseffekten mit einer anderen Variable (Stimmrechte der Gründer) zu finden, da eine spätere Runde einzeln betrachtet für eine Eigenkapitalfinanzierung spricht.

In der folgenden Analyse zur Nutzung von Mezzanine sind nur 112 Fälle eingeflossen, da die Bewertung des PU als relevant eingestuft wird. Das Modell (s. Tabelle 35) insgesamt ist ausgekräftigt und signifikant ($R^2 = 0{,}521 / 0{,}765$). Da zu viele abgängige Variablen für die Fallzahl ausgewählt wurden, ist nur die Wirkungsrichtung und nicht die Effektstärke interpretierbar.

Insgesamt ist die Mezzanine-Finanzierung für die VCG sicherer als Eigenkapital, weil der Wandel dieses Kapitals in Eigenkapital möglich ist (Kantehm & Rasmussen-Bonne, 2013, S. 88). Demnach scheint die B2B-Branche vergleichsweise risikobehafteter zu sein, da dort deutlich mehr PU via Mezzanine finanziert werden. Damit lässt sich erklären, warum der GVC als Lead-Investor relevant ist: Dieser finanziert in deutlich früheren Phasen und eher mit Mezzanine. Demgegenüber finanzieren IVC und CVC nicht mit Mezzanine-Instrumenten. Dass das Risiko bei Mezzanine-finanzierten PU größer ist, lässt sich auch anhand der Unternehmenskategorie bzw. -phase erkennen: Wenn das Unternehmen in einer frühen

Phase bzw. eine kleine Kapitalgesellschaft ist, ist die Wahrscheinlichkeit höher, via Mezzanine finanziert zu werden. Dieses Ergebnis ist somit genau das Gegenspiel zur Eigenkapitalfinanzierung, dort wurde ersichtlich, dass die Informationsasymmetrien zwischen dem Gründer und der VCG über die Runden sinken und daher in späteren Runden eher via Eigenkapital finanziert wird. Wenn das Unternehmen noch in einer frühen Phase ist, sind die Risiken größer. Um dem höheren Risiko zu begegnen wird dann auf Mezzanine-Instrumente zurückgegriffen.

Tabelle 34:   Einflussfaktoren auf die Eigenkapitalfinanzierung

Kapitalzufuhr EK	
Runde Series C/D	-4,237 / 0,014***
Branche Software	-1,504 / 0,222**
Dr. als Geschäftsführer	2,545 / 12,739***
Stimmrechte Gründer	-0,106 / 0,899***
Dummy CVC	2,734 / 15,400***
Lead VCG groß	-2,404 / 0,090***
Unternehmenskategorie sehr groß	23,632 / H
Konstante	6,449 / 0,000**
Modell χ^2	91,993***
R^2 Cox & Snell/Nagelkerkes	~ (0,527 / 0,704)
Anzahl Fälle: 0	66
1	56

Logistische Regression mit Vorwärts-LR-Methode; AV: Kapitalzufuhr EK; Dargestellt: links Regressionskoeffizient, rechts Effektstärke via Odds; Erläuterung der Variablen in Kapitel 6.3; Signifikanzniveaus < 1 % ***, < 5 % **, < 10 %*

Weiterhin wird diese Finanzierungsform eher gewählt, wenn keine Syndizierung vorliegt. Ein möglicher Grund hierfür liegt ebenfalls im Risiko: Vermutlich haben die PU es nicht geschafft, mehrere Investoren für eine Finanzierung zu gewinnen, wodurch nur ein Investor vorhanden ist, welcher dann eine für ihn sichere Finanzierungsform wählt.

Zudem vergeben junge, große Fonds eher Kapital als Mezzanine. Gemäß den Experteninterviews ist die Finanzierung von PU mit Mezzanine in der Seed-Runde ein aktueller Trend, welcher sich mit diesem Ergebnis widerspiegelt. Der Einfluss der Bewertung lässt sich nicht bestimmen, da die Effektstärke nicht ausreichend groß ist, um von einem positiven oder negativen Effekt auszugehen.

Bei der Analyse tritt bei der Kontrollvariable auf die verschiedenen Lead-Investoren ein anderer Effekt auf: Die Vorwärts-LR-Methode wählt nur noch verschiedene Lead-Investoren aus. Dies ist ein starkes Indiz dafür, dass die Wahl der Mezzanine-Kapitalzufuhr sehr stark zum einem von dem Lead-Investor geprägt wird und zum anderen es bestimmte Investoren gibt, welche immer diese Form der Finanzierung verlangen. Diese Gruppe lässt sich wiederum nicht mit den vorhandenen Einflussfaktoren wie bspw. Investorentyp beschreiben. Die Wahl, ob ein PU mit Mezzanine finanziert wird, hängt damit von der Wahl des einzelnen Investors ab, wobei dieser sehr individuell entscheidet und nicht gruppiert werden kann. Dieses Ergebnis ist insoweit überraschend, da es eine neue Erklärung liefert, warum VCG Wandelinstrumente verwenden. Wie Zambelli (2014) ausführlich darstellt ist in der VC-Vertragsforschung noch immer nicht klar, welche Form der Kapitalüberlassung optimal für das PU und die VCG ist. Die beiden Analysen können dabei jedoch einen Informationsgewinn hervorbringen: Bei einer Eigenkapitalfinanzierung lassen sich klare Faktoren finden, wann diese verwendet wird. Bei Wandelinstrumenten scheint es Faktoren zu geben, welche nicht in dem Modell enthalten sind oder es wird von bestimmten Fonds vorgegeben, nur mit Wandelinstrumenten zu finanzieren. Gerade der letzte Punkt könnte eine Erklärung liefern, warum amerikanische VCG in den USA via Convertible stocks investieren und außerhalb der USA nicht.

Tabelle 35:   Einflussfaktoren auf die Mezzanine-Finanzierung

Kapitalzufuhr Mezzanine	
Branche B2B	7,452 / 1.724,04**
Unternehmenskategorie klein	4,756 / 116,248*
Syndizierung	-6,110 / 0,002**
Lead Typ GVC	6,567 / 711,225***
Dummy IVC	-4,296 / 0,014**
Dummy CVC	-3,996 / 0,018*
Alter Lead 4	5,936 / 378,455***
Fondsgröße groß	2,792 / 16,311**
Bewertung	0,000 / 1,000*
Konstante	-8,761 / 0,000***
Modell χ^2	82,496***
R^2 Cox & Snell/Nagelkerkes	0,521 / 0,765
Anzahl Fälle: 0	83
1	29

Logistische Regression mit Vorwärts-LR-Methode; AV: Kapitalzufuhr Mezzanine; Dargestellt: links Regressionskoeffizient, rechts Effektstärke via Odds; Erläuterung der Variablen in Kapitel 6.3; Signifikanzniveaus < 1 % ***, < 5 % **, < 10 % *

6.6.12 Meilensteine – Detailbetrachtung

Im Folgenden werden nacheinander die Einflussfaktoren auf die Anzahl der Meilensteine sowie Verwendung von verschiedenen Arten an Meilensteinen und der Anteil der Meilensteinfinanzierung an der gesamten Finanzierungssumme untersucht. Hierzu werden lineare

Regressionen durchgeführt, weil die unabhängigen und abhängigen Variablen metrisch skaliert sind. Es wird mit der Vorwärtsmethode gearbeitet, um eine Vergleichbarkeit mit den anderen Ergebnissen aus diesem Kapitel zu gewährleisten. Das Modell (s. Tabelle 36), um die Anzahl an Meilensteinen zu bestimmen, ist insgesamt signifikant und interpretierbar.

Aus den Einflussfaktoren auf die Anzahl an Meilensteinen wird ersichtlich, dass PU mehr als zwei zusätzliche Meilensteine akzeptieren, wenn ein GVC das meiste Kapital in einer Finanzierung in das PU einbringt. Demnach verlangen GVC mehr Meilensteine, was an der frühen Phase und dem damit eingehenden größeren Risiko liegt. Bestätigt wird diese Annahme durch die zweite relevante Variable: In der Seed-Runde müssen die PU im Schnitt 1,4 mehr Meilensteine akzeptieren, was neben dem größeren Risiko auch mit den vermehrten Informationsasymmetrien erklärt werden kann.

Außerdem verlangen insbesondere große Fonds mehr Meilensteine. Der Grund könnte in einer größeren Verhandlungsmacht dieser Fonds liegen, sodass diese mehr Meilensteine vom PU verlangen können bzw. die PU bereit sind, mehr Meilensteine zu akzeptieren, wenn diese im Gegenzug einen kapitalstarken Investor gewinnen.

Tabelle 36:   Einflussfaktoren auf die Meilensteinanzahl

Meilensteine Anzahl	
Lead Typ GVC	2,374 (0,551)***
Runde Seed	1,435 (0,520)***
Fondsgröße Lead groß	1,109 (0,514)**
Konstante	0,598 (0,414)
F-Wert	19,442***
R²/Corr	0,331 / 0,314
Anzahl Fälle:	122

Lineare Regressionsanalyse mit Vorwärtsmethode; AV: Meilensteine Anzahl; Dargestellt: Regressionskoeffizient dahinter in Klammern Standardfehler; Erläuterung der Variablen in Kapitel 6.3; Signifikanzniveaus < 1 % ***, < 5 % **, < 10 % *

Das Modell in Tabelle 37 ist signifikant, demnach sind die Einflussvariablen geeignet, die Verwendung von verschiedenen Arten von Meilensteinen zu erklären. Das R² ist mit über 0,2 als akzeptabel zu bewerten und das Modell somit interpretierbar.

Wenn der Lead-Investor ein GVC ist, wird nahezu eine weitere Art an Meilensteinen im Vertrag verlangt. Zusätzlich fordern große Fonds mehr verschiedene Meilensteine ein. In Kombination mit der Analyse aus Tabelle 36 wird so ersichtlich, dass diese Investoren nicht nur mehr Meilensteine verlangen, sondern vor allem auch verschiedenartige Meilensteine.

Sobald ein BA das Unternehmen mitfinanziert, werden wiederum weniger verschiedene Meilensteine verlangt. Ein gleiches Resultat wird deutlich, wenn das Unternehmen in der

Branche B2B bzw. Industrieerzeugnisse aktiv ist. Zum einen verlangen BA allgemein weniger Meilensteine und zum anderen sind weniger Meilensteinfinanzierungen in der B2B-Branche anzutreffen (s. Tabelle 31 und Kapitel 6.6.8), was wiederum das hier erzielte Ergebnis unterstützt.

Weiterhin werden in Bezug auf den Anteil der Meilensteinfinanzierung (s. Tabelle 38) die vorangegangenen Analysen bestätigt. Untersucht wurde, wieviel Prozent der Gesamtinvestitionssumme via Meilensteine ausgezahlt werden. Insgesamt ist das Modell akzeptabel und hoch signifikant.

Tabelle 37:   Verwendung von verschiedenen Arten von Meilensteinen

Meilensteine Art Anzahl	
Lead Typ GVC	0,942 (0,229)***
Dummy BA	-0,795 (0,240)***
Branche B2B	-0,680 (0,293)**
Fondsgröße Lead groß	0,493 (0,231)**
Konstante	1,373 (0,178)***
F-Wert	10,734***
R²/Corr	0,268 / 0,243
Anzahl Fälle:	122

Lineare Regressionsanalyse mit Vorwärtsmethode; AV: Meilensteine Art Anzahl; Dargestellt: Regressionskoeffizient dahinter in Klammern Standardfehler; Erläuterung der Variablen in Kapitel 6.3; Signifikanzniveaus < 1 % ***, < 5 % **, < 10 % *

GVC verlangen nicht nur mehr Meilensteine und mehr verschiedenartige Meilensteine. Damit einhergeht, dass insgesamt mehr zugesichertes Kapital via Meilensteine vergeben wird. Ein PU erhält durchschnittlich rund 25 % mehr Kapital erst nach Erreichen von Meilensteinen. Demgegenüber wird im Modell auch ersichtlich, dass in der Branche B2B und beim Investorentyp BA weniger Meilensteinfinanzierung betrieben wird – dort wird also mehr Kapital direkt vergeben.

Zusätzlich ist das Alter des Lead-Investors relevant. Wenn Kapitalgeber vor 1990 gegründet wurden, verlangen diese weniger Meilensteine. Ein Hauptgrund dafür liegt in der Veränderung der Meilensteinfinanzierungen: Über die Jahre haben die Investoren gelernt, dieses Vertragsrecht zu nutzen, denn ein Trend zum Anwachsen der Finanzierung via Meilensteine ist erkennbar (Bienz et al., 2009, S. 7). Dieser Lerneffekt wird allerdings bei den Altinvestoren, die nur wenige PU mit einer Meilensteinfinanzierung unterstützen, gemäß den vorliegenden Daten noch nicht in diesem Ausmaß deutlich. Möglich ist auch, dass die Ursache von den CVC ausgeht, da diese auf der einen Seite vermehrt auf Meilensteine verzichten und auf der anderen Seite sehr stark mit der Variable Alter korrelieren.

Tabelle 38:   Einflussfaktoren auf den Anteil der Meilensteinfinanzierung

Anteil Meilensteine an Finanzierung	
Lead Typ GVC	22,261 (5,038)***
Alter Lead 1	-38,360 (14,073)***
Branche B2B	-21,823 (6,722)***
Dummy BA	-14,063 (5,500)**
Konstante	45,391 (3,960)***
F-Wert	12,079***
R²/Corr	0,292 / 0,268
Anzahl Fälle:	122

Lineare Regressionsanalyse mit Vorwärtsmethode; AV: Anteil Meilensteine an Finanzierung; Dargestellt: Regressionskoeffizient dahinter in Klammern Standardfehler; Erläuterung der Variablen in Kapitel 6.3; Signifikanzniveaus < 1 % ***, < 5 % **, < 10 % *

6.6.13 Veto-Rechte – Detailbetrachtung

Für die Analyse der Summe an verwendeten Veto-Rechten wird eine lineare Regression durchgeführt, da die Summe an Veto-Rechten eine metrische Skalierung ermöglicht. Die unabhängigen Variablen sind dazu geeignet, die Verwendung der Anzahl an Veto-Rechten zu erklären. Auch das R^2 ist große genug, um eine Interpretation vorzunehmen. In dieser Analyse sind nur 112 Fälle eingeflossen, da für zehn Fälle keine Bewertung ermittelt werden konnte, diese Variable aber als relevanter Einfluss identifiziert wurde. Das Modell ist in Tabelle 39 präsentiert.

In dem Modell wurden zwei Jahresvariablen ausgewählt, zum einen das Jahr der Finanzierungsrunde und zum anderen das Jahr der ersten Finanzierung. Überraschenderweise sind die beiden Variablen genau entgegengesetzt in ihrer Wirkung und von der Effektstärke ähnlich, wodurch sich die Effekte nahezu aufheben. Die Jahresvariable weist darauf hin, dass, je später eine Finanzierung stattfindet, weniger Veto-Rechte verlangt werden. Die Jahresvariable zur ersten Finanzierung weist wiederum darauf hin, dass, je später die erste Finanzierung stattfindet, mehr Veto-Rechte verlangt werden. Die Ergebnisse lassen sich demnach folgendermaßen interpretieren: Die VCG verlangen insgesamt mehr Veto-Rechte bei der ersten Finanzierung eines Unternehmens. Danach nimmt die Anzahl an Veto-Rechten jedoch wieder ab. Es werden dann also in späteren Runden weniger Veto-Rechte verlangt.[14]

In der Branche B2B bzw. Industrieerzeugnisse werden mehr Veto-Rechte verlangt. Der Grund dafür kann in der Verwendung von Meilensteinen liegen: Insgesamt werden in dieser Branche weniger Meilensteine verlangt. Im Gegenzug sichern sich die Investoren mit mehr Veto-Rechten ab. Eine Ursache könnte sein, dass die Prognoseunsicherheit in dieser Branche

---

[14] Wenn in dem Modell die Runden mit eingeschlossen werden, werden die Einflüsse der Jahre insignifikant, was die Argumentation zusätzlich stützt.

besonders groß ist und daher eine Meilensteinfinanzierung unangebracht ist. Die Investoren möchten sich wiederum mit Veto-Rechten genauer über die Vorgänge im PU informieren lassen, damit sie diese bei riskanten Entwicklungen votieren könnten.

Den stärksten Effekt hat eine Syndizierung: Wenn diese vorliegt, werden im Schnitt drei zusätzliche Veto-Rechte verlangt. Ein mögliches Argument liegt darin begründet, dass jeder Investor seine fondseigenen Veto-Rechte verlangt und somit mehr Veto-Rechte in den Vertrag eingebaut werden. Gleichzeitig aber nimmt die Anzahl an Veto-Rechten ab: Je zusätzlichem Investor werden im Schnitt 0,3 weniger Veto-Rechte verlangt. Demnach steigt die Anzahl an Veto-Rechten, wenn zwei VCG in ein PU investieren und sinkt danach wieder ab. Gemäß den Experteninterviews liegt dies im hohen Abstimmungsaufwand begründet: Wenn mehr Investoren ein PU finanzieren, ist der Koordinationsaufwand höher, da bei jedem Veto-Recht stets alle Investoren ihre Zustimmung abgeben müssen. Damit bei diesem Prozess Entscheidungen trotzdem schnell getroffen werden können, wird bei mehreren Investoren die Anzahl an Veto-Rechten wiederum zurückgefahren.

Je größere das Finanzierungsvolumen in das PU ist, desto weniger Veto-Rechte werden verlangt. Je größer die Bewertung ist, desto mehr Veto-Rechte werden verlangt. Diese Effekte sind zueinander konträr und heben sich in ihren Effektstärken gegenseitig auf, da mit steigender Bewertung, die Investitionssummen steigen. Dieser Effekt ist damit mit dem der Jahresvariablen vergleichbar: Zum einen verlangen die Investoren bei höheren Bewertungen mehr Veto-Rechte, um das Investment abzusichern, auf der anderen Seite sinken die Informationsasymmetrien zwischen PU und VCG, wodurch diese bei steigenden Finanzierungssummen weniger Veto-Rechte verlangen.

Tabelle 39: Einflussfaktoren auf die Veto-Rechte-Anzahl

Summe Veto-Rechte	
Jahr 1. Finanzierung	0,985 (0,337)***
Branche B2B	2,367 (1,172)**
Jahr	-0,896 (0,365)**
Bewertung	9,053E-007 (0,0)***
Finanzierungsvolumen	-1,320E-006 (0,0)***
Syndizierung Dummy	3,129 (1,278)**
Anzahl Investoren	-0,237 (0,101)**
Konstante	-171,457 (502,193)
F-Wert	7,870***
R²/Corr	0,346 / 0,302
Anzahl Fälle:	112

Lineare Regressionsanalyse mit Vorwärtsmethode; AV: Summe Veto-Rechte; Dargestellt: Regressionskoeffizient dahinter in Klammern Standardfehler; Erläuterung der Variablen in Kapitel 6.3; Signifikanzniveaus < 1 % ***, < 5 % **, < 10 % *

6.6.14 Diskussion der Einflussfaktoren

Im Folgenden werden die Einflussfaktoren und die durchgeführten Analysen zusammenfassend betrachtet. Jeder Einflussfaktor, welcher für die Vorwärts-LR-Methode zu Verfügung stand, wurde von der Methode mindestens einmal ausgewählt, um die Verwendung eines Vertragsrechtes zu bestimmen. Tabelle 40 fast dies zusammen, indem in den beiden rechten Spalten, die Dummy-Variablen einzeln und daneben als Summe entsprechend der Einflussfaktoren dargestellt sind. Insgesamt lassen sich fünf Einflussfaktoren identifizieren, welche verhältnismäßig häufiger auftreten und damit besonders relevant sind.

Tabelle 40:   Einflussfaktoren auf den Vertrag – Gesamtüberblick

	1	2	3	4	5	6	7	8	9	10	11	12	13	14	15	16	Σ	
Runde Seed									+			+					2	
Runde Series A				-													1	4
Runde Series B																	0	
Runde Series C/D													-				1	
Jahr										+	+					-	3	6
Jahr 1. Finanzierung	+			+												+	3	
Branche Rest				-					+								2	
Branche B2B								-		+		+		-	-	+	6	9
Branche Life Science																	0	
Branche Software													-				1	
Unternehmenskat. klein						-			-		+						3	
Unternehmenskategorie mittel	+																1	6
Unternehmenskat. groß																	0	
Unternehmenskategorie sehr groß	+										+						2	
Serial als Geschäftsführer	+					+											2	2
Dr. als Geschäftsführer											-	+					2	2
Finanzierungsvolumen									0							-	2	2
Anzahl Gründungsgesellschafter																	0	
Geldgebende Gründungsgesellschafter																	0	
Anzahl Investorengesell.						-										-	2	2
Geldgebende Investorengesellschafter																	0	
Syndizierung													-			+	2	
Anzahl Gesellschafter																	0	
Stimmrechte Gründer					-						-						2	2
Bewertung (Post-money)											0					+	2	2
Lead Typ GVC				+			+					+	+	+	+		6	
Lead Typ BVC																	0	10
Lead Typ IVC							+	-									2	

	1	2	3	4	5	6	7	8	9	10	11	12	13	14	15	16	Σ	
Lead Typ BA						-											1	
Lead Typ CVC						-											1	
Dummy GVC	+		+	+													3	
Dummy BVC	+			+													2	
Dummy IVC	-									-							2	12
Dummy BA							-						-	-			3	
Dummy CVC										+	-						2	
Kapitalzufuhr EK						+		-									2	
Kapitalzufuhr MEZ	+																1	
Kapitalzufuhr EK+MEZ	+																1	10
Kapitalzufuhr FK	-	-	-	-	-	-		-									7	
Kapitalzufuhr FK+EK	+																1	
Alter Lead 1																-	1	
Alter Lead 2																	0	2
Alter Lead 3																	0	
Alter Lead 4													+				1	
Erfahrung		+															1	1
Fondsgröße groß									+		-		+	+	+		5	5
Lead International							-										1	1

1 Vertragsindex; 2 Wettbewerbsverbot; 3 Vorerwerbsrecht; 4 Drag-along; 5 Tag-along; 6 Liquidationspräferenz; 7 Verwässerungsschutz; 8 Meilensteine; 9 ESOP; 10 Call-Option; 11 Kapitalzufuhr Eigenkapital; 12 Kapitalzufuhr Mezzanine.; 13 Meilenstein-Anzahl; 14 Meilenstein-Art; 15 Meilenstein-Umfang; 16 Veto-Rechte Summe; Wirkungsrichtung angegeben als + für positiv, - für negativ, 0 für unbekannt

Die mit Abstand am häufigsten genutzte Variable, um das Vorhandensein von bestimmten Vertragselementen zu erklären, ist die **Finanzierung via Fremdkapital**. Wie schon in der Korrelationsanalyse ersichtlich wird, ist es bei der Finanzierung mit Fremdkapital nicht üblich, ein Verwässerungsschutz, Vorerwerbsrecht, Drag-along, Tag-along und Wettbewerbsverbot abzuschließen. Die Investoren sind nicht am Stammkapital des Unternehmens beteiligt und haben daher kein Interesse an einer Wertsteigerung bzw. partizipieren nicht von dieser. Daher ist für diese Art der Kapitalüberlassung kein Exit via Trade-Sale oder ähnliches vorgesehen, vielmehr erzielen die VCG ihre Rendite über die eigentliche Kreditvergabe. Damit sind diese speziellen Exit-Rechte bei einer Fremdkapitalfinanzierung unnötig. Aber nicht nur Fremdkapital, sondern auch die anderen Finanzierungsarten tragen dazu bei, zu erklären, warum bestimmte Vertragselemente von den Investoren ausgewählt werden. Bspw. wird eine Liquidationspräferenz nur verlangt, wenn das PU via Eigenkapital finanziert wird. Hartmann-Wendels et al. (2011) kommen zu einem ähnlichen Ergebnis dahingehend, dass die Finanzinstrumente einen Einfluss auf die Vertragsgestaltung ausüben. Gemäß ihrer Studie finanzieren erfahrenere VCG junge PU mit einem Vertrag, welcher sie maximal an der Wertsteigerung partizipieren lässt. Demgegenüber finanzieren unerfahrene Investoren mit Finanzmitteln, welche sie vor Verlusten absichern (Hartmann-Wendels et al., 2011, S. 466).

Mit der vorliegenden Untersuchung wird dieser Einfluss der verschiedenen Finanzinstrumente auf den Beteiligungsvertrag bestätigt und erweitert.

Weiterhin wurden sehr häufig die **Typen-Variablen der Investoren** als Einflussfaktoren gewählt. Sowohl die Dummy-Variablen, ob ein bestimmter Investorentyp vorhanden ist, als auch die Lead-Investorentypen-Variablen tragen dazu bei, zu erklären, warum bestimmte Vertragselemente vorhanden sind und andere nicht. Dieses Resultat unterstützt die Wichtigkeit von Forschung, welche VC-Investoren nicht als homogene Masse untersucht, sondern diese entsprechend ihrer Ausrichtung kategorisiert. Bereits Croce et al. (2015) stellten in ihrer Untersuchung fest, dass BVC-finanzierten PU vor dem eigentlichen Investment ein geringeres Risiko aufweisen, in eine finanzielle Notlage zu geraten. Nach der Finanzierung steigt dagegen die Fremdkapitalrate stärker an als bei nicht-BVC-finanzierte Firmen. Den Autoren war es in ihrer Untersuchung allerdings nicht möglich, den Unterschied der Investorentypen in der Vertragsgestaltung zu überprüfen. Nur Hirsch und Walz (2013) haben den Unterschied zwischen den Investoren auf Vertragsebene untersucht. Sie haben jedoch ausschließlich Veto-Rechte und Finanzinstrumente betrachtet und zwischen abhängigen und unabhängigen Investoren unterschieden. Die eigene Untersuchung bestätigt zum einen, dass Unterschiede zwischen den Investoren in Bezug auf die Vertragsgestaltung existieren und unterstützt und erweitert zum anderen die Vermutungen anderer Studien, wonach unterschiedliche Investoren einen großen Einfluss auf den gesamten Finanzierungsprozess haben (bspw. Hahn & Kang, 2017).

Auch die **Branche** übt einen wesentlichen Einfluss auf die Ausgestaltung der Verträge aus. Mithilfe von zwei Faktoren können hierfür Gründe genannt werden, denn zum einen bestimmt die Branche den Exit-Kanal und zum anderen das Risiko. Nanda und Rhodes-Kropf (2013, S. 403) berichten, dass die Finanzierung von PU, die in Trendmärkten aktiv sind, auf der einen Seite zu höheren Insolvenzen führt und damit ein höheres Risiko hat und diese Unternehmen auf der anderen Seite bei einem IPO höher bewertet werden und damit höhere Exit-Erlöse erzielen. Diese Resultate werden von der eigenen Untersuchung bestätigt: Die Branche ist u. a. bei der Festlegung von Exit-Rechten und Meilensteinen relevant, welche für die Risikoabsicherung und für den Verkauf des Unternehmens wichtig sind. Der Einfluss der Branche ist auch eine Bestätigung der Principal-Agent-Theorie. In der High-Tech-Branche ist eine Überwachung des PU schwieriger, wodurch dort größere Informationsasymmetrien vorliegen und es eher zu Hidden Action kommen kann (Ibrahim, 2009, S. 37). Gegen diese Risiken schützt sich die VCG mit verschiedenen Rechten, indem bspw. Softwareunternehmen nicht mit Eigenkapital finanziert werden.

Weiterhin haben das **Jahr der Finanzierung** bzw. der **Zeitpunkt der ersten Finanzierung** einen Einfluss auf den Vertrag. Die Investoren verlangen über die Jahre immer mehr Vertragselemente wie bspw. ein Drag-along, ESOP oder eine Call-Option. Die letzteren beiden Rechte werden erst seit dem Jahr 2007 bzw. 2006 in den Verträgen verankert. Nur die Verwendung eines Dividendenvorzugs wird weniger häufig eingefordert. In der Forschung wurde bereits beobachtet, dass es Trends in der Vertragsgestaltung gibt und VCG über die Zeit lernen, bestimmte Vertragsrechte zu nutzen (Bienz & Hirsch, 2012), generell verlangen die VCG mehr Rechte über die Jahre hinweg. Auch kann die Untersuchung von Bienz und Hirsch (2012) bestätigt werden, wonach die VCG über die Jahre immer mehr Meilensteinfinanzierungen nutzen. Daneben hat das Finanzierungsjahr allgemein betrachtet einen Einfluss, da in bestimmten Jahren exogene Schocks auftreten – wie etwa die Dotcom-Blase in den 2000 oder die Finanzkrise 2008, welche dann wiederum direkte Effekte (bspw. Anzahl der Investments oder Investitionssumme pro Investment) auf die VC-Branche nach sich ziehen (Ning, Wang & Yu, 2015; Lahr & Mina, 2014).

Zudem beeinflusst die **Unternehmenskategorie bzw. Unternehmensphase** den Vertrag und dessen Gestaltung. Größere PU haben mehr Vertragsrechte in den Beteiligungsverträgen, was wiederum auch an den höheren Finanzierungssummen liegt. Gleichzeitig ist das Investment risikoärmer, da hohe Umsätze erzielt werden und das PU generell auch in der Lage wäre, Fremdkapital aufzunehmen. Überraschend ist in dieser Hinsicht jedoch, dass die Phase deutlich häufiger als die Runde von der Vorwärts-LR-Methode ausgewählt wurde und daher eher geeignet ist, einen Erklärungsansatz zu leisten, warum bestimmte Vertragselemente vereinbart werden. Die Unternehmensphase wird in vielen Arbeiten als beeinflussender Indikator betrachtet (bspw. Bengtsson & Sensoy, 2011; Lim & Cu, 2012; Hirsch & Walz, 2013; Cumming et al., 2011). Antonczyk (2006, S. 169-171) argumentiert bspw., dass die Phase einen Einfluss hat, weil bei Unternehmen ohne Umsatz und ohne Erfolgshistorie die Volatilität von zukünftigen Ereignissen, die das PU betreffen, hoch ist. Mit der durchgeführten Studie wird die Wichtigkeit dieses Einflussfaktors auf die Vertragsgestaltung bestätigt.

Zusammenfassend sind die aufgestellten Einflussfaktoren dazu geeignet, zu beschreiben, warum bestimmte Vertragsklauseln genutzt werden und andere nicht. Zusammenhang 1 kann somit laut der Definition bestätigt werden.

Z1: Bestätigt ✓

6.7   Wirkung des Vertrags

Nach den Einflussfaktoren auf die Vertragsklauseln werden an dieser Stelle die Einflussfaktoren auf die Wirkung untersucht und damit auch, ob bestimmte Vertragsklauseln einen Einfluss darauf besitzen. Es werden die Zusammenhänge 2 bis 8 überprüft.

Analysiert wird, ob die Einflussfaktoren und Vertragselemente Auswirkungen auf den Exit und Konflikte haben. Anschließend wird überprüft, ob diese Variablen zusammen mit den Konflikten und dem Exit einen Einfluss auf den Erfolg des PU ausüben. Für die Konflikte und den Exit sind jeweils nicht genügend Beobachtungen (25 nach Backhaus et al., 2011) für die schwächer besetzte Variable vorhanden. Trotzdem wird im Folgenden der Einfluss auf die beiden Variablen analysiert, um prinzipielle Aussagen darüber zu treffen, ob eine

Wirkung der Verträge auf diese beiden Faktoren vorhanden ist.[15] Dabei können die Aussagen dann nicht mit einer Effektstärke interpretiert werden, was eine Limitation darstellt. Der Einfluss des Vertrages auf den Erfolg des PU wird zum Schluss untersucht.

Die Prüfstrategie erfolgt dabei analog zu den Einflussfaktoren. Jedoch werden in diese Analysen neben den Einflussfaktoren auch die Vertragsvariablen mit zur Erklärung herangezogen.

6.7.1 Konflikte

Im Folgenden wird überprüft, ob die Einflussfaktoren und die Vertragselemente einen Einfluss auf Konflikte innerhalb des PU haben. Tabelle 41 stellt dabei die Ergebnisse der logistischen Regression mittels Vorwärts-LR-Methode vor.

Das Modell weist ein R^2 von unter 0,2 auf und ist daher nicht bzw. nur sehr eingeschränkt interpretierbar (R^2 = 0,091 / 0,157). Auch die Anpassungsgüte der Klassifikationsergebnisse ist sehr gering und der Hosmer-Lemeshow-Test signifikant, was ebenfalls auf eine schlechte Anpassung hindeutet. Demnach sind andere Variablen, welche nicht in dem Modell zur Verfügung stehen, relevant, um das Auftreten von Konflikten zu beurteilen.

Trotzdem wurden mittels der Methode zwei Variablen ausgewählt, welche einen signifikanten Einfluss auf das Auftreten von Konflikten ausüben, was anhand der Signifikanz der Regressionskoeffizienten und auch aus der insgesamt starken Signifikanz des Modells deutlich wird.

Tabelle 41:   Einflussfaktoren auf Konflikte

Konflikte	
Geldgebende Gründungsgesellschafter	0,327 / 1,386**
Art der Meilensteine Patente erstellen	1,670 / 5,310**
Konstante	-2,223 / 0,108***
Modell χ^2	11,589***
R^2 Cox & Snell/Nagelkerkes	0,091 / 0,157
Anzahl Fälle: 0	103
1	19

Logistische Regression mit Vorwärts-LR-Methode; AV: Konflikte; Dargestellt: links Regressionskoeffizient, rechts Effektstärke via Odds; Erläuterung der Variablen in Kapitel 6.3; Signifikanzniveaus < 1 % ***, < 5 % **, < 10 % *

Einen Einfluss auf das Auftreten von Konflikten innerhalb des PU hat die Anzahl an geldgebenden Gründungsgesellschaftern. Es gehört zur Ausnahme, dass die Gründer erneut Geld

---

[15] In der Forschung ist häufiger die Analyse mittels logistischer Regression anzutreffen, obwohl die Fallzahlen nach Backhaus et al. (2011) nicht erfüllt werden (etwa von Antonczyk, Breuer & Mark, 2007; Cumming & Johan, 2007; Kaplan & Strömberg, 2003; Kaplan & Strömberg, 2004; Pinkwart et al., 2015).

in das PU geben. Sollte die doch eintreten, wird damit ein Hinweis darauf gegeben, dass Probleme im Unternehmen vorliegen (bspw. wurden nicht genug Investoren gefunden oder diese haben die Risiken so groß eingeschätzt, dass sie nur unter der Bedingung einer zusätzlichen Investition der Gründer finanzielle Mittel bereitstellen). Demnach ist zu vermuten, dass Konflikte vorliegen oder häufiger auftreten werden, wenn die Gründungsgesellschafter zusätzliches Kapital investieren.

Weiterhin wurde in der Analyse eine spezielle Art von Meilensteinen ausgewählt, um das Auftreten von Konflikten zu erklären: Wenn die VCG vom PU eine Patenterstellung als Meilenstein einfordert, ist die Wahrscheinlichkeit höher, dass es zu Konflikten im Unternehmen kommt. Gründe dafür könnten nach den Experteninterviews sein, dass sowohl die unklare Definition der Meilensteine an diesem Ergebnis beteiligt sind, als auch das Problem, dass PU dieses Ziel häufig nicht erreichen. Demnach haben Meilensteine einen direkten Einfluss auf das Konfliktniveau im PU, womit das Ergebnis auch die Resultate aus den Experteninterviews unterstützt, wonach u. a. Meilensteine einen Einfluss auf Konflikte haben (s. Kapitel 5.2.3.2).

Aufgrund des niedrigen R^2 und der daraus folgenden schlechten Anpassungsgüte sind die Ergebnisse statistisch eingeschränkt gültig. Aber da sowohl das Modell als auch die beiden Faktoren einen signifikanten Einfluss auf Konflikte haben, kann demnach der Zusammenhang 4 und 5 bestätigt werden. Sowohl die Einflussfaktoren (Z5) als auch die Vertragselemente (Z4) haben einen Einfluss auf Konflikte, jedoch gibt es andere Faktoren, die das Auftreten von Konflikten besser beschreiben würden.

Z4: Bestätigt ✓

Z5: Bestätigt ✓

6.7.2   Exit

Sieben von 71 PU aus dem Datensatz wurden bisher über einen Exit verkauft. Von diesen sieben PU sind 13 von insgesamt 122 Finanzierungsrunden vorhanden. Bei der Analyse wurden nur die Einflussfaktoren und die Vertragselemente genutzt, wobei die Ergebnisse der logistischen Regression in Tabelle 42 wiedergegeben sind. Die detaillierten Meilensteine und Veto-Rechte wurden entfernt, da sonst die Anzahl der unabhängigen Variablen zu groß wird und die Analyse keine interpretierbaren Ergebnisse liefert.

Das Modell in Tabelle 42 ist nicht das final ausgewählte, da ab dem neunten Schritt die Variable Tag-along ausgewählt wird, welche immer bei einem Exit vereinbart wurde. Daher fehlt hier ein empirisches Gegenbeispiel, welches die Berechnung des R^2 verhindert. Daher werden die letzten zwei Schritte (es wurden Tag-along und Dummy CVC hinzugefügt) hier weggelassen, da bereits davor ein signifikantes Modell mit genauem R^2 berechnet werden konnte. Das Modell hat insgesamt ein akzeptables R^2, ist signifikant und ist daher interpretierbar ($R^2 = 0{,}225 / 0{,}457$). Es treten jedoch positive Autokorrelationen auf (Durbin-Watson:

1,284). Demnach ist die Signifikanz der einzelnen Regressionskoeffizienten eventuell falsch berechnet und daher nicht interpretierbar.

Tabelle 42:   Einflussfaktoren auf den Exit

Exit	
Branche Bau/Chemie/Handel/Vertrieb	2,398 / 11,004**
Geldgebende Investoren	0,793 / 2,209***
Kapitalzufuhr MEZ	3,723 / 41,394***
Alter Lead 1	3,986 / 53,830**
Veto-Rechte	-2,722 / 0,066***
Konstante	-4,860 / 0,008***
Modell χ^2	46,350***
R² Cox & Snell/Nagelkerkes	0,225 / 0,457
Anzahl Fälle: 0	109
1	13

Logistische Regression mit Vorwärts-LR-Methode; AV: Exit; Dargestellt: links Regressionskoeffizient, rechts Effektstärke via Odds; Erläuterung der Variablen in Kapitel 6.3; Signifikanzniveaus < 1 % ***, < 5 % **, < 10 % *

Das Modell hat insgesamt vier Einflussvariablen und Veto-Rechte als Vertragsvariable ausgewählt. Generell unterstützen die Ergebnisse den Zusammenhang und die Experteninterviews, wonach die hauptsächliche Wirkung auf den Exit von Veto-Rechten und Meilensteinen ausgeht. Trotz des Vorliegens von Autokorrelation, können die Zusammenhänge 2 und 3 bestätigt werden: Die Ergebnisse deuten auf eine Wirkung hin, jedoch ist die statistische Aussagekraft nicht voll gegeben, auch weil zu wenige Beobachtungen in dem Datensatz vorhanden sind.

Z2: Bestätigt ✓

Z3: Bestätigt ✓

6.7.3   Erfolg

Bevor das in Kapitel 6.3 beschriebene Erfolgsmaß über die Unternehmenskategorie überprüft wird, werden in einem ersten Schritt die Einflussfaktoren auf die Insolvenz des PU untersucht. Die Insolvenz geht mit dem Totalverlust des Investments einher und ist somit für das PU und die VCG das am wenigsten gewünschte Szenario. Wenn also kein Bankrott eintritt, kann dies bereits als Erfolg der Beteiligung gewertet werden. Insgesamt sind 20 PU von 71 mit 30 von 122 Runden insolvent gegangen. Tabelle 43 stellt die Ergebnisse der logistischen Regressionsanalyse vor.

Das Modell ist signifikant und das R^2 groß genug, um von einer ausreichenden Beschreibung der unabhängigen Variablen zum Eintreten der Insolvenz sprechen zu können ($R^2 = 0,229$ / $0,341$). Ein Resultat ist, dass die Chance der Insolvenz in der Life Science Branche geringer ist. Diese Beobachtung ist überraschend, da eigentlich von einem höheren Risiko in dieser Branche ausgegangen wird (Patzelt, zu Knyphausen-Aufsess & Habib, 2009, S. 87). Zwei mögliche Erklärungsansätze dazu können sein, dass entweder in der Branche eine Insolvenz durch Übernahmen abgewendet werden kann oder in dem Datensatz noch keine Insolvenzen vorhanden sind, weil die Finanzierungszeiträume und der Kapitalbedarf in dieser Branche üblicherweise länger und größer sind (Patzelt et al., 2009, S. 88). Daher sind eventuell zum Betrachtungszeitpunkt nur wenige Insolvenzen in dieser Branche vorhanden.

Die Finanzierung mit Fremdkapital erhöht im Gegensatz dazu die Wahrscheinlichkeit der Insolvenz. Demnach scheinen die Gründer und ggf. Investoren hier eher davon überzeugt zu sein, dass das Unternehmen ein Tief nicht überwinden und die Schulden nicht zurückzahlen kann. Auch ist es möglich, dass es aufgrund der möglichen verpflichtenden Zinszahlungen und Rückzahlungsansprüche schneller zu einer Überschuldung des Unternehmens und damit zu einer Insolvenz kommt. Beachtlich ist auch der große Effekt: Wenn mittels Fremdkapital finanziert wurde, ist die Chance fast 10-mal so hoch für PU, Insolvenz anmelden zu müssen. Demnach ist diese Form der Finanzierung für VCG deutlich risikobehafteter als die anderen Formen der Finanzierung.

Weiterhin ist bei Vorhandensein einer Liquidationspräferenz die Chance einer Insolvenz größer. Der Grund hierfür kann laut der Experteninterviews in der gesenkten Motivation der Gründer für einen Exit und/oder an den allgemein risikoreicheren Investments liegen, welche mit einer Liquidationspräferenz abgesichert werden müssen.

Einen schwachen Einfluss haben IPO-Exit-Rechte. Wenn diese vorhanden sind, sinkt die Wahrscheinlichkeit der Insolvenz. Hintergrund kann zum einen der gesteigerte Anreiz der Investoren sein, das PU aufgrund der besonders hohen Rendite bei einem IPO zu unterstützen. Zum anderen kann ein Grund die bereits vorhandene gute Unternehmensentwicklung und damit verbundene geringe Wahrscheinlichkeit einer Insolvenz sein. Dass diese Klausel direkt eine Insolvenz verhindert, ist jedoch unwahrscheinlich.

Wenn die Insolvenz bzw. deren Nichteintreten als Erfolgsmaß herangezogen wird, lassen sich neben einem Einflussfaktor (Z7) mehrere Vertragselemente (Z6) zur Erklärung heranziehen. Demnach scheint der Vertrag eine direkte Wirkung auf den Erfolg zu haben und deutet damit auf eine Bestätigung der Zusammenhänge 6 und 7 hin.

Tabelle 43:   Einflussfaktoren auf die Insolvenz des PU

Insolvenz	
Branche Life Science	-2,012 / 0,134**
Kapitalzufuhr FK	2,209 / 9,106***
Liquidationspräferenz	1,438 / 4,212***
IPO-Rechte	-2,020 / 0,133*
Konstante	-1,738 / 0,176***
Modell χ^2	31,750***
R^2 Cox & Snell/Nagelkerkes	0,229 / 0,341
Anzahl Fälle: 0	92
1	30

Logistische Regression mit Vorwärts-LR-Methode; AV: Insolvenz; Dargestellt: links Regressionskoeffizient, rechts Effektstärke via Odds; Erläuterung der Variablen in Kapitel 6.3; Signifikanzniveaus < 1 % ***, < 5 % **, < 10 % *

Bei der Analyse der konstruierten Erfolgsvariable (s. Kapitel 6.3) wird die Unternehmens-kategorie nicht mit in die Analyse eingezogen, weil diese mit der Erfolgsvariable korreliert (wenn die Unternehmenskategorie als klein eingestuft wird, kann laut der Definition kein Erfolg eintreten). Die Unternehmenskategorie wird daher in der folgenden Analyse nicht berücksichtigt. Tabelle 44 dokumentiert die Ergebnisse für die Erfolgsvariable. Für die Ana-lyse wurden neben den Einflussfaktoren und Vertragsvariablen auch die Variable Konflikte mit einbezogen, um so den Zusammenhang 8 zu prüfen.

Das Modell ist signifikant, demnach sind die unabhängigen Variablen geeignet, das Auftre-ten von Erfolg zu beschreiben. Das R^2 kann nur geschätzt werden, da es beim Auftreten der Variable Lead Typ BA stets zum Erfolg kam. Jedoch ist im Schritt davor noch ein R^2 mit 0,205 (Cox & Snell) bzw. 0,317 (Nagelkerkes) berechenbar, welches über dem kritischen Wert von 0,2 liegt. Somit ist das Modell interpretierbar.

Den größten Einfluss auf den Erfolg hat der Lead Typ BA, jedoch ist ein BA nur zweimal Lead-Investor und in beiden Fällen ist das PU danach erfolgreich. Hier ist somit eher von individuellen Effekten des Investors auszugehen, welche nicht verallgemeinerbar sind. Je mehr Finanzierungsrunden das PU hatte, desto eher ist das Unternehmen erfolgreich. Dieser Zusammenhang lässt sich durch die Korrelation zwischen der Unternehmenskategorie und der Runde erklären, denn je mehr Finanzierungrunden, desto entwickelter und größer ist das Unternehmen. Daher kann eine spätere Runde als eigenständiges Erfolgsmaß interpretiert werden. Damit lässt sich die Effektstärke nur eingeschränkt beurteilen, da die Runde ein Erfolgsmaß und kein Einfluss ist.

Tabelle 44:   Einflussfaktoren auf den Erfolg

Erfolg	
Runde C/D	3,827 / 45,929***
Anzahl Gesellschafter	0,164 / 1,179*
Lead Typ BA	23,070 / H
Informationsrechte	-3,472 / 0,031**
Änderung Budget	1,734 / 5,664***
Konstante	-0,547 / 0,578
Modell χ^2	92,422***
R^2 Cox & Snell/Nagelkerkes	~ (0,243 / 0,377)
Anzahl Fälle: 0	96
1	26

Logistische Regression mit Vorwärts-LR-Methode; AV: Erfolg; Dargestellt: links Regressionskoeffizient, rechts Effektstärke via Odds; Erläuterung der Variablen in Kapitel 6.3; Signifikanzniveaus < 1 % ***, < 5 % **, < 10 % *

Je mehr Gesellschafter das PU finanzieren, desto erfolgreicher ist dieses. Demnach scheinen mehr Gesellschafter besseres Value adding bzw. Managementunterstützung für das PU zu bieten, was wiederum zu Erfolg führt (Fraser, Bhaumik & Wright, 2015, S. 78). Auch ist es möglich, dass mehr Gesellschafter das PU mit mehr Kapital ausstatten können, was wiederum zu Erfolg bzw. Wachstum führt.

Weiterhin wurden zwei Vertragsklauseln als relevant identifiziert, um den Erfolg eines PU zu beschreiben. Bei erfolgreichen Unternehmen werden keine zusätzlichen Informationsrechte abgeschlossen. Auch hier ist der Grund möglicherweise in der Korrelation der Unternehmensgröße und dem Erfolg zu finden: Wenn das Unternehmen in einer späten Phase und weit entwickelt ist, verlangen die Investoren keine separaten Informationsrechte, da sich dies vermutlich bereits über die Runden im Geschäftsalltag etabliert hat. Daher ist diese Vertragsklausel möglicherweise nicht ursächlich für den Erfolg, sondern als Folge des Erfolgs des PU zu betrachten.

Die Variable Änderung Budget ist ein spezielles Veto-Recht, wonach die Investoren der Änderung des Budgets für das folgende Geschäftsjahr zustimmen müssen. Eine beispielhafte Formulierung ist (Weitnauer et al., 2016):

„Die Billigung des Jahresbudgets einschließlich Investitions- und Finanzplan sowie der zugrundeliegenden Teilpläne, einschließlich Planbilanz und Plan-Gewinn- und Verlustrechnung in konsolidierter Form für die Gesellschaft und ihre Tochterunternehmen"

Wenn die Investoren dieses Veto-Recht vereinbart haben, ist die Wahrscheinlichkeit, dass das PU erfolgreich ist, also ein Wachstum vorlegt, höher als bei Verzicht auf dieses Veto-Recht. Die Effekte sind dabei nicht investorengetrieben: Auch nach der Kontrolle auf die einzelnen Lead-Investoren und einzelnen PU bleibt dieser Effekt erhalten. Dies bietet einen starken Beleg dafür, was bereits in den Experteninterviews vermutet wurde: Veto-Rechte führen dazu, dass der Vertrag eine Wirkung erzielt. Wodurch der Effekt jedoch zustande kommt, ist unklar. Es lässt sich aber vermuten, dass bei dieser Klausel das PU und die VCG deutlich stärker miteinander zusammenarbeiten müssen und somit die Managementunterstützung allgemein höher ausfällt, was dann wiederum erfolgswirksam für das PU ist.

Mit der Analyse der Erfolgsvariablen wird ersichtlich, dass sowohl die Einflussfaktoren als auch die Vertragselemente eine Wirkung auf den Erfolg erzielen. Die Effekte sind dabei signifikant und interpretierbar. Somit lassen sich die Zusammenhänge 6 und 7 bestätigen.

Z6: Bestätigt ✓

Z7: Bestätigt ✓

Konflikte innerhalb des PU haben keine signifikante Erklärungskraft, um den Erfolg des PU zu bestimmen. Für den Zusammenhang 8 gibt es damit keine Bestätigung. Wenn die Variablen aus dem Modell in Tabelle 44 um den Faktor Konflikte erweitert werden, sinkt das R^2 und diese Variable ist nicht signifikant (s. Tabelle 45). Nur die Wirkungsrichtung ist logisch: Wenn Konflikte vorhanden sind, wird kein Erfolg erzielt.

Tabelle 45:   Einflussfaktoren auf den Erfolg mit Konflikte

Erfolg	
Konflikte	-0,175 / 0,840
Runde C/D	3,843 / 46,681***
Anzahl Gesellschafter	0,167 / 1,182*
Lead Typ BA	23,054 / H
Informationsrechte	-3,459 / 0,031**
Änderung Budget	1,755 / 5,781***
Konstante	-0,547 / 0,578
Modell χ^2	34,045***
R^2 Cox & Snell/Nagelkerkes	~ (0,244 / 0,377)
Anzahl Fälle: 0	96
1	26

Logistische Regression mit Einschluss von Konflikten, Runde C/D, Anzahl Gesellschafter, Lead Typ BA, Informationsrechte und Änderung Budget; AV: Erfolg; Dargestellt: links Regressionskoeffizient, rechts Effektstärke via Odds; Erläuterung der Variablen in Kapitel 6.3; Signifikanzniveaus < 1 % ***, < 5 % **, < 10 % *

Konflikte sind demnach nicht dazu geeignet, den Erfolg zu beschreiben und der Zusammenhang 8 muss verworfen werden. Die Gründe dafür können an der Operationalisierung der Variable liegen. Weil nicht die jeweiligen Vertragsparteien befragt wurden, ob Konflikte vorlagen, musste sich auf andere beobachtbare Maße beschränkt werden, welche ggf. nicht geeignet sind, Konflikte zu messen. Weiterhin besteht die Möglichkeit, dass es durch Konflikte auch zu positiven Effekten wie etwa gesteigerter Diskussion in dem PU kommt, welches die negativen Effekte aufhebt.

Z8: Verworfen x

6.7.4 Diskussion der Wirkung

Insgesamt sind sowohl einzelne Einflussvariablen als auch Vertragselemente geeignet, um das Auftreten von Konflikten, Exit und Erfolg des PU zu beschreiben (s. Tabelle 46 für eine Zusammenfassung).

Bei den Einflussfaktoren wurde mehrfach die **Anzahl der Gesellschafter** bzw. geldgebenden Investoren oder Gründer ausgewählt. Generell haben eine höhere Anzahl an Parteien einen positiven Einfluss auf den Erfolg und den Exit, aber gleichzeitig kommt es bei mehr Gesellschaftern auch zu mehr Konflikten. Insgesamt überwiegen aber die positiven Effekte. Auch in der VC-Forschung wurde bereits mehrfach der Nutzen von Syndizierung für die PU bestätigt (Jääskeläinen, 2012; Siddiqui, Marinova & Hossain, 2016; Tian, 2012).

Tabelle 46:   Wirkungsvariablen – Gesamtüberblick

	Konflikte	Exit	Insolvenz	Erfolg	Σ
Runde Series C/D				+	1
Branche Bau/Chemie/Handel/Vert.		+			2
Branche Life Science			-		
Geldgebende Gründungsgesell.	+				
Geldgebende Investorengesell.		+			3
Anzahl Gesellschafter				+	
Lead Typ BA				+	1
Kapitalzufuhr MEZ		+			2
Kapitalzufuhr FK			+		
Alter Lead 1		+			1
Informationsrechte				-	
Veto-Rechte	-				4
Liquidationspräferenz			+		
IPO-Rechte				-	
Art der Meilensteine Patente erstellen	+				2
Änderung Budget			+		

Wirkungsrichtung angegeben als + für positiv und - für negativ

Auch die **Branche** hat einen Erklärungsanteil: In bestimmten Branchen ist die Chance auf einen Exit oder die Insolvenz höher. Dieser Fund bestätigt, dass die Branche einen Einfluss auf die Risiken und die Rendite hat und geht mit den Erkenntnissen aus Kapitel 6.6.14 einher:

In gewissen Branchen ist die Wahrscheinlichkeit eines Exits höher und beeinflusst damit den Exit-Kanal, während in anderen die Insolvenzrate und damit das Risiko höher ist. Die Ergebnisse bestätigen damit die Aussagen von Nanda und Rhodes-Kropf (2013).

Das Gleiche trifft auch auf die **Kapitalzufuhr** zu: Auch diese übt einen Einfluss auf die Wirkung aus. Überraschend ist der Zusammenhang zwischen Fremdkapitalfinanzierung und Insolvenzen. Diese Beobachtung unterstützt auch die Argumentation von Hartmann-Wendels et al. (2011), wonach unerfahrenere Investoren eine Fremdkapitalfinanzierung bevorzugen. Diese Aussage kann nun durch die eigene Untersuchung erweitert werden: Die Investoren, die Fremdkapitalfinanzierung vergeben, sind unerfahrener und die PU gehen deutlich häufiger insolvent im Vergleich zu PU mit Nicht-Fremdkapitalfinanzierung.

Weiterhin wurde einmal die **Runde** und eine **Typen-Variable** ausgewählt, was die Wichtigkeit dieser Einflussfaktoren widerspiegelt und bereits in der Diskussion als Einflussfaktor auf die Vertragsgestaltung diskutiert wurde (s. Kapitel 6.6.14). Die Variable **Alter Lead 1** wurde ebenfalls einmal ausgewählt. Demnach ist die Wahrscheinlichkeit eines Exits höher, wenn die VCG älter ist. Dabei ist aber eher davon auszugehen, dass ältere VCG bereits länger in verschiedenen PU investierten und durch die längere Historie bzw. früheren Finanzierungszeitpunkte eher ein Exit vorliegt (Masulis & Nahata, 2011). Zusätzlich ist diese Aussage nicht aussagekräftig, da bei der Analyse des Exits Autokorrelation auftrat.

Ein weiteres Ziel der Analyse war es, zu beleuchten, ob auf die untersuchten Elemente auch **Vertragsvariablen** einen Einfluss haben und somit von einer Wirkung des Vertrags ausgegangen werden kann. Für jede der untersuchten Variablen ist dies zutreffend. In den Experteninterviews wurde vor allem herausgefunden, dass die hauptsächliche Wirkung von Meilensteinen und Veto-Rechten ausgeht – eine Aussage, die bisher noch nicht in der VC-Forschung untersucht wurde. Anhand der vorliegenden Analyse konnte diese Vermutung aber bestätigt werden: Veto-Rechte sind geeignet, um einen Exit und den Erfolg des PU zu beeinflussen. Meilensteine haben hingegen einen Einfluss auf die Konflikte im PU. Auch von der Liquidationspräferenz geht eine Wirkung auf das PU aus.

Allgemein konnte gezeigt werden, dass eine Wirkung durch den Beteiligungsvertrag auf das PU ausgeht.

Das **Konfliktniveau** im PU ist höher, wenn als Meilenstein von der VCG verlangt wird, ein Patent zu erstellen. Demnach kann die VCG die Wahrscheinlichkeit von Konflikten durch bestimmte Meilensteine beeinflussen. Yitshaki (2008, S. 273-274) belegte in seiner Studie, dass es in der Beziehung zwischen der VCG und dem PU inhärente Konflikte gibt, welche auch aus dem Vertrag stammen. Dabei wurde aber nur der Unternehmenswert, die Form wie und wann die Finanzierungssummen ausgegeben werden sollen, sowie die zukünftige Exit-Strategie gefunden. Demnach ist der Einfluss von Meilensteinen und Veto-Rechten auf die Konflikte noch völlig unerforscht. Bisherige Studien konzentrieren sich bspw. auf den Zusammenhang zwischen Konflikten und der Bewertung (Brettel, Mauer & Appelhoff, 2013), wobei immer auf verschiedene Arten von Konflikten eingegangen wird (George, Erikson &

Parhankangas, 2016; Zacharakis, Erikson & George, 2010). Die in der eigenen Studie gefundenen Ergebnisse sind dazu geeignet, die Konflikte zwischen Gründer und VCG besser
zu verstehen und sollten daher weiter untersucht werden. Gleichzeitig konnte kein Zusammenhang zwischen Konflikten und Erfolg gefunden werden, welches die Aussage von Brettel et al. (2013, S. 174) unterstützt, wonach die Verbindung zwischen Konflikten und Erfolg
gering ist.

Je mehr Veto-Recht die VCG verlangt, desto geringer ist die Wahrscheinlichkeit auf einen
Exit. Ein Grund dafür könnte sein, dass das PU durch die Veto-Rechte eingeschränkt wird
und daher nicht so stark wächst wie ein PU, bei welchem weniger Veto-Rechte verlangt
werden. Wahrscheinlicher ist aber, dass die VCG bei den weiterentwickelten PU keine Veto-
Rechte mehr verlangen, da diese bereits eine Größe erreicht haben, wo die VCG keinen
Mehrwert liefern kann. Bei diesen PU ist dann auch ein Exit wahrscheinlicher. Auf diese
Erklärung deutet auch eine Studie von Caselli et al. (2013, S. 202) hin. Nach den Autoren
ist der Exit-Erlös bei genau den PU höher, welche mehr Vertragsklauseln akzeptiert haben.
Cumming (2008, S. 1948) bestätigt eine ähnliche Aussage: Nach dem Autor steigt die Wahrscheinlichkeit eines Trade-Sale, wenn die VCG mehr Vertragsrechte verlangt. Insgesamt
kann somit kein eindeutiger Zusammenhang zwischen dem Vertrag und einem Exit gefunden werden. Ein Zusammenhang ist zwar vorhanden, die genaue Wirkung ist jedoch offen.

Schließlich konnte auch ein Zusammenhang zwischen dem Beteiligungsvertrag und dem
Erfolg des PU gefunden werden. Dieser Effekt ist insoweit überraschend, da in anderen
Studien, wie bspw. von Reißig-Thust et al. (2004), kein Zusammenhang zwischen Verträgen
und dem Erfolg gefunden wurde und auch in den Experteninterviews keine Einigkeit darüber
aufgedeckt werden konnte. Gleichzeitig bestätigt die eigene Studie aber auch die Ergebnisse
von Hege et al. (2009), wonach ein Grund für die unterschiedliche Performance zwischen
europäischen und amerikanischen VCG in der Vertragsgestaltung liegt. Insgesamt sollte
demnach stärker der Beteiligungsvertrag bei der Betrachtung der Performance von VCG in
den Fokus zukünftiger Forschung rücken. Wobei vor allem der Einfluss von Meilensteinen
und Veto-Rechten weiter untersucht werden muss.

Insgesamt können somit die Zusammenhänge 2, 3, 4, 5, 6 und 7 bestätigt werden. Zusammenhang 8 hingegen nicht. Tabelle 47 fasst die Ergebnisse der Prüfung der Zusammenhänge
noch einmal zusammen.

Tabelle 47:   Überblick der Ergebnisse der Zusammenhänge

Zusammenhang	Ergebnis
Z1: Die Einflussfaktoren haben einen Einfluss auf den Vertrag und auf die Vertragselemente.	Bestätigt
Z2: Die Vertragselemente haben einen Einfluss auf den Exit der VCG aus dem PU.	Bestätigt
Z3: Die Einflussfaktoren haben einen Einfluss auf den Exit der VCG aus dem PU.	Bestätigt
Z4: Die Vertragselemente haben einen Einfluss auf die Konflikte in dem PU.	Bestätigt
Z5: Die Einflussfaktoren haben einen Einfluss auf die Konflikte in dem PU.	Bestätigt
Z6: Die Vertragselemente haben einen Einfluss auf den Erfolg des PU.	Bestätigt
Z7: Die Einflussfaktoren haben einen Einfluss auf den Erfolg des PU.	Bestätigt
Z8: Konflikte haben einen Einfluss auf den Erfolg des PU.	Verworfen

Quelle: Eigene Darstellung

Mit dem entwickelten Modell in Kapitel 4 und 5 in Kombination mit der in diesem Kapitel durchgeführten empirischen-quantitativen Analyse lassen sich Forschungsfrage 2 und 3 beantworten. Kapitel 6.6 beschreibt detailliert, welche Faktoren die Ausgestaltung von VC-Beteiligungsverträgen und die Nutzung von bestimmten Vertragsrechten beeinflussen. Kapitel 6.7 beleuchtet erste Erkenntnisse, welche Wirkung von Beteiligungsverträgen auf das PU ausgeht. Ein zusammenfassender Überblick und die Implikationen der Untersuchung werden im folgenden Kapitel diskutiert.

7 Schlussbetrachtung

Dieses Kapitel bildet den Abschluss der Arbeit. Dazu werden zuerst die Untersuchungen und die Ergebnisse zusammengefasst. Anschließend werden Limitationen der Arbeit genannt. Danach folgen die Implikationen der Untersuchung für die Forschung, VCG und PU bzw. Gründer. Abschließend wird ein Ausblick über weiteren Forschungsbedarf im Bereich der VC-Vertragsforschung gegeben, welche auf den Limitationen und Implikationen aufbaut.

7.1 Zusammenfassung

Der Beteiligungsvertrag gleicht die verschiedenen Interessen zwischen VCG und PU aus. Gerade in der sehr risikoreichen Frühphase kommt dem Vertrag eine noch wichtigere Bedeutung als in späteren Phasen zu. Die Unternehmen, an denen sich die Investoren beteiligen, verfügen i. d. R. nicht über ausreichende Sicherheiten, um das Investment zu schützen. Daher kommen Verträge zum Einsatz, um diesen Unsicherheiten und Risiken zu begegnen. Trotz der hohen Relevanz dieses Themas, existieren in der Forschung nur wenige Untersuchungen zu diesem Gebiet. Die vorliegende Arbeit befasste sich daher mit der Vertragsgestaltung zwischen VCG und PU. Die Ziele waren, herauszufinden, was in der bisherigen VC-Vertragsforschung untersucht und festgestellt wurde und Faktoren zu bestimmen, welche den Einsatz von bestimmten Vertragselementen begründen. Auch wurde die Wirkung des Vertrags untersucht, da bisher noch offen war, ob der Vertrag einen direkten Einfluss auf bspw. den Erfolg des PU hat und wenn ja, warum dies der Fall ist.

Dazu wurden in Kapitel 2 die theoretischen Grundlagen gelegt. Neben der Definition wichtiger Begriffe wurden der VC-Finanzierungsprozess und die verschiedenen Finanzierungsphasen vorgestellt. Die Begriffe der Syndizierung und der verschiedenen Marktteilnehmer wurden ebenfalls erläutert, da diese in der Vertragsforschung eine besondere Rolle spielen. Bei einem Vergleich des deutschen und amerikanischen VC-Markts fallen insbesondere die Größenunterschiedene dieser beiden Märkte auf: Während in den USA der Markt hoch entwickelt ist und weiterwächst, ist der deutsche Markt als klein und stagnierend einzuordnen. Abschließend wurde in diesem Abschnitt die Principal-Agent-Theorie vorgestellt, welche dazu geeignet ist, die Anreizkonflikte zwischen einem Auftraggeber (Principal, üblicherweise wird darunter die VCG verstanden) und einem Auftragnehmer (Agent, üblicherweise das PU) zu beschreiben und Lösungsansätze dafür zu bieten.

Ein wesentlicher Teil des VC-Finanzierungsprozesses stellt die Beteiligungsverhandlung dar. Da dieses den zentralen Fokus der vorliegenden Arbeit darstellt, wurde auf diesen Punkt in Kapitel 3 gesondert eingegangen. Es wurden die wichtigsten Verträge, die üblicherweise bei einer VC-Finanzierung abgeschlossen werden, vorgestellt sowie weitere Vertragsbausteine bzw. VC-typische Sonderrechte erläutert. Dabei wurde zu jedem Recht jeweils zu Beginn der dahinterliegende Nutzen erklärt, auf eventuelle Wechselwirkungen mit anderen Klauseln

© Springer Fachmedien Wiesbaden GmbH, ein Teil von Springer Nature 2018
N. Röhr, *Der Vertrag zwischen Venture Capital-Gebern und Start-ups*, https://doi.org/10.1007/978-3-658-21351-0_7

eingegangen, die zu lösenden Principal-Agent-Risiken dargelegt und sich kurz auf die praktische Relevanz und die Bereitschaft der VCG, diese Klausel zu verhandeln, bezogen.

Ausgestattet mit diesem notwendigen Wissen wurde in Kapitel 4 auf verschiedene Untersuchungen in der VC-Vertragsforschung eingegangen, um die erste Forschungsfrage zu beantworten, welche lautete: Was ist zum Thema VC-Vertragsgestaltung bisher geforscht worden und wie lassen sich die bisherigen Einflussfaktoren auf den Vertrag und die Wirkung aus diesem systematisieren? Dazu wurde eine systematische Literaturanalyse durchgeführt. Insgesamt wurden 1.205 Studien gesichtet und zu 72 relevanten empirischen Untersuchungen zur Vertragsgestaltung zwischen VCG und PU verdichtet.

Das Feld der VC-Vertragsforschung ist überwiegend den Bereichen Bankbetriebslehre, Finanzierung und Entrepreneurship zuzuordnen. Ein großer Anteil der Journal-Publikationen sind in nach VHB-Ranking A+ oder A bewerteten Journals erschienen. Dies gibt einen Hinweis darauf, dass das in dieser Arbeit untersuchte Forschungsgebiet international relevant ist. Im Jahr 2003 erfolgte durch eine vielbeachtete Studie von Kaplan und Strömberg ein großer Zustrom an Publikationen zum Thema der VC-Vertragsforschung. Es sind Zusammenhänge zwischen den publizierenden Autoren, dem von ihnen genutzten Datenmaterial und deren Anzahl an Veröffentlichungen erkennbar. Zu den drei wichtigsten Autoren im Bereich der Vertragsforschung zählen Douglas Cumming, Uwe Walz und Ola Bengtsson. Diese drei Autoren verfügen über exklusive und direkt einsehbare Vertragsdaten und vereinen rund 25 % aller Publikationen in dem Bereich auf sich.

Generell gilt, dass Forscher, wenn es ihnen nicht möglich ist, Verträge zu nutzen und deren Struktur sowie Aufbau einzusehen, Umfragen als Forschungsmethode wählen, um das Vorhandensein von verschiedenen Vertragselementen in Erfahrung zu bringen. Dieser Ansatz hat einige Nachteile: Die Befragten können bestimmte Informationen – bewusst oder unbewusst – falsch oder überhaupt nicht wiedergeben (Response Bias). Weiterhin besteht die Gefahr, neuartige oder dem Forscher nicht bekannte Vertragselemente zu vernachlässigen (Esser, 1999). Einblick in Verträge zu erhalten, was von VCG aufgrund der Geheimhaltung von Firmendaten häufig abgelehnt wird, erfordert hingegen einen hohen Zeit- und Kostenaufwand (Burchardt et al., 2016, S. 26).

Cumming, Walz, Bengtsson und weiteren Forschern ist es gelungen, Zugang zu Verträgen zu erhalten. Cumming nutzt für seinen Forschungsbeitrag u. a. die Daten von Macdonald and Associates. Uwe Walz hat durch ein Forschungsprojekt mit der KfW Zugang zu Verträgen bekommen und Bengtsson konnte über VC Experts an teilweise öffentliche Vertragsdaten gelangen. Aus der Analyse der Studien geht hervor, dass die Beschaffung und Auswertung der Vertragsdaten vorzugsweise in den Räumlichkeiten der VCG stattfinden.

Nach der bibliografischen Analyse wurden die verschiedenen Studien zu einem Modell verdichtet. Dazu wurden alle Einflussfaktoren auf den Vertrag erfasst, welche mehr als einmal untersucht wurden. Zur besseren Übersicht wurden diese Faktoren in die vier Gruppen

Deal/Investment Charakteristika, VCG Charakteristika, PU Charakteristika und Markt Charakteristika eingeordnet. Anschließend wurden die untersuchten Wirkungen des Vertrags beleuchtet. Dabei wird ersichtlich, dass sich die hauptsächlich betrachteten Wirkungen auf den Exit der VCG aus dem PU, den Umfang der Managementunterstützung, die zwischenmenschlichen Beziehungen und den Erfolg beziehen. Zusammenfassend ergab sich aus dieser Untersuchung ein umfassendes Modell zur VC-Vertragsforschung (Abbildung 17, S. 94).

Das Modell zielte darauf ab, die zweite und dritte Forschungsfrage zu beantworten, welche lauteten: Welche Faktoren beeinflussen die Ausgestaltung von VC-Beteiligungsverträgen und die Nutzung von bestimmten Vertragsrechten? Welche Wirkung geht von den Beteiligungsverträgen auf das PU aus? Um diesen Fragen detailliert beantworten zu können, wurde das Modell im weiteren Verlauf dieser Arbeit empirisch getestet und überprüft. Dazu wurde es zuvor an den deutschen Markt angepasst, die wichtigsten Einflussfaktoren extrahiert und die Wirkung detaillierter beschrieben. Um dies zu erreichen, wurden in Kapitel 5 Experteninterviews durchgeführt. Insgesamt wurden neun Interviews mit VC-Investmentmanagern, VC-Rechtsanwälten, Gründern und einem BA durchgeführt und inhaltsanalytisch ausgewertet. Im Zuge der Interviews wurden verschiedene Einflussfaktoren auf den Vertrag und deren Verhandlung herausgestellt. Zu den relevanten Faktoren, welche sowohl aus den Interviews als auch der Literaturanalyse hervorgingen, zählen: Mehrfachgründer, Anzahl der Investoren, Investitionssumme, Bewertung, Branche, Investorentyp, Anteil der Gründer am PU, Jahr bzw. Jahr der ersten Finanzierung, Lead-Investor, Herkunftsland, Lead-Fondsgröße und die Runde. Die Wirkung des Vertrags bezieht sich entsprechend der Experten hauptsächlich auf den Exit, die Managementunterstützung, Konflikte und den Erfolg, wobei die hauptsächliche Wirkung durch den Vertrag aus zwei bestimmten Vertragselementen besteht: den Veto-Rechten und Meilensteinen. Sowohl Gründer als auch Investmentmanager sehen in den Beteiligungsverträgen nach, wie Meilensteine und Veto-Rechte formuliert sind. Ebenfalls richten sich diese nach den Regelungen, wodurch es zu einer Auswirkung auf das PU kommt. Damit ergibt sich ein angepasstes empirisch prüfbares Modell, welches in Abbildung 20 (S. 140) zu finden ist.

In Kapitel 6 wurde das Modell empirisch-quantitativ überprüft. Dazu wurden zuerst Zusammenhänge gebildet und anschließend das Vorgehen zur Datenerhebung vorgestellt. Das Ziel war es, die Stichprobe direkt an real abgeschlossenen Beteiligungsverträgen zu erheben, um die üblichen Limitationen der VC-Vertragsforschung – welche in Kapitel 4 aufgezeigt wurden – zu überwinden. Dieses ist mit einem Gemeinschaftsprojekt der TU Dresden und HHL Leipzig gelungen. Insgesamt konnten 122 Beteiligungsverträge von 71 verschiedenen PU erhoben und ausgewertet werden. Die Datenerhebung fand zwischen 2011 und 2014 jeweils in den Räumen der VCG statt. Für die statistische Analyse wurde das Modell operationalisiert, die Verträge dementsprechend kodiert und mittels Triangulation weitere Daten gewonnen. Die repräsentative Stichprobe wurde dann mittels uni- und bivariater Analysemethoden untersucht. Insgesamt ist ein Großteil der Finanzierungsrunden in dem Datensatz um das Jahr 2009 durchgeführt worden, wobei Runden aus den Jahren 2004 bis 2013 vorhanden sind. Zu einer Stärke des Datensatzes gehört, dass inzwischen 20 der 71 PU insolvent gegangen sind und somit kein Survivorship bias vorliegt. Über 50 % der Runden sind Seed-Runden wobei durchschnittlich 1,3 Mio. Euro bei einer Bewertung von 4,4 Mio. Euro investiert wurden. Durch die Kodierung des gesamten Beteiligungsvertrags konnten insgesamt 17 verschiedene VC-Sonderrechte überprüft werden. Die Verteilung der Sonderrechte wurde dabei umfassend dargestellt, wobei auffiel, dass Liquidationspräferenz und Verwässerungsschutz deutlich häufiger in den USA als in Deutschland abgeschlossen werden. Demgegenüber werden mehr Meilensteine in Deutschland als in den USA verlangt. Insgesamt wurde so ein Unterschied zwischen deutschen und amerikanischen Studien deutlich, was die Fokussierung dieser Arbeit auf den deutschen VC-Markt stärkt.

Bei bivariaten Analysen wurde deutlich, dass die Vertragselemente von verschiedenen Faktoren, u. a. dem Lead-Investor, beeinflusst werden. Es konnte gezeigt werden, dass PU in späteren Phasen und Runden mehr Rechte in den Beteiligungsverträgen akzeptiert haben und auch die Branche einen Einfluss auf den Vertrag hat. Zudem hat die Form, wie das Kapital überlassen wird, einen großen Einfluss auf die Verwendung von bestimmten Rechten. Dies wird auch bei der Betrachtung der Korrelationen der Sonderrechte bestätigt: Tagalong, Drag-along, Vorerwerbsrecht, Wettbewerbsverbot und Verwässerungsschutz werden häufig zusammen abgeschlossen. Genau diese Rechte werden dann aber bei einer Finanzierung mittels Fremdkapital nicht benötigt, wodurch es zu einer negativen Korrelation mit Dividendenvorzügen kommt, welche nur bei Fremdkapitalfinanzierungen zu finden sind.

Um detaillierte Schlüsse aus den Daten ziehen zu können, wurden im Anschluss die Einflussfaktoren und die Wirkungen mithilfe multivariater Analysen untersucht. Dazu kamen sowohl lineare als auch logistische Regressionsanalysen zur Anwendung, welche vorab im Zuge der Prüfstrategie vorgestellt wurden.

In Kapitel 6.6 wurden die Einflussfaktoren auf den Vertrag und einzelne Vertragselemente untersucht. Die Analyse, welche Einflussfaktoren die Verwendung von einzelnen Vertragselementen verursachen ist dabei erstmalig in der VC-Vertragsforschung durchgeführt worden. Damit konnten für jedes Recht einzeln die wichtigsten Faktoren identifiziert werden, die die Verwendung dieses Rechts begründen, was dann mit anderen Forschungsarbeiten abgeglichen wurde. Ähnlich der bivariaten Statistiken konnten Kapitalzufuhr, Investorentyp, Branche, Jahr und die Unternehmensgröße als wichtigste Einflüsse auf die Verwendung der Vertragsklauseln identifiziert werden.

Die Untersuchung der Wirkung des Vertrags wird im Vergleich zu den Einflussfaktoren in der VC-Vertragsforschung deutlich seltener durchgeführt. Daher konnte durch diese Analyse ebenfalls ein deutlicher Erkenntnisgewinn erzielt werden. Wie bereits qualitativ in den Experteninterviews herausgefunden wurde, übt der Vertrag eine wesentliche Wirkung aus, die in erster Linie durch Veto-Rechte und Meilensteine hervorgerufen wird. Meilensteine haben einen Einfluss auf die Konflikte im PU, wohingegen Veto-Rechte für das Auftreten eines Exits mitverantwortlich sind. Auch für den Erfolg (gemessen daran, ob das Unternehmen eine nicht mehr kleine Kapitalgesellschaft nach § 267 HGB ist) hat ein bestimmtes

Veto-Recht (die VCG muss der Planung des Jahresbudgets zustimmen) einen positiven Einfluss. Somit konnte bestätigt werden, dass zum einen vom Vertrag eine direkte Wirkung ausgeht und zum anderen die Bedeutsamkeit von Meilensteinen und Veto-Rechten eine Rolle spielt.

Insgesamt konnte mit der gesamten Untersuchung das Verständnis für die Bedeutung und Anwendung der VC-Beteiligungsverträge erhöht werden.

7.2 Limitationen

Jede Untersuchung und so auch die vorliegende Arbeit weist Limitationen auf, welche bei der Interpretation berücksichtigt werden müssen. In dieser Untersuchung wurden die Beschränkungen teilweise bewusst gewählt, wie bspw. die ausschließliche Betrachtung des deutschen Frühphasenmarkts. Die weiteren wichtigsten Einschränkungen werden im Folgenden dargestellt.

Die Stichprobengröße in Kapitel 6 ist im Vergleich zu anderen Untersuchungen nicht klein, trotzdem ist diese zu klein, um sämtliche Vertragselemente überprüfen zu können. Nach Backhaus et al. (2011, S. 295) müssen jeweils mindestens 25 Ausprägungen für jeden Fall vorliegen. Für die Untersuchung bedeutet dies, dass jedes Vertragselement mindestens 25-mal vorhanden und 25-mal nicht vorhanden sein müssen. Diese Vorrausetzung wurde nicht für die Elemente Informationsrechte, Veto-Rechte, Garantien, Vesting, Dividendenvorzug, IPO, Redemption/Put-Option und Ratchet-Provision erfüllt. Zudem konnten – aufgrund der Fallzahl – maximal sechs Einflussvariablen auf den Vertrag statistisch aussagekräftig prognostiziert werden. Daher würde ein größerer Datensatz die statistische Aussagekraft für die einzelnen Elemente erhöhen und validere Aussagen wären möglich. Zusätzlich könnten weitere Vertragselemente untersucht werden.

Weiterhin konnte die Wirkung der Verträge nur in Ansätzen untersucht werden. Insbesondere die Wirkung des Vertrags auf die Managementunterstützung konnte nicht überprüft werden, da dies nur über eine zusätzliche Befragung der Gründer und Investmentmanager möglich gewesen wäre. Jedoch weisen sowohl die Ergebnisse der Literaturanalyse als auch der Experteninterviews auf einen Zusammenhang zwischen Managementunterstützung und der Ausgestaltung der Verträge hin. Auch die Wirkung auf Konflikte konnte nur ansatzweise beschrieben werden, was von fehlenden Einflussvariablen und auch der Operationalisierung der Konflikt-Variable ausgehen kann. Bei der statistischen Analyse war die Anpassungsgüte des Modells zur Erklärung von Konflikten sehr gering, was darauf schließen lässt, dass andere Faktoren relevant sind, um das Auftreten von Konflikten zu beschreiben, Vertragselemente sind es demnach nicht. Weiterhin wurden die Konflikte nicht direkt über eine Befragung der involvierten Personen gemessen, sondern über das Auftreten einer niedrigeren Unternehmensbewertung oder das Auswechseln der Geschäftsführer kurz vor oder nach einer Finanzierungsrunde. Dabei besteht die Möglichkeit, dass eher Krisenszenarien als Konflikte gemessen werden. Diese beiden Faktoren stellen eine Limitation dieser Wirkungsvariable dar.

Für die VCG sind die Faktoren am relevantesten, die einen direkt Einfluss auf den Exit und die Exit-Erlöse haben, da diese direkt den Erfolg des Fonds beeinflussen. Diese Perspektive konnte nicht gänzlich berücksichtigt werden, denn die Aussagekraft der Erfolgsvariable ist ebenfalls limitiert. Üblicherweise wird in der VC-Forschung die IRR als Erfolgsmaß der VCG herangezogen, da es sich dabei um das zentrale Ziel der VCG handelt. Die Verwendung dieser Größe ist aufgrund fehlender Daten für die vorliegende Studie nicht möglich, wodurch sich auf die Größe des PU nach Maßgabe des Handelsregisters beschränkt wurde. Der Vorteil an dieser Messgröße ist, dass es für jedes PU in jedem Jahr vorhanden ist und mehrdimensional die Unternehmensgröße (Mitarbeiter, Bilanzsumme und Gewinn) misst. Der Einsatz dieses Maßes birgt den Vorteil, dass es mit den Zielen der PU und VCG, zu wachsen bzw. am Wachstum zu partizipieren, teilweise deckungsgleich ist. Gleichzeitig ist die Aussagekraft dahingehend eingeschränkt, dass mittels der Variable nicht der tatsächlich mögliche Exit-Erlös (IRR) für die VCG deutlich wird. Daneben ist es möglich, dass das PU bspw. bereits sehr hohe Gewinne erzielt, die Kennzahlen zur Unternehmensgröße (z. B. Mitarbeiteranzahl) davon aber unberührt bleiben. In diesem Fall würde dieser Erfolgsindikator falsche Ergebnisse liefern. Allgemein sind damit Aussagen zur Wirkung der Verträge in der vorliegenden Studie nur eingeschränkt möglich.

Das Vertragssample und die befragten Experten beziehen sich auf die Frühphase eines Start-ups. In dem Datensatz sind über 80 % der Finanzierungsrunden eine Seed oder Series A und damit sehr früh in der Entwicklung des Unternehmens. Damit sind die Aussagen aus dieser Arbeit auch nur für diese Phase gültig, da in späteren Phasen vor allem die Anreizkonflikte zwischen den beiden Parteien anders gelagert sind. Insbesondere das Risiko und die Informationsasymmetrien sind mit weiter entwickelten Unternehmen deutlich kleiner als in der frühen Phase, was damit auch in den Beteiligungsverträgen wiederzufinden sein wird.

Dasselbe trifft auf die Beteiligungsverhältnisse außerhalb Deutschlands zu. In der Studie sind ausschließlich deutsche PU und überwiegend deutsche Investoren berücksichtigt worden. Inwieweit die Ergebnisse für andere Länder generalisierbar sind, ist fraglich. Wie in der Literaturanalyse deutlich wird, hat das Rechtssystem einen großen Einfluss auf die VC-Industrie in dem betreffenden Land. Daher können in anderen Ländern andere Einflussfaktoren und auch Wirkungen des Vertrags möglich sein.

Weiterhin sind in dem Datensatz viele Lead-Investoren vom Typ GVC oder BVC vorhanden. Die Gründe dafür liegen nicht nur im Risiko der Frühphase, sondern auch der staatlichen Förderung dieser in Deutschland. Daher konnten nur wenige BA sowie CVC-Investoren und auch relativ wenige IVC-Investoren in die Analyse aufgenommen werden. Wie in Kapitel 2 jedoch deutlich wurde, werden CVC-Fonds immer wichtiger in Deutschland. Aufgrund ihres strategischen Hintergrunds ist bei diesen von einem deutlich veränderten Beteiligungsverlauf auszugehen, was sich zudem in den Beteiligungsverträgen widerspiegeln sollte. Die durchgeführte Untersuchung enthält für Aussagen in diesem Bezug allerdings nicht genügend Fälle.

Abschließend wurden in den Experteninterviews noch weitere Einflussfaktoren auf die Vertragsgestaltung mit hohem Stellenwert genannt. Insbesondere der aufgezeigte Einfluss des Teams bzw. des Businessplans wurde in der empirischen Analyse aufgrund unbekannter Einflussparameter nicht untersucht und stellt damit eine weitere Limitation dar. Genauso wäre eine Erweiterung des Modells mit weiteren Faktoren möglich gewesen, welches in Kombination mit der geringen Fallzahl der Stichprobe und der statistischen Analysemethode nicht vollzogen wurde.

Zusammenfassend unterlag die Untersuchung gewissen Beschränkungen, wodurch die Ergebnisse teilweise nicht verallgemeinerbar sind. Die Limitationen bieten aber auch gleichzeitig Raum für weitere Untersuchungen auf dem Gebiet der VC-Vertragsforschung, worauf in Kapitel 7.4 näher eingegangen wird.

7.3   Implikationen

Aus der Untersuchung lassen sich Implikationen für die Theorie und Praxis ableiten. Diese werden im Folgenden getrennt nach theoretischen und praktischen Implikationen dargestellt. Tabelle 48 stellt sie zusammenfassend als Überblick dar.

Tabelle 48:   Implikationen der Untersuchung

Wissenschaftliche Implikationen	
Für empirische Untersuchungen sollten Verträge direkt erhoben und ausgewertet werden, der Aufwand ist gerechtfertigt.	
VCG sind nicht homogen und sollten immer differenziert bspw. nach CVC, GVC, BVC und IVC betrachtet werden.	
Bei der Untersuchung von Konflikten, Exit und dem Erfolg von PU und VCG sollten ebenfalls Vertragsvariablen (insbesondere Veto-Rechte und Meilensteine) mit berücksichtigt werden.	
Jahr, Branche, VC-Typ, Unternehmenskategorie bzw. -phase und Kapitalzufuhr sollten bei der Untersuchung von Verträgen berücksichtigt werden.	
Risiken gemäß der Principal-Agent-Theorie sind geeignet, um Beobachtungen in der Stichprobe erklären zu können.	
Praktische Implikationen	
VCG	**Gründer**
Verträge haben Auswirkungen auf das PU und die VCG und sind nicht „nur für die Schublade" gedacht.	
Da der Vertrag Auswirkungen auf das PU hat, sollte die Vertragsgestaltung nicht nur Anwälten überlassen werden.	Gründer müssen die Konsequenzen von VC-Sonderrechten kennen, um Risiken sowie Nutzen einer VC-Finanzierung einordnen zu können.
Verträge können entscheidend sein, um sich im Wettbewerb gegen andere VCG durchzusetzen. Vorteile des eigenen Beteiligungsvertrags sollten herausgestellt werden.	Gründer können und sollen die Beteiligungsbedingungen bzw. Vertragsklauseln verhandeln und infrage stellen.
Verschiedene Investorentypen verlangen unterschiedliche Rechte. VCG sollten vorab planen, ob eine Syndizierung mit bestimmten Investorentypen sinnvoll und überhaupt möglich ist.	Gründer müssen sich je nach deren Eigenschaften auf andere Verträge einstellen. Trotzdem können diese verhandelt werden.

Quelle: Eigene Darstellung

7.3.1   Theoretische Implikationen

Aus der Analyse lassen sich Implikationen für Forscher gewinnen. Eine Erkenntnis ist, dass zukünftige Forschung in dem Gebiet bestrebt sein sollte, direkten Einblick in VC-Verträge zu erhalten. Anhand dieser sollte ein Datensatz konstruiert und analysiert werden, der es Forschern ermöglicht, relevante Ergebnisse zu produzieren, welche mit höherer Wahrscheinlichkeit von international anerkannten Zeitschriften veröffentlicht werden.

Die vorliegende Untersuchung ist die erste, die den Zusammenhang zwischen dem Einsatz einzelner Vertragselemente und den verschiedenen VC-Investorentypen analysiert. Das Ergebnis zeigt, dass sich die verschiedenen Investorengruppen dahingehend signifikant voneinander unterscheiden, dass sie Vertragselemente in unterschiedlicher Art und Weise einsetzen (bspw. Tabelle 15, S. 181). Aufgrund der Heterogenität der Investorengruppen ist die hier aufgezeigte Kategorisierung der verschiedenen VC-Investorentypen auch für zukünftige Forschungsarbeiten geeignet und sollte berücksichtigt sowie weiter herausgearbeitet werden.

Weiterhin im Fokus der Studie stand die Betrachtung des Beteiligungsvertrags und dessen Wirkung. Festgestellt wurde, dass verschiedene Vertragselemente bestimmte Ergebnisse im PU beeinflussen, insbesondere den Exit und Erfolg. Auf Grundlage dieser Erkenntnis sollten bei der zukünftigen Forschung generell Vertragsvariablen bei der Betrachtung dieser Größen – also Exit und Erfolg – neben bisher üblichen Variablen (wie Branche, Teamzusammensetzung oder Alter des PU) berücksichtigt werden. So können verbesserte Aussagen im Bereich der VC-Forschung erzielt und Untersuchungsmodelle mit größerer Erklärungskraft aufgestellt werden.

Neben der Bestätigung der Wirkung des Vertrags wurden die Charakteristika Jahr, Branche, VC-Investorentyp, Unternehmenskategorie und Art der Kapitalzufuhr als wichtigste Einflussfaktoren auf den Vertrag identifiziert. Weitere Untersuchungen im Bereich der VC-Vertragsforschung mit nationalem und auch internationalem Fokus können und sollten diese Faktoren unbedingt berücksichtigen.

Weiterhin konnte gezeigt werden, dass die Principal-Agent-Theorie geeignet ist, um bestimmte Beobachtungen im Datensatz zu erklären. Bspw. wurde gezeigt, dass VCG von Unternehmen in der Seed-Runde mehr Meilensteine verlangen als in späteren Runden. Ein Grund dafür liegt in den erhöhten Informationsasymmetrien in dieser Runde. Da es sich um die erste Finanzierungsrunde handelt, weiß die VCG noch nicht, ob die von dem PU gegebenen Informationen der Wahrheit entsprechen: Folglich sichert sich der Investor darum mit mehr Meilensteinen ab. Auch kann bestätigt werden, dass in der High-Tech-Branche die Risiken ausgeprägter sind. Es wurde beobachtet, dass Softwareunternehmen deutlich seltener mit Eigenkapital finanziert werden, da in dieser Branche die Überwachung des PU besonders schwierig für die VCG ist. Demgegenüber steigt die Wahrscheinlichkeit auf eine Eigenkapitalfinanzierung in späteren Runden, da mit der Zeit die Informationsasymmetrien abgebaut werden. Zusätzlich konnten Annahmen aus theoretischen Principal-Agent-Modellen überprüft werden. Die Vermutung von Vergara, Bonilla und Sepulveda (2016) wurde bestätigt, wonach die Verteilung der Stimmrechte zwischen VCG und PU im Schnitt um ca. 50 % beträgt. Ergänzend konnte ein Beitrag zur aktuellen Diskussion bezüglich der optimalen Form einer VC-Finanzierung geliefert werden: Ob mit Mezzanine oder anderen Wandelinstrumenten finanziert wird, wird laut den vorliegenden Daten auf Fondsebene entschieden. Daher sollten auf dieser Ebenen nach möglichen Erklärungen gesucht werden, warum bestimmte US-VCG außerhalb der USA nicht mehr mittels Convertible preferred stocks investieren.

Auch die Erweiterung der Analyse von Hartmann-Wendels et al. (2011) stellt eine wesentliche forschungsrelevante Implikation dar: Die Autoren stellten ursprünglich fest, dass bei der Finanzierung zwischen erfahreneren VCG und jungen PU, wobei bspw. eigenkapitalähnliche Mittel gezahlt werden, ein Vertrag vereinbart wird, welcher die VCG maximal an der Wertsteigerung partizipieren lässt. Demgegenüber enthalten die Vereinbarungen im Fall von unerfahrenen Investoren vor allem Finanzmittel, welche die VCG vor Verlusten schützen soll – wie z. B. Fremdkapital (Hartmann-Wendels et al., 2011, S. 466). Dass unerfahrene Investoren eher Fremdkapital zur Verfügung stellen, kann durch die vorliegende Studie bestätigt werden. Eine Erweiterung dieser Aussage findet dahingehend statt, dass festgestellt wurde, dass die PU, die mit unerfahrenen VCG zusammenarbeiten und Fremdkapital erhalten, deutlich häufiger insolvent gehen als nicht fremdkapitalfinanzierte PU (s. Kapitel 6.7.3). Dieser Zusammenhang sollte bei zukünftigen Studien Beachtung finden.

Die hier aufgezeigten, für die Forschung relevanten Implikationen stellen ausschließlich einen Auszug aus der Vielzahl an Ergebnissen dar. Weitere Erkenntnisse für die Forschung wurden an den jeweiligen Stellen in dieser Arbeit diskutiert.

7.3.2 Praktische Implikationen

Die vorliegende Arbeit hat sich umfassend mit den Einflussfaktoren auf den Beteiligungsvertrag und möglichen Wirkungen, die aus dem Beteiligungsvertrag resultieren, befasst. Ein überraschendes Ergebnis ist, dass Teile des Vertrags einen direkten Einfluss auf den Erfolg von PU haben. Diese Erkenntnis sollte von der Praxis Beachtung finden: Verträge werden nicht nur, wie häufig angenommen, für den Krisenfall geschrieben. Vielmehr bilden sie den gesamten Finanzierungsprozess von der ersten Zahlung bis zum Exit ab und können das PU positiv und auch negativ beeinflussen.

Gründer (aber auch Investmentmanager) sollten sich generell mithilfe der vorliegenden Studie – insbesondere in Kapitel 3 – über die aktuell in der VC-Branche verwendeten Sonderrechte informieren. Das Wissen über diese Sonderrechte, die zumeist im Sinne der VCG ausgelegt werden, ist bedeutsam für Gründer und Unternehmer, um die Konsequenzen des Vertrags besser einschätzen zu können. Im Speziellen sollten sie sich darüber informieren, welche Rechte im Einzelnen und auch in Kombination zu unerwünschten Effekten führen können. Zu nennen sind hier bspw. das Ineinandergreifen von Drag-along und Liquidationspräferenz, wobei die Gründer im Exit-Fall ohne Vergütung aus dem Unternehmen gedrängt werden könnten. So sollten die Gründer, falls beide Sonderrechte im Vertrag vorkommen, darauf achten, sich durch die Zusicherung einer Mindestausschüttung bzw. eines minimalen Exit-Erlöses vor diesem Szenario zu schützen.

In Vorbereitung auf die Beteiligungsverhandlungen sollten sich Gründer damit auseinandersetzen, welche Klauseln häufig im Detail verhandelt werden, auf welche Rechte eine VCG immer bestehen wird und welche flexibler gehandhabt werden. Auch das Wissen darüber, in welcher Unternehmensphase oder Finanzierungsrunde welche Klauseln üblicherweise verhandelt werden, gehört zu den wichtigen Informationen, mit deren Hilfe die Informationsasymmetrien zwischen beiden Vertragsparteien abgebaut werden können. Gründer sollten damit besser argumentieren können, warum sie bspw. eine andere Ausgestaltung gewisser Klauseln fordern.

Gleichzeitig wurde in den Experteninterviews deutlich, dass VCG erwarten, dass die Gründer verhandeln. So sind bei passender Verhandlungsstrategie auch beim HTGF Anpassungen des Standardvertrags möglich. Davon sollten Gründer Gebrauch machen, wie eine Aussage eines Experten bestätigt: *„ (...) denn ein Gründer versteht das Verhältnis zum VC ja so, dass man etwas von dem Investor haben will. Dass wenn man seine erste Gründung macht, meistens selten versteht, dass der Investor was vorm Gründer will: Nämlich Wachstum und eine gute Story und am Ende natürlich auch Geld.“ (ET-IvM, 60)*

Darüber hinaus sollten Unternehmer bereits vor dem Start der Beteiligungssuche gemäß der Darstellung der VC-Sonderrechte bewerten, ob für sie eine VC-Finanzierung, die mit vielen Vorteilen behaftet ist, angesichts der potentiellen Einschränkungen durch den Vertrag grundsätzlich infrage kommt.

Weiterhin erfahren die Gründer, welche Faktoren die Verwendung bestimmter Sonderrechten beeinflussen. Sollten ein Unternehmen bspw. in der Branche Industrieerzeugnisse aktiv sein, werden durchschnittlich 2,4 mehr Veto-Rechte durch die VCG verlangt, im Gegenzug aber keine Meilensteine eingefordert. Dieses Wissen wiederum sollten die Gründer in der Vertragsverhandlung einsetzen: Wenn Unternehmer bspw. das Vereinbaren einer Drag-along-Klausel ablehnen, sollten sie eher nicht mit Investoren vom Typ GVC und BVC zusammenarbeiten, da die Wahrscheinlichkeit bei diesen VCG höher ist, dass das Recht im Vertrag festgeschrieben wird. Da im Zuge der Analyse gezeigt wurde, dass sich die Vertragsgestaltung zwischen den einzelnen Investorengruppen unterscheidet, sollten Gründer versuchen, den für sie und ihr Unternehmen passenden Investor auszuwählen.

Neben den Implikationen für Gründer zeigen sich in der vorliegenden Untersuchung auch für Investoren wichtige Handlungsempfehlungen. VCG sollten beachten, dass der Vertrag konkrete Auswirkungen u. a. auf den Erfolg des PU und damit auf die Beteiligung hat. Sie sollten die Vertragsgestaltung nicht ausschließlich durch Anwälte abwickeln, sondern sich in Hinblick auf die vielseitigen Anforderungen und Ziele der PU darüber bewusst werden, inwiefern ein angepasster Beteiligungsvertrag von Vorteil wäre. Insbesondere vor dem Hintergrund der möglichen Erhöhung der IRR des Fonds können so Wettbewerbsvorteile geschaffen werden.

Weitere wichtige Implikationen für Investoren können aus den Ergebnissen der Untersuchung bezüglich der Frage, welche Investorengruppe welche Rechte einfordert, in Bezug auf Syndizierungen gezogen werden. Die Analyse zeigt, dass bspw. BA auf Meilensteine und Liquidationspräferenzen verzichten. Diese sollten daher nicht nach einem GVC, die entsprechend der staatlichen Vorgaben diese Rechte abschließen müssen, als Lead-Syndizierungspartner suchen. Da nur ein Beteiligungsvertrag mit dem PU abgeschlossen wird, können nicht alle Interessen gleichwertig behandelt werden.

Weiterhin sollten VCG bei ihrem zukünftigen Vorgehen beachten, dass von verschiedenen Vertragsklauseln sowohl positive als auch negative Einflüsse auf das PU ausgehen. In der Untersuchung wurde als ein Beispiel dafür festgestellt, dass mehr Konflikte bei einem PU aufkommen, wenn die VCG die Patenterstellung als Meilenstein verlangt. Demnach sollten Investoren, wenn sie Konflikte vermeiden wollen, diese Art an Meilensteinen nicht durch den Vertrag verlangen. Auf der anderen Seite kann der Erfolg des PU positiv beeinflusst werden, indem die VCG verlangt, die Planung des Budgets des PU für das Folgejahr mit verabschieden zu müssen. Wenn dies der Fall ist und diese Aufgabe von der VCG aktiv wahrgenommen wird, hat dieses einen positiven Effekt auf das Wachstum des PU.

In den Experteninterviews wurde deutlich, dass neben den Gründern und Investoren auch den Anwälten der aktuelle Standard in der VC-Vertragsgestaltung nicht zwangsläufig bekannt ist – also im Speziellen, wie Verträge aus anderen Kanzleien aussehen: *„Insofern wäre es mal ganz schön, dass man eine Erhebung hat, dass man mal sieht, was ist denn so der Marktstandard. Wenn ich höre, dass ein Gründer sagt: ‚Eine Liquidationspräferenz würde ich niemals akzeptieren‘, hat der offensichtlich noch nie ein Investment bekommen. Ich kann natürlich falsch liegen, aber ich habe es zugegebenermaßen noch nie erlebt, in bestimmten Größenordnungen zumindest. Aber vielleicht liegt man damit auch falsch und muss damit in den Verhandlungen vielleicht auch Stück weit etwas anpassen.“ (RA-2, 84)*

Mithilfe der vorliegenden Untersuchung sollten Anwälte in ihrer zukünftigen Tätigkeit dahingehend fundierter beraten, dass sie die unterschiedlichen Interessen der Vertragsparteien erkennen und ausgleichen.

Zusammenfassend ist darauf hinzuweisen, dass VC-Verträge nicht abgeschlossen werden sollten, um dann anschließend keine weitere Beachtung zu finden. Auf der einen Seite gibt es konkrete Faktoren, die den Vertrag formen und beeinflussen. Vor allem aber hat der Vertrag auf der anderen Seite auch vielfältige Auswirkungen auf die Vertragsparteien, womit dieser sowohl in der Forschung als auch in der Praxis weitere Beachtung finden sollte.

7.4 Ausblick

Aus den Limitationen und Implikationen ergeben sich Ansätze, welche für zukünftige wissenschaftliche Untersuchungen im Bereich der VC-Vertragsforschung beachtet und weiter erforscht werden sollten.

Erstens müssten ähnliche Studien über die Einflussfaktoren auf den Vertrag und die Wirkung daraus für weitere Länder durchgeführt werden, insbesondere für große VC-Märkte wie die USA, Großbritannien und Israel, da die Vertragsgestaltung wichtig für ein besseres Verständnis der VC-Beteiligungen ist. Wie in der Darstellung der Vertragsvariablen deutlich wurde, gibt es bspw. zwischen Deutschland und den USA teilweise sehr große Unterschiede in der Verwendung bestimmter Sonderrechte. So werden bspw. die Liquidationspräferenz und ein Verwässerungsschutz in Deutschland deutlich seltener vereinbart als in den USA (57 %, bzw. 73 % vs. 99 % bzw. 96 % der Fälle). Damit einhergeht die Vermutung, das in anderen Ländern bei gleicher Untersuchung abweichende Ergebnisse erzielt werden.

Zweitens sollten auch weitere und vor allem spätere Finanzierungsphasen untersucht werden. In der frühen Phase sind die Informationsasymmetrien deutlich ausgeprägter, da häufig keine oder nur eine sehr kurze Unternehmenshistorie vorhanden ist. Daher ist davon auszugehen, dass in späteren Phasen diese Risiken anders verteilt sind und sich damit auch in den Verträgen widerspiegeln.

Drittens sollten Studien mit größeren Stichproben, aber idealerweise gleicher Datentiefe durchgeführt werden. In der hier aufgezeigten Untersuchung konnten nicht alle Sonderrechte überprüft werden, da nicht genügend beobachtete Fälle vorhanden waren. Ein größerer Datensatz kann dieser Einschränkung Abhilfe verschaffen.

Viertens konnte die Untersuchung herausarbeiten, dass von den Verträgen eine Wirkung auf das PU ausgeht. Gleichzeitig wurde dargestellt, dass die Wirkung bisher nur selten untersucht wurde. Dies ist nach den vorliegenden Ergebnissen aber nicht berechtigt: Eine Wirkung ist vorhanden und außerdem signifikant und relevant. Um die Auswirkungen des Vertrags zu verstehen, müssen weitere Untersuchungen, die die Wirkung betreffen, durchgeführt werden. Dazu kann das Modell aus Kapitel 5 genutzt und ggf. ausgebaut werden.

Fünftens wurden detaillierte Einblicke in verschiedene Faktoren, die einen Einfluss auf die Vertragsgestaltung haben und die Wirkung des Vertrags auf PU und VCG gewonnen. Die aufgestellten Variablen aus Abbildung 17 und 20 (S. 102 und S. 156) können von zukünftigen Untersuchungen als Anhaltspunkte zur eigenen Variablenerhebung genutzt werden. Bspw. ist es möglich, dass das empirisch-quantitativ überprüfte Modell aus Kapitel 6 um neue Einflussfaktoren auf den Vertrag als auch neue Wirkungen zu erweitern.

Als sechster Punkt wurde in den Experteninterviews und der statistischen Analyse gezeigt, dass durch Meilensteine und Veto-Rechte eine Wirkung auf das PU ausgeübt wird. Damit sind aber noch keine Aussagen darüber möglich, wie eine ideale bzw. bessere Ausgestaltung von Meilensteinen bzw. Veto-Rechten aussehen muss, damit das PU sich besser entwickelt. Dieses Wissen ist aber essentiell, um anwendbare Implikationen für die VCG geben zu können. Um darüber hinaus die Implikationen für die Praxis zu erhöhen, ist es notwendig, weitere Langzeitstudien, die die IRR der VCG berücksichtigen, durchzuführen.

Abschließend wurde gezeigt, dass VC-Investoren nicht homogen sind und es verschiedene Investorentypen gibt, welche sich zu Gruppen zusammenfassen lassen. Die Forschung bezüglich dieser Kategorisierung ist jedoch noch am Anfang (Manigart & Wright, 2013), obwohl das Wissen über die Unterschiede zwischen den Investoren einen Mehrwert in Bezug auf den Ablauf der VC-Finanzierung bietet.

Literaturverzeichnis

Aggarwal, R., & Singh, H. (2013). Differential Influence of Blogs across Different Stages of Decision Making: The Case of Venture Capitalists. MIS Quarterly, 37(4), 1093-1112.

Aghion, P., & Bolton, P. (1992). An Incomplete Contracts Approach to Financial Contracting. Review of Economic Studies, 59(3), 473-494.

Amatucci, F. M., & Swartz, E. (2011). Through a Fractured Lens: Women Entrepreneurs and the Private Equity Negotiation Process. Journal of Developmental Entrepreneurship, 16(3), 333-350.

Andrieu, G., & Groh, A. P. (2012). Entrepreneurs' financing choice between independent and bank-affiliated venture capital firms. Journal of Corporate Finance, 18(5), 1143-1167.

Antonczyk, R. C., Brettel, M., & Breuer, W. (2007). The Role of Venture Capital Firms' Experience, Ownership Structure, and of Direct Measures of Incentive Problems for Venture Capital Contracting in Germany. Working Paper, Social Science Research Network.

Antonczyk, R. C., Breuer, W., & Mark, K. (2007). Covenants in venture capital contracts: Theory and empirical evidence from the German capital market. In G. N. Gregoriou, M. Kooli, & R. Kräussl (Hrsg.), Quantitative finance series (S. 233-247). Amsterdam [u. a.]: Elsevier Butterworth-Heinemann.

Antonczyk, R. C. (2006). Venture-Capital-Verträge: Eine empirische Untersuchung des Einflusses von Anreizkonflikten zwischen Wagnisfinanciers und Unternehmensgründern. Dissertation, RWTH Aachen, Aachen, Deutschland.

Backhaus, K., Erichson, B., Plinke, W., & Weiber, R. (2011). Multivariate Analysemethoden: Eine anwendungsorientierte Einführung. 13. Auflage, Wiesbaden: Springer-Verlag.

Balcarcel, A., Hertzel, M. G., & Lindsey, L. A. (2010). Contracting frictions and cross-border capital flows: evidence from venture capital. Working Paper, Social Science Research Network.

Bentivogli, C. (2009). Private equity in Italy: a Bank of Italy-AIFI survey. Journal of financial transformation, 29(9), 155-162.

Bascha, A., & Walz, U. (2002). Financing practices in the German venture capital industry: An empirical assessment. Working Paper, Center for Financial Studies (CFS).

Batjargal, B., & Liu, M. (Manhong). (2004). Entrepreneurs' Access to Private Equity in China: The Role of Social Capital. Organization Science, 15(2), 159-172.

© Springer Fachmedien Wiesbaden GmbH, ein Teil von Springer Nature 2018
N. Röhr, *Der Vertrag zwischen Venture Capital-Gebern und
Start-ups*, https://doi.org/10.1007/978-3-658-21351-0

Baumgärtner, C. (2005). Portfoliosteuerung von Venture Capital-Gesellschaften. 1. Auflage, Wiesbaden: Deutscher Universitäts-Verlag.

Bell, M. G. (2001). Venture Capital-Finanzierung durch Wandelpapiere / eine theoriegeleitete Analyse. 1. Auflage, Frankfurt am Main: Peter Lang.

Bengtsson, O. (2011). Covenants in Venture Capital Contracts. Management Science, 57(11), 1926-1943.

Bengtsson, O. (2012). Financial contracting in US venture capital: overview and empirical evidence. In D. Cumming (Hrsg.), The Oxford Handbook of Venture Capital (S. 478-508). New York: Oxford University Press.

Bengtsson, O., & Bernhardt, D. (2014a). Different Problem, Same Solution: Contract-Specialization in Venture Capital. Journal of Economics & Management Strategy, 23(2), 396-426.

Bengtsson, O., & Bernhardt, D. (2014b). Lawyers in Venture Capital Contracting: Theory and Evidence. Economic Inquiry, 52(3), 1080-1102.

Bengtsson, O., & Ravid, S. A. (2015). Location Specific Styles and US Venture Capital Contracting. Quarterly Journal of Finance, 5(3), 1-40.

Bengtsson, O., & Sensoy, B. A. (2011). Investor abilities and financial contracting: Evidence from venture capital. Journal of Financial Intermediation, 20(4), 477-502.

Bengtsson, O., & Sensoy, B. A. (2015). Changing the Nexus: The Evolution and Renegotiation of Venture Capital Contracts. Journal of Financial and Quantitative Analysis, 50(3), 349-375.

Bertoni, F., Colombo, M. G., & Quas, A. (2015). The patterns of venture capital investment in Europe. Small Business Economics, 45(3), 543-560.

Bessler, W., & Drobetz, W. (2015). Corporate finance in Germany: structural adjustments and current developments. Journal of Applied Corporate Finance, 27(4), 44-57.

Bienz, C., & Hirsch, J. (2012). The Dynamics of Venture Capital Contracts. Review of Finance, 16(1), 157-195.

Bienz, C., Hirsch, J., & Walz, U. (2009). Governance und Vertragsstrukturen in der deutschen VC Industrie: Eine empirische Einschätzung. Working Paper, Center for Financial Studies (CFS).

Bienz, C., & Walz, U. (2006). Evolution of decision and control rights in venture capital contracts: an empirical analysis. Working Paper, Center for Financial Studies (CFS).

Bienz, C., & Walz, U. (2010). Venture Capital Exit Rights. Journal of Economics and Management Strategy, 19(4), 1071-1116.

Billitteri, C. (2012). Governance, contract structure and risk assessment in inter-firm relationships (IFRs) and venture capital investments. Dissertation, Universita degli studi di Palermo, Palermo, Italien.

Bogner, A., Littig, B., & Menz, W. (2014). Interviews mit Experten: eine praxisorientierte Einführung. 1. Auflage, Wiesbaden: Springer-Verlag.

BMWi. (2015). Evaluation des High-Tech Gründerfonds. Verfügbar unter: http://www.bmwi.de/DE/Service/ausschreibungen,did=727524.html. Abgerufen am 28. September 2015.

Bottazzi, L., Da Rin, M., & Hellmann, T. (2004). The Changing Face of the European Venture Capital Industry. The Journal of Private Equity, 7(2), 26-53.

Bottazzi, L., Da Rin, M., & Hellmann, T. (2008). Who are the active investors?: Evidence from venture capital. Journal of Financial Economics, 89(3), 488-512.

Bottazzi, L., Da Rin, M., & Hellmann, T. (2009). What Is the Role of Legal Systems in Financial Intermediation? Theory and Evidence. Journal of Financial Intermediation, 18(4), 559-598.

Bottazzi, L., Da Rin, M., & Hellmann, T. (2016). The importance of trust for investment: Evidence from venture capital. The Review of Financial Studies, 29(9), 2283-2318.

Brander, J. A., Du, Q., & Hellmann, T. (2015). The Effects of Government-Sponsored Venture Capital: International Evidence. Review of Finance, 19(2), 571-618.

Brehm, C. (2012). Das Venture-Capital-Vertragswerk / die Bedeutung für Management und Strategie des Zielunternehmens. 1. Auflage, Wiesbaden: Springer Gabler.

Brettel, M., Mauer, R., & Appelhoff, D. (2013). The entrepreneur's perception in the entrepreneur-VCF relationship: the impact of conflict types on investor value. Venture Capital, 15(3), 173-197.

Brinkrolf, A. (2002). Managementunterstützung durch Venture-Capital-Gesellschaften. 1. Auflage, Wiesbaden: Deutscher Universitäts-Verlag.

Brosius, F. (2013). SPSS 21. 1. Auflage, Heidelberg [u. a.]: MITP-Verlags GmbH & Co. KG.

Broughman, B., & Fried, J. (2010). Renegotiation of cash flow rights in the sale of VC-backed firms. Journal of Financial Economics, 95(3), 384-399.

Burchardt, J. (2009). Explaining Diversity in Venture Capital Contract Design: A Multinational Perspective. Dissertation, European Business School, Wiesbaden, Deutschland.

Burchardt, J., Hommel, U., Kamuriwo, D. S., & Billitteri, C. (2016). Venture capital contracting in theory and practice: implications for entrepreneurship research. Entrepreneurship Theory and Practice, 40(1), 25-48.

Busenitz, L. W., Moesel, D. D., Fiet, J. O., & Barney, J. B. (1997). The Framing of Perceptions of Fairness in the Relationship Between Venture Capitalists and New Venture Teams. Entrepreneurship: Theory & Practice, 21(3), 5-21.

BVK. (2011). BVK-Statistik - Das Jahr 2010 in Zahlen. Verfügbar unter: http://www.bvkap.de/sites/default/files/page/20120227_bvk-statistik_das_jahr_in_zahlen2011_pkfinal.pdf. Abgerufen am 19. Juli 2017.

BVK. (2016). BVK-Statistik - Das Jahr 2015 in Zahlen. Verfügbar unter: http://www.bvkap.de/sites/default/files/page/20150222_bvk-statistik_das_jahr_in_zahlen2015_final.pdf. Abgerufen am 19. Juli 2017.

BVK. (2017). BVK-Statistik - Das Jahr 2016 in Zahlen. Verfügbar unter: http://www.bvkap.de/sites/default/files/page/2010-2016_bvk-statistik_2016_final_270217.xlsx. Abgerufen am 19. Juli 2017.

Bygrave, W. D. (2007). The Entrepreneurship Paradigm (I) Revisited. In H. Neergaard & J. P. Ulhoi (Hrsg.), Handbook of Qualitative Research Methods (S. 17-48). Cheltenham, U.K. and Northampton, Mass.: Elgar.

Camino Ramón-Llorens, M., & Hernández-Cánovas, G. (2013). The venture capital contract and the Institutional Theory in a Spanish setting. Intangible Capital, 9(1), 322-340.

Caselli, S., Garcia-Appendini, E., & Ippolito, F. (2013). Contracts and returns in private equity investments. Journal of Financial Intermediation, 22(2), 201-217.

Colombo, M. G., Cumming, D. J., & Vismara, S. (2016). Governmental venture capital for innovative young firms. The Journal of Technology Transfer, 41(1), 10-24.

Colombo, M. G., & Murtinu, S. (2017). Venture capital investments in Europe and portfolio firms' economic performance: independent versus corporate investors. Journal of Economics & Management Strategy, 26(1), 35-66.

Cooley. (2017). Verfügbar unter: https://www.cooleygo.com/trends/. Abgerufen am 20. April 2017.

Cornelius, B., & Hargreaves, C. P. (1991). The Role of Covenants in Venture Capital Investment Agreements. Working Paper, University of New England, Department of Econometrics.

Croce, A., D'Adda, D., & Ughetto, E. (2015). Venture capital financing and the financial distress risk of portfolio firms: How independent and bank-affiliated investors differ. Small Business Economics, 44(1), 189-206.

Cumming, D. J. (2005a). Agency costs, institutions, learning, and taxation in venture capital contracting. Journal of Business Venturing, 20(5), 573-622.

Cumming, D. J. (2005b). Capital structure in venture finance. Journal of Corporate Finance, 11(3), 550-585.

Cumming, D. J. (2006a). United States venture capital contracting: Evidence from investments in foreign securities. Working Paper, University of Alberta.

Cumming, D. J. (2006b). Corporate Venture Capital Contracts. Journal of Alternative Investments, 9(3), 40-53.

Cumming, D. J. (2007). United States venture capital contracting: foreign securities. Issues in Corporate Governance and Finance, 2007, 405-444.

Cumming, D. J. (2008). Contracts and Exits in Venture Capital Finance. The Review of Financial Studies, 21(5), 1947-1982.

Cumming, D. J., & Dai, N. (2011). Fund size, limited attention and valuation of venture capital backed firms. Journal of Empirical Finance, 18(1), 2-15.

Cumming, D. J., Grilli, L., & Murtinu, S. (2017). Governmental and independent venture capital investments in Europe: A firm-level performance analysis. Journal of Corporate Finance, 42(1), 439-459.

Cumming, D. J., & Johan, S. A. binti. (2007). Advice and Monitoring in Venture Finance. Financial Markets and Portfolio Management, 21(1), 3-43.

Cumming, D. J., & Johan, S. A. binti. (2008). Preplanned Exit Strategies in Venture Capital. European Economic Review, 52(7), 1209-1241.

Cumming, D. J., & Johan, S. A. binti (2013). Venture capital and private equity contracting: An international perspective. 2. Auflage, London [u. a.]: Academic Press.

Cumming, D. J., & MacIntosh, J. G. (2003). Comparative Venture Capital Governance. Private versus Labour Sponsored Venture Capital Funds. Venture Capital, Entrepreneurship and Public Policy, 9, 69-94.

Cumming, D. J., Schmidt, D., & Walz, U. (2010). Legality and venture capital governance around the world. Journal of Business Venturing, 25(1), 54-72.

Cuny, C. J., & Talmor, E. (2005). The staging of venture capital financing: Milestone vs. rounds. Working Paper, Texas A&M University, USA and London Business School, UK. EFA.

Da Rin, M., Hellmann, T., & Puri, M. L. (2011). A Survey of Venture Capital Research. Working Paper, Social Science Research Network.

Denis, D. J. (2004). Entrepreneurial Finance: An Overview of the Issues and Evidence. Journal of Corporate Finance, 10(2), 301-326.

Dörner, S. (2015). Warum ist Uber so viel wert? Verfügbar unter: http://www.gruenderszene.de/allgemein/uber-50-milliarden. Abgerufen am 18. August 2015.

Drover, W., Busenitz, L., Matusik, S., Townsend, D., Anglin, A., & Dushnitsky, G. (2017). A Review and Road Map of Entrepreneurial Equity Financing Research: Venture Capital, Corporate Venture Capital, Angel Investment, Crowdfunding, and Accelerators. Journal of Management, 43 (6), 1820-1853.

Erikson, T., & Berg - Utby, T. (2009). Preinvestment Negotiation Characteristics and Dismissal in Venture Capital - Backed Firms. Negotiation Journal, 25(1), 41-57.

Espenlaub, S., Goergen, M., Khurshed, A., & Renneboog, L. (2002). Lock-in agreements in venture capital backed UK IPOS. Working Paper, European Corporate Governance Institute.

Esser, E. H. (1999). Methoden der empirischen Sozialforschung. 1. Auflage, München; Wien: Oldenbourg.

Fairchild, R., & Mai, Y. (2013). The Effect of the Legal System and Empathy in Venture Capital Contracting: Theory and Evidence. International Journal of Behavioral Accounting and Finance, 4(1), 32-53.

Farag, H. (2004). Contracting, Monitoring, and Exiting Venture Investments in Transitioning Economies: A Comparative Analysis of Eastern European and German Markets. Venture Capital, 6(4), 257-282.

Felix, E. G. S., Pires, C. P., & Gulamhussen, M. A. (2014). The Exit Decision in the European Venture Capital Market. Quantitative Finance, 14(6), 1115-1130.

Fiegler, T. (2016). Venture Capital-Netzwerke / Eine empirische Analyse innerhalb der Frühphasenfinanzierung. 1. Auflage, Wiesbaden: Springer Gabler.

Field, L. C., & Hanka, G. (2001). The Expiration of IPO Share Lockups. Journal of Finance, 56(2), 471-500.

Fiet, J. O. (1995). Risk Avoidance Strategies in Venture Capital Markets. Journal of Management Studies, 32(4), 551-574.

Fiet, J. O., & Busenitz, L. W. (1997). Complementary theoretical perspectives on the dismissal of new venture team members. Journal of Business Venturing, 12(5), 347-366.

Fili, A., & Grünberg, J. (2016). Business angel post-investment activities: a multi-level review. Journal of Management & Governance, 20(1), 89-114.

Fischer, S. (2014). Hospital Positioning and Integrated Hospital Marketing Communications: State-of-the-Art Review, Conceptual Framework, and Research Agenda. Journal of Nonprofit & Public Sector Marketing, 26(1), 1-34.

Fluck, Z. (2010). Optimal financial contracting: Control rights, incentives, and entrepreneurship. Strategic Change, 19(1-2), 77-90.

Fraser, S., Bhaumik, S. K., & Wright, M. (2015). What do we know about entrepreneurial finance and its relationship with growth? International Small Business Journal, 33(1), 70-88.

Frese, T. (2014). Entscheidungsfindung in jungen Unternehmen: eine empirische Untersuchung der Anwendung von Entscheidungslogiken. 1. Auflage, Wiesbaden: Springer Gabler.

Fujiwara, H., & Kimura, H. (2012). How Manager's Compensation, Strategy, and Institutional Environment Motivate Entrepreneurial Financing Choices: Some Evidence from Venture Capital Firms. Journal of Private Equity, 15(3), 45-61.

Gaida, M. (2002). Venture-Capital in Deutschland und den USA / Finanzierung von Start-ups im Gefüge von Staat, Banken und Börsen. 1. Auflage, Wiesbaden: Deutscher Universitäts-Verlag.

Generale, A., & Sette, E. (2008). Venture Capital and Private Equity in Italy: Evidence from Deal'level Data. Working Paper.

George, B., Erikson, T., & Parhankangas, A. (2016). Preventing dysfunctional conflict: examining the relationship between different types of managerial conflict in venture capital-backed firms. Venture Capital, 18(4), 279-296.

Geronikolaou, G., & Papachristou, G. (2016). Investor competition and project risk in Venture Capital investments. Economics Letters, 141, 67-69.

Geyer, A., Heimer, T., Hölscher, L., & Schalast, C. (2010). Evaluierung des High-Tech Gründerfonds. Vienna and Frankfurt: Technopolis Group and Frankfurt School of Finance & Management. Verfügbar unter: http://www.aitiraum.de/system/file_attach-ments/legacy/5eb/94a/50e/69/original/Evaluierung-High-Tech-Gruenderfonds.pdf. Abgerufen am: 19. Juli 2017.

Giot, P., Hege, U., & Schwienbacher, A. (2014). Are novice private equity funds risk-takers? Evidence from a comparison with established funds. Journal of Corporate Finance, 27, 55-71.

Gläser, J., & Laudel, G. (2010). Experteninterviews und qualitative Inhaltsanalyse. 4. Auflage, Wiesbaden: Springer Gabler.

Gompers, P. A. (1995). Optimal Investment, Monitoring, and the Staging of Venture Capital. The Journal of Finance, 50(5), 1461-1489.

Gompers, P. A. (1997). Ownership and Control in Entrepreneurial Firms: An Examination of Convertible Securities in Venture Capital Investment. Working Paper, Harvard Business School.

Gompers, P., & Lerner, J. (2000). Money chasing deals? The impact of fund inflows on private equity valuation. Journal of Financial Economics, 55(2), 281-325.

Guo, D., & Jiang, K. (2013). Venture capital investment and the performance of entrepreneurial firms: Evidence from China. Journal of Corporate Finance, 22, 375-395.

Hahn, S., & Kang, J. (2017). Complementary or conflictory?: the effects of the composition of the syndicate on venture capital-backed IPOs in the US stock market. Economia e Politica Industriale, 44(1), 77-102.

Hair, J. F., Black, W. C., Babin, B. J., Anderson, R. E., & Tatham. R. L. (2006). Multivariate data analysis: A global perspective. 6. Auflage, New Jersey: Pearson Upper Saddle River.

Hart, O. (2017). Incomplete Contracts and Control. American Economic Review, 107(7), 1731-1752.

Hartmann-Wendels, T., Keienburg, G., & Sievers, S. (2011). Adverse Selection, Investor Experience and Security Choice in Venture Capital Finance: Evidence from Germany. European Financial Management, 17(3), 464-499.

Hege, U., Palomino, F., & Schwienbacher, A. (2003). Determinants of venture capital performance: Europe and the United States. Working Paper, RICAFE - Risk Capital and the Financing of European Innovative Firms.

Hege, U., Palomino, F., & Schwienbacher, A. (2009). Venture Capital Performance: The Disparity Between Europe and the United States. Performances du capital risque: Les disparités entre l'Europe et les États-Unis, 30(1), 7-50.

Heger, D., Fier, A., & Murray, G. (2005). Review essay: regional venture capital policy: UK and Germany compared. Venture Capital, 7(4), 373-383.

Hellmann, T., Lindsey, L., & Puri, M. (2008). Building relationships early: Banks in venture capital. Review of Financial Studies, 21(2), 513-541.

Heughebaert, A., & Manigart, S. (2012). Firm Valuation in Venture Capital Financing Rounds: The Role of Investor Bargaining Power. Journal of Business Finance & Accounting, 39(3/4), 500-530.

Hirsch, J. (2006). Public Policy and Venture Capital Financed Innovation: A Contract Design Approach. Working Paper, Center for Financial Studies (CFS).

Hirsch, J., & Walz, U. (2013). Why do contracts differ between venture capital types? Small Business Economics, 40(3), 511-525.

Hirscha, J., & Sharifzadehb, A. (2009). Geography and Contract Design in the Venture Capital Industry. Working Paper, RICAFE - Risk Capital and the Financing of European Innovative Firms.

Holmström, B. (1979). Moral hazard and observability. Bell Journal of Economics, 10(1), 74-91.

Hosmer, D. W., & Lemeshow, S. (2000). Applied logistic regression. 2. Auflage, Hoboken, New Jersey: John Wiley & Sons.

Houben, E. (2003). Optimale Vertragsgestaltung bei Venture-Capital-Finanzierungen. 1. Auflage, Wiesbaden: Deutscher Universitäts-Verlag.

Hsu, D. H. (2004). What Do Entrepreneurs Pay for Venture Capital Affiliation? The Journal of Finance, 59(4), 1805-1844.

Hueske, A.-K., & Guenther, E. (2015). What hampers innovation? External stakeholders, the organization, groups and individuals: a systematic review of empirical barrier research. Management Review Quarterly, 65(2), 113-148.

Ibrahim, S. A. K. (2009). Contract Design in the Venture Capital Industry: An Empirical Analysis of International Investments. Dissertation, European Business School, Wiesbaden.

Inderst, R., & Müller, H. M. (2004). The Effect of Capital Market Characteristics on the Value of Start-Up Firms. Journal of Financial Economics, 72(2), 319-356.

Isaksson, A., Cornelius, B., Landström, H., & Junghagen, S. (2004). Institutional theory and contracting in venture capital: the Swedish experience. Venture capital, 6(1), 47-71.

Jääskeläinen, M. (2012). Venture Capital Syndication: Synthesis and future directions. International Journal of Management Reviews, 14(4), 444-463.

Jensen, M. C., & Meckling, W. H. (1976). Theory of the firm: Managerial behavior, agency costs and ownership structure. Journal of Financial Economics, 3(4), 305-360.

Jesson, J. K., Matheson, L., & Fiona, L. M. (2011). Doing your literature review / traditional and systematic techniques. 1. Auflage, London: SAGE.

Joly, V. (2009). Investor Affiliation, Experience and Venture Capital Financial Contracts. Working Paper, Social Science Research Network.

Jung-Senssfelder, K. (2006). Equity Financing and Covenants in Venture Capital: A Theoretical and Empirical Analysis of German Venture Capital Contracting. 1. Auflage, Wiesbaden: Gabler.

Kaiser, R. (2014). Qualitative Experteninterviews: Konzeptionelle Grundlagen und praktische Durchführung. 1. Auflage, Wiesbaden: Springer-Verlag.

Kantehm, R., & Rasmussen-Bonne, H.-E. (2013). Der Start-up-CFO / die Herausforderungen des kaufmännischen Leiters in wachstumsorientierten High-Tech-Unternehmen; entwickelt in Zusammenarbeit mit Experten aus der deutschen Start-up-Branche. 1. Auflage, München: GoingPublic Media.

Kaplan, S. N., Martel, F., & Strömberg, P. (2007). How Do Legal Differences and Experience Affect Financial Contracts? Journal of Financial Intermediation, 16(3), 273-311.

Kaplan, S. N., & Strömberg, P. (2003). Financial Contracting Theory Meets the Real World: An Empirical Analysis of Venture Capital Contracts. Review of Economic Studies 70(2), 281-315.

Kaplan, S. N., & Strömberg, P. (2004). Characteristics, Contracts, and Actions: Evidence from Venture Capitalist Analyses. The Journal of Finance, 59(5), 2177-2210.

Kelly, P., & Hay, M. (2003). Business Angel Contracts: The Influence of Context. Venture Capital, 5(4), 287-312.

Kim, K., Gopal, A., & Hoberg, G. (2016). Does Product Market Competition Drive CVC Investment? Evidence from the US IT Industry. Information Systems Research, 27(2), 259-281.

Klonowski, D. (2006). Local Laws and Venture Capital Contracting in Transition Economies: Evidence from Poland. Post-Communist Economies, 18(3), 327-343.

Koskinen, Y., Rebello, M. J., & Wang, J. (2014). Private Information and Bargaining Power in Venture Capital Financing. Journal of Economics and Management Strategy, 23(4), 743-775.

Lahr, H., & Mina, A. (2014). Liquidity, technological opportunities, and the stage distribution of venture capital investments. Financial management, 43(2), 291-325.

Länder mit dem größten Bruttoinlandsprodukt (BIP) 2014 Statistik. (o. J.). Verfügbar unter: http://de.statista.com/statistik/daten/studie/157841/umfrage/ranking-der-20-laender-mit-dem-groessten-bruttoinlandsprodukt/. Abgerufen am 6. Oktober 2015.

Large, D., & Muegge, S. (2008). Venture capitalists' non-financial value-added: an evaluation of the evidence and implications for research. Venture Capital, 10(1), 21-53.

Lauterbach, R., Hass, L. H., & Schweizer, D. (2014). The impact of fund inflows on staging and investment behaviour. International Small Business Journal, 32(6), 644-666.

Lauterbach, R., Welpe, I. M., & Fertig, J. (2007). Performance Differentiation: Cutting Losses and Maximizing Profits of Private Equity and Venture Capital Investments. Financial Markets and Portfolio Management, 21(1), 45-67.

Leopold, G., Frommann, H., & Kühr, T. (2003). Private Equity - Venture Capital / Eigenkapital für innovative Unternehmer. 2. Auflage, München: Vahlen.

Lerner, J., Leamon, A., & Hardymon, F. (2012). Venture Capital, Private Equity, and the Financing of Entrepreneurship. 1. Auflage, Hoboke, New Jersey: John Wiley & Sons.

Lerner, J., & Schoar, A. (2005). Does Legal Enforcement Affect Financial Transactions? The Contractual Channel in Private Equity. The Quarterly Journal of Economics, 120(1), 223-246.

Liebold, R., & Trinczek, R. (2009). Experteninterview. In S. Kühl, P. Strodtholz, & A. Taffertshofer (Hrsg.), Handbuch Methoden der Organisationsforschung (S. 32-56). Wiesbaden: VS-Verlag für Sozialwissenschaften.

Lim, K., & Cu, B. (2012). The effects of social networks and contractual characteristics on the relationship between venture capitalists and entrepreneurs. Asia Pacific Journal of Management, 29(3), 573-596.

Locke, E. A., Frederick, E., Lee, C., & Bobko, P. (1984). Effect of self-efficacy, goals, and task strategies on task performance. Journal of applied psychology, 69(2), 241.

Lovas, A., Pereczes, J., & RáBA, V. (2015). Incentives and restrictions in venture capital contracts. Financial and Economic Review, 14 (3), 106-121.

Manigart, S., & Wright, M. (2013). Reassessing the relationships between private equity investors and their portfolio companies. Small Business Economics, 40(3), 479-492.

Masulis, R. W., & Nahata, R. (2009). Financial contracting with strategic investors: Evidence from corporate venture capital backed IPOs. Journal of Financial Intermediation, 18(4), 599-631.

Masulis, R. W., & Nahata, R. (2011). Venture capital conflicts of interest: Evidence from acquisitions of venture-backed firms. Journal of Financial and Quantitative Analysis, 46(2), 395-430.

Mayring, P. (2015). Qualitative Inhaltsanalyse / Grundlagen und Techniken. 12. Auflage, Weinheim; Basel: Beltz.

Minola, T., Vismara, S., & Hahn, D. (2017). Screening model for the support of governmental venture capital. The Journal of Technology Transfer, 42(1), 59-77.

Nahata, R. (2013). Success is good but failure is not so bad either: serial entrepreneurs and venture capital contracting. Working Paper, Social Science Research Network.

Nanda, R., & Rhodes-Kropf, M. (2013). Investment cycles and startup innovation. Journal of Financial Economics, 110(2), 403-418.

National Venture Capital Association. (2015). NVCA - Yearbook 2015. Verfügbar unter: http://nvca.org/. Abgerufen am 30. September 2015.

Neubecker, J. (2006). Finanzierung durch Corporate Venture Capital und Venture Capital / empirische Untersuchung zum Value Added junger, innovativer Unternehmen in Deutschland. 1. Auflage, Wiesbaden: Deutscher Universitäts-Verlag.

Ning, Y., Wang, W., & Yu, B. (2015). The driving forces of venture capital investments. Small Business Economics, 44(2), 315-344.

Norusis, M. (2005). SPSS 14.0 statistical procedures companion. 1. Auflage, New Jersey: Prentice Hall Press.

NVCA - Yearbook 2017. (2017). Yearbook 2017. Verfügbar unter: http://nvca.org/. Abgerufen am 06. April 2017.

Obrimah, O. A. (2004). Law, Finance, and Venture Capitalists' Asset Allocation Decisions. Working Paper, Social Science Research Network.

Pankotsch, F. (2005). Kapitalbeteiligungsgesellschaften und ihre Portfoliounternehmen / Gestaltungsmöglichkeiten und Erfolgsfaktoren der Zusammenarbeit. Wiesbaden: Deutscher Universitäts-Verlag/GWV Fachverlage.

Parhankangas, A., Landstrom, H., & Smith, D. G. (2005). Experience, Contractual Covenants and Venture Capitalists' Responses to Unmet Expectations. Venture Capital, 7(4), 297-318.

Patzelt, H., Knyphausen-Aufseß, D. Z., & Habib, Y. (2009). Portfolio strategies of life science venture capital firms in North America and Europe. Journal of Small Business & Entrepreneurship, 22(2), 87-100.

Pinkwart, A., Proksch, D., Schefczyk, M., Fiegler, T., & Ernst, C. (2015). Reasons for the Failure of New Technology-Based Firms: A Longitudinal Empirical Study for Germany. Credit and Capital Markets - Kredit und Kapital, 48(4), 597-627.

Porta, R. L., Lopez - de - Silanes, F., Shleifer, A., & Vishny, r. w. (1998). Law and Finance. Journal of Political Economy, 106(6), 1113-1155.

Priesing, T. (2014). Kooperationsrisiken in multilateralen Venture-Capital-Syndikaten: eine kausalanalytische Betrachtung. 1. Auflage, Baden-Baden: Tectum Wissenschaftsverlag.

Reißig-Thust, S., Brettel, M., & Witt, P. (2004). Vertragsgestaltung durch Venture Capital-Gesellschaften. Der Finanzbetrieb, 6(9), 636-645.

Renucci, A. (2014). Bargaining with venture capitalists: When should entrepreneurs show their financial muscle?. Review of Finance, 18(6), 2197-2214.

Ross, S. A. (1973). The economic theory of agency: The principal's problem. The American Economic Review, 63(2), 134-139.

Rossi, M., Festa, G., Solima, L., & Popa, S. (2017). Financing knowledge-intensive enterprises: evidence from CVCs in the US. The Journal of Technology Transfer, 42(2), 338-353.

Rudolf, M., & Müller, J. (2012). Multivariate Verfahren: eine praxisorientierte Einführung mit Anwendungsbeispielen in SPSS. 2. Auflage, Göttingen; Bern; Wien [u. a.]: Hogrefe Verlag.

Sahlman, W. A. (1990). The structure and governance of venture-capital organizations. Journal of Financial Economics, 27(2), 473-521.

Sander, P., & Koomagi, M. (2007). The allocation of control rights in financing private companies: Views of Estonian private equity and venture capitalists. Trames-Journal of the Humanities and Social Sciences, 11(2), 189-205.

Schefczyk, M. (2004). Erfolgsstrategien deutscher Venture Capital-Gesellschaften: Analyse der Investitionsaktivitäten und des Beteiligungsmanagements von Venture Capital-Gesellschaften. 3. Auflage, Stuttgart: Schäffer-Poeschel.

Schefczyk, M. (2006). Finanzieren mit Venture Capital und Private Equity / Grundlagen für Investoren, Finanzintermediäre, Unternehmer und Wissenschaftler. 2. Auflage, Stuttgart: Schäffer-Poeschel.

Schween, K. (1996). Corporate Venture Capital: Risikokapitalfinanzierung deutscher Industrieunternehmen. 1. Auflage, Wiesbaden: Gabler.

Schwienbacher, A. (2005). An Empirical Analysis of Venture Capital Exits in Europe and the United States. Working Paper, Social Science Research Network.

Schwienbacher, A. (2008). Venture capital investment practices in Europe and the United States. Financial Markets and Portfolio Management, 22(3), 195-217.

Siddiqui, A., Marinova, D., & Hossain, A. (2016). Impact of Venture Capital Investment Syndication on Enterprise Lifecycle and Success. International Journal of Economics and Finance, 8(5), 75.

Silveira, R., & Wright, R. (2016). Venture capital: A model of search and bargaining. Review of Economic Dynamics, 19, 232-246.

Simon, J. (2010). Der Wert von Beteiligungsverträgen / Abbildung von Vertragsbestandteilen aus Venture-Capital-Verträgen in Bewertungsmodellen. 1. Auflage, Wiesbaden: Gabler.

Sorensen, M. (2007). How smart is smart money? A two-sided matching model of venture capital. Journal of Finance, 62(6), 2725-2762.

Stein, I. (2008). Kapitalstruktur erfolgreicher Venture-Capital-Investitionen: Empirische Evidenz für Deutschland. Kredit und Kapital, 41(2), 261-298.

Strätling, R., Wijbenga, F. H., & Dietz, G. (2011). The impact of contracts on trust in entrepreneur-venture capitalist relationships. International Small Business Journal, 30(8), 811-831.

Tan, J., Zhang, W., & Xia, J. (2008). Managing risk in a transitional environment: An exploratory study of control and incentive mechanisms of venture capital firms in China. Journal of Small Business Management, 46(2), 263-285.

Teker, D., Teker, S., & Teraman, Ö. (2016). Venture Capital Markets: A Cross Country Analysis. Procedia Economics and Finance, 38, 213-218.

Tian, X. (2012). The Role of Venture Capital Syndication in Value Creation for Entrepreneurial Firms. Review of Finance, 16(1), 245-283.

Tranfield, D., Denyer, D., & Smart, P. (2003). Towards a Methodology for Developing Evidence-Informed Management Knowledge by Means of Systematic Review. British Journal of Management, 14(3), 207-222.

Trester, J. J. (1998). Venture Capital Contracting under Asymmetric Information. Journal of Banking and Finance, 22(6-8), 675-699.

Trezzini, L. (2005). Finanzierungsstrukturierung im Venture Capital: ein integrierter Ansatz. 1. Auflage, Bern [u. a.]: Haupt Verlag.

Vaquero Martín, M., Reinhardt, R., & Gurtner, S. (2016). Stakeholder integration in new product development: a systematic analysis of drivers and firm capabilities. R&D Management, 46(3), 1095-1112.

Vecchi, G. M. (2009). Conflict & Crisis Communication. Annals of the American Psychotherapy Association, 12(2), 32-39.

Venture Capital: Beteiligungskapital für die Existenzgründung. (o. J.). Private Equity: Venture Capital für Existenzgründer und Start-ups. Verfügbar unter: https://www.fuer-gruender.de/kapital/eigenkapital/venture-capital/. Abgerufen am 17. September 2015.

Vergara, M., Bonilla, C. A., & Sepulveda, J. P. (2016). The complementarity effect: Effort and sharing in the entrepreneur and venture capital contract. European Journal of Operational Research, 254(3), 1017-1025.

Weimerskirch, P. (1999). Finanzierungsdesign bei Venture-Capital-Verträgen. 2. Auflage, Wiesbaden: DeutscherUniversitäts Verlag.

Weitnauer, W. (2011). Handbuch Venture Capital / von der Innovation zum Börsengang. 4. Auflage, München: C. H. Beck.

Weitnauer, W. (2016). Handbuch Venture Capital / von der Innovation zum Börsengang. 5. Auflage, München: C. H. Beck.

Welter, F. (2012). All you need is trust? A critical review of the trust and entrepreneurship literature. International Small Business Journal, 30(3), 193-212.

What is a certificate of incorporation? (2009). Verfügbar unter: http://www.startupcompanylawyer.com/2009/01/25/what-is-a-certificate-of-incorporation/. Abgerufen am 5. April 2016.

Wong, A., Bhatia, M., & Freeman, Z. (2009). Angel finance: the other venture capital. Strategic Change, 18(7/8), 221-230.

Yitshaki, R. (2008). Venture capitalist-entrepreneur conflicts - An exploratory study of determinants and possible resolutions. International Journal of Conflict Management, 19(3), 262-292.

Zacharakis, A., Erikson, T., & George, B. (2010). Conflict between the VC and entrepreneur: the entrepreneur's perspective. Venture Capital, 12(2), 109-126.

Zambelli, S. (2014). „If the Facts Don‟t Fit the Theory ... ': The Security Design Puzzle in Venture Finance. International Journal of Management Reviews, 16(4), 500-520.

Zimmermann, V. (2005). Entwicklungstendenzen in der Vertragsgestaltung auf dem deutschen Beteiligungskapitalmarkt. KfW-Research Mittelstands- und Strukturpolitik, 33, 67-85.

Anhang A: Relevante Treffer der Literaturanalyse

Titel	Autoren	Jahr	Journal
The role of covenants in venture capital investment agreements	Barbara Cornelius, Colin Hargreaves	1991	–
Risk avoidance strategies in venture capital markets	James O. Fiet	1995	Journal of Management Studies
Ownership and control in entrepreneurial firms: An examination of convertible securities in venture capital investments	Paul A. Gompers	1997	–
The framing of perceptions of fairness in the relationship between venture capitalists and new venture teams	Lowell W. Busenitz, Douglas D. Moesel, James O. Fiet, Jay B. Barney	1997	Entrepreneurship: Theory and Practice
Complementary theoretical perspectives on the dismissal of new venture team members	James O. Fiet, Lowell W. Busenitz, Douglas D. Moesel, Jay B. Barney	1997	Journal of Business Venturing
The expiration of IPO share lockups	Laura Field, Gordon Hanka	2001	The Journal of Finance
Financing practices in the German venture capital industry: An empirical assessment	Andreas Bascha, Uwe Walz	2002	–
Lock-in agreements in venture capital backed UK IPOs	Susanne Espenlaub, Marc Goergen, Arif Khurshed, Luc Renneboog	2002	–
Determinants of venture capital performance: Europe and the united states	Ulrich Hege, Frédéric Palomino, Armin Schwienbacher	2003	–
Financial contracting theory meets the real world: An empirical analysis of venture capital contracts	Steven N. Kaplan, Per Strömberg	2003	Review of Economic Studies
Business angel contracts: The influence of context	Peter Kelly, Miachel Hay	2003	Venture Capital
Law, finance, and venture capitalists' asset allocation decisions	Oghenovo Obrimah	2004	–
Entrepreneurs' access to private equity in china: The role of social capital	Bat Batjargal, Mannie Liu	2004	Organization Sciene
Characteristics, contracts, and actions: Evidence from venture capitalist analyses	Steven N. Kaplan, Per Strömberg	2004	The Journal of Finance
Institutional theory and contracting in venture capital: The Swedish experience	Anders Isaksson, Barbara Cornelius, Hans Landström, Sven Junghagen	2004	Venture Capital
Vertragsgestaltung durch Venture Capital-Gesellschaften	Solveig Reißig-Thust, Malte Brettel, Peter Witt	2004	Finanz Betrieb
An empirical analysis of venture capital exits in Europe and the united states	Armin Schwienbacher	2005	–
Agency costs, institutions, learning, and taxation in venture capital contracting	Douglas J. Cumming	2005	Journal of Business Venturing

© Springer Fachmedien Wiesbaden GmbH, ein Teil von Springer Nature 2018
N. Röhr, *Der Vertrag zwischen Venture Capital-Gebern und Start-ups*, https://doi.org/10.1007/978-3-658-21351-0

Titel	Autoren	Jahr	Journal
Does legal enforcement affect financial transactions? The contractual channel in private equity	Josh Lerner, Antoinette Schoar	2005	The Quarterly Journal of Economics
Experience, contractual covenants and venture capitalists' responses to unmet expectations	Annaleena Parhankangas, Hans Landström, D. Gordon Smith	2005	Venture Capital
Equity financing and covenants in venture capital: An augmented contracting approach to optimal German contract design	Karoline Jung-Senssfelder	2006	–
Evolution of decision and control rights in venture capital contracts: An empirical analysis	Carsten Bienz, Uwe Walz	2006	–
United States venture capital contracting: Evidence from investments in foreign securities	Douglas J. Cumming	2006	–
Venture-Capital-Verträge: Eine empirische Untersuchung des Einflusses von Anreizkonflikten zwischen Wagnisfinanciers und Unternehmensgründern	Ron C. Antonczyk	2006	–
Corporate venture capital contracts	Douglas J. Cumming	2006	The Journal of Alternative Investments
Covenants in venture capital contracts: Theory and empirical evidence from the German capital market	Ron C. Antonczyk, Wolfgang Breuer, Klaus Mark	2007	–
The role of venture capital firms' experience, ownership structure, and of direct measures of incentive problems for venture capital contracting in Germany	Ron C. Antonczyk, Malte Brettel, Wolfgang Breuer	2007	–
Advice and monitoring in venture finance	Douglas J. Cumming, Sofia Johan	2007	Financial Markets and Portfolio Management
Performance differentiation: Cutting losses and maximizing profits of private equity and venture capital investments	Rainer Lauterbach, Isabell M. Welpe, Jan Fertig	2007	Financial Markets and Portfolio Management
How do legal differences and experience affect financial contracts	Steven N. Kaplan, Frederic Martel, Per Strömberg	2007	Journal of Financial Intermediation
Venture capital and private equity in Italy: Evidence from deal - level data	Andrea Generale, Enrico Sette	2008	–
Preplanned exit strategies in venture capital	Douglas J. Cumming, Sofia Johan	2008	European Economic Review
Venture capital investment practices in Europe and the united states	Armin Schwienbach	2008	Financial Markets and Portfolio Management
Venture capitalist-entrepreneur conflicts	Ronit Yitshaki	2008	International Journal of Conflict Management
Managing risk in a transitional environment: An exploratory study of control and incentive mechanisms of venture capital firms in china	Justin Tan, Wei Zhang, Jun Xia	2008	Journal of Small Business Management
Kapitalstruktur erfolgreicher Venture-Capital-Investitionen: Empirische Evidenz für Deutschland	Ingrid Stein	2008	Kredit und Kapital

Titel	Autoren	Jahr	Journal
Contracts and exits in venture capital finance	Douglas J. Cumming	2008	The Review of Financial Studies
Geography and contract design in the venture capital industry	Julia Hirsch, Azin Sharifzadeh	2009	–
Governance und Vertragsstrukturen in der deutschen VC Industrie: Eine empirische Einschätzung	Carsten Bienz, Julia Hirsch, Uwe Walz	2009	–
Contract design in the venture capital industry: An empirical analysis of international investments	Sarah A. K. Ibrahim	2009	–
Investor affiliation, experience and venture capital financial contracts	Vanessa Joly	2009	–
Preinvestment negotiation characteristics and dismissal in venture capital-backed firms	Truls Erikson, Terje Berg-Utby	2009	Negotiation Journal
Explaining diversity in venture capital contract design: A multinational perspective	Jens Burchardt	2009	–
Financial contracting with strategic investors: Evidence from corporate venture capital backed IPOs	Ronald W. Masulis, Rajarishi Naha	2009	Journal of Financial Intermediation
What is the role of legal systems in financial intermediation? Theory and evidence	Laura Bottazzi, Marco Da Rin, Thomas Hellmann	2009	Journal of Financial Intermediation
Venture capital performance: The disparity between Europe and the united states	Ulrich Hege, Frédéric Palomino, Armin Schwienbacher	2009	Revue de l'association française de finance
Contracting frictions and cross-border capital flows: Evidence from venture capital	Ana Balcarcel, Michael Hertzel, Laura A. Lindsey	2010	–
Legality and venture capital governance around the world	Douglas J. Cumming, Daniel Schmidt, Uwe Walz	2010	Journal of Business Venturing
Venture capital exit rights	Carsten Bienz, Uwe Walz	2010	Journal of Economics & Management Strategy
Renegotiation of cash flow rights in the sale of vc-backed firms	Brian Broughman, Jesse Fried	2010	Journal of Financial Economics
Adverse selection, investor experience and security choice in venture capital finance: Evidence from Germany	Thomas Hartmann-Wendels, Georg Keienburg, Soenke Sieve	2011	European Financial Management
The impact of contracts on trust in entrepreneur–venture capitalist relationships	Rebecca Strätling, Frits H. Wijbenga, Graham Dietz	2011	International Small Business Journal
Through a fractured lens: Women entrepreneurs and the private equity negotiation process	Frances M. Amatucci, Ethné Swartz	2011	Journal of Developmental Entrepreneurship
Investor abilities and financial contracting: Evidence from venture capital	Ola Bengtsson, Berk A. Sensoy	2011	Journal of Financial Intermediation
Covenants in venture capital contracts	Ola Bengtsson	2011	Management Science

Titel	Autoren	Jahr	Journal
Governance, contract structure and risk assessment in inter-firm relationships (IFRS) and venture capital investments	Carolina Billitteri	2012	–
The importance of trust for investment: Evidence from venture capital	Laura Bottazzi, Marco Da Rin, Thomas Hellmann	2012	–
The effects of social networks and contractual characteristics on the relationship between venture capitalists and entrepreneurs	Kwanghui Lim, Brian Cu	2012	Asia Pacific Journal of Management
Firm valuation in venture capital financing rounds: The role of investor bargaining power	Andy Heughebaert, Sophie Manigart	2012	Journal of Business Finance & Accounting
The dynamics of venture capital contracts	Carsten Bienz, Julia Hirsch	2012	Review of Finance
How managers' compensation, strategy, and institutional environment motivate entrepreneurial financing choices: Some evidence from venture capital firms	Hisanori Fujiwara, Hiromichi Kimura	2012	The Journal of Private Equity
Success is good but failure is not so bad either: Serial entrepreneurs and venture capital contracting	Raj Nahata	2013	–
The effect of the legal system and empathy in venture capital contracting: Theory and evidence	Richard Fairchild, Yiyuan Mai	2013	International Journal of Behavioural Accounting and Finance
Contracts and returns in private equity investments	Stefano Caselli, Emilia Garcia-Appendini, Filippo Ippolito	2013	Journal of Financial Intermediation
Differential influence of blogs across different stages of decision making: The case of venture capitalists	Rohit Aggarwal, Harpreet Singh	2013	MIS Quarterly
The venture capital contract and the institutional theory in a Spanish setting	Mª Camino Ramón-Llorens, Ginés Hernández-Cánov	2013	Intangible Capital/ OmniaScience
Why do contracts differ between venture capital types?	Julia Hirsch, Uwe Walz	2013	Small Business Economics
Lawyers in venture capital contracting: Theory and evidence	Ola Bengtsson, Dan Bernhardt	2014	Economic Inquiry
Different problem, same solution: Contract-specialization in venture capital	Ola Bengtsson, Dan Bernhardt	2014	Journal of Economics & Management Strategy
The exit decision in the European venture capital market	Elisabete G. S. Félixa, Cesaltina P. Pires, Mohamed A. Gulamhussen	2014	Quantitative Finance
Changing the nexus: The evolution and renegotiation of venture capital contracts	Ola Bengtsson, Berk A. Sensoy	2015	Journal of Financial and Quantitative Analysis
Location specific styles and us venture capital contracting	Ola Bengtsson, S. Abraham Ravid	2015	Quarterly Journal of Finance

Quelle: Eigene Darstellung

Anhang B: Leitfaden für Experteninterviews

Fragebogen Rechtsanwalt

1.   Allgemeines und Warm-up

Danke, dass Sie sich ca. 60 Minuten Zeit nehmen, ein paar Fragen zu wissenschaftlichen Zwecken zu beantworten.

Das Ziel der Untersuchung ist es, herauszufinden, welche Faktoren auf die Vertragsgestaltung zwischen Venture Capital Gesellschaft und dem Portfoliounternehmen wirken. Weiterhin soll mehr über die Wirkung von Beteiligungsverträgen in Erfahrung gebracht werden.

Die Daten nutze ich im Zuge meiner Dissertation an der Technischen Universität Dresden, welche von Prof. Dr. Michael Schefczyk betreut wird. Ich werde das Aufnahmegerät während unseres Gesprächs mitlaufen lassen. Sind Sie damit einverstanden?

Gerne würde ich Sie namentlich und mit Funktion in meiner Arbeit zitieren. Ist Ihnen das recht? Namen Dritter und ggf. sensible Informationen werde ich vorher unkenntlich machen. Dazu erhalten Sie eine Abschrift vom Transkript, welches Sie ebenfalls vor Veröffentlichung freigeben.

„Ich starte jetzt die Aufnahme" – Tonband an.

Haben Sie noch Fragen, bevor wir starten?

Was ist Ihre Funktion innerhalb von RA Kanzlei?

Wie lange sind Sie bereits bei RA Kanzlei?

Können Sie mir kurz Ihren beruflichen Werdegang schildern?

2.   Einfluss auf den Vertrag

In welcher Art und Weise sind Sie mit Beteiligungsverträgen in Berührung gekommen?

Betrachten wir zuerst die Seed-Finanzierungsrunde / Term Sheet LOI, also die erste Finanzierungsrunde mit VC:

Wie läuft bei Ihnen der Prozess der Vertragsgestaltung ab?

Wer und wann wird entschieden, welche Klauseln in den Vertrag aufgenommen werden?

Wie wird diese Entscheidung getroffen?

© Springer Fachmedien Wiesbaden GmbH, ein Teil von Springer Nature 2018
N. Röhr, *Der Vertrag zwischen Venture Capital-Gebern und Start-ups*, https://doi.org/10.1007/978-3-658-21351-0

Warum variieren diese Rechte?

Wenn wir jetzt eine Folgefinanzierung betrachten:

Wie läuft bei Ihnen der Prozess der Vertragsgestaltung ab?

Wer und wann wird entschieden, welche Klauseln in den Vertrag aufgenommen werden?

Wie wird diese Entscheidung getroffen?

Warum variieren diese Rechte?

Aufgrund welcher Faktoren passen Sie die Beteiligungsverträge an? Können Sie mir ein Beispiel nennen?

3.   Wirkung des Vertrags

Wenn die Beteiligung beim Notar beglaubigt wurde:

Welche (Sonder-)Rechte werden üblicherweise verlangt?

Von welchen Rechten machen die Investoren oder Gründer Gebrauch? Können Sie mir ein Beispiel nennen?

Welche Auswirkungen hatte dies auf das Unternehmen? (wiederholen!)

Verändert sich die Beziehung zwischen dem Gründer und Investor durch den Vertrag? Können Sie mir ein Beispiel nennen?

Kommt es durch den Vertrag zu Konflikten? Wie wirken sich diese aus?

Fühlt sich der Gründer oder Investor durch den Vertrag angespornt oder unter Druck gesetzt? Können Sie dies an einem Beispiel erläutern?

Hat der Vertrag Auswirkungen auf die Managementunterstützung? Wenn ja wie? (Beteiligungshöhe)

Hat der Vertrag Einfluss auf den Exit? Wenn ja wie?

Hat der Vertrag Einfluss auf den Erfolg des PU? Wenn ja wie?

Wann hatten Sie den Beteiligungsvertrag zuletzt in der Hand? Wann nehmen Sie diesen zur Hand?

Hat der Vertrag/bestimmte Klauseln einen Einfluss auf Ihren Geschäftsalltag? Wenn ja welchen, wann und warum?

4.   Abschluss und Dank

Wir sind mit dem Interview an dieser Stelle am Ende. Vielen Dank für Ihre Antworten.

Möchten Sie noch etwas zu diesem Thema erzählen, dass Ihnen wichtig ist und bisher noch nicht angesprochen wurde?

Möchten Sie noch etwas von mir oder der Untersuchung erfahren?

„Ich beende jetzt die Aufnahme" – Tonband beenden

Wie zuvor besprochen, lasse ich Ihnen das Transkript zur Freigabe zukommen.

Können Sie mir noch weitere Kontakte empfehlen, die eventuell bereit wären, an dieser Untersuchung teilzunehmen?

Printed by Printforce, the Netherlands